KB027992

대한민국
파괴되고 있는가

대한민국
파괴되고 있는가

- 문재인 정권의 대한민국 파괴 -

최 광 편저

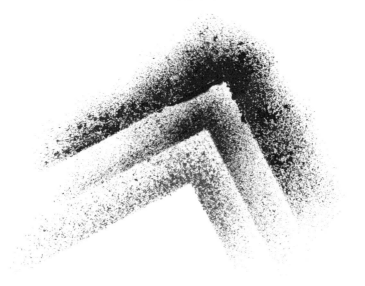

북앤피플

서언(序言)

문재인은 대한민국을 파괴하고 있다

2017년 5월 10일 문재인은 취임사를 "국민 여러분의 위대한 선택에 머리 숙여 깊이 감사드립니다"로 시작한다. 문재인이 힘주어 말하는 취임사의 주요 구절들을 자세히 살펴보자.

자신의 취임 각오는 "지금 제 가슴은 한 번도 경험하지 못한 나라를 만들겠다는 열정으로 뜨겁습니다. 그리고 지금 제 머리는 통합과 공존의 새로운 세상을 열어갈 청사진으로 가득 차 있습니다." "저는 감히 약속드립니다. 2017년 5월 10일, 이날은 진정한 국민 통합이 시작되는 예로 역사에 기록될 것입니다." "지난 세월 국민들은 이게 나라냐고 물었습니다. 오늘부터 나라를 나라답게 만드는 대통령이 되겠습니다." "낮은 자세로 일하겠습니다. 국민과 눈높이를 맞추는 대통령이 되겠습니다"로 말할 땐 비장하기까지 하다.

국가의 중요정책을 두고는 "안보 위기도 서둘러 해결하겠습니다. 곧바로 워싱턴으로 날아가겠습니다. 베이징과 도쿄에도 가고, 여건이 조성되면 평양에도 가겠습니다." "튼튼한 안보는 막강한 국방력에서 비롯됩니다." "북핵 문제를 해결할 토대도 마련하겠습니다." "분열과 갈등의 정치도 바꾸겠습니다." "전국적으로 고르게 인사를 등용하겠습니다." "무엇보다 먼저 일자리를 챙기겠습니다"라고 큰 방향을 구체적으로 밝힌다.

취임사 중 가장 많이 인용되는 "기회는 평등할 것입니다. 과정은 공정할 것입니다. 결과는 정의로울 것입니다"라는 문구를 피력한 후 보통 사람들이 가장 듣고 싶어 하는 "약속을 지키는 솔직한 대통령이 되겠습니다." "잘못한 일은 잘못했다고 말씀드리겠습니다. 거짓으로 불리한 여론을 덮지 않겠습니다." "군림하고 통치하는 대통령이 아니라 대화하고 소통하는 대통령이 되겠습니다"라는 말도 빠뜨리지 않았다.

취임사의 마지막은 "오늘 대한민국이 다시 시작합니다. 나라를 나라답게 만드는 대역사가 시작됩니다." "저는 대한민국 대통령의 새로운 모범이 되겠습니다. 국민과 역사가 평가하는 성공한 대통령이 되기 위해 최선을 다하겠습니다"로 장식되고 있다.

취임사의 내용 자체만 일별하면 참으로 더 할 나위 없이 훌륭하다. 취임사 자체의 내용만 보면 이보다 더 훌륭한 취임사가 있을까 싶다. 다른 어느 나라도 대통령의 취임사는 국민과의 약속이다. 문제는 대통령이 자신의 취임사 약속을 지켰느냐 즉 취임사 내용이 얼마나 실현되었느냐 하는 것이다.

세상의 어느 지도자도 취임사 약속을 다 지킨 경우는 없다. 불가능한 약속은 지킬 수 없고, 잘못된 약속은 지키지 않는 것이 더 바람직하다. 문재인이 취임사에서 한 약속 중에는 불가능한 것도 없고 잘못된 것도 없어 보인다. 문제는 문재인의 취임사가 말로만 끝나고, 딱 하나만 빼고는 모두가 실현되지 않았다. 유일하게 지킨 것은 "여건이 조성되면 평양에도 가겠습니다"이다. 이것도 여건이 조성되지 않았는데도 평양에 갔으니 지켜진 것이 아니다. 오죽했으면 최근 광화문 시위에서 연사도 아닌 한 시민이 "문재인이 2년 동안 한 일 있으면 하나만 알려 달라"고 고함을 쳤을까?

단순히 약속이 실현되지 않음은 물론 현실의 정책 모두가 문재인이 말한 내용과 정 반대로 추진되었다. 본 책자에 기고를 한 조갑제 대표는 "동서고금(東西古今) 모든 문명의 기초는 약속은 지켜져야 한다는 점이다" 이라 하면서 "문재인은 약속이고 뭐고 '내 맘대로 한다'는 사람"이라고 단정한다.

건국 이래 대한민국이 성취한 것은 한마디로 기적 중의 기적이다. 세계가 부러워하는 기적은 기본적으로 불굴의 정신을 가진 국민과 지도자들의 합심 노력의 결과이긴 했으나 역사의 매 순간을 뒤돌아보면 알 수 없는 기적의 힘이 작용했었다. 해방 후 국토분단의 와중에 자유민주주의 대한민국이 건국된 것도, 해방 후 좌파 공산주의가 우세한 이념공간에서 자유민주주의체제와 자유시장경제체제가 나라 정체성의 중심으로 자리매김된 것도, 건국 후 채 2년이 안된 시점에서 북한 공산세력의 전복 야욕을 분쇄해 나라가 보전된 것도, 세계가 부러워하는 경제 기적을 이뤄 원조 받던 나라에서 유일하게 원조 주는 국가로 전환한 것 이 모두가 체계적 논의나 노력의 결과이기보다는 무언가 신의 섭리가 작용한 결과라는 기적이다.

이 기적의 뒤 켠 골방에서 일군의 음흉한 세력이 배태되었고 최근 이들의 최후 준동에 의해 불행하게도 그 자랑스러운 대한민국이 오늘날 백척간두(百尺竿頭) 미증유(未曾有)의 위기에 처해 있다. 민족민중주의를 내세우는 종북 좌파세력은 지난 30년간 자신들이 키운 힘과 세력을 바탕으로 건국 이후 이 나라가 세운 가치와 이 나라가 이룩한 기적을 훼손하고 파괴하고 있다.

문재인은 자신의 취임사 약속을 지키지 않은 것에 끝나지 않고 자유민주정치체제와 자유시장경제체제를 두고 인류 역사상 전대미문의 금자탑을 세운 대한민국을 파괴해 시대착오적으로 인민민주주의체제와 사회주의체제로의 전환을 도모하여 왔다. 문재인 정권은 대한민국의 파괴에만 몰입하여 왔다. 나라 전체가 종북 주사파에 의해 접수된 이래 헌법 외교 안보 국방 사법 교육 언론 문화 방송 경제 재정 기업 행정 인사 등 모든 분야에서 이뤄진 파괴로 인해 이제 대한민국은 만신창이가 되었다. 이 중 일부는 그 파괴의 정도가 너무 심해 상당 기간 회복이 불가능한 지경에 이르렀다.

전 세계가 대한민국을 걱정하기 시작하였고 국민의 자존심은 여지없이 짓밟혀 가고 있다. 정부의 가장 중요한 역할인 국가 방위와 질서 유지라는 두 역할이 현 집권층에 의해 방기되어 서울에 인공기가 휘날리는 것은 시간의 문제이고, 종북 세력과 민노총 전교조가 자행하는 초법적 행위는 사회와 경제를 나날이 초토화하고 있다.

여기에서 매우 중요한 질문이 제기된다. 문재인 그리고 그와 함께하는 세력들이 도대체 어떠한 집단이기에 이렇게 대한민국의 구석구석을 남기지 않고 파괴하는가? 이 질문에 대한 답은 프랑스의 지성 레이몽 아롱(Raymond Aron)의 유명한 말 "정직하고 머리 좋은 사람은 절대 좌파가 될 수 없다. 정직한 좌파는 머리가 나쁘고, 머리가 좋은 좌파는 정직하지 않다. 모순투성이인 사회주의의 본질을 모른다면 머리가 나쁜 것이고, 알고도 추종한다면 거짓말쟁이이다"에서 찾을 수 있다.

현 집권층은 정치적으로는 민중(인민)민주주의 그리고 경제적으로는 사회주의 지시경제를 신봉하는 좌파이다. 지구상에는 좌파 정치인과 좌파 정당이 많다. 우리나라의 현 집권 좌파는 세계 좌파의 공동이상인 사회주의를 신봉하는 것에 더하여 인민민주주의와 더 나아가 조선민주주의인민공화국의 3대 세습 독재체제를 숭상하는 종북 주사파 좌파이다. 아론의 말은 기본적으로 좌파는 정직하지 못하고 무지하다는 것인데 문재인 집단도 좌파이기에 부정직한 특성을 가지고 있으며 인류 정치사 문명사에 무지 무식한 집단이고 더 나아가 주사파로서 비양심적이기 짝이 없다고 규정할 수 있다.

오늘날 국민들이 분노하며 광화문으로 쏟아져 나오는 근본적 원인은 문재인 정권이 기대했던 만큼 정직하지 않고 부정직하기 짝이 없다는 데 그리고 일반 국민의 수준에서는 도저히 수용할 수 없을 정도로 비양심적 비상식적 언행이 차고 넘치는데 있다.

최근 조국 전 민정수석을 법무부 장관에 기용한 인사는 그동안의 온갖 문제점과 문재인 세력의 실체를 종합하고 농축한 일이다. 청문회에서 찬성을 얻지 못한 사람을 장관 등 고위 공직에 임명한 게 취임 2년여 동안 22명이나 되지만, 조국의 경우 해명이 구차스러운 데다 '내로남불'의 언행, 몰염치와 부정직, 거짓과 위선의 이중성에 대한 실망과 비난이 매우 컸으며 자신이나 가족의 불법 탈법의 행태와 내용을 두고는 일반 국민은 경악을 금치 못하는 수준이다.

사실과 원칙을 뒤틀어 왜곡하는 문재인의 언행에서 국민들은 그의 부정직과 비양심을 적나라하게 보게 된다. 북쪽 김씨 왕조의 3대 세습 독재자의 편을 들다보니 북쪽으로부터는 개돼지 등 온갖 험악한 말을 들어도 "쓰는 언어가 다르다"며 평화를 이야기하고, 스스로 6·25침략의 주역 중 하나였던 김원봉을 존경하고, 대한민국을 전복하고자 했던 통일혁명당의 신영복을 존경하고, 한국을 침략했던 모택동을 존경한다고 한다. 2016년 12월 7일 문재인은 박근혜 대통령이 책임져야 할 명백한 위법행위가 확인되지 않았는데도 불구하고, "세상에 '범죄자 대통령'이 하루라도 더 대통령에 머물러 있는 것보다 더 반(反)헌법적인 게 어디 있는가?"라고 주장하며 즉각 퇴진을 촉구했다. 헌법 파괴, 이적죄, 여적죄로 고소 고발 받은 자신은 왜 아직 대통령 직에 머물러 있는가? 이 모든 경악할 언행은 거짓과 위선의 극치가 아닌가?

문재인과 그 정권은 도덕적 우월로 국민의 신뢰를 받는 것이 아니라 도덕적 파탄으로 국민으로부터 경멸의 대상이 되고 있다. 공직을 맡는 사람이라면 행동이나 말에 구차스러운 게 없어야 하는데 문재인은 구차스러운 사람만 골라 공직에 임명하는 것 같다. 한 번도 경험하지 못한 좋은 나라를 건설한 것이 아니고 여론과는 담쌓고 건국 이래 한 번도 경험하지 못한 안타까운 나라를 만나 국민들 가슴에 피멍이 들고 있다.

국민들은 지도자의 심성에 주목하며 국민들은 지도자의 심성이 어떤가를 즉각적으로 인지하고 판단한다. 반듯한 심성을 가진 리더의 언행에 신뢰를 보낸다. 사람의 마음을 얻기 위해서는 말보다 실천하며 모범을 보여 주어야 한다. 국민들은 영악하며 눈으로 보는 것만 믿는다. 지도자의 심성이 불순하면 즉각 마음을 거둬 민심이 이반(離反)한다.

빛바랜 사회주의 이념에 경사되고, 젊은 시절 선동과 시위로 청춘을 소모하고, 지구촌 시대의 흐름에 뒤쳐진 채 북한 3대 독재자들의 뒤꽁무니만 쫓는 집단들이 국정을 담당하는 것 자체가 어불성설이다. 통치력은 국민을 아우르는 통합력과 앞을 내다보는 통찰력에서 나온다. 무지에서 통찰력은 실종되고, 패거리 이념 앞에 통합력은 또한 설 자리가 없다. 현 집권세력의 무지와 무식을 나타내는 사례는 차고 넘친다. 몇 가지만 짚어보자

먼저 사회주의에 대한 무지로 경제를 망쳤다. 20세기 최대의 역사적 사건이 무엇일까? 20세기 초 러시아의 볼세비키 혁명으로 사회주의(공산주의)가 공식적으로 등장한 후 72년 존속하다 소련의 붕괴로 지구상에서 실질적으로 사라진 것이 20세기 최대의 역사적 사건이다. 좌파 사회주의 사상은 개인보다 집단을 앞세우며 인간의 이성으로 세상을 설계하면 인민이 다 같이 잘 사는 지상낙원의 건설이 가능하다고 믿는다. 마르크스는 여러 가지 이유로 자본주의는 붕괴되고 사회주의가 등장하게 된다고 주장하였다. 그러나 엄연한 역사적 사실은 마르크스의 예상과는 달리 경제체제 전쟁에서 사회주의의 처절한 몰락과 자본주의 시장경제의 완벽한 승리이다. 사실이 이러함에도 문재인류의 좌파세력은 무지해서 집권 후 빛바랜 망한 사회주의 망령을 되살려 경제정책의 기조로 삼아 오늘날 우리가 겪는 경제의 파탄을 초래했다. 마르크스와 레닌을 어설프게 읽은 사람들이 우리나라의 좌파들이다. "마르크스와 레닌을 제대로 이해한 사람들은 어느 누구도 좌파가 되지 않는다"고 레이건 대통령은 설파했다.

다음으로 경제를 망친 경제정책을 살펴보자. 간판 격 정책인 소득주도성장은 작명부터가 잘못 되었다. 자신들이 추진한 세부 사항을 가지고

정확히 작명하면 임금주도분배정책이다. 이 정책을 추진한 나라가 없다. 분배정책을 성장정책으로 우기니 경제성장이 뒷걸음칠 수밖에 없지 않은가? 문재인의 경제정책은 경제원리에 대한 이해가 크게 부족한 사람들에 의해 마련되었다. 경제의 놀이터인 시장을 외면하고 정부를 앞세우니 그리고 경제원리를 지키는 것이 경제정책 성공의 필요조건인데 이를 무시하는 집단들의 무지는 참으로 놀라울 따름이다. 정권 초기 일자리 정부라 강조하며 청와대에 온갖 도표를 그리던 사람들이 어떻게 최저임금을 급격히 올릴 수 있단 말인가? 임금을 올리면 고용이 감소한다는 것은 삼척동자도 아는데 문재인의 경제정책 담당자만 모르는가? 경제기초를 허무는 정책의 추진으로 예견됐던 결과를 확인하는 데는 오래 걸리지 않았다. 일자리는 줄어들고, 소득불평등은 심화되고, 투자는 감소해, 세계적 호황 속에서도 우리 홀로 성장률이 뒷걸음질 쳤다. 경제정책의 세 가지 요체(要諦)는 첫째 정책 기조를 친시장적으로 잡아야 하며, 둘째 여타의 국가정책과의 관계에서는 물론 경제정책 내에서 정책의 우선순위를 제대로 책정해야 하며, 셋째 정책목적에 부합되는 정책수단이 적절히 강구되어야 한다는 것이다. 문재인 정권의 경제정책 담당자들은 위의 세 가지 요체에 대해 무지하다. 전 세계는 물론 지난날 우리가 이룩한 성공의 비결은 바로 자유시장경제에서의 경쟁을 통한 경제의 역동성에 있는데 문재인 패거리들은 정부가 경제를 좌지우지 할 수 있다는 무지에 빠져있다.

정부의 역할에 대해서도 문재인 세력들은 무지하다. 정부는 첫째 다른 독립된 사회로부터의 침입이나 전쟁으로부터 사회를 방위하고, 둘째 가능한 한 사회구성원간의 억압, 불법을 막는 일로서 법질서를 확립하고, 셋째 공공사업과 공공기관을 설립하고 운영하기 위해 존재한다. 정부가

할 일은 국민이 자신의 재능을 꽃피울 수 있는 틀을 만들어 주는 것인데 그들의 무지는 정부는 모든 국민에게 필요한 것을 제공해 주는데 있다고 주장하기에 이른다. 대기업을 적폐의 대상으로 생각하는데 진정한 적은 대기업이 아니라 비대한 정부임을 모른다. "최선의 정부는 가장 작은 정부이다"라든가 "국가는 개인의 자유를 보장해야 한다"는 말은 들은 적이 없으며 듣더라도 그 뜻을 이해하지도 못하며 이해하려고 전혀 노력하지 않는다.

좌파들의 전유물인 평등 이념에 대한 그들의 무지를 살펴보자. 문재인 세력은 뜨거운 가슴의 발로로서 평등을 강조하고 항시 자유보다 평등을 앞세운다. 문제는 좌파들이 평등을 자유보다도 앞세우는 사회가 결국 평등도 자유도 달성하지 못하게 된다는 사실과 자유를 첫째로 내세우는 사회는 보다 큰 자유와 보다 큰 평등을 달성한다는 사실에 대해 무지하다는 것이다. 마르크스-레닌 혁명도, 모택동 혁명도, 그리고 김일성 혁명 모두 평등을 내세웠지만 그들이 손에 쥔 결과는 처참한 실패였다. "자본주의의 태생적 결함은 행복을 불평등하게 분배해 주는 것이고 공산주의 태생적 결함은 불행을 평등하게 분배해 주는 것이다"라는 레이건 대통령의 설파는 참으로 의미심장하다.

끝으로 문재인의 대 북한 자세는 단순한 종북을 넘어 대한민국 해체 수준인데 이 또한 무지의 발로이다. 종북 좌파의 기본입장은 평화를 원하기에 전쟁을 준비하지 말아야 하고, 안전을 원한다면 위험을 하지 말아야 하며, 협조를 원한다면 타협을 해야 한다는 것으로 요약된다. 이 기본입장 또한 그들 특유의 거짓이다. 종북 세력들은 평화를 원하는 것이 아니고 그들의 최종목적이 낮은 단계의 연방제 통합형식으로 김일성의 숙원인 남한 전복과 적화를 평화론으로 위장한 것에 불과하다. 인류의 긴 역사가 주는 교훈은 서로 평화롭게 살자고 적을 설득할 수 있는 최선의 방법은 적이 전쟁에서 결코 우리를 이길 수 없다는 것을 확신시키는 것이다. 평화는 평화로서 지켜지는 것이 아니고 이기는 전쟁을 통해서만 이 평화가 지켜진다는 사실을 문재인 세력은 애써 외면하고 있다. 최근에 주창된 평화경제는 현 주사파 정권의 속셈을 여지없이 드러낸 것으로 남북한 한민족 경제공동체를 만드는 형식을 취해 사회주의경제를 구축하겠다는 것이다.

문재인 정권의 지도자들이 정직하지 않고 부정직한 경우가 허다하고 더 나아가 일반 국민의 수준에서 도저히 수용할 수 없을 정도의 비양심적 비상식적 언행이 차고 넘쳐 국민 모두가 비분강개하고 있다.

정직과 진실을 찾아 흘러온 것이 인류의 역사이다. 진실이 사라지고 거짓이 그 자리를 대신하거나 정직이 사라지고 부정직이 횡횡한다면 이 세상은 어떻게 되는가? 우리 각자가 정직한 삶을 소중히 여기는 것은 그 사회적 가치인 진실을 위해서이다. 정직과 진실에 대한 개념이 없는 문재인 세력들의 실체와 그들의 정책적 오류를 규명하는 것이 본 책자 발간의 주된 목적이다.

본 책자의 집필에 참여한 필자 모두는 문재인이 취임한 이래 대한민국 파괴에만 몰두하고 있다는 사실에 통탄하며 이를 국민에게 정확히 알리고 올바른 대안을 제시하는 것이 필요하다는데 인식을 공유한다. 본 책자는 문재인 정권이 대한민국을 두고 무엇을 얼마나 어떻게 파괴하였는지를 살핀다. 각 주제의 집필자가 각기의 주제에 대해 잘 설명하고 있기에 독자들의 정독을 권고하며 그 내용을 요약하는 노력은 하지 않는다. 각 분야별로 최고의 집필진이 포진했다고 자부한다. 특정 주제에 대한 지적 논쟁이나 사회적 관심사에 대한 심층 분석이 더 이상 일부 지식인들의 전유물이 아니다. 문재인의 실정(失政)에 대해서는 상당한 글들이 있으나 본 책자가 문재인의 대한민국 파괴에 대한 종합적 체계적 정리로 받아들여지길 바란다.

본 책자의 한 가지 특이한 점은 한국대학생포럼의 회원 대학생들이 필진으로 참여했다는 것이다. 편집자는 정년 이후에도 대학에서 강의를 하면서 계속 학생들과 접하고 있으나 체제붕괴의 상황에 직면하여 젊은이들이 우리가 당면한 중요 주제들에 대해 무엇을 어떻게 고민하고 있는지 늘 궁금해 왔었다. 그래서 집필 참여를 의뢰했다. 아직 젊은 학생 신분이기에 구상과 내용 그리고 표현에서 일부 부족한 면이 있으나 자신들의 생각과 판단을 나름 잘 정리 제시하고 있다.

편집자의 호소에 호응해 집필 의뢰 한 달여 만에 훌륭한 원고를 완성해 준 각 분야의 전문가 15인 그리고 대학생 4명 도합 19인 집필진 모두에게 편집자로서 감사에 감사드린다. 본 책자의 편집 목적과 필요성을 말씀드렸을 때 흔쾌히 출판을 허락하시고 편집자를 격려해 주신 북앤피플의 김진술 대표님께도 감사의 말씀을 올린다. 편집과정에서 수고하신 박원섭님께도 고마움을 표한다.

2019년 10월
광화문의 만파(萬波)를 바라보며
최 광

대한민국 파괴되고 있는가

서언(序言)　　　　　　　　　　　　　　　　　　　005

1부 무엇을 어떻게 얼마나 파괴하였는가

문재인 정권의 국헌 문란과 대응: 조갑제　　　　　021

국익 실종과 종북 무능 외교: 윤덕민　　　　　　　052

문재인 정권의 안보와 국방 파괴: 김태우·신원식　　080

문재인 정권의 사법 파괴: 박인환　　　　　　　　140

무너지는 대한민국 교육: 김경회　　　　　　　　　172

문재인 정권의 언론 장악과 파괴: 정규재　　　　　203

방송장악과 악마적 왜곡 그리고 정권 찬양: 성창경　236

대한민국을 독살하는 좌파 영화와 드라마: 조희문　264

4대강 보 해체는 반문명적 대국민 범죄: 박석순　　295

원자력 파괴: 정범진　　　　　　　　　　　　　　321

경제: 성공 지우기와 기반 파괴 그리고 미래 허물기: 양준모　348

문재인 정권의 기업 파괴: 김정호　　　　　　　　377

전대미문의 재정 파괴: 망국과 노예의 길: 최광　　399

주사파의 대한민국 접수와 자유대한민국 수호의 길: 김문수　428

2부 이건 나라냐

문재인 정권의 아마추어 외교정책: 전창렬   455

문제 있는 문재인 정권의 교육 정책: 강하린   479

한 번도 경험해보지 못한 경제: 박종선   501

사회를 장악한 신적폐의 탄생: 조주영   530

저자 소개   564

1부
무엇을 어떻게 얼마나 파괴하였는가

문재인 정권의 국헌 문란과 대응   조갑제

국익 실종과 종북 무능 외교   윤덕민

문재인 정권의 안보와 국방 파괴   김태우·신원식

문재인 정권의 사법 파괴   박인환

무너지는 대한민국 교육   김경회

문재인 정권의 언론 장악과 파괴   정규재

방송장악과 악마적 왜곡 그리고 정권 찬양   성창경

대한민국을 독살하는 좌파 영화와 드라마   조희문

4대강 보 해체는 반문명적 대국민 범죄   박석순

원자력 파괴   정범진

경제: 성공 지우기와 기반 파괴 그리고 미래 허물기   양준모

문재인 정권의 기업 파괴   김정호

전대미문의 재정 파괴: 망국과 노예의 길   최 광

주사파의 대한민국 접수와 자유대한민국 수호의 길   김문수

문재인 정권의 국헌(國憲) 문란과 대응

조갑제

1. 헌법이란 약속을 지키지 않는 대통령

국민과 대통령 사이에서 중요한 것은 약속이다. 국가, 가정, 회사, 법치 등 동서고금(東西古今) 모든 문명의 기초는 '약속은 지켜져야 한다'는 점이다. 그런데, 문재인은 취임선서와 헌법이란 대(對)국민 약속을 전면적으로 위반하고 이의 시정을 거부하고 있다. 국민과 대통령 사이의 약속 위반은 하야 촉구나 탄핵, 고발의 대상이다. 부부 같으면 이혼 사유이다. 강도로부터 부인을 잘 지켜주겠다고 약속하고 결혼한 뒤 그 강도와 내통하는 데 그치지 않고 집안으로 끌어들여 부인이 가져온 패물을 바치려 하고 종래는 강도와 같이 살자고 한다면, 부인은 가정을 지키기 위하여, 조상과 가문(家門)의 명예를 위하여 가출하든지 이혼수속에 들어가야 한다. 선거로 정권을 잡았음에도 촛불혁명으로 집권한 것처럼 선전하고 대한민국 대통령으로 뽑혀놓고 민족반역자 앞에 가서 '남쪽 대통령'이라고 스스로를 비하하는 것은 국민과의 약속 위반이다. 대한민국은 '남쪽 대통령'이나 사기꾼과는 같이 살 수가 없다.

문재인과 대한민국은 분리되어야 한다. 임기 없는 국민과 임기가 2년 남은 문재인 사이의 문제이다. 주인인 국민이 가출할 수는 없으니 불륜 남편더러 나가 달라고 하는 것, 이게 하야 운동이고 불응하면 이혼수속에 들어가는 것, 이게 탄핵이다. 그가 진짜 민주투사인지, 진짜 양심가인지 여부는 관심이 없다. 그게 중요한 게 아니다. 중요한 것은 국민과의 약속, 즉 헌법을 지켰나이다. 법치와 문명의 기초, pacta sunt servanda, 즉 약속은 지켜야 하는 것이다. 그런데 문재인은 약속이고 뭐고 '내 맘대로 한다'는 사람이다. 그렇다면 국민도 내 마음대로 할 권리가 있다.

2. 헌법 위반 사례들

/

문재인의 헌법 위반 사례는 차고 넘친다. 반(反)헌법적 이념의 확신에서 나오는 행위이므로 전면적이고, 수정이 불가능하다. 모두가 국가 정통성과 정체성을 부정하며, 국민의 생명·재산·자유를 침해하는 중대 위반행위이다. 문재인은 국헌(國憲) 문란 행위를 일삼고 국체(國體) 변경, 즉 국가 변란(國家變亂)의 지휘자이다. 그의 행위를 헌법 위반에 초점을 두고 정리하면 이렇다.

⑴ 그는 대한민국 생일을 지운 자이다. 대한민국은 정통국가로 건국된 적이 없는 사생아적 존재라는 역사관을 깔고서, 헌법 전문(前文)에 명시된 대한민국의 최고 가치인 '자유민주적 기본질서'를 부정하며 허물고 있다. 연설이나 문서에서 '자유'를 의도적으로 지우고 감춘다.

⑵ 헌법 제1조의 국민주권주의를, '계급투쟁론'에 입각한 '민중주권론'으로 변질시키고 있다.

⑶ 헌법 제3조의 영토조항을 무시하고 반(反)국가단체인 북한노동당 정권을 대한민국보다 더 우월한 정통국가로 대우한다. 심지어 자신을 '남쪽 대통령'이라 부르고 반국가단체 수괴인 김정은을 '국무위원장'이라고 호칭, 부하처럼 행세하였다.

⑷ 헌법 제4조의 평화적 자유통일 조항을 거역하고 북한노동당 정권과 손잡는 자칭 '자주통일'을 하겠다고 약속하였다(4·27 선언).

⑸ 헌법 제5조에 명시된, 국군의 신성한 임무인 국가의 안전보장과 국토방위, 이를 위하여 반드시 지켜야 할 국군의 정치적 중립을 무시하였다. 국군을 정치 도구화하여 북한군을 주적(主敵)으로 보지 못하게 만들어 피아(彼我) 식별 기능을 마비시키고, 국군이 항복하지도 않았는데 수도권 상공에 비행금지구역을 설정, 적군(敵軍)을 이롭게 하였다.

⑹ 헌법 제7조가 명령하는 공무원의 정치적 중립성을 일상적으로 무시하고 있다. 공무원은 국민 전체에 대한 봉사자여야 하는데 '촛불혁명정권의 도구'로 부역시키고, 집권 세력의 반역적 정책을 위한 수단으로 전락시켰다.

(7) 헌법 제10조의 국민 생명권을 짓밟았다. 중국의 압박에 굴복, 수도권에 사드 배치를 하지 않고 핵 민방위 훈련마저 포기하는가 하면 북한의 신종 미사일 실험에 대응하지 않음으로써, 5,000만 국민을 벌거벗겨 김정은의 핵미사일 앞에 내어놓았다.

(8) 헌법 제11조의 평등권을 침해하였다. 모든 국민은 법 앞에 평등한데 문재인은 민노총 등 지지 세력에는 법을 유리하게, 정치적 경쟁 세력에는 불리하게 적용하는 계급적 법 집행을 보여주고 있다.

(9) 헌법 제66조의 5대(大) 대통령 책무를 모조리 위반하였다. 국가의 독립, 영토의 보존, 국가의 계속성 수호, 헌법 수호, 평화통일을 위한 노력을 하지 않고 국가의 정통성과 정체성을 훼손하는 데 전력(全力)하고 있다.

(10) 헌법 제69조의 취임선서를 위반하였다. 국가 보위와 헌법 준수 및 성실한 국민에 대한 봉사의 책무를 이행하지 않을 뿐 아니라 적극적으로 주권자를 기망(欺罔)하고, 국헌(國憲)을 문란하게 하고 있다.

(11) 사법부의 독립성을 훼손, 3권 분립의 대원칙을 파괴하였다.

(12) KBS·MBC 등 공영방송을 장악, 편파 방송으로 언론 자유를 해치고 있다.

(13) 거짓 정보에 근거, 적법(適法)절차를 무시한 채 탈(脫)원전 정책을 밀어붙이고, 예단(豫斷)을 담은 구체적 수사 지시를 내리는 등 법률 위반 행위는 셀 수조차 없을 정도이다.

(14) 문재인의 이러한 헌법 위반 행위는 반(反)헌법적, 반자유민주적 이념에서 나오는 것으로 전면적이고 지속적이며 궤도수정이 불가능

하다.

(15) 따라서 하야 촉구, 고발, 탄핵운동 등 국민저항은 주권자인 국민의 권리이자 의무이다. 특히 내란 및 외환죄를 범할 경우엔 현직 대통령이라도 구속 수감하고 형사소추할 수 있으므로 이 죄명에 따른 고발 운동이 중요하다. 특수부 검사들이 박근혜 대통령을 몰락시켰듯이 용감한 공안검사들이 헌법의 칼로 나라를 살릴 수 있다.

(16) 2017년 3월 10일 헌법재판소의 박근혜 대통령 파면 결정문은 "헌법은 공무원을 '국민 전체에 대한 봉사자'로 규정하여 공무원의 공익실현의무를 천명하고 있고, 이 의무는 국가공무원법과 공직자윤리법 등을 통해 구체화되고 있다. 피청구인의 행위는 최서원의 이익을 위해 대통령의 지위와 권한을 남용한 것으로서 공정한 직무수행이라고 할 수 없으며, 헌법, 국가공무원법, 공직자윤리법 등을 위배한 것입니다"라고 그 이유를 들었다. 여기서 최서원의 자리에 조국을 넣으면 문재인도 파면감이란 이야기이다.

3. 문재인에 대한 헌법적 단죄 요구 사례

/

문재인에 대한 헌법적 단죄 요구가 차고 넘친다. 대표적 사례 다섯 가지를 살펴본다.

(1) 심재철 국회부의장, "문재인의 적폐청산은 내란죄 해당"

2017년 11월 당시 국회부의장이던 심재철 자유한국당 의원은 헌법을 무시, 이른바 적폐청산으로 무고한 사람들을 범죄자로 만들고 국가기관을 무력화시키는 문재인 등을 내란죄로 고발해야 한다는 입장문을 낸 적이 있다. 그는 "현재 문재인 정부가 적폐청산이라는 미명으로 여러 행정부처에 과거사진상조사위원회를 설치해 벌이고 있는 일은 실질적으로는 조사가 아니라 수사를 하고 있는데" 이는 불법행위라고 주장하였다. "문재인 정부의 과거사위원회는 훈령이나 규칙으로 그 법적 근거를 만들었다고 하나 사실상의 수사를 하고 있는 이 같은 기구를 만들려면 모법(母法)에 명백한 위임 근거가 있어야" 하고, "구성방식에서도 기구의 구성원인 민간위원들은 국가공무원법에 따라 임명된 정식 공무원이 아니므로 과거사위원회는 결코 정식 국가 공조직이 될 수 없는" 데도 이들 불법기구가 정권의 묵인 하에 청와대와 국가정보원의 각종 기밀에 접근해 정권의 입맛에 맞는 사실만을 추출해 검찰에 수사를 지시하면 검찰이 따라가는 초유의 일이 벌어지고 있다고 했다. 심 부의장은 자유한국당에 대하여 "문재인 대통령과 임종석 비서실장, 서훈 국정원장과 윤석열 서울 중앙지검장을 법치파괴의 내란죄와 국가기밀누설죄 등으로 형사고발해야 한다"고 촉구하였다.

　　심재철 부의장은 내란죄가 적용될 수 있는 법리를 이렇게 구성하였다. "내란죄는 국토를 참절하거나 국헌을 문란시킬 목적으로 폭동을 일으킨 죄(형법 제87조)인데, 국가 그 자체를 파괴시키는 내란죄는 강도나 살인 같은 치안 범죄와 달라서 단지 형법에서 규정한 형식적인 조문 해석만으로 판단될 수 있는 범죄가 결코 아니다. 각국이 구체적인 범죄 구성요건은 달리하지만 내란죄는 국가의 내부로부터 국가의 정체성을 위태롭게 하는 범죄로서 집권세력은 국가의 그 누구보다도 정체성을 위태롭게 할 수 있는 위치에 있는 존재이다.”

정권이 국가공권력을 악용하여 국헌 문란을 저지르면 막기 힘드니 이 경우엔 ‘폭동’의 의미를 폭넓게 해석해야 한다는 논리이다. 이미 국가 전복죄의 전과를 갖고 있으며 전향 표명조차 거부하는 레닌주의자 조국을 법무장관에 임명한 문재인의 인사(人事) 행위도 체제 전복을 위한 공권력의 불법적 사용, 즉 폭동으로 간주할 수 있을 것이다. 냉전 시절 미국에서 레닌주의자를 법무장관에 임명한 대통령이 있었다면 그는 반역죄로 처단되었을 것이다.

“내란죄의 핵심인 국가 정체성을 위태롭게 한다 함은 우리 헌법의 핵심가치인 자유민주주의와 자유시장경제 질서, 법치주의와 적법절차를 무시하거나 폄하하여 국민들로 하여금 그 가치의 중요성을 오도하게 하는 것이 대표적이다.

법치 파괴의 대표적인 사례는 훈령이나 규칙에 의해 사후에 창설된 특정한 성향의 민간인이 주축인 적폐청산위원회가 함부로 헌법기구나 법률기구의 비밀창고를 마음껏 뒤지는 것에서 이미 잘 나타나고 있다. 눈부신 과학기술 통신수단의 발달과 사이버 공간의 등장은 물리적인 폭동이 아니라 소위 기능적인 폭동으로도 국가질서를 마비시키는 것이 매우 쉬운 상황이 되었다. 따라서 오프라인 상에서의 무장반란이 아니라 소위 이념적 홍위병 등이 매우 세련된 모습으로 냉전시대보다 훨씬 더 강력한 폭동을 야기할 수 있는 것이 변모된 현재의 국가안보 현실이고 각국이 두려워하는 폭동이다. 본 의원이 조사한 바에 의하면 국가안보 선진국인 미국은 선동과 거짓은 물론이고 '국가안보에 대해 맥 빠지는 말 그리고 어떤 불법수단을 동원한 무정부주의 시도'도, 심지어 미국 연방대법원은 청중들에게 두 시간 동안 '징집 또는 입대를 방해하는 연설을 한 것'이 나라가 외국세력에 대항하여 자기를 방어하려 하고 있을 때 국가의 손에서 무기를 빼앗아 버리려 하는 경솔한 언동이라는 이유로 반역죄로 징역 10년을 선고한 바도 있다. 본 의원의 판단으로는 현 정부의 적폐청산 TF의 활동 내용이 관점에 따라서는 국가반란의 간첩죄로 기소된 스노든의 그것과 크게 다를 바가 없다고 보인다.

현 정부가 이념을 기준으로 적폐청산이라는 미명으로 여러 행정부처에 과거사진상조사위원회를 설치하여 실질적으로는 조사가 아니라 수사를 하고 있고 검찰에 청부수사를 내리는 것은 명백한 헌법질서 문란의 외형적인 모습이다."

(2) 자유시민 법률지원단, 문재인을 내란 선동으로 고발

행동하는 자유시민 법률지원단(대표 백승재)은 2019년 10월, 검찰압박 촛불시위 관련자들과 배후세력을 서울중앙지검에 고발하면서 문재인에겐 내란 선동 등 혐의를 적용하였다.

피고발인은 사법적폐청산 범국민시민연대, 이종걸·안민석·민병

두·박홍근·윤후덕·이학영·박찬대·김현권·정청래·정봉주·최민희 등 검찰개혁 촛불문화제에 참가한 전·현직 국회의원, 문재인(서울특별시 종로구 청와대로 1), 이해찬(서울시 영등포구 국회대로68길7), 이인영 등이 다. 고발자는 문재인에겐 형법 제90조(내란 예비, 음모, 선동, 선전)의 내란 선동 혐의를 적용하였다. 고발장의 해당 내용은 다음과 같다.

〈피고발인4(문재인)〉는 9월 26일 "검찰이 아무런 간섭을 받지 않고 전 검찰력을 기울이다시피 엄정하게 수사하고 있는데도 검찰개혁을 요구하는 목소리가 높아지고 있는 현실을 검찰은 성찰해주시기 바란다"며 "검찰개혁은 공수처 설치나 수사권 조정 같은 법·제도적 개혁뿐 아니라 검찰권 행사의 방식과 수사 관행 등의 개혁이 함께 이뤄져야 한다", "검찰은 국민을 상대로 공권력을 직접적으로 행사하는 기관이므로 엄정하면서도 인권을 존중하는 절제된 검찰권의 행사가 무엇보다 중요하다", "지금의 검찰은 온 국민이 염원하는 수사권 독립과 검찰개혁이라는 역사적 소명을 함께 가지고 있으며, 그 개혁의 주체임을 명심해줄 것을 특별히 당부드린다"는 등의 내용이 담긴 이른바 '검찰개혁 메시지'를 발표한 자인 바 이는 6차에 걸친 선행 집회에 500여 명에 불과하던 집회 참석자가 주최 측 주장 200만 명(주최 측 추산)으로 급증한 원인으로 평가받는 등 사실상 불특정 다수에게 피고발인1이 주관한 9월 28일 집회에 참가를 독려하는 방법으로 이 사건 특수공무집행방해죄를 적극적으로 조력한 자입니다.

한편, 피고발인4의 위 발언은 검사에 대한 인사권을 행사하는 피고발인4의 지위, 발언의 내용 등을 고려할 때 위 발언만으로도 정당한 공무 집행 중인 공무원인 검사 등을 협박하여 그 공무 집행을 방해하려 한 것으로 별도로 공무집행방해죄를 구성한다 할 것이며 나아가 피고발인4의 위 발언으로 고무된 피고발인3이 대규모로 집결하여 대검찰청은 물론 헌법기관인 대법원의 출입을 저해하고 피고발인3의 난입 등을 차단하기 위해 경찰력이 대법원의 경내에 저지선을 구축할 필요성을 야기하는 등 피고발인1의 집회가 한 지역의 평온을 해하는 지경에 이르도록 하였으며 이는 공익의 대표자인 검사의 정당한 공무 집행을 방해하는 데 주된 목적이 있었던 바 이는 "헌법 또는 법률에 정한 절차에 의하지 아니하고 헌법 또는 법률의 기능을 소멸시키는 것을 목적으로 한 폭동"을 선동한 것이라 할 것입니다.〉

내란은 형법 제87조(내란)에 이렇게 규정되어 있다. 〈국토를 참절하거나 국헌을 문란할 목적으로 폭동한 자는 다음의 구별에 의하여 처단한다.〉

여기서 '국헌 문란'은 제91조(국헌 문란의 정의)에 이렇게 적혀 있다. 〈본장에서 국헌을 문란할 목적이라 함은 다음 각 호의 1에 해당함을 말한다. 1. 헌법 또는 법률에 정한 절차에 의하지 아니하고 헌법 또는 법률의 기능을 소멸시키는 것. 2. 헌법에 의하여 설치된 국가기관을 강압에 의하여 전복 또는 그 권능행사를 불가능하게 하는 것.〉

위 고발인은, 문재인 대통령이, 국가 전복 전과자이자 전향했다는 증거가 없는 골수 레닌주의자를 법무장관에 앉히고 그의 일족(一族)이 저지른 범죄혐의를 수사하는 검찰의 공무 집행을 방해할 뿐 아니라 국가기관의 권능행사를 불가능하게 할 목적으로 지지 세력을 동원,

물리적 압박을 가한 행위는 폭동으로 봐야 하며 이는 형법 제90조(예비, 음모, 선동, 선전) 위반이 될 수 있다고 생각한 모양이다. 내란선동, 선전, 음모, 예비는 3년 이상의 유기징역이나 유기금고형에 처한다. 내란 및 외환죄를 저지른 현직 대통령은 형사소추 대상이다.

(3) 기독자유당, 문재인을 이적죄로 고발

기독자유당(고영일 대표)은 지난 9월 18일 서울 중앙지방검찰청에 문재인을 일반 이적죄, 시설파괴 이적죄 및 물건제공 이적죄로 고발하였다.

고발장은 "대통령은 헌법 제84조에 따라 내란 또는 외환의 죄를 범한 경우를 제외하고는 재직 중 형사상의 소추를 받지 아니하는 형사상의 특권을" 누리지만 이적죄(利敵罪)는 외환죄(外患罪)에 해당하기 때문에 현직 대통령이라도 형사소추되어 처벌될 수 있음을 지적하였다. 고발장은 이어서 지켜야 할 한일군사정보보호협정(GSOMIA·지소미아)은 파기하고, 파기해야 할 남북군사합의서를 유지하려는 행위를 이적(利敵)으로 규정하였다.

"피고발인 문재인 대통령은 2019. 8. 22. 지소미아 파기를 결정하여 한·미·일 공조를 통한 군사정보를 사용할 수 없게 하였을 뿐만 아니라 한미동맹까지 위협하는 이적행위를 하였다."

"피고발인은 2018. 9. 19. 북한과 남북군사합의를 체결한 후 그 후속조치로 대한민국의 비무장지대의 감시초소 등의 파괴, 군사분계선

상공에서의 비행금지구역 설정, 해상적대행위금지구역 설정으로 함정의 기동금지, 한강 해저지도의 북한제공 등 반복하여 이적행위를 하여왔다. 그러나 반국가단체이자 적국(敵國)인 북한은 핵무기 리스트조차 공개하지 않았다."

기독자유당은 문재인 대통령이 남북군사기본합의서의 체결 및 이행 과정에서 시설파괴 이적죄(형법 제96조)를 범했다고 고발하였다. "피고발인은 대한민국 국군으로 하여금 군용시설인 비무장지대 내의 감시초소(GP) 등을 파괴하도록 하여 시설파괴 이적죄를 범하였다. 이에 더하여 피고발인은, 위 군사협정에 따라 군사분계선(MDL) 상공에서 모든 기종의 군사용 항공기의 비행을 금지하는 비행금지구역을 설정하고 해상적대행위금지구역을 설정함으로써 군용물건인 항공기 및 선박 등을 사용할 수 없게 하는 이적행위를 하였다."

물건제공이적죄도 적용하였다. "피고발인은 2019년 1월에는 위 군사협정에 따라 평화수역과 공동어로구역 설정의 일환으로 '한강 하구 해저지도'를 북에 전달한바, 이는 그간 공비 및 반(半)잠수정 침투의 온상이었던 한강하구의 정보를 제공함으로써 수도 서울의 안보에 심대한 위험을 초래하는 반면, 북한을 이롭게 하는 것에 해당하여 물건제공 이적죄를 범한 것이다."

(4) 전·현직 국방장관을 이적혐의로 고발한 예비역 장성들

대한민국수호예비역장성단(이하 대수장)이 2019년 9월 송영무 전

국방장관과 정경두 현 국방장관을 이적(利敵) 혐의로 고발한 것과 관련, 대수장 소속의 신원식 전 합참차장과 이석복 전 5사단장, 임천영 변호사가 10월 1일 고발인 조사를 받았다. 이례적으로 신속한 수사 착수였다. 이로써 전·현직 국방장관이 이적혐의로 입건되는 초유의 사태가 발생한 것이다.

대수장은 남북군사합의 체결 1년을 맞은 9월 19일 합의서에 서명한 송 전 장관과, 이를 집행하고 있는 정 장관을 검찰에 고발했었다. 대수장은 "송 전 장관과 정 장관이 북한의 기습남침에 대한 군사대비 태세를 약화시키고 무력화시켜 대한민국의 군사상 이익을 해쳤다"며 "형법 제99조(일반이적죄)에 근거해 이적 혐의로 고발했다"고 했다. 대수장은 "9·19 군사합의가 체결된 지 1년이 지난 지금 한미연합군 체제는 사실상 와해됐고 우리 국방력은 해체 중"이라며 "북한은 신형 탄도미사일과 대구경 방사포를 연속 발사하고 있다. 9·19 군사합의서를 폐기하거나 최소한 시행의 유보를 즉각 선언해야 한다"고 했었다.

이하는 지난 9월 19일 대수장 성명서 요지이다.

〈9·19 남북군사합의서가 체결된 지 1년이 지난 지금 한미연합군 체제는 사실상 와해되었고 우리 국방력은 해체 중인 데 반해, 북한은 신형 탄도미사일과 대구경 방사포 4종을 연속 발사하면서 일개 국장급 관리가 대통령을 조롱하듯 비웃고 있다. 9·19 남북군사합의서는 북한의 대남(對南)적화통일 이행 문서이고 문 정권은 이적성 문서에 합의하고 이를 비준하였다. 대수장은 지난 1년 동안 기회 있을 때마다 국방당국과 안보 책임자들에게 9·19 남북군사합의서를 폐기할 것을 요구하였으나, 그들은 남북군사합의서가 방어준비태세에 큰 영향을 주지 않으며 북한의 미사일과 방사포 발사가 우리에게 위협이 되지 않는다는 궤변으로 일관하고 있다. 이에 대수장은 이적성 합의를 체결한 송영무 전 국방장관과 이적성 합의 이행에 여념이 없는 정경두 국방장관을 고발 조치하기에 이르렀다. 또한 3불(不)선언으로 중국에 우리의 군사주권을 넘겨준 것도 모자라 한일군사정보보호협정 종료 결정으로 한미동맹의 와해를 겨냥하고 있는 대통령에 대해서도 해당 조치를 철회하지 않는다면 헌법에 의거 탄핵 대상이 됨을 엄중히 경고하면서 아래 사항의 즉각적인 실천을 강력히 요구한다.

첫째, 9·19 남북군사합의로 인해 서해안은 북한군의 기습침략에 무방비 상태가 되었고, 비행금지구역 설정으로 감시정찰이 제한되고 있으며, GP·장애물 철거 및 급격한 부대·병력의 감축과 한미연합연습 및 훈련의 축소와 폐기 등으로 아군의 방어준비태세는 현저히 약화되고 있지만, 북한은 단거리 미사일과 신형대구경방사포의 능력을 계속 증강하고 있다. 이처럼 9·19 남북군사합의는 적에게는 기습도발의 성공을 보장하고 핵능력을 강화할 수 있는 여건을 조성해 주면서 아군의 군사력은 약화시키는 이적행위이자 국가소멸을 자초하는 반역행위이다. 따라서 9·19 남북군사합의서를 폐기하거나 최소한 시행의 유보를 즉각 선언하라.

둘째, 중차대한 안보위기 시기에 내린 한일군사정보보호협정 종료 결정은 한·미·일 3각 안보협력체제를 허무는 자해행위이며, 쫓기듯 추진하고 있는 전작권 조기전환은 주한미군 감축 및 철수로 이어질 수 있는 동맹 파괴행위이다. 해서 다시 한 번 촉구한다. 문 정권은 11월 22일 이전까지 한일군사정보보호협정 종료 결정을 철회하라. 또한, 전작권 전환계획을 연기하고 충분한 시간을 가지고 전환 기준 충족을 위한 한미 간 협력을 계속하라.

셋째, 이 모든 안보위기의 출발점은 북한 핵개발이다. 국가 생존과 국민 보호를 위하여 중국에 약속한 3불(不)선언을 철회하고, 미국과의 협조를 강화하여 전술핵 반입과 중거리미사일 배치 추진 및 이를 계기로 북대서양조약기구(NATO)보다 강력한 핵공유 협정을 체결하라. 또한 북핵 대응을 위한 우리 군의 3축 체계 확충을 국방의 최우선 과제로 설정해 추진하라. 끝으로 한미동맹은 북한의 위협이 사라진 이후에도 주변국의 위협을 억제할 수 있는 가장 핵심적인 안보의 축임을 명심하고 한미동맹을 강화하는 데 모든 노력을 집중할 것을 강력히 촉구한다.〉

(5) 홍준표, "문재인은 여적죄(與敵罪) 범했다"

검사 출신인 자유한국당 홍준표 전 대표는 2019년 10월 3일 광화문 국민집회에 나와 자신이 작성한 '문재인 탄핵결정문'을 발표하는 자리에서 여적죄를 거론하였다.

형법 제93조의 여적죄는 "적국과 합세하여 대한민국에 항적한 자는 사형에 처한다"로 되어 있다. 홍 전 대표는 여적죄의 증거로 9·19 군사합의를 들었다.

"남북 간 군사합의는 충분한 상호신뢰와 북한의 체제 전환이 선행된 후 추진되어야 함에도 불구하고 우리를 위협하는 적과 합의하여 나라의 안녕과 국민의 안위를 위태롭게 하고 있다. 북한은 계속해서 핵탄두 숫자를 늘리고 10여 차례의 발사실험을 통해 핵탄두를 장착하여 한반도 전역을 타격할 수 있는 신형 3종 미사일을 전력화(戰力化)하고 잠수함발사탄도미사일(SLBM)을 포함 대륙간탄도미사일(ICBM) 개발로 미 본토까지 위협하고 있다. 그럼에도 군사합의를 통해 북방한계선(NLL)과 군사분계선(MDL)의 감시정찰을 제한하고 GP를 폭파했으며 교통로를 열어 국가안보를 위험에 빠뜨리고 주적 개념을 삭제하여 국방력을 무장해제했다.

함박도 점령과 군사기지 설치 허용: 2018년 9·19 군사합의 직전 군사용 레이더가 설치되어 인천공항과 해군 작전을 위험에 빠뜨렸음에도 어떤 조치도 취하지 못한 채 묵인과 옹호로 일관하고 있다. 북한산 석탄 수입, 대북(對北) 유류 환적 등 대북 지원과 책임 있는 조사 방기(放棄) 등으로 유엔 안보리와 국제사회의 대북 제재의 무력화(無力化)를 주도했다. 이는 북한과 합세하여 대한민국에 항적한 자에 해당된다."

4. 조국 사태의 헌법적 검토

(1) 레닌주의자를 법무장관에 임명하는 것은 내란(內亂) 음모

문재인은 위에서 보는 바와 같이 이적 및 내란 선동 피고발인 신분이다. 그는 또 김일성주의자 신영복을 문인(文人)으로서가 아니라 사상가로 존경한다고 공개적으로 발언한 사람이다. 문재인 씨는, 김일성주의 집단, 즉 주사파 운동가 출신들로 둘러싸여 있다는 의심을 사지만 적극적으로 해명하지 않아 그런 의심을 사실로 추인하고 있다. 그런 그가 국방장관과 함께 자유민주체제 수호자 역할을 하는 법무장관에 전향 의사를 밝히지 않는 골수 레닌주의자이자 국가 전복 전과자인 조국을 임명한 것은 비록 그가 사퇴했지만 사상적 관점에선 자연스럽고 내란의 의도에 대한 의심을 자초한 것이다.

내란선동혐의 피고발인 신분이 되어가면서도 문재인이 이토록 조국 지키기에 전력을 쏟는 이유는, 레닌주의 노선에 따라 헌법질서와 반공태세를 허물고 자유민주체제를 뒤엎는 좌익혁명을 준비하라는 밀명(密命)을 조국에게 내렸다고 의심할 수밖에 없다. 이는 형법 제87조(내란) 위반에 해당한다. 내란죄는 "국토를 참절하거나 국헌(國憲)을 문란할 목적으로 폭동한" 것인데, 제91조(국헌 문란의 정의)는 "본장에서 국헌을 문란할 목적이라 함은 다음 각 호의 1에 해당함을 말한다. 헌법 또는 법률에 정한 절차에 의하지 아니하고 헌법 또는 법률의 기능을 소멸시키는 것. 헌법에 의하여 설치된 국가기관을 강압에 의하여 전복 또는 그 권능행사를 불가능하게 하는 것"이라 했다.

조국을 통하여 국가기관을 전복 또는 그 권능행사를 불가능하게 하면 반역세력에 의한 자유민주주의 전복은 저항 없이 이뤄지거나 저항하면 공권력을 불법적으로 사용, 진압할 수 있다.

김일성주의자를 사상가로 존경한다면 문재인도 김일성주의자이거나 동조자일 가능성이 높고 더구나 그런 그가 레닌주의자, 즉 공산폭력혁명주의자 조국을 법무장관에 임명한 것은 북한노동당 정권과 제휴하거나 그들의 도움을 받아 대한민국의 자유민주주의를 변조하거나 뒤엎고 연방제 통일, 즉 공산통일로 나아가겠다는 의도를 드러낸 것으로 이해하는 데 무리가 없을 것이다. 즉 조국 임명은, 대통령과 정권이 주도하는 반역의 일환일 가능성을 배제할 수 없다는 이야기이다.

(2) 조국의 정체 드러나다

조국·문재인 사태의 핵심은 조국의 명백한 반(反)헌법적 위험성, 즉 반역성이다. 조국 법무장관은 사회주의자 중에서도 골수 레닌주의자로 분류된다. 그는 사회주의 폭력혁명을 준비하였던 사노맹 사건과 연루되어 구속 기소되었고, 1995년 5월 12일 대법원에 의하여 징역 6개월에 집행유예 3년이 확정되었다. 죄목은 국가보안법 제7조 3항 이적단체 구성가입 및 국가보안법 제7조 5항 이적표현물 제작, 판매이다. 대법원 판결문(1995. 5. 12)은 조국이 사회주의 세상을 건설하기 위하여 국가 전복을 꾀하였다고 판단하였다.

〈피고인 조국은 "사과원"이 사회주의 이론연구 및 선전·선동을 통한 전위정당 건설과 노동자계급의 주도하에 혁명적 방법에 의하여 반동적 파쇼권력을 타도하고 민중권력에 의한 사회주의국가를 건설하는 데 목적을 두고 설립된 것으로서 위의 "사노맹"의 활동에 동조할 목적을 가진 단체라는 사실을 확인하고서도, 반국가단체인 "사노맹"의 활동에 동조할 목적으로 위 "사과원"에 가입하고 사노맹이 건설하고자 하는 남한사회주의 노동자당의 성격과 임무를 제시하고 이를 위한 노동자계급의 투쟁을 촉구하는 내용이 수록된 '우리사상' 제2호를 제작, 판매하는 등…〉

사노맹의 이론가인 조국의 이념체계는 그가 류선종이란 가명으로 쓴, '우리사상'에 실린 두 편의 논문을 분석하면 정확하게 드러난다. 조국은 'PDR론-민주주의혁명에서의 좌편향, 사회주의혁명에서의 우편향'에서 레닌주의 노선에 충실해야 한다고 강조한다.

〈현시기에 있어서 우리의 임무는 페레스트로이카와의 투쟁 속에서 마르크스-레닌주의의 혼을 수호하고 이 위기를 남한 변혁의 수행을 통하여 타개하는 것이다. '사상이 인민을 장악할 때 그것은 힘으로 전화(轉化)한다'라는 레닌의 말을 명심하자. (우리사상 1호)〉

당시 이 문건을 분석하였던 유동열 자유민주연구원장은 조국을 레닌주의자로 분류한다. 그는 〈조국이 류선종이란 가명으로 '우리사상' 1호에 기고한 글은 남한 사회주의 건설을 지향하는 PDR파의 혁명론이 레닌의 혁명론에서 이탈하고 있다고 비판하며, 사노맹이 주장하는 레닌의 혁명론을 정통으로 계승했다는 '혁명적 사회주의=노동해방변혁주의'에 의한 남한 사회주의 혁명론을 정당화하고 있다〉고 정리하였다. 레닌이 산모(産母) 역할을 하였던 소련 공산체제가 무너져 내리는 그 순간에도 레닌을 신주단지처럼 붙들고 있었으니 좋게 말하면 시대착오이고 직설적으로 표현하면 공산사교집단의 신도였다는 이야기이다.

유동열 원장은 《(조국은) 레닌의 혁명노선에 입각한 남한 사회주의 혁명을 정당화하고 선동하고 있는데, 이러한 주장은 결국 노동자계급의 투쟁에 의한 사회주의 혁명을 선동하는 것으로서 자유민주적 기본질서를 위태롭게 하는 주장이다)고 단정하였다.

류선종 이름으로 되어 있는 '강령의 실천적 이해를 위하여'라는 논문은 제목 아래 뽑음말로서 레닌의 어록(語錄)을 선택하였다.

〈러시아 프롤레타리아트의 당은 그 강령에서 러시아 자본주의에 대한 규탄, 러시아 자본주의에 대한 선전포고를 가장 명확한 방식으로 정식화해야 한다.(레닌)〉

'우리사상' 2호에 류선종이란 가명으로 조국이 쓴 글, '강령의 실천적 이해를 위하여'는 레닌의 혁명노선에 대한 무조건적 충성심을 여실히 드러낸다. 그는 사회주의가 위기를 만나게 되었지만 사회주의의 필연성을 새롭게 규명해야 한다면서 레닌의 말을 금과옥조처럼 인용, 자신의 입장을 뒷받침한다. 소련 사회주의가 무너지는 불리한 시기에도 변함없는 레닌주의자의 면모를 보인 그가 권력을 잡고 법무부장관까지 된 유리한 시기에 과연 전향할까? 청문회에서 김진태 자유한국당 의원의 추궁에 유달리 강한 소신표명으로 전향표명을 거부한 것은 그가 지금도 레닌주의자임을 확인해준 대목이다.

조국의 논문을 읽어보면 공산주의 세상을 지향하는 전망 속에서 우선 민중을 선동, 인민민주주의 혁명을 일으켜 권력을 잡은 뒤 자본주의 세력을 일소하는 계급혁명을 다시 일으켜 프롤레타리아트 독재

체제를 구축, 사회주의를 완성, 공산주의 세상으로 나아간다고 이해된다.

이런 이론틀에서 본다면 이른바 촛불혁명은 1단계의 민중혁명이고 문재인 정권은 인민민주주의 정권이 된다. 이 정권의 힘을 이용, 자유민주주의 체제의 잔재를 청산하고 진정한 사회주의 체제로 가기 위하여는 우선 자유민주주의 체제 수호기관인 국군, 국정원, 검찰, 경찰, 법원, 언론 등을 장악해야 하는데 법무부장관 자리는 그런 일을 하기에 좋다(문재인은 연설에서 '자유'라는 말을 고의로 기피한다. 자유민주적 기본질서를 존중하지 않는다는 소신표명으로 봐야 한다).

공수처라는 별도의 대통령 직속 수사기관은 혁명세력의 명령에 불복하는 다른 수사 및 행정기관을 감시, 통제하는 보위부 같은 역할을 할 것이다. 조국 장관이 말하는 검찰개혁은 권력으로부터 독립된 검찰이 아니라 정권에 봉사하는, 사회주의 혁명의 수비대인 정치검찰을 만들겠다는 의미이다.

조국처럼 공산주의(마르크스-레닌주의, 주체사상, 사회주의 등을 통칭하는 용어)에 이론적으로 빠져든 이는 전향(轉向)이 어렵다. 박정희 같은 감정적 좌익은 생사(生死)의 기로에 서면 쉽게 빠져나오지만, 이론가들은 자신의 생애와 존재 의미를 부정해야 하므로 참회와 번민의 시간을 갖지 않는 한 자기합리화에서 탈출하기 어렵다.

5. 국민저항의 논리

(1) 자유는 자유가 살아 있을 때 지켜야 한다

문재인의 헌법 위반 사례를 종합, 요약하면 계급투쟁론으로 무장한 정권 주도의 국헌 문란과 정체성 변조 및 정통성 훼손 행위가 민족·민주·평화·진보·개혁의 가명(假名) 아래서 진행 중이란 점이다. 정권에 의한, 합법을 가장한 반역이므로 상당수 국민들이 속고 있다. 이들이 말하는 '촛불혁명'의 다른 말은 '헌정(憲政)질서 전복'이다. 문제는 그 '혁명'이 북한노동당의 '민족해방민주주의혁명'의 '혁명'이냐 아니냐이다.

문재인 정권의 핵심세력은, 김일성주의와 레닌주의로 무장, 스스로를 '촛불혁명 정권'으로 규정, 안으로는 '계급투쟁론적 민주주의'를 '정의'라고 우기면서 국가의 정통성과 정체성과 법치를 허물고, 북한 정권과는 '종족주의적 민족주의'로 결탁, 이른바 '민족공조' 노선으로 안보에 구멍을 내고 있다. 지난 70년의 문명건설을 보장하였던 국체(國體: 반공자유민주주의)와 노선(한·미·일 동맹 등 해양문화권 연대)을 변경하려는 데 최대의 장애물은 대한민국 헌법과 제도, 그리고 강력한 개인들의 존재이다.

문재인은 이런 반헌법적 국정농단의 책임자인바 이는 헌법 제66조가 규정한 대통령의 책무 다섯 가지-국가의 독립, 영토의 보전, 국가의 계속성 및 헌법 수호, 평화통일을 위한 노력-를 전면적으로 위반한 것으로서 국가와 국민들의 주권적 대응을 요구하고 있다. 자유는 자유가 살아 있을 때 지키는 것이다. 대한민국 헌정사상 국민저항권이 인정된 것은 두 번이다. 4·19 혁명과 5·18 광주사건이다. 이승만 정권과 전두환 신군부 세력에 항거한 행위는 국민저항권의 행사, 이를 진압한 행위는 내란으로 규정되었다. 문재인 정권의 반헌법성이 확인된 지금, 주권적 국민저항은 정의이고 합헌(合憲)이며 이를 방해, 탄압하는 행위는 내란 행위가 될 것이다.

(2) 류근일, "악마성과 문명의 대결"

조선일보 류근일 전 주필은 문재인-조국 세력에 대한 국민저항을, '악마와 문명의 대결'이라고 정의하였다.

〈사회주의 사상사의 흐름을 돌아볼 때 조국이 말한 "대한민국 헌법도 사회주의적 요소를 안고 있다"고 했을 때의 그 사회주의는 서유럽 각국에서 볼 수 있는 의회민주주의 체제 안의 중도좌파(democratic left)적 진보를 의미하는 것이지, 사노맹 노선 같은 레닌주의적 극좌 전체주의 1당 독재 사회주의를 의미할 수는 결코 없다. 이럼에도 조국은 자신의 사회주의 운운이 마치 서유럽식 민주사회주의인 양 혼동하게끔 은근슬쩍 넘어가려 했다. 학자일수록 더욱 해서는 안 될 의도적 모호성이라 하지 않을 수 없다.

이런 사상적 불투명성을 가진 조국을 도대체 어떻게 다른 자리도 아닌 법무장관에 임명하겠다는 것인지, 문재인 청와대의 속셈이 정말 뭔지 알다가도 모를 일이다. 그러나 오늘 2019년 10월 3일 폭발한 대한민국 애국 국민의 저항은 단지 조국 임명 강행 때문만은 아니다.

이 저항은 586 NL 운동권 정권이 자행하고 있는 전반적인 대한민국 해체작업 또는 변혁작업에 대한 사느냐 죽느냐의 마지막 사생결단이다. 이 기회를 놓치면 벼랑 아래로 떨어져 죽게 돼 있는 게 오늘의 자유대한민국의 처절한 현실이다.

이 싸움을 조금 더 근본주의적으로 설명하자면 그것은 오늘의 한반도에 스며든 악마성과, 그와 대척점에 있는 문명됨의 건곤일척의 백병전(白兵戰)이다. 이것은 단순한 정치적 싸움이 아니다. 이것은 영적(靈的) 전쟁이다. 악령에 씐 한 줌도 안 되는 좀비들이, 절대다수 대한민국 선량한 국민을 자신들과 똑같은 좀비로 만들려 기를 쓰고 있다. 저들의 이빨에 일단 물렸다 하면 선량한 국민마저 좀비가 된다. 그래서 이 싸움은 체제 싸움인 동시에 한반도에 깃든 악마성에 대한 문명됨의 싸움이다. 일종의 엑소시즘(excorcism, 退魔儀式)인 셈이다.

퇴마의식은 이제 막 시작되었다. 무서운 싸움이다. 여기서 한 발자국만 뒤로 가도 제2의 찬스는 없을 듯 싶다. 낙동강에서 밀리면 부산 앞바다에 빠져 죽는 수밖에 없지 않은가? 그래서 외친다. 뭉치자! 싸우자! 이기자! 이 함성이 이 늦은 시각(10월 4일 새벽 1시)에도 청와대 앞 분수대 광장 밤하늘에 우렁차게 메아리치고 있다.〉

(3) 헌법의 칼을 뽑았으니 자유통일로 직진하자!

필자는 2019년 10월 3일 국민 대집회에 즈음하여 이런 글을 썼다.
〈2019년 10월 3일 민족의 생일인 개천절 오늘, 나라의 주인인 우리는 대한민국의 생일을 지운 역사의 불효자 문재인에게 참다 참다 못하고 드디어 헌법의 칼을 빼 들었습니다. 태극기로 뭉치고, 헌법으로 싸우고, 진실로 이기자! 뭉치자, 싸우자, 이기자!

문재인 씨는 김일성주의자 신영복을 사상가로 존경하는 자이며 전향을 거부한 사회주의자, 그중에서도 가장 독종인 골수 레닌주의자 조국을 자유민주주의 체제의 수호자여야 할 법무부장관에 임명하였습니다. 간첩을 국방장관에 임명하는 것과 같습니다. 도둑을 경찰청장에 임명한다면, 도둑세상을 만들라는 명령으로 해석해야 하듯이 조국 임명은 좌익혁명의 밀명(密命)을 준 것이라고 의심할 권리와 의무가 있는 것이고 이는 국민의 생명·자유·재산을 위협하는 반역적 행동으로서 주권자의 정당방위, 즉 헌법적 응징을 불가피하게 만들었으며, 그래서 우리는 오늘 헌법의 칼을 들고 헌법 위반자를 응징하기 위하여 자리에 모였습니다.

문재인은 헌법 제69조에 따라 국가를 보위하고 헌법을 준수하며 성실하게 집무하겠다고 선서하고 대통령에 취임하였습니다. 그는 헌법 제66조에 따라 국가의 독립, 영토의 보전, 헌법 수호, 국가의 계속성, 평화통일을 위한 노력 등 5대 책무를 부여받았지만 지난 3년간 오로지 민족반역자 김정은의 행복을 위하여 복무하면서 국민, 국가, 국군을 배신하고 헌법의 약속을 모조리 위반하였습니다. 대한민국 헌법 1조 국민주권주의, 3조 영토 조항, 4조 자유통일 조항, 5조 국군의 임무, 7조 공무원의 중립성 보장, 10조 국민의 생명권 조항, 11조 법 앞의 평등 조항을 위반하였습니다. 촛불혁명이란 선동, 적폐청산이란 인민재판 등으로 헌정질서를 위협하고 헌법을 전면적으로 일상적으로 위반하였습니다.

대한민국 건국기념일, 즉 생일을 지운 이 자는 김정은 앞에서 스스로를 남쪽 대통령이라 사칭하고, 국군포로와 탈북자를 외면하면서 김정은이 선물한 풍산개 개새끼 여섯 마리를 귀빈으로 대우하는 추태를 벌여 자신의 영혼을 민족반역자에게 넘기는 데 그치지 않고 대한민국의 영혼, 즉 정체성까지 변조하려 합니다.

우리는 이 반역사태를 방치하면 피·땀·눈물의 결정체인 이 근사한 대한민국과 문명을 잃고 우리의 생명·자유·재산, 그리고 후손들의 미래까지 강탈당할 것이란 판단을 내리고 그래도 평화적으로 해결해보기 위하여 헌법의 칼을 뽑아 들고 문재인 하야를 요구하기에 이르렀습니다. 우리가 뽑은 이 헌법의 칼은 반역세력을 단죄하기 전에는 절대로 다시 칼집으로 돌아가지 않을 것입니다.

헌법의 칼을 뽑았으니 자유통일로 직진합시다. 오늘은 국민을 버린 문재인을 국민이 버리는 날입니다. 조국을 구속하고 문재인은 물러나라! 같이 외쳐봅시다. 남쪽 대통령 문재인은 방을 빼라! 방 빼, 방 빼, 방 빼!

마지막으로 국민의 뜻을 모아 문재인에게 최후 통첩합니다. 애국시민 여러분, 문재인이 듣도록 큰 소리로 형법 제93조를 읽어줍시다.

적국과 합세하여 대한민국에 항적한 자는 사형에 처한다! 태극기로 뭉치고, 헌법으로 싸우고, 진실로 이기자. 이기자, 이기자, 이기자!〉

※ 자료: '우리사상' 창간호(1991년)에 실린 조국의 논문 일부(류선종이란 가명으로 게재)

류선종
1961년 인천생·변혁이론가

우리는 이상에서 'PD파'의 '좌'편향적, 경제주의적 변혁이론을 비판하기 위하여, 러시아혁명에서 레닌의 혁명이론과 동구 인민민주주의혁명의 경험을 검토하고, 남한 변혁 운동상의 몇 가지 쟁점을 다루었다. 이 속에서 우리는 다시 한 번 남한 당면변혁을 '노동해방변혁단계'와 질적으로 구분되는 '민주주의변혁단계'라고 규정한다. '신식민지성'이라는 남한 자본주의의 특수성과 현재 계급투쟁의 진전 정도와 계급역관계는 사회주의로의 최종적 이행에 앞선 예비적 단계로 반제 반파쇼 반독점의 내용을 갖는 변혁을 요구하는 것이다. 그 내용을 요약하자면 다음과 같다.

(1) 자본-임노동관계 일반을 철폐하는 것이 아니라 예속적 독점자본과 제국주의의 지배를 타도하여 부르주아지와 프롤레타리아트의 계급대립을 전일화하는 변혁이다. 바로 이러한 의미에서 당면 민주주의변혁은 자본주의적 생산양식 자체를 부정하지 못하며-예를 들면 중소자본의 성장의 기회는 보장된다-, 따라서 사회주의혁명과는 질적으로 상이하다. 이 규정이 "생산력을 발전시키는 부르주아 민주주의혁명, 자본주의적 발전의 전망을 갖는 BDR"을 뜻하는 것이라고 비판하는 것은 이 규정의 원뜻과 완전 무관하다.

(2) 완전한 정치적 자유를 계급투쟁에 부여하여 '노동해방변혁'으로 성장 전화할 발판을 형성하는 변혁이다. 즉 독점국유화강령, 농업강령 등도 바로 이러한 노동자 계급의 투쟁역량 강화에 복무하게끔 사고되어야 한다.

(3) 프롤레타리아트의 헤게모니 하에서 민주주의를 지지하며 비타협적으로 투쟁하는 민중 일반의 연합권력에 의하여 수행되는 변혁으로서, 통일된 민주주의 민중공화국 수립을 목표로 하는 민족적 과제와 민주적 과제가 통일된 변혁이다. 이 점에서 '통일투쟁' 등의 소부르주아의 투쟁에 대한 '지도'의 관점이 중요하다.

이러한 당면 혁명은 첫째로, 주체가 프롤레타리아트와 근로인민이라는 점과, 둘째로, 남한사회 내에 '노동해방사회'를 위한 물질적 기초가 충분히 마련되어 있다는 점에서, '노동해방변혁'으로의 급속한 성장 전화의 길을 필연적으로 걷게 된다. 요컨대 "민족민주혁명 속에는 이미 이 혁명을 사회혁명으로 전환시키는 장래성이 포함되어" 있으며, 당면 혁명은 바로 '노동해방변혁'의 서막으로서 '노동해방변혁'을 위한 물적 토대를 제공할 것인 바, 당면 혁명과 '노동해방변혁'은 "동일한 사슬의 두 고리"인 것이다! 우리는 '노동해방변혁'으로의 이행의 연속성을 강조할 뿐만 아니라, 전략단계 마다의 특수한 주요 과제를 규정하고 실현해내야 한다.

'페레스트로이카'를 계기로 하여 현존 사회주의국가에서의 사회주의건설의 문제점을 교정하려는 움직임이 시작되었다. 그러나 그 교정을 위한 투쟁은 레닌주의적 원칙에 입각해서 이루어지지 못하고 오히려 레닌주의를 수정하는 방향으로 이루어졌다. 그 결과는 세계 사회주의운동의 후퇴였고 패배였다. 문제는 레닌이 '제1강화기'에 등장한 사회민주주의적 경향에 대한 투쟁 속에서 마르크스주의의 혼을 수호하였듯이, 현 시기에 있어서 우리의 임무는 '페레스트로이카'와의 투쟁 속에서 마르크스-레닌주의의 혼을 수호하고 이 위기를 남한 변혁의 수행을 통하여 타개하는 것이다.

'스탈린적 편향'에 의해 만들어졌던 '봉쇄된 위기'는 그 해결주체의 잘못된 실천과 맞물리면서 폭발되었던 것이다. 그러나 여기서 우리는 이러한 세계 사회주의운동의 후퇴현상과 대조적으로 남한 '노동해방변혁운동'은 성장하고 있음을 명심하여야 한다. 80년대 후반기 이후 남한 변혁운동진영 내에서는 본격적인 '노동해방주의자'가 등장하였고, 이는 노동자계급 대중운동과 급속히 결합해 가고 있다. 그리고 아직 그 영향력에 있어서 미약하지만 세계 어느 나라 못지않게 남한의 노동해방진영이 전투적이고 원칙적인 관점을 견지하고 있음은 남한 사회의 발전전망을 밝게 해주고 있다.

이 글은 바로 이러한 '노동해방주의' 운동진영 내에서 강령논쟁의 재개를 요청하는 글이다. 자유주의적 부르주아지의 품안에 노동자계급의 운동을 가두어 놓으려는 기회주의적 입장은 여전히 '대동단결'을 외치고 있고, 페레스트로이카의 바람 속에서 사회민주주의적, 의회주의적 입장은 호시절을 만난 듯 '혁명적 노동해방주의'의 종언을 떠들고 있다. '선행(先行) 노동계급의 사상'인 '낡은'(?) 마르크스주의를 '창조적'(?)으로 '계승 극복 발전'(?)시켰다는 '주체사상'을 가지고 진군하는 노동자계급의 시야를 흐리는 실천, 또 다른 측면에서 '마르크스주의의 위기'를 운운하면서 스스로 '혁명'이라는 무기를 놓아버리는 실천은 종식되어야 한다. 철저하게 전투적인 그리고 과학적인 '노동해방주의'의 입장에 굳건히 선 노동자계급의 강령! 바로 이것이 필요하다!

그리고 또한 이 논쟁은 단지 '말'에 의해서가 아니라 '행동'을 담보하는 강령논쟁이어야 할 것이다. 즉 당면한 계급투쟁에 대한 조직적 지도와 개입 없이 "이론의 완결성을 구비한 후에 실천하자!"는 식, 또는 "선전 후에 선동하자!" 식이라면 정말 곤란하다. "모든 나라 사회주의자들이 이끌리는 이 이론(마르크스주의 이론)의 저항할 수 없는 매력은 바로 그것의 엄격하고 최고로 과학적(사회과학에서의 최후의 말이다)인 특질과 혁명적인 특질을 결합시켰다는 사실에 있다"는 레닌의 말처럼 '혁명성' 없는 '과학성'은 무의미하다. 그리고 서로의 입장에 대한 철저한 비판과 동시에, 타 정파에 대한 '분파'적 태도가 아니라 혁명적 노동해방주의진영 전체의 강화라는 관점이 견지되어야 할 것이다. 동지들! 모두 "우리의 이론은 도그마가 아니라 행동의 지침이다"라는 마르크스의 말을 명심하자! 우리는 레닌의 말투와 비유를 써먹기 위해서 논쟁하는 것이 아니다.

동지들! "사상이 인민을 장악할 때 그것은 힘으로 전화된다"라는 레닌의 말을 명심하자. 진군하는 노동자계급을 자신의 해방사상, 즉 '혁명적 노동해방주의'로 물들여야 한다. 바로 이것만이 우리의 활로이다. 파쇼정보기관의 추적과 함께 유난히도 추웠던 또 한 번의 겨울이 가고 생명이 고동치는 봄이 왔다. 그 하나하나의 변화를 놓치지 말고 주목하라. 어느 순간 이 산천은 진달래꽃으로 붉게 물들어 뜨겁게 타오르고 있음을 발견할 것이다. 동지들! 역사발전의 '자연사적(自然史的) 필연법칙'을 굳게 믿고 우리의 실천으로 그 법칙을 구현해내자! 승리는 우리의 것이다!

"혁명은 역사의 기관차이다"(마르크스).

혁명의 근본문제는 권력의 문제이다. 혁명의 성격, 그의 경과와 결말은 권력이 누구의 손아귀에 있는가, 어느 계급이 권력을 장악하고 있는가에 따라서 전적으로 규정된다(스탈린, '두 가지 방침').

국익 실종과 종북 무능 외교

윤덕민

1. 들어가며

문재인 정권은 대한민국 역사상 일찍이 경험하지 못했던 다른 철학에 바탕을 둔 외교정책을 추진하면서, 국가 안전과 번영의 기반이 흔들리고 있다. 문재인은 공약으로 '국익우선의 협력외교'를 바탕으로 '강하고 평화로운 한반도'를 표방했다. 그러나 국익실종과 무능외교로 문재인 정권이 내건 협력외교는 한 치의 진전도 없이 한국은 우군이 하나도 없는 동북아의 동네북으로 전락하고 있다.

남북공조를 모든 외교에 최우선하여 '남북관계만 잘되면 모든 것이 풀린다'는 입장으로 적극적인 남북관계 개선과 미북 사이에서 중재외교를 표방하였지만, 북한은 문재인 정권의 중재외교를 오지랖 운운하면서 비난하고 수십 발의 미사일로 응수하고 있다. 김정은의 비핵화 의지가 확고하다는 문재인 정권의 보증외교는 사실상 북한의 핵무장이 기정사실화되는 상황에서 국제사회의 의심을 받고 있다.

협력외교를 통해 동북아 더하기 책임공동체를 형성하겠다는 공약에도 불구, 표방했던 한중일 3국 협력은 조금의 진전도 없이 동북아의 다자안보와 경제공동체를 통합하여 동북아 책임공동체를 만들겠다는 시도조차 강구되지 못하고 있다.

문재인 정권은 미중 간에서 중국을 중시하는 자세를 취하였다. 중국의 사드보복에도 불구하고, 눈치를 보면서 여전히 주한미군 사드를 임시 배치에 머무르고 있다. 그리고 중국에 대해 더 이상 사드를 추가 배치하지 않고 미사일방어(MD)에 통합하지 않으며 한미일 군사동맹을 하지 않겠다는 소위 '3불'을 약속했다. 또한 중국의 일대일로에는 운명공동체로 자리매김하면서 미국의 인도태평양전략에는 모호한 태도로 일관한다. 이러한 중국 중시자세에도 불구하고, 사드보복은 진행 중이다.

한일관계는 국교정상화이래 최악의 상황에 처하였다. 어렵게 합의된 한일위안부합의를 재협상한다는 공약을 내세웠지만, 일본에게 재협상을 요구하지도 못하고 사실상 폐기한 상태에 있다. 또한 2018년 10월 강제징용에 대한 대법원의 확정 판결로 1965년 한일청구권협정과 대법원 판결 사이에 모순이 발생했지만, 정부는 대법원 판결에 정부가 관여할 수 없다는 이유로 일본의 보복이 예상되었지만 거의 8개월간 일본의 대화제의에 응하지 않았다. 일본 아베 정부는 한국에 대한 수출규제조치를 발표했고, 한국은 한일정보보호협정을 종료하여 양국관계는 최악의 상황으로 치닫고 있다.

한미동맹도 기로에 서게 되었다. 문재인은 한미동맹의 중요성을 강조하면서 신뢰와 협력을 바탕으로 고차원의 협력관계를 만들겠다고 했지만 미북 대화 중재만 있을 뿐 그 외의 이슈에 있어서는 거의 대화가 없다. 워싱턴에서는 한국을 북한만 우선하는 'one issue contury'로 보고 동맹의 포괄적 문제에 대한 대화가 되지 않는 상대로 보고 있다. 트럼프 정부가 추진하는 인도태평양구상에 미온적 입장이고 중국을 중시하는 자세를 취하는 한국에 대해 불만의 목소리가 높다. 특히 한일정보보호협정을 유지하라는 미국의 일관된 요구에도 불구하고 이를 종료한 한국의 조치에 대해 미국은 강한 실망과 우려의 뜻을 공개적으로 표명하고 있다. 미국은 한국의 조치가 미국이 주도해온 지역질서를 훼손하고 특히 주한미군까지 위태롭게 하는 조치로 인식하고 있다.

유능하고 경험 있는 외교관들을 적폐로 몰고 비상식적인 코드인사에 치중함으로써 외교인프라가 붕괴되었다. 한때 글로벌 금융위기를 가장 빨리 극복하고 G20를 유치하여 글로벌외교의 촉망받던 신흥 선진국 한국은 문재인 정권 들어 국제사회에 있어 존재감이 현격히 떨어지고 있다. 우리는 한 번도 경험한 적이 없는 문재인 정권의 외교실정에 직면해있다.

2. 외교 인프라는 어떻게 붕괴되었는가?

외교란 인적 네트워크가 중요하다. 좋은 외교관은 문제가 발생하면 주재국의 누구를 만나고 통해야 해결할 수 있는지의 인적 네트워크를 갖는다. 이러한 네트워크는 하루아침에 만들어지지 않는다. 막대한 국민세금이 투입되고 시간이 축적되어야지만 국가가 활용할 수 있는 좋은 외교관과 인적 네트워크가 만들어질 수 있다. 대체 인력으로 해결될 수 있는 사안이 아니다. 그런데 안타깝게도 문재인 정권 들어서, 미국과 일본을 담당했던 베테랑 외교관들이 적폐청산이란 이름으로 일선에서 배제되어 대기 중이거나 옷을 벗고 있다. 그들이 구축한 네트워크와 노하우도 사장되고 있다. 워싱턴과 동경에서 대한민국의 존재감도 점점 약해지고 있다.

외교부의 핵심인력들이 사라진 자리에 전문성 있는 인사보다 정치보은의 코드인사로 채우고 있다. 우리 중요한 국가들의 공관장에 전문성을 갖는 인력이 아닌 외교적 식견이나 경험이 별로 없는 이념적 코드인사들을 임명함으로써 공관에서의 실질적 외교업무가 큰 지장을 초래하고 있다.

외교에 코드란 없다. 모택동도 레이건도 아베도 외교의 본질은 똑같다. 국익만 있을 뿐이다. 코드인사에서 벗어나 최고인재들에게 가장 어려운 일을 맡겨야 한다. 김대중 대통령이 경제관료를 적폐로 몰아 내쳤다면 IMF사태를 극복할 수 없었을 것이다. 그는 경제관료들을 신뢰했고 관료들은 위기극복을 위해 헌신했다.

전문적 외교 핵심인사들을 배제하고 외교부를 코드인사로 채움으로써 더욱이 철저한 청와대 위주의 외교정책 집행으로 외교부가 외교정책의 책임기관이 아닌 수동적 조직으로 전락하였다.

3. 북한 핵무장의 기정사실화

/

(1) 자위용의 핵무장과 종전선언

김대중 정부 이래로 좌파정부들은 햇볕정책을 주창하고 이에 따른 북한 핵문제 해결을 추진하였다. 햇볕정책의 철학적 배경은 '한반도 냉전구조 해체론'이다. 한반도의 냉전구조로 인해서 북한이 핵무기를 개발하고 대남 적대정책을 취하며 개혁개방으로 나서지 않는다는 것이다. 따라서 북한의 핵무기 개발을 포기시키기 위해서는 냉전구조 해체가 필요하다는 것이다. 한국은 햇볕정책으로 대북 적대를 버렸기 때문에 미국의 대북 적대정책이 냉전구조의 핵심이며, 미국의 적대정책 해소가 필요하다는 것이다. 미국이 압살정책 탓에 핵을 개발한다는 입장은 사실 북한이 2002년 우라늄농축을 통한 핵무기 개발이 발각된 이후 주장하기 시작한 논리로 한국의 진보정부 논리를 북한이 따르고 있는 셈이다.

노무현 대통령은 2004년 11월 미국 LA의 한 연설에서 핵은 외부 위협에 대한 자위용 억제수단이라는 북한의 주장에 대해 '북한이 핵을 가지려는 것은 일리가 있는 측면이 있다'고 언급했다. 또한 노 대통령은 2006년 5월 재향군인회 회장단에게 '북한의 핵개발은 공격용이 아닌 방어용'이라는 인식을 드러냈다. 이는 북한을 북한의 입장과 논리로 파악해야 한다는 '내재적 접근'에 입각한 것이었다.

미국의 대북 적대 탓에 북한이 핵무기를 개발하고 있기 때문에 미국의 대북 적대정책이 해소되면 북한은 핵을 가질 이유가 사라지기 때문에 스스로 핵을 포기한다는 것이다. 따라서 이러한 주장에 따르면, 결국 미북 적대관계를 해소하기 위해서, 종전선언과 평화협정 체결, 한미연합훈련 중단, 주한미군 감축내지는 철수 등이 북한의 핵포기를 이끌어내기 위해 필요하다는 논리로 귀결된다. 즉 한미동맹의 형해화가 비핵화를 위해 필요하다는 논리이다. 북핵문제에 대한 문재인 정권의 인식도 내재적 접근에 입각한 역대 진보정부의 입장을 따르고 있다고 볼 수 있다.

종전선언은 북한이 요구하는 것이 아니다. 종전선언은 과거 노무현 정부 말기에 추진했던 정책으로 평화협정을 맺기 전에 남북한과 미국 3자 혹은 중국을 포함한 4자 사이에 한국전쟁 종전을 선언하자는 것이다. 북한의 비핵화를 유도하기 위해서 복잡하고 시간이 걸리는 평화협정 대신 우선 종전을 선언하여 적대관계를 종식시키자는 것이다. 문재인 정권은 노무현 정부의 종전선언을 부활시켜 국정의 외교안보 분야 핵심 과제로 적극 추진한다.

2018년 4월 판문점에서의 남북정상회담에서 문재인은 김정은에게 종전선언을 제안하였고 2018년 중 3자 혹은 4자에 의한 종전선언을 추진하기로 합의하였다. 또한 문재인 정권은 종전선언을 체결한다면 70년 만에 한국전쟁을 종결하는 역사적인 사건이며 이를 주도한 트럼프 대통령이 노벨평화상을 받을 수 있을 수 있는 업적이 될 수 있음을 적극적으로 알렸다. 트럼프 대통령은 역대 미국정부가 반대하고 그의 참모들이 만류해온 종전선언을 할 수 있다는 입장을 갖게 된다.

문재인 정권은 종전선언이 정치선언에 불과하고 유엔사나 주한미군에 아무 영향이 없다고 강조한다. 그러나 문제는 간단하지 않다. 유엔사는 한국전쟁 당시 공산군 침공을 격퇴시키기 위해 유엔안보리 결의로 만들어졌다. 따라서 한국전쟁이 종결되면 더 이상 유엔사가 존속할 근거가 사라진다. 유엔사는 한국전쟁 중 일본과 협정을 맺어 7개 주요 기지를 유엔사 후방기지로서 자유 사용할 수 있는 권한을 갖게 되었다. 유엔사가 해체되면 유엔사후방기지들을 자유 사용할 근거가 없어진다. 바로 한국전쟁 당시 부산교두보를 확보하게 하여 김일성의 적화통일기도를 좌절시키는데 결정적 공헌을 했던 기지들이다. 유엔사령관이기도 한 에이브럼스 주한미군사령관은 주한대사들의 모임에서 유엔사가 해체되면 군사적으로 일본 내 후방기지를 사용하지 못하게 되어 유사시 한국방어가 불가능해진다고 토로한 바 있다.

(2) 한반도 운전자 또는 중재자

문재인 정권은 2017년 7월 베를린 선언을 통해 북한을 비핵화시키고 한반도의 평화통일 여건을 조성하는데 있어 한국이 운전석에 앉아 주도적 역할을 하겠다는 '한반도 운전자론'을 주창한다. 또한 문재인은 미북 사이에서 중재자를 표방한다.

2017년 말 수소폭탄 실험에 이은 미본토를 공격할 수 있는 화성15호 대륙간탄도미사일 실험에 성공한 직후, 김정은은 핵·미사일 도발에서 일전하여 평창올림픽 참가 등 평화공세에 나선다. 김여정 등 북한 고위급인사가 평창올림픽에 참가한 것을 계기로 문재인 정권은 2018년 3월 정의용 국가안보실장과 서훈 국정원장 등으로 구성된 특사단을 북한에게 보내어 김정은과의 만남을 추진한다. 김정은은 특사단에게 문재인 대통령과의 남북정상회담에 응할 수 있으며 '군사위협을 제거하고 체제안전을 보장해준다면 핵을 가질 하등의 이유가 없다'고 하면서 비핵화는 선대의 유훈임을 언급했다. 또한 트럼프 대통령과 만날 용의가 있음을 전달하였다.

정의용 실장은 김정은의 비핵화의지와 대화의사를 미국에 전하기 위해 미국을 방문했고, 3월 8일 백악관에서 트럼프 대통령을 만났다. 정의용 실장은 트럼프 대통령에게 김정은이 비핵화에 대한 의지를 갖고 있으며, 향후 모든 핵과 미사일 실험을 자제할 것을 약속하며, 트럼프 대통령을 조기에 만나고 싶다는 김정은의 의사를 전달하였다. 한국 특사단으로부터 김정은의 비핵화 의지를 전해들은 트럼프 대통령은 그 자리에서 김정은과 미북정상회담을 결정하였다. 김정은의 비핵화 의지를 한국이 보증한 셈이 되었다.

그러나 김정은이 언급한 비핵화 부분은 지난 30년 간 핵협상에서 북한이 주장해왔던 바와 다름이 없는 것이다. 즉 비핵지대화 논리의 연장선에 있는 주장이다. 북한을 군사적으로 위협하고 체제안전을 해치는 주한미군이 철수하고 핵우산이 한국에서 제거된다면, 북한이 핵포기를 결정할 수 있다는 논리이다. 비핵화가 선대유훈이라는 논리도 세계가 비핵화 되면 북한도 비핵화한다는 것이며, 특히 북한이 비핵화하기 위해서는 미국이 비핵화해야 한다는 것이다. 이후, 김정은은 남북정상회담과 미북정상회담에서 '조선반도의 완전한 비핵화를 위해 노력한다'는 표현을 언급하고 있다. 이는 북한 비핵화가 아닌 어디까지나 조선반도, 한반도의 비핵화로 '남조선내 모든 핵무기와 그 기지들을 철폐, 검증받아야 하고, 조선반도와 그 주변에 핵 타격 수단들을 다시는 끌어들이지 않겠다고 담보해야 하며, 남조선에서 핵사용권을 쥐고 있는 미군이 철수해야 한다'(2016년 7월 북한정부 대변인 성명)는 것이다.

2018년 3월 한국 특사단으로부터 '김정은의 전언을 듣고 미북정상회담을 결정한 트럼프 대통령은 2018년 6월과 2019년 3월 김정은 위원장과 싱가포르와 하노이에서 두 차례 미북 정상회담을 개최한다. 여기서 트럼프 대통령은 북한의 밝은 미래(체제생존의 틀)와 핵포기를 교환하는 형식으로 접근했다. 특히 트럼프는 김정은이 한국특사단에게 주장했던 대로 북한체제를 보장하고 군사적 위협을 제거하는 수순을 밟았다. 미북관계를 정상화하고 종전선언으로 적대관계를 종식시키며 체제보장을 해주는 조치들을 강구했다.

트럼프 대통령은 협상 전에 비용문제를 들어 북한이 반대하는 전략폭격기 등 전략자산의 한반도 전개를 중단시켰다. 이는 한국에 대한 핵우산이 약화되는 조치였다. 2018년 6월 싱가포르에서의 첫 정상회담 직후, 트럼프 대통령은 기자회견에서 전격적으로 한미연합훈련을 도발적인 군사연습(war game)으로 칭하면서 중단을 선언했고 주한미군을 고향으로 돌려보내고 싶다고 했다.

특히 문재인 대통령이 조언한 대로 기술적으로 전쟁상태인 한반도

정전상황을 종식하는 종전선언이 필요하다는 인식을 공유하고 미 역대정부와 관료들이 반대하던 종전선언을 찬성했다. 트럼프 대통령은 싱가포르회담에서 김정은에게 한국전쟁을 종식하는 종전선언을 제안했다고 알려진다.

2019년 3월 하노이회담에서 트럼프 대통령은 한국전쟁을 종결하는 종전선언, 미북 간 수교, 미국의 군사위협제거, 경제협력 등의 문제를 논의하려 했지만, 김정은은 이에 대해 전혀 언급 없이 영변 대신에 5개 제재해제만 요구한 것으로 알려진다. 트럼프 대통령은 포괄적인 핵합의가 가능한지 물었고 답이 없자, 김정은에게 '당신은 준비가 되지 않았다'며 자리를 떠 하노이회담은 결렬되었다.

문재인 정권의 운전자론과 중재자론은 2019년 2월 하노이 정상회담이 결렬되면서 설자리를 잃게 된다. 워싱턴 조야는 문재인 정권이 진정성이 있다고 전한 김정은의 비핵화 의지에 대해 부정적 인식이 확산되면서 문 정권의 신뢰성에도 의문을 갖는 목소리가 높아졌다. 특히 북핵의 최대피해자이자 동맹국인 한국이 제3자처럼 미북 사이의 중재자를 표방하는 것이 적절한 것인지에 대한 부정적 기류가 확산되었다. 한국 정부의 북한 편향적인 입장으로 한미 정책공조의 문제점을 우려한 미국은 한미 워킹그룹을 구축하여 사전에 정책조율을 통해 한국의 움직임을 견제하기도 했다.

더욱이 북한조차 문재인 정권이 중재자를 표방하는 것에 비난을 퍼붓는 상황에서 '한반도 운전자론'과 '중재자론'은 동력을 잃게 되었다. 2019년 3월 북한의 최선희 외무성 부상은 '남조선은 중재자가 아니라 당사자다'고 비난했고, 김정은은 4월 최고인민회의 시정연설에서 '오지랖 넓게 중재자 행사를 하지 말고 민족공조를 하라'고 비난했다. 미국과 북한의 비판에 직면한 문재인 정권은 중재자란 표현을 포기하고 '촉진자론'을 내세우기 시작한다.

문재인 정권은 완전한 비핵화보다 우선 영변 핵시설 폐기의 부분적 비핵화를 통해 제재완화를 추진하는 소위 스몰딜 방안을 미국에게 적극적으로 세일즈하였다. 하노이 미북정상회담 직전까지 개성공단과 금강산관광을 재개하는 방안을 모색했다. 특히 비핵화에 따른 비용을 한국이 부담할 수 있음을 강조하였다. 미국에게 김정은의 비핵화 의지가 확실하다는 배달사고를 냈던 문재인 정권은 미북 하노이 회담 결렬 이후 미북대화의 촉진자를 자임하며 굿이너프딜(good enough deal), 얼리하비스트(조기수확, early harvest)란 감성적 용어를 앞세워 사실상 제재완화를 요구하고 나섰다.

두 차례의 남북정상회담과 세 차례의 미북정상회담으로 북핵협상이 크게 진전을 보고 있는 것처럼 보이지만, 현실은 단 한 개의 북한 핵무기가 줄어든 것도 없고 북한의 핵무기 생산이 동결된 것도 없다. 매년 핵탄두는 12개씩 늘어나고 있다. 미 정보당국은 북한이 60여 발의 핵탄두와 이를 운반할 수 있는 1,000여기의 탄도미사일을 보유한 것으로 평가한다. 2019년 5월 이후 북한은 20여발에 달하는 각종 신형 탄도미사일 실험에 나서고 있다. 핵협상에도 불구하고 북한의 핵전력은 지난 2년간 크게 향상되고 있다.

(3) 북한 대변인 외교

문재인은 민족공조를 중시하면서 김정은의 비핵화 의지를 국제사회에 보증하는 역할과 함께 대북 제재완화를 촉구하는 일련의 외교행보를 보인다. 문재인은 2018년 9월 유엔총회 기조연설에서 '북한이 핵개발 노선을 공식 종료하고 오랜 고립에서 벗어나 스스로 세계 앞에 다시 섰다'고 하여 김정은의 비핵화 의지의 진실성을 사실상 보증했다. 더욱이 문재인은 '이제 국제사회가 북한의 새로운 선택과 노력에 화답할 차례'라고 하여 국제사회의 대북제재 완화를 제기하였다.

강경화 외무장관은 2018년 10월 3일 미국 워싱턴포스트와의 인터뷰에서 '처음부터 핵무기 목록을 요구하면 이후 검증을 놓고 이어질 논쟁에서 협상을 교착 상태에 빠지게 할 위험이 있다'면서 '북한 비핵화 협상 진전을 위하여 북한의 핵무기 목록 신고와 검증 요구를 일단 미룰 것을 미국에 제안했다'고 밝혔다. 동결도 없고 신고도 없이 무엇을 비핵화하려는 것인지, 국제사회는 한국이 북한 비핵화를 진정으로 바라고 있는 것인지, 단지 '무늬만 비핵화'를 원하는 것으로 의심하는 상황이 초래되었다.

문재인은 2018년 10월 유럽순방을 통해 국제사회의 대북 제재완화를 촉구하였다. 2018년 10월 16일 문재인은 마크롱 대통령과의 한불정상회담에서 '김정은은 미국이 상응하는 조치를 취해줄 경우 핵과 미사일 실험중단과 생산시설의 폐기뿐만 아니라 현재 보유중인 핵무기와 핵물질 모두를 폐기할 용의가 있다고 밝혔다'고 하면서 '북한 비핵화가 되돌릴 수 없는 단계에 왔다는 판단이 선다면 유엔제재 완화를 통해 북한 비핵화를 더욱 촉진해야 한다'고 언급했다. 이에 마크롱 대통령은 '프랑스는 비핵화가 완전하고 불가역적 검증 가능해야 한다는데 애착을 가지고 있다. 무엇보다 탄도미사일이나 비핵화, 인권 보호, 남북관계 개선이 실제적으로 이뤄져야 한다. 평양의 구체적인 공약을 기대하고 있다. 그때까지는 프랑스가 유엔안보리에서 채택할 제재를 계속해야 할 것이다'고 문재인의 제재완화 요구를 일축했다. 이어 열린 한영정상회담에서도 메이 총리는 마크롱 대통령과 동일한 입장을 취한 바 있다.

2018년 문재인 정권은 일련의 순방외교를 통해 북한의 비핵화 의지를 보증하고 제재완화를 촉구하였다. 그러나 한국 정부의 입장과는 달리, 국제사회는 일관되게 북한 비핵화에 있어 CVID를 강조했고 대북 제재를 견지해야 한다는 입장을 보였다. 그러나 한국 정부의 대북 편향적인 움직임은 해외에서 적지 않은 우려를 조성했다. 한국이 북한입장을 대변해 대북 제재와 국제공조를 이완시키려고 시도한다는 인상만 국제사회에 심어줬다. 이러한 상황에서 미국 블룸버그 통신은 '문재인 대통령은 김정은의 수석 대변인'이라고 보도한다.

(4) 유엔안보리 대북제재 결의안 위반 가능성

2017년 말 수소폭탄과 장거리미사일 실험을 계기로 유엔안전보장이사회는 대량살상무기 활동에 국한되었던 대북제재에서 북한경제에 직접 영향을 주는 강력한 제재안을 통과시켰다. 석탄 등 10억불에 달하는 광물 수출이 차단되었고 북한교역은 90% 가까이 축소되었다. 외화벌이의 주요 수단인 해외인력송출도 크게 축소되었다. 연 20억불정도의 외화벌이가 차단되고 있다. 더욱이 유엔안보리는 북한이 수입할 수 있는 원유를 400만 배럴로 그리고 정제유는 50만 배럴로 제한했다. 북한경제가 필요로 하는 정제유를 매년 500만 배럴로 본다면 소요량의 90%가 차단되는 것이다. 하노이회담에서 김정은이 제재해제에 매달린 이유가 여기에 있다. 국제사회의 강력한 제재가 없었더라면 북한은 핵협상에 나오지 않았을 것이다.

북한은 국제제재 틀을 와해시키기 위해 외교력을 집중하는 한편 가용 선박을 총동원하여 불법환적을 통해 필요한 외화와 원유를 확보하고 있다. 이를 막기 위해 국제사회도 총력을 기울인다. 한반도 주변 해역에는 미국, 일본뿐만 아니라 영국, 프랑스, 캐나다, 호주, 뉴질랜드 등 다국적 해군력이 전개되어 해상에서 북한의 불법 밀거래를 차단하기 위해 불철주야 감시활동을 하고 있다.

그런데 이를 차단해야할 주역인 한국의 모습이 잘 보이지 않을 뿐더러 제재의 구멍이 아닌가하고 국제사회가 의심하고 있다. 2018년 여름 수십만 톤의 북한 석탄이 남한에 밀반입되었다. 잘못되었다면, 우리 국민기업인 철강회사, 전력회사와 최대 시중은행이 제재대상이 되는 아찔한 순간이었다. 다행히 경고로 그쳤다.

그러나 석탄 밀반입만이 아니었다. 2019년 유엔 대북제재 위원회와 미 정부 보고에 의하면, 한국산 정제유가 우리 선박들까지 동원되어 상당량 북한으로 밀반출되었다. 한 선박은 27차례에 걸쳐 16만 톤의 정제유를 공해상에서 불법환적한 것으로 드러나고 있다. 영국해군에 의해 불법환적이 드러난 싱가포르국적의 유조선은 한국에서 10만 톤 이상의 정제유를 밀반출한 것이 아닌가하고 의심을 받고 있다. 여수, 부산, 광양에 불법밀수선박들이 제 집처럼 드나들었다. 놀라운 점은 한국 항만에서 밀수행위가 이루어지고 심지어 한국 국적선박까지 동원되고 있었는데 우리가 적발한 사례가 단 한건도 없다.

당연히 우리 해군과 해경은 한반도 주변해역에서 가장 큰 감시자산을 갖고 있다. 특히 해군은 작은 고속 간첩선도 잡을 수 있는 최고 수준의 노하우를 갖고 있다. 화물선이나 유조선 같은 큰 배들을 적발하지 못할 리 없다. 우리 정부가 억류중인 5척의 선박도 우리가 적발한 것이 아니라 국제사회가 제공한 정보에 의한 것이다. 대북제재 전문가 조수아 스탠튼은 이 문제가 정치적 스캔들로 비화할 수 있음을 경고한다.

문제는 스캔들로 그칠 일이 아니라는 점이다. 우리 기업과 금융기관이 미국에 의해 세컨더리 보이콧 대상이 된다면, 대외의존도 100%의 한국에겐 치명적이다.

4. 최악의 한일관계

/

(1) 한일위안부합의 파기

문재인 정권은 오랜 기간 갈등을 거듭해온 한일관계를 출범과 함께 리셋할 수 있는 위치에 있었다. 그러나 리셋보다 악화일로의 길을 선택했다. 문재인 정권은 출범초기 과거사와 일반 관계를 분리하여 접근하는 투 트랙 방침을 내세우고 대일관계 개선을 꾀하는 듯 보였다. 그러나 적폐청산을 이유로 '한일위안부합의 검증 태스크포스'를 두어 합의과정에 관한 모든 과정과 문서들에 대한 검증을 하였다. 한일위안부합의를 재협상하겠다는 공약까지 내걸었다. 재협상을 주장하는 논거의 핵심은 이면 합의 유무다. 마치 한일 간의 이면합의라도 있는 듯한 분위기였지만, 막상 검증 TF의 결과 보고서를 아무리 읽어 봐도 이면 합의가 있다고 보긴 어렵다. 소녀상 이전 등 일본 질의에 우리가 답한 논의 과정을 이면 합의로 본다는 것 자체가 무리였다. 내용도 일본 정부가 표명한 조치가 착실히 이행되면 적절한 시점에 관련 단체와 논의할 수 있다는 수준이었다. 문재인은 TF 보고서와 관련해 "이 합의로 위안부 문제가 해결될 수 없다는 점을 분명히 밝힌다"는 담화를 발표했다. 위안부 합의의 중대한 흠결이 밝혀졌기 때문에 재협상하거나 파기하겠다는 의도로 읽혔다. 문재인은 향후 위안부 문제와 전반적인 한·일 관계를 분리하는 투 트랙 접근도 언급했다.

문재인 정권은 일본 정부에 재협상을 요구하지 않고 일본 정부가 정부예산으로 제공한 10억 엔으로 조성된 화해치유재단 해산을 통한 한일 위안부합의의 무력화를 꾀하여 사실상 합의를 폐기했다. 더욱이 한일위안부합의에 참여했던 관계 외교관들을 옷을 벗기거나 한직으로 몰았다. 일본 정부는 문재인 정권이 국가 간 합의를 뒤엎는 것을 국가 간 약속을 지키지 않는다며 맹비난했다.

(2) 대법원 확정판결과 무대응

2018년 10월 대법원은 강제징용피해자에 대한 승소 확정판결을 내림으로써 징용피해자의 위자료 개인청구권을 인정하였다. 이는 1965년 한일 청구권협정을 뒤엎는 판결이었다. 1965년 한일 청구권협정은 징용피해자를 포함한 식민지배에 대한 청구권을 최종적으로 완전히 해결했다고 명기하고 있다. 조약에 명기되어있는 사항을 대법원 판결은 뒤엎는 것이다. 선진국에서 조약에 명기되어있는 사항을 뒤집는 판결을 낸다는 것은 상상할 수 없는 일이다. 조약해석의 원칙과 사법자제의 원칙을 지키지 않은 것은 유감스러운 일이다. 선진국이라면 사법부가 외교사안에 대해서는 행정부 입장을 듣고 신중한 판단을 내리는 사법자제의 원칙이 있다. 그러나 대법원 판결과 국제조약 사이의 모순에 따른 외교사안과 관련 사법 자제원칙에 입각하여 전 정부의 대법원과 외교부 사이의 협의과정을 사법거래 농단으로 규정하여 적폐청산의 명목으로 관련자들을 처벌하고 있다.

우리는 강제징용 등 개인피해자에게 가야할 보상금(무상 3억불, 유상 2억불)을 경제개발의 씨앗으로 사용했다. 이러한 문제를 인식한 정부는 1970년대 초 개인피해자에 대한 보상을 했다. 2005년 노무현 정부는 국가 간의 협상으로 개인 청구권을 소멸할 수 있는지에 관한 문제의식을 갖고 한일협정관련 문서들을 전면 조사한 바 있다. 당시 민관합동위원회의 결론은 무상 3억불에 강제징용 보상금이 포함되어있고 정부가 일본에 다시 법적 피해보상을 요구하는 것은 신의 상 곤란하다는 것이었다. 결국 정부는 특별법을 제정하여 강제징용피해자 7만 2,613명에게 6,184억 원을 보상한 바 있다.

대법원 판결과 관련, 문재인 정부는 1965년 기본조약에 대한 입장을 언급하지 않고 대법원판결에 관여할 수 없다는 입장을 개진하였다. 더욱이 대법원 판결이후 8개월 이상 아무런 대책 없이 일본의 대화제의에 응하지 않았고 승소한 원고들은 일본기업이 소유한 한국내 재산의 강제압류와 함께 현금화 움직임을 보임으로써 일본의 강력한 반발을 불러일으켰다. 일정부분 일본의 경제보복 명분이 되었다. 일본의 경제보복은 이미 대법원 판결 시 예견되었던 상황이었음에도 불구하고 문재인 정권은 이렇다 할 위기관리나 대응책을 준비하지 않았다.

일본은 한일기본조약에 입각 대법원 판결과 관련 '제3국에 의한 중재위원회 구성'을 요청했지만, 한국이 응하지 않고 특히 일본 정부가 가장 믿고 있던 지일파 이낙연 총리가 대법원 판결과 관련 정부가 할 수 있는 일이 없다는 말이 나오자 2019년 7월 일본은 3개 핵심소재에 대한 수출규제를 단행했다. 그리고 2019년 8월 일본은 전략물자 거래에서 한국을 우대하던 화이트리스트에서 제외하는 조치를 취하였다. 이에 반발한 한국은 2019년 8월 한일정보보호협정 종료를 선언했다.

문재인 정권 출범 이후, 한일위안부합의의 사실상 파기, 욱일기 게양문제로 일본 해상자위대함 관함식 불참, 레이더조준문제와 초계기

사건, 대법원 판결과 한국 정부의 방치, 일본의 수출규제조치, 한국의 한일정보보호협정 종료선언 등으로 한일관계는 국교정상화 이후 최악의 상황으로 빠져있다.

5. 사면초가의 한미동맹

/

(1) 지소미아의 종료와 위태로운 주한미군 안전

물리적으로 주한미군 2만8천명의 안전을 확보하기가 어려워지고 있다. 주한미군은 이미 천발에 달하는 북한의 각종 핵미사일 사정권에 놓여있다. 북한미사일에 대한 방어망 강화가 절실하지만, 쉽지 않은 상황이다. 사드를 성주에 배치했다고 하지만, 한국 정부의 비협조로 여전히 임시 배치다. 설상가상 2019년 5월 이후 발사된 북한의 신형 미사일들은 주한미군 안전에 심각한 위협이 되고 있다. 미국은 우리 군의 현무·번개와 유사한 북한 신형미사일들이 탄두의 추진 기동으로 저고도의 예측하기 어려운 비행 능력을 가지며 기존 미사일방어망을 압도하는 것으로 판단한다. 신형미사일의 690km 핵공격 사정권에는 주한미군 6개기지, 주일미군 2개기지 등 3만 명 이상의 미군이 존재하며 사실상 무방비 상태다.

이러한 와중에 한국 정부는 결정적 한방을 날렸다. 일본의 백색리스트 제외조치에 대항하여 한일정보보호협정(지소미아) 종료를 선언했다. 우리가 일본과 지소미아를 맺은 것은 한미일 정보역량을 총동원하여 사각지대 없이 강력한 북한 핵미사일 대응태세를 갖추기 위한 것이었다. 북한은 지소미아의 의미를 누구보다도 잘 알고 있다. 북한은 5월말 미사일실험을 재개하는 동일한 시점에 조선중앙통신을 통해 '남조선당국은 반역적인 전쟁협정(지소미아)을 폐기함으로써 판문점 선언을 이행할 의지를 보여야 한다'고 주장한 바 있다. 20여발의 각종 신형 탄도미사일이 발사되는 상황에서 우리정부는 지소미아 종료를 선언했다.

한국정부의 지소미아 결정은 미국에게 쇼크였다. 미 국무성과 국방성이 이례적으로 문재인 정권을 지칭하면서 우려와 실망을 강력히 표명하고 있다. 당장 한일갈등에서 한미동맹 갈등으로 비화되고 있다. 문재인 정권의 결정은 한국이 미일의 편이 아니라는 일본 주장을 확인해준 결과가 되었다. 미국 당국자들은 한국의 조치가 전후 미국이 구축한 역내안보질서를 훼손하고 미국안전까지 위협하는, 특히 주한미군의 목숨을 위협하는 조치로 보고 있다.

방어수단 조차 제대로 갖춰질 수 없는 곳에 과연 미국은 주한미군 배치를 지속할 수 있을까? 주한미군에 부정적인 트럼프 대통령이 철수결정을 내릴 명분이 되지 않을까 우려된다.

(2) 사면초가의 기로

문재인 정권 2년 반 만에 한미관계는 사면초가의 기로에 서있다. 한일관계가 최악이듯이 한미관계도 조만간 최악으로 빠져들지 않을까 걱정이다. 문재인은 한미동맹의 중요성을 언급하지만, 실제 행보를 보면 80년대 민족해방론에 입각 한미동맹과 한미일 안보협력은 냉전구조이며 이를 해소하고 새로운 한반도평화체제, 즉 남북평화공동체와 다자안보로 전환해야 한다는 인식을 갖고 있는 것이 아닌가 생각된다. 트럼프 대통령 또한 역대 어떤 대통령보다 한미동맹에 대한 부정적 인식을 갖고 있다. 트럼프는 민간시절부터 매우 일관되게 동맹에 대한 부정적 생각을 갖고 있으며, 부자 나라들에게 미국이 방위 부담을 하고 있는 상황에 비판적이었다. 대통령이 된 이후, 미일동맹이나 NATO에 대해 일정부분 이해를 갖게 되었다는 평가가 있지만, 여전히 한미동맹은 부정적 인식을 버리지 못한 것으로 이야기된다.

한편 김일성, 김정일, 김정은 3대의 핵 야망은 2017년 말 수소폭탄 실험과 미본토를 공격할 수 있는 화성15호 대륙간탄도미사일실험으로 완성단계에 진입했다. 미본토를 핵공격할 수단을 갖게 된 상황에서 북한은 미국에 승부수를 던졌다. 파키스탄과 같이 핵무장을 묵인하고 한반도의 주도권을 인정하라는 것이다. 당장 서울에 대한 북한의 핵공격에 대해 과연 미국이 뉴욕을 포기할 각오를 하면서 평양을 핵보복할 수 있는지에 관한 의문, 즉 한국 안보와 미국 안보의 디커플링(decoupling)을 우려할 수밖에 없는 상황이다. 또한 미중 경제대립은 패권을 둘러싼 경제전쟁으로까지 비화하면서 미중사이에서 줄타기하는 우리 외교 자체가 성립하기 어려운 지경에 처했고 이 와중에 동맹보다 중국을 고려하는 문재인 정권의 움직임에 워싱턴에서는 한국이 동맹국이냐 하는 의구심이 제기되고 있는 상황이다.

정권 초기 환경평가 등 국내절차를 들어 사드배치를 1~2년 연기할 수 있다는 입장이 개진되었고 강경화 외무장관이 국회에서 소위 '사드 추가배치를 하지 않고 미사일방어(MD)를 하지 않으며 한미일동맹을 하지 않겠다는 3NO'를 언급했다. 이는 중국의 요구사항을 사실상 수용하는 것이었다. 사드문제를 두고 트럼프 대통령이 격노했다는 언론보도도 있었다. 미국이 추진했던 전후 지역질서를 훼손하는 내용이었다. 더욱이 중국의 일대일로 전략에는 꿈을 같이 하는 운명공동체라 했지만, 미국이 추진한 인도태평양구상에 부정적 입장을 개진하였다. 또한 한일관계가 최악의 상황이 되고 한미일간의 안보협력을 상징하는 한일정보보호협정마저 한국정부는 종료를 선언한 상황이다.

워싱턴이 심상치 않다. 동맹의 굳건함을 강조하는 트럼프 행정부의 겉면과는 달리, 뒷면은 위험수위다. 미국 조야에서 한국에 대한 부정적 인식은 확산되고 있고 한미동맹과 주한미군에 부정적인 트럼프 대통령의 행보가 우려되고 있다. 미국 조야는 한국이 신뢰할 수 있는 동맹인지 의심하고 있다. 워싱턴의 오랜 지인은 한국을 동맹이라기보다는 미중사이에서 왔다 갔다 널뛰기하는 나라로 본다고 했다.

노무현 정부 당시, 한미동맹을 '이혼을 앞둔 별거 중 부부'로 표현된 적이 있다. 그러나 노무현 대통령은 '반미면 어때' 라는 극단적 발언도 했지만 국익을 고려하면서 이라크파병, 한미FTA 등을 결정했다. 반면 문재인은 한미동맹 중요성을 강조하지만 실제 행보는 반대방향으로 움직이고 있다. 동맹은 상호 이익이 있을 때 존재한다. 자신의 이익만 일방적으로 챙기면 동맹은 성립할 수 없다. 워싱턴에서 한국은 'one issue country'로 통한다. 동맹의 다양한 문제들에 대한 논의에 응하지 않고 유일하게 미북대화만 강조한다는 것이다. 상대방에게 존재감이 있는 동맹이 아니라면 그 동맹은 유지되기 힘들다는 것이 동서고금의 진리이다. 한미동맹이 그 어느 때보다 사면초가의 기로에 서있다.

6. 사드보복의 한중관계

/

　문재인 정권은 주변국들과의 협력외교를 강화하여 다자안보와 경제공동체를 통합하는 동북아 더하기 공동체를 구축한다는 공약을 갖고 출범했다. 그러나 주변국들과의 관계는 공동체를 구축할 수 있을 정도의 협력관계라기보다는 한국에 대해 경제보복을 가하는 냉랭한 관계에 처해 있다. 최악의 한일관계 외에도 문재인 정권이 저자세로 공들인 한중관계도 냉랭한 상태에 처해 있다. 한중관계를 중시한 문재인 정권은 전 정부가 결정했던 사드배치를 늦추면서 중국과의 관계 회복을 꾀하였다. 환경평가로 1~2년 사드배치를 늦출 수 있다든지, 정식배치가 아닌 임시배치로 하여 사드배치를 철회할 수 있다는 잘못한 인식을 중국에게 심어줌으로써 중국의 강경한 대응을 초래했다. 주한미군의 사드배치가 추진되자 중국은 광범위한 보복조치를 취하였다. 사드보복을 중지시키기 위해 문재인 정권은 중국의 요구를 전격적으로 수용했다. 사드를 추가 배치하지 않고 MD에 불참하고 한미일 동맹을 하지 않는다는 3불 약속을 하였다. 북한의 핵미사일 위협이 현실화되는 상황에서 사드의 추가 배치와 미사일방어를 포기하는 이해할 수 없는 조치였다. 당장 한미일 동맹은 불필요하지만, 국제관계의 냉엄함에 비추어 한국은 안전보장의 미래 선택지를 포기하는 약속을 외국에게 준 것은 믿을 수 없는 조치였다.

이와 같은 문재인 정권의 큰 양보에도 불구하고, 중국은 사드 보복을 풀지 않고 있다. 중국에 대해 당당하지 못한 저자세가 급기야 문재인의 국빈방문에서 혼밥 소동을 자초했다. 손님을 깍듯이 모시는 문화를 갖는 중국이 국빈 방문한 정상을 홀대한다는 것은 상상할 수 없는 일이 일어났다. 더욱이 이해찬, 정의용 등 대통령특사들도 과거와 다른 대접을 받았다. 시진핑 주석을 만날 때 시 주석과 동등한 위치가 아닌 홍콩이나 마카오 행정청장이 앉는 하석에 앉았다.

정치 분야의 저자세는 경제 분야에 있어서도 일관되었다. 중국은 첨단기술·산업을 키우기 위해 막대한 정부 보조금을 중국기업에 제공하고, 중국시장에 진입하는 해외기업들에 강압적으로 기술이전을 요구하는 것으로 악명 높다. 그 주요 타깃이 최고 기술을 가졌지만 만만한 한국 기업이다. 한국의 미래 성장동력이 중국에게 빠르게 잠식당하고 있다. 자동차 배터리 등 중국에 진출한 기업들이 불공정한 대우를 받고 있지만, 중국의 불공정 행위와 관련, 문재인 정부는 적극적으로 우리 기업들을 보호하기 보다는 사드(THAAD·고고도 미사일방어체계) 보복 탓만 하는 경향이 있다.

2019년 7월 중국의 H6K와 러시아의 TU95 전략폭격기들은 편대를 이루어 울릉도와 독도를 관통하고 대한해협과 이어도로 이어지는 우리 해역을 헤집고 다니는 것도 모자라 러시아 조기경보기는 두 차례나 독도 영공을 침범하는 사상초유의 일이 일어났다. 한국전쟁 이후 처음으로 한반도에서 다시 중러 합작이 이루어졌다. 같은 날 북한은 건조중인 전략잠수함을 피로했고 이어 우리 방어망을 무력화할 수 있는 신형 탄도미사일 실험을 단행했다. 한국전쟁을 일으켰던 3인방이 대한민국을 핵으로 초토화시킬 수 있는 수단들을 과시하면서 우리를 괴롭히고 있다.

미국은 비용을 이유로 전략폭격기를 더 이상 우리에게 전개시키지 않고 있다. 키 리졸브, 을지-프리덤 가디언, 맥스선더, 쌍룡 등 한미연합훈련이 사라진 우리 해공역에 중러의 전략폭격기들이 비집고 들어왔다. 더욱이 일본이 우리 산업급소를 노리는 경제보복을 가하고 있는 절묘한 타이밍이었다.

중러 양국의 목적이 한일관계 이간질과 한미일 공조 흔들기였다면 크게 성공한 셈이다. 첫 공동초계비행의 대상으로 독도를 선택했다. 일본 스가 관방장관은 한국전투기가 경고 사격한 것을 전적으로 수용할 수 없고 극히 유감이라 했다. 피아구분도 무너졌다. 한일의 극한 갈등상황을 영토갈등으로 확대시키는 효과를 거두었다.

문재인 정권은 중러 정부에 형식적 항의 외 이렇다 할 조치를 취하지 않았다. 일본이나 미국의 대사를 초치하여 항의하는 모습과는 사뭇 달랐다.

7. 결어: 종합적 고찰과 대책

한국은 대외의존도가 100% 가까운 나라로서 국민들의 삶과 나라의 안전과 번영이 국제관계에 달려있다고 해도 과언이 아니다. 한국의 국익은 이미 한반도나 동북아를 넘어 전 세계에 걸친 복잡한 상호의존에서 정의되고 있다. 세계시장에의 자유로운 접근을 통해 세계 6위의 세계적 교역국가이며 이것이 우리의 사활적 이익이 되는 시대이다. 문재인 정권의 최대 실정은 우리 외교의 폭을 북한, 한반도로 좁혀놓은 것이다. 국제사회는 한국을 '북한'이라는 한 이슈만 대화하는 나라로 보고 있다. 문재인은 일본의 수출규제에 직면하여 남북평화공동체만 이루면 국가가 번영할 수 있다는 생각을 표명했다. 남북관계만 좋으면 외교는 필요없다는 생각의 단면이다. 문재인 정권은 80년대 민족해방론에 입각하여 한미일 안보협력이나 한미동맹이 냉전구조이며 이를 해체하여 다자안보로 대체하고 남북평화공동체를 구축해야 한다는 생각을 갖고 있다고 판단된다.

이러한 과정에서 한미동맹은 위축되고 남북관계를 우선하다보니 비핵화문제도 꼬이고 있다. 북한의 입장을 그대로 수용하여 실질적 비핵화보다는 한미연합훈련중단, 종전선언, 제재완화를 국제사회에 세일즈하는 모습을 보여 한국이 외신에서 김정은의 대변인으로 폄하되는 상황까지 초래하고 있다. 문재인 정권은 한미일 정보역량을 총동원하여 사각지대 없이 북한의 핵미사일에 대처하기 맺은 한일정보보호협정을 우리를 겨냥한 수십 발의 북한 미사일들이 발사되는 상황에서 사실상 폐기했다. 미국은 전후 구축한 지역질서를 훼손하고 주한미군을 위태롭게 하는 행위로 반발하고 있다.

역내 국가들과의 관계도 제대로 관리가 되지 않고 있다. 협력외교를 통해 동북아공동체를 지향한다고 했지만, 실상은 협력보다 보복의 대상이 되고 있다. 중국은 여전히 사드 보복을 진행하고 있고, 일본은 수출규제를 가하고 있다. 이 과정에서 위기관리 외교가 보이지 않는다. 북한은 문재인 정권에 대한 맹비난을 하면서 20여발에 달하는 미사일 도발을 일삼고 있다. 중국과 러시아의 전략폭격기들은 한반도를 휩쓸고 지나가면서 우리의 방공식별구역은 물론 영공까지 유린했다. 문재인 외교는 중국, 일본, 러시아, 북한에 이르기까지 누구도 우군이 아닌 사면초가의 상황이다. 더욱이 한미동맹 또한 사면초가의 기로에 서있다.

다자외교 무대에서 한국은 존재감을 보이지 않고 있다. 나라의 안전과 번영을 위한 복잡하고 수많은 사안들에 적극적으로 입장을 개진하고 우리의 이익을 확보해야 하지만, 문재인 정권은 다자외교 무대에서 조차 북한의 비핵 진정성과 제재완화 필요성이라는 북한 이슈를 중점적으로 제기하고 있다.

세계금융위기에 처하여, 한때 한국은 세계에서 가장 빨리 위기를 극복하고 한계에 처한 G8를 대체하는 G20의 신흥선진국 주역으로 부상하여 글로벌 거버넌스의 한 축을 차치한 바 있다. 북한에 머무르는 우리의 외교시야를 글로벌한 시야로 확대해야지만 우리의 국익을 지켜낼 수 있다. 붕괴된 외교 인프라를 복원하고 외교최전선의 공관

기능을 다시 활성화해야 한다. 이를 위해서는 코드인사가 아닌 전문성과 실력을 갖춘 외교인력을 적극 활용해야 한다.

북한의 입장을 대변하기보다 철저히 5,000만 국민들의 안전을 고려하면서 북한의 핵전력을 제거하는데 초점을 둔 실질적 비핵화협상을 전개해야 한다. 그러기 위해서는 미북 사이의 중재자, 촉진자가 아닌 당사자로서 북한 비핵화를 위한 실질적 방안들을 강구해야 한다. 강제징용 판결을 둘러싼 한일갈등을 풀 수 있는 건설적 방안들을 마련해야 하며, 대법원 판결을 존중하면서 국가 간 조약을 지킬 수 있는 대안을 갖고, 일본과 진지한 협의를 해야 한다. 한일정보보호협정은 과거사 문제와 분리하여 우리 안전차원에서 존속시켜야 한다. 이는 한미동맹의 굳건함을 유지시키기 위해 필요하기도 하다.

한미동맹이 흔들림 없어야 한반도의 냉엄한 지정학적 상황에서 우리 국익과 국민의 안전을 확보할 수 있음을 인식하고, 굳건한 동맹을 배경으로 중국과의 협력도 진전시키고 저자세가 아닌 당당한 외교를 통해 한중협력을 발전시켜나가야 한다.

문재인 정권의 안보와 국방 파괴

김태우·신원식

1. 대한민국 안보 '완벽폭풍' 앞에 서다

/

(1) 벼랑 끝에 선 70년 기적의 역사

2017년 5월 10일 제19대 대통령 취임사에서 문재인은 "치열했던 경쟁을 뒤로 하고 함께 손을 맞잡고 앞으로 전진해 나가자"고 외치면서, "이날은 진정한 국민통합이 시작된 날로 역사에 기록될 것"이라고 선언했다. 정부 출범 후에는 '20대 국정전략'과 '100대 국정과제' 발표를 통해 외치(外治)와 내치(內治)에 관한 약속들을 내놓았다. '국제협력을 주도하는 당당한 외교'와 '튼튼한 안보와 한미동맹 강화', '남북 간 화해협력과 한반도 비핵화', '표현의 자유와 언론의 독립성' 등이 포함되었다. 하지만, 이런 공약들은 허언(虛言)으로 끝났다.

2019년 7월 23일 독도 상공에서 벌어진 일련의 사태는 문 정권 출범 2년여 만에 외치가 무너졌음을 여실히 보여주었다. 중국과 러시아의 군용기들이 공공연하게 한국의 방공식별구역(KADIZ)을 유린하고 러시아의 조기경보기가 보란 듯이 한국의 영공을 침범하자 한국은 전투기를 발진시켰다. 그랬더니 일본이 "독도 상공은 일본의 영공"이라며 전투기들을 출격시켰다. 북한의 미사일 발사와 막말 대남 비방이 줄기차게 계속되었지만 미국의 트럼프 대통령은 단거리 미사일은 미국을 위협하지 않으므로 불쾌하지 않다면서 "나와 김정은 위원장과의 관계는 매우 좋다"고 했다. 미국 대통령이 2만 8천 명의 미군과 20만 명의 미국인이 체류하는 동맹국 한국의 안위를 위협하는 북한의 미사일 발사에 면죄부를 주는 초유의 사태가 벌어진 것이다. 건국 이래 대한민국의 안보가 이처럼 뒤죽박죽이 된 경우는 없었다.

역사의 유물이 된 줄 알았던 냉전은 좀비처럼 신냉전으로 되살아나서 지금 아시아와 유럽에서 맹위를 떨치고 있다. 아시아에서 미국과 중국이 패권경쟁을 벌이는 중에 유럽에서는 미국 및 나토(NATO)와 러시아 간에 군사력 경쟁이 벌어지고 있다. 시진핑 주석의 중국은 중·러 전략적 제휴(strategic collaboration)를 앞세우고 미국과 미국의 동맹국들에게 대항하기 위해 '약한 고리'인 한국을 때리는 항미격남(抗美擊南)을 계속하고 있다. 사드(THAAD) 보복이 그 사례다. 북핵을 둘러싼 속편 항미원조(抗美援朝)도 강행하고 있다. 즉, 공식적으로는 유엔의 북핵 제재에 동참하면서 뒤로는 평양 정권의 생존을 돕는 이중 플레이를 하고 있다. 시진핑의 중국몽(中國夢)과 아베의 대일본주의(大日本主義)가 부딪치면서 중·일 간 지역패권 경쟁도 뜨겁고, '전후(戰

後)청산'을 위한 아베의 '한국 길들이기'도 계속되고 있다. 김정은과 직거래를 통한 외교적 성과를 노리는 트럼프 대통령의 코리아 패싱(Korea Passing)과 통북봉남(通北封南) 언행도 줄기차게 이어지고 있다. 이렇듯 한국의 외교는 아무리 둘러봐도 우방이라고는 없는 오면초가(五面楚歌)·고립무원(孤立無援)의 위기에 빠졌고, 한국의 안보는 '외로운 동네북'으로 전락했다.

내치도 산산조각이 났다. 문 정권은 '적폐청산'이라는 미명 하에 두 명의 전직 대통령, 전직 대법원장, 전직 국정원장 등을 포함한 무수한 전 정부 고위인사들을 투옥했고 한국사회는 분열되었다. 주사파 세력들이 행정·입법·사법부에 막강한 영향력을 끼치는 가운데 우파 시민단체들은 재정지원 차단으로 존폐의 위기에 내몰리고 좌파 시민단체들과 노조들이 대세로 부상하면서 '자유민주주의'라는 국가 정체성은 심하게 흔들리고 있으며, 반시장·반기업적 경제정책들이 양산되고 '시장경제'라는 정체성이 무색해지면서 경제강국으로서의 대한민국의 위상도 급속도로 무너지고 있다. '표현의 자유와 언론의 독립성'이라는 공약에도 불구하고 다수 방송들과 여론조사기관들이 정권의 나팔수로 전락한 가운데, 노조가 장악한 언론들에는 좌파 행세를 하는 것을 멋으로 아는 철부지 '기레기(presstitutes)'들이 득세하고 있다. 이런 가운데, 문 정권의 '역주행 안보'와 '역주행 국방'도 줄기차게 이어지고 있다. 북한이 핵을 포기하거나 군사력을 축소한 것도 아닌데 그리고 중국이 무시무시한 위협할 '미래 위협'으로 다가오고 있는 가운데 문 정권은 군 복무기간과 병력을 줄이고 북한군에게 남침대로를 개방해준 9·19 남북군사분야합의서에 서명했다. '강한 안보와 책임국방' 공약은 헌신짝처럼 버려졌다.

2019년은 해방 74주년, 건국 71주년이다. "쓰레기통에서 장미꽃이 피겠는가?" 1955년 10월 유엔 한국재건위원회 특별조사단장 메논이 한 말로서 당시 런던 타임즈의 헤드라인을 장식했다. 그러나 모두의 예상을 깨고 대한민국은 '한강의 기적'이란 꽃을 피웠다. 좁은 국토에 가진 것이라고는 사람밖에 없는 대한민국이 70년 동안 모세의 '홍해 기적'에 버금가는 기적을 이룬 것이다. 이승만의 혜안으로 최강국 미국과 동맹을 맺고 자유민주주의와 시장경제를 도입했고 이를 통해 6·25 전쟁을 전후한 절망의 시기를 버텨냈다. 박정희의 애국심과 창의력에 힘입어 산업화와 함께 부국강병(富國强兵)의 기초를 다졌다. 1987년 '6·29 선언'으로 서구식 자유민주주의에 성큼 다가섰고 유례없는 고속성장을 이루어 경제강국의 반열에 올랐다. 수출 신장과 경제성장이 이어지면서 한국의 기업들이 세계를 누볐고 대학을 나온 젊은이들을 기다리는 좋은 직장들이 넘쳐났다.

하지만, 문재인 정권의 등장과 함께 이 기적의 역사가 벼랑 끝으로 내몰리고 있다. 박근혜 대통령의 탄핵을 요구하면서 점화된 촛불이 법치와 자유민주주의를 불태우자 인민민주주의가 그 틈을 비집고 들어오고 있다. 사회주의 경제실험으로 경제가 폭망하는 중에 '소통으로 통합하는 대통령', '투명하고 유능한 정부', '권력기관의 민주적 개혁' 등의 공약들은 모두 거짓으로 드러났다. '내편'만을 등용하는 외골수 인사가 계속되었고 핵심 보직들은 특정지역 출신들로 채워졌다. 경제, 환경, 안보 등 그 어떤 논리로도 설명이 되지 않는 정체불명의 탈원전 정책이 등장했고, 정부기관과 공기업들은 전문성과 무관한 '낙하산'들이 장악하면서 경쟁력을 상실하고 있으며, 좌파 노조가 무소불위의 조폭처럼 날뛰는 세상이 되고 있다.

(2) 무너진 안보정론

지금까지 대한민국이 '우파적 정통주의' 대외 기조 하에서 생존과 번영을 이루어 왔다면 문 정권의 기조는 '통북(通北)·친중(親中)·탈미(脫美)·반일(反日)에 기초한 좌파적 수정주의'로 정의될 수 있다. 문 정권은 출범 후 지금까지 중국의 눈치를 보고 북한 정권과 내통해왔다. '민족공조'를 앞세우고 동맹공조를 뒷전으로 밀어냈고 일본을 배척하는 기조를 고수해왔다. 그 결과, 한국의 외교·안보는 왜소화(trivialization)·고립화(isolation)·주변부화(marginalization)의 길을 걸어왔다. 외교·안보 역량이 축소되고 한미동맹이 이완되면서 한국의 국가 위상은 추락했고 북핵 문제를 포함한 역내 주요 사안들을 결정함에 있어 주변적 변수로 전락했다. 이런 현상이 문 정권의 '안보 자해(自害)'와 합쳐지면서 한국의 안보는 급속하게 붕괴되고 있다.

문 정권의 좌파적 수정주의는 그동안 자유민주주의 대한민국을 지탱하는 버팀목이 되어온 정론들을 사정없이 허물어버렸다. 대북정책에 있어서의 정론은 "남북 상생과 안보를 병행하는 것"이다. 즉, 북한과의 상생을 위한 노력과 확고한 안보 및 국가 정체성 수호는 병행·

동행해야 한다는 것이다. 외교에 있어서 정론이란 "국익을 수확해야 한다"는 것이며, 동맹정책과 대중정책을 다룸에 있어 정론이란 "동맹을 중심에 둔 상태에서 중국과의 우호친선을 최대한 노력하는 것(alliance+hedging)"이다. 즉, 한반도 유사시 한국을 도울 가능성이 있는 국가는 동맹국인 미국뿐이므로 동맹을 중심에 두되 중국과도 비적대·우호관계를 유지하기 위해 노력하는 것이다. 대중(對中) 정책에 있어서 정론이란 "비적대·우호관계를 위해 노력하되 주권이나 독립성을 침범하는 것에 대해서는 확고하게 대응함으로써 국가 자존심과 독립성을 유지하는 것이다. 대일(對日) 정책에 있어서의 정론이란 "역사 문제와 안보·경제 협력을 분리하는 것"이다. 즉, 역사 왜곡이나 독도 문제에 있어서는 양보 없이 대응하면서도 안보와 경제에 있어서는 협력할 것은 협력하는 것이다.

안보에 있어서의 정론은 유비무환(有備無患), 거안사위(居安思危), 항재전장(恒在戰場), 백련천마(百練千摩), 부동여산(不動與山) 등의 사자성어들에 잘 함축되어 있다. "철저히 대비하면 근심이 없다"는 유비무환은 상대의 말이나 합의를 믿기보다는 상대가 가진 객관적인 능력, 즉 당면 안보위협에 대처해야 함을 의미한다. "평안할 때 위기를 생각하라"는 거안사위는 다가올 미래 위협에도 대비하라는 뜻이다. 때문에 군(軍)은 늘 전장에 있다는 항재전장의 정신 하에서 '백번을 연습하고 천번을 닦는' 백련천마를 실천하여 임전태세를 유지해야 한다. "산처럼 확고하여 미동하지 않는다"는 부동여산은 안보에 있어서는 온 국민이 합심해야 하고 보혁(保革)도 여야(與野)도 없어야 한다는 뜻이다.

문 정권 이래 이런 정론들이 속절없이 무너지고 있다. 문재인 정권이 평양을 향해 굽신거리면서 스스로 안보를 파괴하니 대북정책의 정론은 무너진 것이며, 북한과 중국의 구미에 맞추면서 우방들과의 관계를 단절하는 자해 외교를 고수하니 외교 정론도 무너지고 있다. 한국에 대한 주요 위협원이 북한이고 중국이 북한의 군사동맹국이어서 중국이 동맹을 대신하여 한국의 안위를 담보해주는 것은 불가능하다는 것이 정설임에도, 문 정권은 중국에 대한 '원칙 없는 눈치 보기'와 탈동맹 기조를 고수하고 있다. 대일 정책의 정론은 문 정권의 무책임한 반일 캠페인과 문 정권 지지자들의 '친일(親日) 프레임 씌우기' 속에 설 땅을 잃었다. 축소지향 국방개혁, 연합훈련 중단·축소, 이적성으로 가득 찬 9·19 남북군사분야합의 서명, 전작권 조기 전환 추진 등 반역적인 자해 조치들이 범람하면서 대한민국이 그토록 소중하게 여겨온 안보정론들은 모두 떠내려가고 말았다.

(3) '완벽폭풍' 앞에 선 대한민국 안보

'완벽폭풍(Perfect Storm)'이란 따뜻한 저기압 공기, 찬 고기압의 공기, 열대성 습기 등 제반 요소들이 결합되어 만들어내는 엄청난 파괴력을 가진 강풍과 폭우를 말한다. 지금 한국의 안보가 그런 완벽폭풍앞에 서 있다. 폭풍의 발원지는 문재인 정권의 좌파적 수정주의이다. 완벽폭풍을 구성하는 주요 요소는 정론 파괴, 군대 파괴, 동맹 파괴, 국민의 안보의식 파괴 등이다. 안보의 금과옥조(金科玉條)로 여겨지던 정론들은 문 정권의 이적성 발상과 좌파적 수정주의 앞에 무너져 내렸고, '기적의 역사'를 뒷받침 해주었던 동맹도 존폐의 기로로 내몰리고 있다.

현재 한국군은 무장해제의 수순에 돌입해 있다. 병사들의 유약화(柔弱化), 간부들의 무사안일 풍조, 수뇌부의 정치화 등이 확산되는 중에 군 기강이 이완되고 안보교육도 자취를 감추고 있다. 북한의 구미에 맞춘 약소(弱小)지향 국방개혁도 시행 중이다. 문 정권의 좌파적 수정주의 앞에 70년 전통의 한미동맹도 크게 흔들리고 있으며, 한반도 유사시 미군이 와서 도와줄 것으로 기대하는 것 자체가 어려울 만큼 동맹 신뢰는 바닥이다. 설상가상으로, 이적성 내용들이 가득 찬 9·19 남북군사분야합의는 한미군의 손발을 묶고 북한군의 남침기습을 용이하게 하는 대로(大路)를 열어주었다.

완벽폭풍의 마지막 구성요소는 국민의 성숙한 안보의식의 실종이다. 정론대로라면 국민은 북한을 '동족이자 주적'이라는 두 개의 얼굴을 가진 존재로 인식하여 남북화해를 추진하는 중에도 끊임없이 안보를 점검하고 군과 정보기관은 부릅뜬 눈으로 북녘을 주시해야 하는 것으로 알고 있어야 한다. 정론대로라면 국민은 북한 내에서도 대적해야 할 상대와 보호해야 할 상대들이 혼재함을 인지해야 하고, 대적해야 할 시기와 그렇지 않은 시기를 구분하는 데 부족함이 없어야 한다. 하지만, 이런 성숙한 국민의식은 문 정권의 무차별적인 '평화팔이'와 좌파 언론들의 선전선동 폭풍 속에 휘말려 실종되었다. 과거 괴벨스도 관제 언론과 여론조작을 통해 독일국민을 히틀러의 광신자로 만들었었다.

전쟁은 표면적으로 군대가 수행하는 것이지만, 승패를 결정하는 근본 요인은 국민의 전쟁수행 의지이다. 한 나라의 국력은 산술적으로 나타나는 국가능력(규모, 경제력, 군사력, 기술력 등)에 전략(strategy)과 의지(will)를 곱한 것으로 나타난다. 아무리 덩치가 크거나 경제력이 큰 나라도 전략이나 의지가 제로(0)이면 국력도 제로가 되며, 이런 나라는 먼저 차지하는 자가 임자인 '동네북' 또는 '호구'가 된다. 그것이 클라우제비츠(Carl von Clausewitz)와 같은 전쟁론의 대가들이 설파해온 정론이다. 지금 대한민국이 그 꼴이다. 안보 및 외교가 고립된 가운데 군대가 무너지고 동맹이 흔들리는 내우외환(內憂外患)에 직면해 있고, 국민의 성숙한 안보의식마저 자취를 감추고 있다. 대한민국의 안보가 완벽폭풍 앞에 서 있다.

(4) '낮은 단계 연방제'는 적화통일로 가는 중간 정거장

문재인 정권의 공약과 정책들을 관찰해보면 '불변의 방향성'과 '무서운 일관성'을 발견할 수 있다. 모든 것이 평양을 향하고 있음을 발견할 수 있다. 문 정권은 출범초부터 헌법 제4조에 명시된 '자유민주주의'에서 '자유'를 삭제하고 토지공개념을 포함하는 개헌을 시도했고, 1948년 대한민국 건국을 부정하는 방향으로의 근대사를 재정의하고 있으며, 대기업들에게 칼날을 들이대면서 반시장·반기업·친노동적 정책들을 쏟아냈다. 좌파적 수정주의 노선을 고집하면서 동맹을 흔들고 한일관계를 최악으로 몰고 갔고, 동맹의 핵심고리인 전작권-연합사 체제를 허물기 위해 국방부를 재촉하고 있다. 이런 일들을 추진함에 있어 도처에 '위원회'를 만들어서 인민재판식 결정으로 관료조직을 우회하려 했다. 그게 북한이 말하는 '인민민주주의'다.

국방 흔들기에 '무서운 일관성'을 보였다. 국정원의 대공(對共) 기능을 무력화했고, 군 내부의 대공 업무를 담당하는 기무사도 해체·재편했으며, 망신주기식 수사와 함께 군 수뇌부를 예스맨으로 채우는 '군대 장악하기'를 시도했다. 애국심, 용맹성, 나라 잘 지키기 등은 발탁 기준이 아니었다. 북한군에게 기습공격을 위한 대로를 열어주는 9·19 군사분야합의에 서명하면서도 대한민국의 국격(國格)을 깎아내리는 북한의 막말 비방에는 침묵했다. 그래서 적지 않은 국민들은 평양 정권과 문 정권이 어떤 관계에 있는가를 묻고 있다.

이렇듯 문재인 정권이 추진했거나 추진하고 있는 정책들과 언행들을 짜맞추어 전체 그림을 그려보면 모든 것이 평양을 향하고 있음을 느낄 수 있다. 즉, 모두가 '평양 정권의 성공'에 기여하는 것들이다. 북한에게 있어 남조선 혁명과 적화통일이라는 목표 달성의 최대 장애물은 한미동맹이다. 문 정권이 추진하는 동맹 약화와 전작권의 조기 전환 및 현 연합사 체제의 해체는 북한의 숙원사업이다. 한국을 한·미·일 안보공조 체제로부터 떼어내는 것도 동맹해체를 바라는 북한의 숙원사업이며, 미국의 인도-태평양 전략을 무력화시키기고 하는 중국의 간절한 바램이다. 문 정권이 그 길을 가고 있다. 한국군의 정신무장을 해체하거나 한국군의 기습공격 대처능력을 허무는 것은 군사적 우위를 통해 한반도를 장악하기를 원하는 북한의 숙원사업인데, 지금 문 정권이 그 길을 가고 있다. 그래서 많은 국민들이 문 정권의 정체성과 목표가 무엇인지 묻고 있다. 많은 전문가들이 문 정권이 추구하는 목표가 '연방제 통일'일 수 있다는 의구심을 품고 있다.

헌법 제4조는 '자유민주 질서에 입각한 평화통일'을 추구하도록 명시하고 있다. 즉, 자유민주주의 통일이 아닌 통일을 금지하고 있으며 무력에 의한 통일도 금지하고 있다. 평화통일에는 자유민주 통일, 적화통일, 중립화 통일, 연방제 통일 등이 있다. 적화통일과 중립화 통일은 당연히 헌법에 위배된다. 연방제 통일의 경우 자유민주주의 체제 하의 연방제는 합헌이지만 북한식 사회주의 체제 하의 연방제는 위헌이다. 연방제 통일이란 단일 체제 하에서 중앙정부가 정치, 군사, 외교 등을 관장하되 민생과 관련해서는 각 지방정부가 상당 수준의 자치권을 행사하는 통일국가를 말한다. 합헌적인 연방제가 되려면 북한 지역에 백두혈통에 의한 독재왕조 체제가 소멸되어야 하는데, 평양 정권의 입장에서 보면 턱도 없는 소리다. 북한에서는 백두혈통에 도전하는 것은 '유일영도 10대 원칙'과 '당규약'을 위배하는 것이어서 목숨을 부지하지 못하며, 북한 형법은 '주체통일 이외의 통일'을 말하는 것을 사형에 처할 수 있는 중죄로 명시하고 있다. 그래서 나온 기발한 대안이 '낮은 단계 연방제 통일'인 것으로 보인다.

북한은 1960년 8·15 해방 15돌 경축대회에서 '과도기 형태의 남북연방'을 제한한 이래 줄곧 연방제 통일을 주장해왔다. 1973년에는 주한미군 철수와 함께 '고려연방제 통일'을 주장했고, 1980년 노동당

창건일에는 '완성 통일국가로서의 고려민주연방공화국'을 제안했다. 1991년에는 김일성 신년사를 통해서는 '1민족 1국가 2제도 2정부의 연방제 통일'을 제안했다. 즉, 남과 북이 각자의 체제를 그대로 유지하면서 비동맹 노선을 견지하는 통일국가를 만들어 중앙정부에 해당하는 최고민족연방회의와 연방상설위원회를 두자는 것이었다. 이는 한 국가 안에 두 체제를 두자는 것으로 통상적인 단일체제 연방제와는 크게 다른 것이며, 북한은 이것을 '낮은 단계 연방제'로 작명했다.

2000년 김대중 대통령이 방북하여 서명한 '6·15 공동선언' 제2항에는 "남측의 연합제 안과 북측의 낮은 단계 연방제 안이 서로 공통성이 있다고 인정하고 앞으로 이 방향에서 통일을 지향시켜 나가기로 하였다"라고 쓰여 있다. 연합제란 김대중 정부가 통일로 가는 단계의 하나로 제시한 개념으로서 주권을 가진 국가들의 협력체일 뿐 그 자체는 통일과 무관하며, 유럽연합(EU), 동남아국가연합(ASEAN) 등이 그 사례다. 때문에 '낮은 단계 연방제'는 연합제와 연방제를 혼합한 형태, 즉 하나의 국가이지만 양 체제가 공존하는 '1국가 2체제'를 의미한다. 즉, 북한이 사용해온 '연방제' 표현과 한국이 사용했던 '연합제'라는 용어를 모두 수용한 것이며, 내용적으로는 북한이 주장해온 '1국가 2체제 연방제 통일방안'을 의미한다. 2018년 문재인과 김정은 간에 개최된 제3차 남북정상회담에서 서명된 판문점선언(2018. 4. 27) 제1조 1항은 "이미 채택된 남북 선언들과 합의들을 철저히 이행한다"라는 내용이 포함되었는데, '낮은 단계 연방제통일 지향'에 합의한 6·15 공동선언을 우선적으로 염두에 두었을 가능성이 크다.

하지만, 이런 연방제통일에는 엄청난 문제점들이 도사리고 있다. 첫째, 헌법에 위배된다. 통일한국 내에 김일성 일가에 충성하는 봉건왕조 체제가 별개로 존재한다는 것은 "대한민국은 민주공화국이다"라고 규정한 헌법 제1조 1항, "주권과 권력은 국민에게 있다"고 한 제1조 2항, "자유민주 질서에 입각 평화통일을 지향한다"고 명시한 제4조 등을 위배하는 것이다. 둘째, 이념과 목표가 상충되는 두 개의 체제가 하나의 통일국가 안에 존재한다는 것은 현실적으로 불가능하다. 과거 통일아랍공화국(UAR: 1958~1961)이나 아랍공화국연방(FAR: 1972~1977)이 단명으로 끝난 사례에서 보듯 종교, 체제, 이념, 목표 등이 동일한 두 국가 간의 연방제통일도 성공하기 어렵다. 6·25 전쟁을 도발하고 이후에도 무수한 군사도발을 저질러온 북쪽의 독재왕조 체제와 남쪽의 자유민주주의 체제를 한 국가 울타리 내에 공존시킨다는 것은 상상할 수 없는 일이다. 한 국가 내에 남쪽을 위협하는 북한 군대와 그 위협을 막내는 한국군이 공존한다는 것은 어불성설(語不成 說)이다.

셋째 '1국 2체제 연방제'는 남한에게 결정적으로 위험하다. 북한은 지금까지 '자주', '평화', '민족대단결'이라는 '조국통일 3대 원칙'을 표방해오고 있는데, 북한이 말하는 '자주'란 통일은 외세에 의존하거나 외세에 간섭받지 않아야 하기 때문에 남한에 미군이 있어서는 안된다는 뜻이다. 즉, 한미동맹 해체와 주한미군 철수를 요구하는 것이다. 북한이 말하는 '평화'란 평화통일을 실현하기 위해서는 북한과 미국이 평화협정을 체결하고 미군 핵무기 철수, 군사훈련 중지 등이 이행되어야 한다는 뜻으로 이 역시 동맹을 배제하기 위한 주장이다. 북한이 말하는 '민족대단결'이란 '우리민족끼리'의 동의어로서 주체사상을 신봉하고 백두혈통에 충성하는 주체민족끼리의 단합을 의미한다. 북한 헌법보다 상위에 존재하는 노동당 규약은 조선로동당의 당면 목적을 '북반부에서의 사회주의의 강성대국 건설과 전국적 범위에서의 민족해방 민주주의 혁명과업'으로 정하고 있으며, "최종목적은 온 사회를 주체사상화하여 인민대중의 자주성을 완전히 실현하는데 있다"라고 명시하고 있다. 한 마디로, 북한의 적화통일 목표에는 어떠한 미동도 없다.

이런 상태에서 남북 정권 간의 야합에 의해 1국가 2체제 방식의 연방제 통일이 선포된다면 남한은 결정적인 위험에 빠지게 된다. 온갖 여론과 찬반이 존재하는 남한과 달리 북한에는 반대여론이 존재하지 않으며, 인터넷 공간이 개방되어 있는 남한과 달리 북한 주민들에게는 외부 소식을 접하고 찬반을 개진할 수 있는 인터넷 공간이 없다. 세계 최고를 자랑하는 북한의 해킹요원들이 한국의 요처들을 해킹하고 사이버 요원들이 인터넷 공간에서 선동질을 해도 남한은 대응할 방법이 없다. 휴전선이 남북을 분리하고 있는 현 상태에서도 한국 내 좌익활동이 만만치 않은데, 휴전선이 제거되고 한 나라가 된 상황에서 어떤 일이 벌어질지는 불 보듯 뻔한 일이다.

한국에도 연방제 통일에 대해 달콤한 생각을 가진 사람들이 적지 않지만, 이들은 육식동물인 늑대와 초식동물인 송아지가 같은 공간에 거주하는 우낭동거(牛狼同居)를 수용하면 조만간 송아지는 잡아먹히게 된다는 사실을 유념해야 한다. 북한이 연방제 통일을 적화통일로 가는 중간 정거장으로 판단하고 있다는 사실과 적화통일이 되면 이 땅에 또 한 번의 '죽음의 산야(Killing Field)'가 펼쳐질 수 있음을 유념해야 한다.

2. 한국군이 무너지고 있다

(1) 유약해지는 병사들과 무사안일에 빠진 간부들

한국군의 붕괴 현상은 병사들의 유약화 및 군 기강 해이, 군 간부들의 무사안일 보신주의 행태와 일탈, 정치인들의 군사문제 개입으로 인한 군 운영의 왜곡 등 다양한 유형으로 나타나고 있다.

병사들의 봉급이 크게 오르고 복지도 빠르게 개선되고 있음은 바람직한 일이다. 원하는 때에 휴가를 갈 수 있고 외출·외박도 비교적 자유로워졌다. 일과 후 휴대폰 사용과 개인용무 외출이 가능해지면서 지금은 병사들을 게임방으로 실어 나르는 군용버스를 운용하는 군부대도 있다. 하지만, 반갑지 않은 현상도 수반되고 있다. 강훈이 사라지면서 수류탄 투척 훈련을 제대로 받아보지도 못하고 제대하는 병사들이 적지 않으며, 현역으로 입대했다가 '복무 부적합' 판정을 받아 전역하는 병사가 매년 6,000여 명에 이른다. 군 기강이 이완되면서 개인적인 이유에 의한 탈영, 총기 난사, 자살, 구타 등의 사건들도 많아지고 있다. 이제는 병사들이 청와대 게시판에 강훈을 시키는 지휘관을 면직시키라는 청원을 넣을 수도 있다. 이런 것이 '전쟁에서 이기는 군대'의 모습은 아닐 것인데, 누가 무슨 의도로 병사들을 '날라리'로 만들고 있는 것일까.

경제성장과 민주화가 진전되고 베트남전 이후 참전경험을 축적할 수 없는 시대가 지속되면서 간부들이 '평범한 월급쟁이'로 변해가고 있다. 진급을 하고 월급을 받아 가족을 부양하는 것이 당장의 관심사일 수밖에 없는 이들에게 '안보의 간성'이라는 사명감은 희미해지고 있다. 부정부패 사건, 성추행 사건, 무기획득 및 방위사업 관련 비리 등의 범죄 행위에 연루되거나 군 기강 해이로 인한 각종 행태들이 끊이지 않는 것도 현실이다. 간부들이 무탈한 군대생활과 진급을 위해 인사권자에게 아부하고 무사안일과 몸조심에 연연하는 군대에서 충성심과 용맹 그리고 지력을 갖춘 유능한 간부들이 양성되기는 어렵다. 보신주의가 만연하면 군대는 또 하나의 거대한 행정조직이 되어버릴 뿐, '싸워 이기는 군대'가 될 수 없다. 이런 군대에서는 국방비 규모, 첨단 장비, 우수한 군사기술 등이 아무런 의미도 가지지 못한다.

정치권에 의한 군대 오염도 심각하다. 한반도 내외의 안보정세가 악화되는 상황에서 그리고 북한군 병사들이 8년 이상을 복무하는 상태에서 한국군의 복무기간을 18개월로 줄이는 것은 젊은 표심(票心)을 사기 위한 정치적 계산이 작용하지 않는다면 상상할 수 없는 일이다. 병사들의 월급을 100만 원으로 올려주겠다는 모 정당대표의 발언도 지극히 무책임하다. 국가 경제력에 걸맞지 않는 수준으로 봉급을 올리는 것은 예산현실성에도 맞지 않을뿐더러 그렇게 되면 가장 시급한 분야인 방위력개선비가 압박을 받게 되고 필요시 병력을 늘리는 것도 난관에 봉착한다. 그런데도 한국의 정치권은 아무렇지도 않게 이런 지극히 비안보적이고 지극히 정치적인 발언을 내놓는다.

정치권이 '표계산'에 민감하여 구보, 사격, 수류탄 투척 등 훈련 중에 발생한 안전사고를 이유로 최고위 지휘관에게까지 과도한 책임을 물음으로써 군 간부들의 '몸조심' 현상을 부추긴 사례도 부지기수이며, '군대 길들이기'를 위해 부정부패를 일소를 명분으로 '대어(大漁) 잡이' 또는 '망신주기' 식의 수사를 하여 복지부동을 부추긴 측면도 부인할 수 없다. 군생활을 경험해보지도 않은 반군(反軍) 인사들이 주도하는 시민단체들이 '군 인권 조사'를 한답시고 군부대들을 들쑤시고 다닐 수 있는 것도 그들이 정치권력을 등에 업고 있기 때문이다. 이런 군대에서는 열심히 국가에 충성하기보다는 정치세력에 줄을 서는 것이 진급과 출세를 위한 지름길이 된다. "이순신 제독이 지금 한국군에 복무한다면 위관급에서 전역당했을 것"이라는 우스갯소리가 의미하는 바는 결코 간단하지 않다.

(2) 국방개혁의 이름으로 한국군을 해체하라

문재인 정권은 2018년 7월 27일 전군 주요지휘관 회의에서 송영무 국방장관이 발표한 '국방개혁 2.0'을 시행하고 있다. 한마디로 '약소지향의 한국군'을 만들겠다는 공식 선언이다. 2006년에는 노무현 대통령도 '국방개혁 2020'이라는 것을 내놓았는데 지나친 대북 낙관론을 반영한 것이라는 비판과 함께 이명박·박근혜 정부를 거치면서 수정을 거쳤다. 하지만, 문 정권은 "국방개혁 2.0은 노무현 정부의 국 방개혁 정신과 기조를 계승한 것"이라고 했다. 좌파 정부가 잘 만든 국방 개혁안(案)을 우파 정부가 엉터리로 수정했다고 주장한 셈이다.

　미국은 2차 대전 동안 드러난 전쟁성과 해군성 간의 경쟁 문제를 해결하기 위해 1947년 국가안보법(National Security Act)을 제정하 여 국방부(DOD)가 군대를 관장하도록 했으나 이후에도 베트남전쟁, 1979년의 '독수리 발톱 작전(Operation Eagle Claw)', 1983년 베이루 트 해병대 막사 테러공격, 1983년 그라나다 침공 작전 등을 겪으면서 많은 혼선을 드러냈다. 그중에서도 '독수리 발톱 작전'은 압권이었다. 1979년 친미 팔레비 정권을 축출하고 집권한 이슬람 정권이 미국 대 사관 직원 및 가족 52명을 인질로 잡았고, 미국은 1980년 4월 24~ 25일 델타포스를 투입하여 구출작전을 감행했지만 처참한 실패로 끝 났다. 이란에 투하된 요원들이 지나가는 유조차를 이란군으로 오인 하여 공격하는 바람에 위치가 드러났고, 투입된 헬기들은 모래바람 에 고장났으며, C-130 급유기가 헬기와 충돌하면서 폭발하여 승무 원 8명이 사망했다. 멘붕에 빠진 대원들은 황급히 철수했다. 합동성 (合同性: jointness) 부재가 가져온 실패였다. 육·해·공군과 해병대가 일 사불란하게 정보를 교환하고 필요한 준비를 갖추었더라면 이런 웃음 거리로 끝나지 않았을 것이다. 미국은 1986년에 가서야 국방개혁법 (Goldwater-Nicholas Act)을 통과시켜 군정(軍政)과 군령(軍令)을 구분하 고 현재의 합참 및 통합전투사령부 체제를 갖출 수 있었다. 국방개혁이란 이렇게 어려운 것이다.

자고로, 국방개혁이란 군대를 줄이고 폐기하는 것이 아니라, 납세자 국민이 준 예산 내에서 국방역량을 최대화하기 위해 효율적·효과적인 방안들을 찾아가는 과정이다. 그 과정에서 군간, 군내 사업 간, 부처 간 그리고 이해집단 간 '밥그릇 지키기' 경쟁이 유발되기 때문에 난관이 수반되지만, 어쨌든 국방개혁도 튼튼한 안보국방을 위한 것이므로 당연히 안보정론을 준수해야 한다. 그러나 '국방개혁 2.0'은 안보정론들을 깡그리 무시한 내용이었다.

'국방개혁 2.0'은 병 복무기간을 육군 기준 21개월에서 18개월로 줄이고 육군 11만8천 명을 감축하여 총병력을 2020년까지 50만 명으로 줄인다고 했다. 사단도 39개에서 33개로 줄이며, 이를 위해 최전방 사단 11개가 9개로 줄고 제2선에 배치된 정예 예비사단 5개도 해체하겠다고 했다. 예비군은 275만 명 선을 유지하되 동원예비군을 130만에서 95만으로 감축하고, 동원기간도 4년에서 3년으로 단축한다고 했다. 국방부 직할부대장의 육·해·공 비율도 3:1:1에서 1:1:1로 바꾼다고 했다. 육군의 수적 우위를 인정하지 않는 발상이었다. 이런 국방개혁이 "안보는 최악의 경우에 대비하는 것", "안보는 상대의 약속이나 선언이 아닌 상대의 실질적 능력에 대비하는 것", "안보에는 연습이 없다", "미래 위협에도 대비해야 한다" 등의 안보정론들에 부합될 리가 없다.

우선, 북한군의 도발 역사, 양적 우세, 핵보유 등을 감안하지 않은 채 '줄이고 없애는 것'에 초점을 맞추었다. 북한군은 지금도 128만의 정규군과 700만의 예비군 그리고 지상군 사단만도 80개가 넘는다. 병력 부족을 첨단장비 도입, 유급하사관제, 비전투 민간인 활용 등으로 보완하겠다고 했지만, 예산 현실성이 의문스럽다. 쌀이나 물이 떨어지면 가게에서 사면되지만 군사력은 미리 양성해놓지 않으면 필요할 때 사용할 수 없다. 즉, 군사력에는 공급탄력성이라는 개념이 존재하지 않는다. 그래서 유비무환이 필요한 것이다. 북한이 보유한 대량살상무기를 감안하면 걱정은 증폭될 수밖에 없다. '국방개혁 2.0'에는 북핵 억제에 대한 언급이 없으며, 전임 정부들이 추진해온 3축 체제는 유야무야되는 느낌을 주었다. 3축 체제란 미 핵우산이 약화되는 경우에도 독자 억제력을 발휘해야 한다는 취지에서 한국군이 선제(kill-chain), 방어(KAMD), 응징보복(KMPR) 능력을 갖추는 것인데, '3축 체제의 조기 구축' 목표는 야금야금 후퇴했고, 참수부대는 해체되어 구성원들은 원대복귀했으며, '응징보복(KMPR)'이라는 표현은 슬그머니 자취를 감추었다.

'국방개혁 2.0'에는 미래위협에 대비하는 청사진도 없다. 중국은 경제력 및 군사력의 성장을 바탕으로 일대일로(一帶一路) 구상, 구단선 전략, 도련선 전략 등을 펼치면서 남중국해를 내해화하면서 미국에 도전하고 있다. 이와 함께, 2016~7년 사드(THAAD) 보복, 서해 123.5도 이동(以東) 해역에서의 해군활동 급증, 빈번한 한국방공식별구역(KADIZ) 침범 등에서 보듯 서해를 내해화하면서 한국에게 수직적 서열을 요구하고 있다. 이는 북한 문제의 소멸 이후의 최대 미래위협이 중국이 될 것임을 의미한다. 물론, 중국과는 군사적으로 맞서

기보다 비적대적 우호관계를 유지발전시키는 것이 최선이지만, 선의(善意)와 저자세 외교만으로는 되지 않는다. 확고한 안보의지와 이를 뒷받침하는 '작지만 강력한 독침을 지닌 국방역량'은 필수다.

현재 많은 전문가들은 한국군이 '기강 없는 군대, 주적 없는 군대, 영혼 없는 군대'로 만들어지고 있는 과정에서 드러난 '무서운 일관성'을 주목하고 있다. 그래서 문재인 정권에게 묻고 있다. 약소지향 국방개혁의 목적은 무엇인가? 북한과 중국이 원하면 한국군을 해체할 것인가?

3. 한미동맹이 와해되고 있다

/

(1) 삼각파도를 맞아 휘청거리는 한미동맹

한미동맹이 북한 요인, 미국 요인, 한국 요인 등 '삼각파도'를 맞고 휘청거리고 있다. 첫째, 북한 요인이란 북한이 한미동맹 와해를 목표로 벌여온 일련의 전략전술들을 말하는데, 그중에서도 대미(對美) 핵게임이 단연 압권이다. 북한은 2017년 동안 미국을 향해 핵공격을 위협하는 '당랑거철(螳螂拒轍)' 게임을 벌렸다. 이는 실제로 최강국 미국과 핵전쟁을 하겠다는 것이 아니라 벼랑끝 핵게임(nuclear brinkmanship game)을 통해 미국 여론을 압박하여 미국으로 하여금 한반도에서 손을 떼게 만들려는 '계산된 광기(狂氣, calculated madness 또는 rationality of irrationality)' 게임이었다. 미국 국민은 "한국을 지켜주기 위해 우리가 북한의 핵공격 협박까지 받아야 하느냐"고 반문하기 시작했다. 이것이 북한의 핵게임이 발휘하는 동맹 이완효과(decoupling effect)다.

북한은 2018년부터 '미국을 위협할 수 있는 능력'을 지렛대삼아 평화공세를 펼쳤고, 이 게임이 효과를 발휘하면서 김정은 위원장은 2018~2019년 동안 중국, 한국, 미국, 러시아 등과 열 차례의 정상회담을 가지면서 외교적 위상을 높였다. 미국이 동맹국의 안전을 부차적인 것으로 돌리고 미국에 대한 위협을 처리하는 것에 연연하게 된다면, 북한이 '핵능력의 일부만을 양보하고 핵보유를 기정사실화하는 가짜 비핵화', '한미동맹 이완', '대북제재 완화' 등 세 마리의 토끼를 모두 잡는 '나쁜 스몰딜(bad small deal)'의 가능성은 높아진다.

둘째, 미국 요인이란 '미국 우선주의'와 경제 민족주의를 앞세우고 단기적 득실계산으로 정책을 결정하는 등의 달라진 동맹정책 기조를 말한다. 트럼프 대통령은 후보 시절부터 "호구가 되는 세계경찰은 그만 하겠다"고 했고, 혜택 받는 국가들이 비용을 내지 않으면 동맹을 유지할 필요가 없다고 했다. 취임 이후에도 한국, 독일, 일본, 나토(NATO) 등을 세차게 몰아쳤고, 2018년 6월 12일 싱가포르 미북 정상회담 직후에는 "비용이 많이 들고(expensive) 도발적인(provocative) 한미 연합훈련을 중단하겠다. 언젠가는 주한미군도 집으로 돌려보내고 싶다"고 말했다. 이후 실제로 주요 한미 연합훈련들을 중단하거나 축소했다. 틸러슨 국무장관, 캘리 비서실장, 메티스 국방장관 등에 이어 2019년 9월에는 존 볼턴 안보보좌관마저 물러난 마당이라 이제 백악관에는 트럼프 대통령의 즉흥적·일방적 결정을 제어할 '어른들의 축 (axis of adults)'은 더 이상 존재하지 않는다.

셋째, 한국 요인이란 문재인 정부가 '통북(通北)·친중(親中)·탈미(脫美)·반일(反日)' 기조 하에서 펼쳐온 탈동맹 정책들을 말한다. 전술한 바와 같이, 문 정권은 '자유민주주의'에서 '자유'를 삭제하는 개헌을 시도한 것을 시발로 해서 국정원과 군의 대공(對共) 기능의 무력화 또는 약화, 축소지향적 국방개혁, 섣부른 종선선언 추진 등 무수한 친북·친중·친사회주의적 정책들을 등장시켜 한국 국민과 우방국들을 놀라게 했다. 미국의 인도-태평양 전략 동참 요구를 거부한 채 중국에게 THAAD 추가 배치 금지, 미국 미사일 방어체계 편입 금지, 한일 안보동맹 금지 등을 내용으로 하는 '3불(不)'을 약속해 주었고, 한일갈등을 촉발하여 한·미·일 안보공조를 인도-태평양 전략의 한 축으로 삼고자 했던 미국을 낭패스럽게 만들었다. 그러면서도 핵문제에 있어서는 '평양정권의 대변자'라는 말을 들을 만큼 북한에 동조하는 입장을 취해왔다. 미국 정부와 전문가 그리고 국민들은 한국 정부의 이런 변신을 지켜보면서 동맹에 대한 회의감과 배신감을 키워왔으며, 이런 상황에서 한미동맹이 허물어지지 않는다면 그것이 이상하다.

미국은 동맹국의 가치를 평가할 때 통상 다섯 가지의 기준을 사용하는데 이념적 상응성, 전략적 가치, 공동주적의 존재 여부, 미국이 수행하는 전쟁에의 참전, 국방비용의 규모 등이 그것들이다. 현재 한국은 이 5대 기준에 모두에서 이탈하고 있는 중이다. 문재인 정권이 좌파적 수정주의 기조를 고수함에 따라 한미 정부 간 이념적 상응성

(ideological competibility)은 소멸되거나 상당 부분 희석되었다. 미국의 인도-태평양 전략에 적극 동참하는 일본과는 달리 한국이 이 전략에 불참하면서 중국과 북한의 눈치를 보는 자세를 견지함에 따라 미국이 평가하는 한국의 전략적 가치도 상당히 감소하고 있다. 문 정권이 '평양을 향한 외길' 정책을 고수하면서 북한 정권의 대변자 역할을 자처함에 따라 한미가 함께 대처해야 할 공동주적 개념도 소멸되고 있다. 게다가 한국은 베트남 전쟁 이후 유의미한 규모의 전투부대를 파병하여 미국의 전쟁을 도운 적이 없다. 한국과 비슷한 안보위기국인 이스라엘의 국방비가 GDP의 5% 수준인 것과는 달리 한국의 국방비가 전쟁 위험이 없는 서유럽 국가들과 비슷한 2.5% 수준에 머물고 있다.

요컨대, 지금 한미동맹은 문재인 정권의 좌파적 수정주의에 트럼프 대통령의 '미국 우선주의'와 신고립주의가 합쳐지고 거기다가 북한의 동맹와해 공작까지 더해지면서 최악의 중병에 시달리고 있는 중이다. 이제는 한반도에 전쟁이 난다고 해도 미국의 개입을 장담할 수 없다. 동맹 포기를 의미하는 '제2의 애치슨라인'이 나오지 않으리라는 보장도 없다. 지금 미국은 한국 국민을 쳐다보고 있다. 국민이 문 정권의 친북·탈동맹 기조를 지지하는 것으로 판단된다면 그것으로 한미동맹의 종말을 고할 수 있다.

(2) 연합방위체제가 무너지고 있다

2018년 2월 평창 동계올림픽을 계기로 한미 정부가 북한과 대화

를 시작한 이래 북한은 일방적으로 이득을 거두었으나 한국은 손해만
봤다. 북한은 핵능력을 더욱 고도화할 시간을 벌면서 대북 제재를 느
슨하게 만들었고 한미 연합훈련 중단과 9·19 군사합의를 통해 한국
의 안보태세를 흔드는 수지맞는 장사를 했다. 한국에게 가장 뼈아픈
손실 중의 하나는 대북억제의 요체라 할 수 있는 한미 연합연습·훈련
의 중단 또는 축소다. 반격연습과 대규모 야외 기동훈련, 정부와 군이
같이 참가하는 국가 총력전 연습 등이 중단된 것이다. 정부는 중단이
아니고 변경된 것이며 오히려 연합방위력이 향상됐다고 강변하지만,
이는 '김정은의 핵포기 결단'에 버금가는 새빨간 거짓말이다.

그동안 한미 양국은 국가적 차원에서 매년 두 차례의 연례 전시(戰
時) 연습을 해왔다. 봄에는 북한의 전쟁 도발에 대비한 미군 증원과 후
방지역 방어를 위한 키리졸브(KR) 연습을 그리고 8월에는 전시 정부
연습(을지)과 연합 군사연습(프리덤가디언스)이 통합된 을지프리덤가디
언스(UFG) 연습을 해왔다. 전투 병력과 실제 장비가 투입되는 연합 야
외기동훈련(FTX) 중 대표적인 것이 2월 KR 연습에 이어 3~5월에 실
시해온 독수리(FE) 훈련이다. 이 기간에 대규모 연합 상륙훈련인 쌍
용 훈련과 연합 공군훈련인 맥스 선더(Max Thunder) 훈련도 병행했
다. 하반기에는 또 한 차례의 맥스선더 훈련과 함께 또 다른 연합 공
군훈련인 비질런트 에이스(Vigilant Ace) 훈련을 연례적으로 수행했다.
세계 최고라는 부러움을 샀던 이 연합훈련 체계는 2019년 2월 제2차
미북 정상회담 직후 한미 국방장관 간의 전화 한 통화로 껍데기만 남
기고 사라졌다.

키리졸브(KR) 연습은 '동맹 19-1'라는 이름으로 개칭되어 1부 위기관리와 방어단계 연습만 하고 2부 반격단계 연습은 생략되었다. 한미 연합군과 정부가 같이 참여하는 세계 유일의 '연합 국가총력전 연습'인 을지프리덤가디언스(UFG) 연습도 해체되어 5월에 한국 정부와 한국군만 참가하는 '을지·태극 연습'으로 대체되었고 8월 연습은 전작권 조기 전환 준비를 점검하는 연습으로 대체되었다. 한미 연합방위태세를 점검하던 핵심적 연합훈련이 연합방위체계 해체를 위한 통과의례로 전락한 것이다.

연합야외기동훈련도 대부분 중단되었다. 쌍용 훈련, 맥스 선더 훈련, 비질런트 에이스 훈련 등은 중단되었다. 국방부는 연대급 이상 대부대 훈련을 하지 않더라도 대대급 이하 소부대 연합훈련은 하기 때문에 문제가 없다고 한다. 하지만, 대대급 이하의 훈련은 특수 분야를 제외하고는 자국군 단위로 하는 것이 기본이며, 연합훈련은 대부대 훈련일수록 효과와 의미가 크다. 그래서 국방부도 종전까지는 "대부대 한·미 연합훈련을 통해 동맹의 의지를 과시해 북의 도발을 억제하고 연합방위력을 실질적으로 강화하고 있다"고 말해왔었다.

연합 연습훈련 중단이 가져올 문제점들을 재정리하면 다음과 같다. 첫째, 반격연습의 생략으로 전쟁 억제력 약화가 불가피하다. 한미동맹의 첫 번째 목적은 전쟁 억제이고, 두 번째 목적은 억제가 실패하여 북한이 전쟁을 도발하면 최소의 희생으로 승리하는 것이다. 지금까지 북한이 전쟁을 일으키지 못한 최대 이유는 아군의 반격으로 정권이 붕괴할 수 있다는 공포였다. 반격연습을 뺀 연합훈련이 문제가 없다고 한다면 앞뒤가 맞지 않는 말이다. 유사시 미국의 해·공군은 초기 방어단계부터 투입될 수 있으나 지상군 증원은 이동 시간 때문에 반격단계가 되어야 가능하며, 지상 작전은 지형 여건과 다양한 부대의 참가로 해·공중 작전보다 훨씬 복잡하고 한미 간 협조해야 할 사항도 많다. 북한 지역에서의 반격 작전은 평소에 가보지 못하는 지역에서 수행하는 것이기 때문에 더 많은 연습이 필요하다. 이것을 생략한 것인데도 국방부는 문제가 없다는 말만 되풀이하고 있다.

둘째, 전투 병력과 장비를 동원한 연합 야외기동훈련도 대부분 중단되어 실질 전투력을 유지할 기회가 사라졌다. 쌍용 훈련, 맥스 선더 훈련 등이 취소되었고 비질런트 에이스 훈련까지 중단하면, 실제 훈련은 하지 않고 지휘소에 앉아서 워게임 연습만 하는 것이 된다. 이런 군대는 유사시 제대로 싸울 수 없다.

셋째, 을지프리덤가디언스(UFG) 연습이 해체되어 군사연습과 정부 연습으로 분리하여 전시에 대비해오던 정상적인 연합훈련 구조가 깨지고 제대로 된 연합 국가총력전 연습 기회가 사라졌다. 한·미 양국은 매년 UFG 결과를 분석해 연합 작전계획과 정부의 전시계획인 충무계획을 보완하고 각종 대비태세를 보강해 왔으나 이런 것이 더 이상 가능하지 않게 된 것이다. 세계에서 가장 뛰어난 전시 대비 국가 총력전 연습 체계를 서둘러 없앤 것은 북한에 유리할 뿐이다.

넷째, 연합훈련 중단이 계속되면 미국 내 주한미군 철수와 한미동맹 해체 여론이 힘을 얻을 수 있다. 미국은 훈련과 전투준비가 부족해 승리할 가능성이 적은 병사들을 전투에 투입하는 것은 살인행위와 다름없는 비윤리적 행위로 본다. 그래서 "훈련이 안 된 군대는 전장(戰場)에 투입하지 않는다"는 철칙을 가지고 있다.

다섯째, 한미군 주요 보직의 재임기간이 1~2년인 점과 한국군 병사들의 복무기간이 18개월로 줄어들었다는 점을 고려한다면, 훈련을 1년만 건너뛰어도 유사시 장병들은 연습해보지 않은 상황에 처해진다. 전투력이 재대로 발휘될 리가 없다. 2018년 6월 싱가포르 회담 이후 연합훈련이 중단된데 이어 9월 평양회담 이후 한국군 자체 훈련마저 제대로 되지 않고 있고 장병의 정신무장과 군 기강까지 무너지고 있으니 이를 두고 '무장해제'라 해도 과언이 아닐 것이다.

(3) 안보고립 심화시키는 반일(反日) 캠페인

2019년 8월 22일 한국 정부는 '한일 군사정보보호협정(GSOMIA: General Security of Military Information Agreement) 파기'를 발표했다. 2018년 11월 30일 한국 대법원이 강제징용 피해자에 대한 신일본제철(구 일본제철)의 손해배상 책임을 판결한 것으로 촉발된 한일 갈등이 일본의 경제보복과 한국의 일본제품 불매운동으로 확대되면서 발생한 일이다. 법적으로만 본다면, 한국의 사법부가 배상 판결을 내린 것은 1965년 한일청구권 협정으로 강제징용에 대한 개인보상을 한국 정부에게 이양한 것을 뒤집는 것이어서 이번 한일 갈등의 진원지는 문재인 정권이었다고 볼 수 있다. GSOMIA는 북핵 위협에 공동 대처하기 위해 2016년 11월 23일 한민구 국방장관과 나가미네 야스마사

(長嶺安政) 주한 일본대사가 서명한 것으로서 한일 양국이 군사정보를 교환할 수 있게 하는 협정이다. 양국 간 갈등이 확대되고 있는 중에도 많은 전문가들은 크게 세 가지 이유로 정부에게 지소미아는 손대지 말도록 요구했다.

첫째, 지소미아는 한일 양국이 북핵 위협에 공동 대처하는데 필요한 장치로서 양국 모두의 안보이익에 부합하지만, 일본보다는 한국에게 더욱 절실한 장치이다. 8기의 정찰위성, 1,000km 이상의 탐지거리를 가진 4식의 지상감시레이더, 22대의 조기경보기, 80여대의 해상초계기, 8척의 이지스함, 19개의 감청소 등 방대한 정보자산을 운용하는 일본은 기술정보력에 있어 한국을 압도하며, 잠수함 정보와 감청능력(SIGINT)에 있어서도 최강이다. 북한의 핵무기 및 투발수단 개발이 이어지는 상황에서 그리고 조만간 북한의 잠수함발사탄도미사일(SLBM)이 배치될 수 있는 상황에서, 일본의 정보력은 한국안보에 소중한 보탬이 될 수 있다.

둘째, 지소미아는 한일 간의 문제일뿐 아니라 한미동맹과도 직접 연계되어 있다. 지소미아의 파기는 한·미·일 안보협력 체제의 와해를 의미하며 이는 곧 미국의 동맹정책을 정면으로 거스르는 선택이다. 지소미아 파기가 한미동맹의 균열을 악화시킬 것은 불 보듯 뻔하다.

셋째, 장기적으로도 지소미아는 한국의 생존과 번영에 기여한다. 현재 동북아에는 최대의 현상타파 세력인 중국이 러시아 및 북한과의 군사적 결속을 강화하여 미국 주도의 질서에 도전하는 신냉전 구도가 심화되고 있는 중이며, 중국은 막강해진 경제력과 군사력을 바탕으로 남중국해 및 서해의 내해화를 시도하고 주변국들에게 굴종을 요구하고 있다. 이런 시기에 한국이 생존과 번영을 담보하기 위해서는 적어도 안보·경제 분야에서는 자유민주주의와 시장경제 체제를 공유하는 일본과의 협력이 불가피하다.

하지만, 문재인 정권은 이런 충언들을 외면하고 '반일 캠페인'을 선동했다. '죽창론'을 내세우면서 일본과의 경제전쟁을 독려했고, 남북 합작의 '평화경제'로 일본과의 무역전쟁을 이겨낼 수 있다고 했다. 이후 한미관계의 급랭은 충분히 예상된 일이었다. 미 국무부는 '유감과 실망'을 표방하고 "주한미군을 위험하게 만들고 한미 연합방위체제를 복잡하게 만들 것"이라는 우려를 표명했다. 지소미아가 종료되는 11월 22일 이전에 파기 결정을 철회할 것도 권고했다. 이어서 한국군이 확대된 규모로 독도 방어훈련을 실시한데 대해 "시기와 메시지 그리고 규모가 비생산적이고 한일 문제를 악화시킬 뿐"이라는 논평을 냈다. 미국이 한일 간 독도 분쟁에 개입하여 입장을 밝힌 것은 이번이 처음이며, 독도를 '독도'라고 불러주지 않고 '리앙쿠르 암초(Liancourt Rocks)'로 호칭한 것도 주목할 만하다. 8월 28일에는 조세영 외교부 1차관이 해리 해리스 주한 미국대사를 외교부 청사로 불러 "한국정부의 지소미아 파기에 대한 공개비판을 자제해 줄 것"을 요청했는데, 한국의 차관급 공직자가 미국 대사를 초치하여 항의성 요구를 하고 이를 외부에 공개한 것은 유례가 없는 일이었다. 이는 강대국과 약소국 간의 비대칭 동맹이 유지되는 이치와 안보현실을 무시한 경솔한 처사로서 워싱턴의 분노는 당연한 것이었다. 이렇듯 지소미아 파기와 함께 예상된 '동맹 파열음'이 터져 나왔지만, 문 정부는 지소미아 파기가 한미동맹에 지장을 주지 않는다는 무책임한 발언을 반복하고 있다.

(4) 전작권 조기 전환은 '동맹 사망' 선고

전시작전통제권(War-Time Operational Control: 이하 '전작권')을 한미가 공동으로 행사하게 되어 있는 현 체제는 전쟁이 나면 한미군이 단일 지휘체제 하에서 한 덩어리가 되어 싸우도록 해놓은 체제이고 이를 수행하기 위해 1978년에 창설된 것이 한미연합사(CFC)이다. 북한의 대남 군사도발이 극심했던 시기에 닉슨·카터 대통령이 주한미군을 철수시키겠다고 했을 때 박정희 대통령이 자주국방의 기치를 내걸고 독자 핵무장까지 협박(?)하여 받아낸 가장 확실한 대북억제 체제가 현 연합사 체제이다. 당연히, 이 체제를 해체하는 것은 북한의 오랜 숙원사업이다. 지금 문재인 정권은 북한의 숙원사업을 해결해 주기 위해 진력(?)하고 있다. 한국 정부가 '동맹 사망' 선고를 재촉하는 꼴이다.

전작권에 대해 정확하게 알기 위해서는 지휘(command), 작전지휘(operational command), 작전통제권(operational control) 등의 의미를 이해할 필요가 있다. 지휘는 지휘관이 부여된 임무를 수행하기 위해 예하부대에 대해 행사하는 일체의 권한으로서 정보·작전 사항과 관련된 작전지휘, 인사, 교육, 군수 기타 행정 등과 관련된 행정지휘 등을 망라한다. 지휘보다 좁은 범위의 권한과 책임을 의미하는 작전지휘는 작전 수행에 필요한 자원 획득·비축·사용 등의 작전소요 통제, 전투편성(예속, 배속, 지원, 작전통제), 작전계획·명령의 작성 등을 할 수 있는 권한이며, 행정지휘권은 여기에 포함되지 않는다. 작전통제권은 작전지휘권 중 작전계획·명령에 명시된 임무를 수행하기 위해 위임된 권한을 말한다.

한국군에 대한 전·평시 작전지휘권은 6·25 전쟁 발발 직후인 1950년 7월 14일부로 전쟁지휘 일원화를 위해 이승만 대통령이 유엔군 사령관에게 이양했다. 한국군에 대한 행정지휘 권한은 여전히 한국 정부가 행사했다. 전쟁이 끝난 후에도 이 체제가 유지되다가 1978년 창설된 한·미연합군사령부로 작전지휘권이 이양되었다. 1994년에는 평시 작전지휘권이 한국으로 넘어왔고 전시작전지휘권 중에서도 작전통제권만 연합사령관이 행사하는 체제로 바뀌었다. 즉, 전시가 되더라도 작전통제권을 제외한 나머지 작전지휘권은 한국 합참의장이 행사하도록 함으로써 한국 방위를 위한 한국군의 책임을 크게 확대했다.

전작권조차도 미군 장성인 연합사령관이 독단적으로 행사하는 것이 아니다. 연합사 자체가 한미군으로 구성되어 있는데다가 전작권의 수행은 작전의 성격과 지역에 따라 한국군 장성들이 분담하게 되어 있고, 더구나 모든 작전은 한·미 합참과 국방부 그리고 대통령이 상호 합의에 따라 하달한 전쟁 수행지침 범주 내에서 수행하게 되어 있다. 예를 들어, 북한의 전쟁 발발에 대비한 방어준비태세(DEFCON)를 격상하는 것도 연합사령관이 일방적으로 하는 것이 아니고 양국 합참의

장과 국방부 장관을 거쳐 대통령의 승인을 받아야 한다. 다른 중요한 의사결정도 대부분 이런 절차를 거치게 돼 있어, 전시 작전통제권을 연합사령관 즉, 미국이 마음대로 하는 것처럼 말하는 것은 사실과 다른 정치적 선동일 뿐이다. 그럼에도 국내 반미 주사파들은 '군사주권 상실', '국가자존심 실종' 등을 외치면서 오랫동안 이 체제를 비방해 왔다.

전작권 전환 시기는 노무현 정부 때 2012년으로 합의되었다가 '전작권 전환 반대 천만명 서명 운동'이 일어났고, 이에 이명박 정부는 2015년으로 연기했다. 북한의 잇단 핵·미사일 실험으로 박근혜 정부에 와서는 '조건 충족시' 전환으로 바꿈으로써 전작권 전환 시점을 사실상 무기 연기했는데, '연합방위를 주도하는 한국군의 핵심능력 확보', '북한의 핵·미사일에 대한 한국군의 필수 대응능력 확보 및 미국의 확장억제 및 전략자산 제공', '전작권 전환에 부합하는 안보환경' 등이 한미가 합의한 조건들이었다.

지금은 이런 조건들이 충족된 상황이 아니다. 한국군은 지금까지도 연합방위를 주도하는 핵심능력을 확보하지 못했지만, 문재인 정권 이후 한국군은 심하게 망가지고 군사역량도 축소되고 있으며 9·19 남북군사분야합의로 감시정찰과 기습대비에 많은 제약을 받고 있다. 한국군이 북한의 핵·미사일 관련 필수 대응능력을 갖추는 문제도 그렇다. 이를 위해서는 정부의 의지, 국민의 동의, 막대한 예산 등이 필요하고, 그런 것들이 갖추어지더라도 북한의 핵·미사일 발전 속도를 따라잡기 어렵다. 문재인 정권이 북한을 의식하여 '3축 체제 구축' 속도를 늦추고 중국의 눈치를 보느라고 미국 미사일 방어체계(MD)와의 통합도 금기시하면서 무슨 능력을 어떻게 갖춘다는 것인지 이해하기 어렵다. 게다가 작금의 안보정세는 '전작권 전환에 부합하는 안보환경'과는 거리가 멀다. 신냉전과 군비경쟁이 격화되고 북한의 핵·미사일 위협과 중국의 군사적 압박이 커지고 있는 상황에서 이 조건이 충족되었다고 한다면 지나가는 소가 웃을 것이다. 이런 상황에서 문 정권은 막무가내로 전작권 전환을 서두르고 있다.

문 정권은 취임과 동시에 '전작권 조기 전환'을 정책공약으로 제시했다. 안보를 걱정하는 국민들은 군출신 국방장관들이니 알아서 지연작전(?)을 펼쳐줄 것이라고 기대했지만, 기대와는 반대로 송영무·정경두 국방장관은 청와대의 방침을 집행하는데 충성심(?)을 보였다. 2018년 5월 송영무 장관은 '2023년 전작권 전환' 계획을 대통령에게 보고했다. 2018년 10월 31일 제50차 한미 연례안보협의회에서는 정경두 장관과 매티스 미 국방장관이 새로운 연합방위지침에 합의했다. 국방부는 전작권 전환 이후에도 연합방위태세를 유지할 것이며 현 연합사를 한국군 장성이 사령관을 그리고 미군 장군이 부사령관을 맡는 미래연합군사령부로 대체한다고 설명했다. 정 장관은 주요 지휘관회의시마다 '전작권 전환 철저준비'를 독려했다. 국방부는 2019년에 기본작전운용능력(IOC)평가, 2020년에 완전작전운용능력(FOC) 평가 그리고 2021년에 완전임무수행능력(FMC) 평가 등 3단계 평가를 거쳐 2022년에 전작권을 전환한다는 계획을 진행 중이다. 물론, 전문가들은 이런 식의 단계적 평가를 '뻔한 결론을 정당화하기 위한 수순'으로 보고 있다.

그러면서도 정경두 국방장관은 반복되는 전문가들의 질문에 침묵하고 있다. 예를 들어, 전작권을 분리하더라도 국민의 우려를 감안하여 연합방위태세는 그대로 유지하겠다고 한다면 연합방위를 위한 최적의 체제인 현 체제를 그대로 두면 될 일이 아닌가? 연합방위태세를 중시한다면서도 굳이 전작권을 분리하겠다는 것은 무슨 이유인가? 한국군 4성 장군이 미래연엽합군사령관을 맡는 문제도 그렇다. 이 경우 미국이 4성 장군을 부사령관으로 보낼 가능성은 거의 없으며 중장이나 소장을 보낼 개연성이 크다. 최강국 미국은 타국군 지휘관 밑으로 자국의 전투병을 파병하여 전쟁을 수행한 적이 없기 때문에 한국군이 사령관을 맡는 것은 곧 미군의 파병을 불가능하게 만드는 것이 될 수 있다. 미군이 파병된다 하더라도 중장이나 소장이 미측을 대변하는 상황에서는 미국에서 필요한 병력, 장비, 물자 등을 가져오는 데에는 많은 제약이 따른다. 때문에 국방부가 한국군 장성이 사령관을 맡도록 합의한 것을 성과인양 내세우는 것은 말이 되지 않는다. 정부와 국방부가 이런 질문들에 대해 답을 내놓지 않는다면, 후일 역사는 문재인 정권의 전작권 조기 전환을 '군사주권 회복'이라는 포퓰리즘적 명분을 얻기 위해 또는 북한 정권을 기쁘게 해주기 위해 실질 국가안보를 희생한 사례로 기록할 것이다.

노무현 정부 때도 그랬지만 지금도 '전작권 환수'를 외치는 사람들은 '군사주권'과 '국가 자존심'을 들먹이면서 감성론으로 국민을 선동하고 있다. "국가 자존심은 중요하지만 그보다는 국가생존이 먼저다"

라는 합리적 주장에는 귀를 닫고 있다. 그럼에도, 냉정하게 따져보면 전작권 체제를 유지하자는 주장의 '이성적 설득력'이 전작권을 조기에 분리하자는 주장의 '감성적 설득력'을 압도한다. 북한은 한미군이 한 덩어리가 되어 싸우는 현 체제를 더 두려워하고, 미국이 책임을 공유하는 현 체제 하에서 전쟁 발발 시 미군이 파병될 가능성이 더 높으며, 미군의 우수한 전투력과 정보력을 공유하면서 싸우는 현 체제 하에서 전쟁에서 승리할 가능성도 더 높기 때문이다.

어쨌든 지금은 한국이 전적권 전환을 요구하면 미국은 기다렸다는 듯이 수용할 가능성이 크다. 지금은 트럼프 대통령이 '미국 우선주의'를 내세우면서 신고립주의 쪽으로 선회하면서 '안보 무임승차론'을 앞세우고 동맹국들을 압박하고 있는 중이다. 게다가 문재인 정권의 좌파적 수정주의 노선에 진저리를 내고 있는 중이다. 이런 미국에게 전작권 분리를 요구하는 것은 울고 싶은 사람의 뺨을 때려주는 격이다. 그래서 동맹신뢰가 바닥이고 주변 여건도 최악인 상태에서의 전작권 전환은 '동맹 사망' 선고가 될 수 있다. 미국이야 현 전작권 체제를 유지하든 허물든 죽고 사는 문제에 직면할 이유가 없는 나라이지만, 한국은 그렇지 않다. 동맹이 끝장나면 경제부터 흔들리기 시작하여 주식시장이 붕괴하는 것은 몇 시간이 걸리지 않을 것이며, 한국의 안보는 망망대해에서 홀로 표류하는 신세가 될 것이다.

(5) 대한민국 세 번째 존망의 위기에 처하다

문재인 정권이 무책임한 탈동맹 행보를 고수하고 있는 중에 트럼프 대통령도 신고립주의 경향을 보이면서 시시때때로 통북봉남(通北封南) 언행을 반복하고 있다. 트럼프의 경솔한(?) 동맹폄하 발언은 대선 후보시절부터 쏟아져 나왔으나, 김정은과의 브로맨스(bromance)를 과시하는 발언들은 2018년 제1차 미북 정상회담 때 시작되어 2019년 5월 북한이 미사일 시험발사를 재개한 이후 더욱 노골화되고 있다. 이제 "단거리 미사일은 미국을 위협하지 않으므로 불쾌하지 않다", "나와 김정은 위원장의 관계는 매우 좋다" 등은 후렴구가 되어버렸다. 당연히, 미국 대통령의 이러한 언행은 상대국에 대한 위협을 자국에 대한 위협으로 간주하게 되어 있는 한미 동맹조약의 취지에 어긋난다.

그렇다면, 트럼프 대통령의 '동맹 폄하 및 통북봉남' 언행은 트럼프식 일시적 현상일까, 아니면 향후 미국의 대외기조가 신고립주로 흘러갈 것임을 예고하는 것일까? 아직 여기에 대한 확실한 답은 없지만, 모든 여건들을 감안할 때 트럼프 대통령 이후에도 신고립주의 경향이 강화될 가능성이 더 높아 보인다. 만약, 미국이 본격적으로 신고립주의를 택하고 한미동맹이 무력화된다면 한국은 또 한번 존망(存亡)의 기로에 서게 될 것이다.

미국의 고립주의 역사는 아메리카 대륙에 대한 유럽의 개입을 거부하기 위해 1823년에 표방한 '먼로주의'로 시작되었다. 미국은 제1차 세계대전 참전 동안 고립주의를 일시 포기했으나 전쟁 후 고립주의로 되돌아갔고, 이후 1941년 일본의 진주만 기습을 계기로 개입주의로 선회했고 종전 후 초강대국으로 등극하면서 지금까지 이 기조를 이어왔다. 개입주의는 해당 지역에 지상군 배치를 포함해 모든 수단을 동원하는 역내 균형전략(on-shore balancing)과 외교력이나 해·공군을 활용해 지역 밖에서 균형을 유지하는 보다 소극적인 역외 균형전략(off-shore balancing)으로 나눌 수 있는데, 당연히 역외 균형전략이 고립주의 쪽에 더 가깝다. 한국은 역외 균형전략의 대상이 되었을 때 국가존망의 위기를 맞았다.

첫 번째 위기는 1950년 초 미국이 극동방위선인 '애치슨 라인(알류산열도-일본-필리핀)'에서 한국을 제외하면서 발생했다. 유럽에 집중하기 위해 아시아에서 역외 균형전략을 채택한 것이다. 그것이 북한의 6·25전쟁 도발을 불러일으키고 대한민국의 운명은 풍전등화에 처해졌지만, 트루먼 대통령의 결단으로 미군이 파병됨으로서 한국은 망국의 위기를 넘길 수 있었다. 휴전 후 미국은 애치슨라인으로 돌아가려 했으나, 이때 한·미 상호방위조약과 주한미군 주둔이라는 걸작을 만들어낸 것은 이승만 대통령의 결기와 혜안이었다. 한국은 역사상 처음으로 최강국의 역내 균형전략의 대상이 되었고, 이를 바탕으로 전쟁 재발을 막고 경제기적을 이룰 수 있었다.

두 번째 위기는 1969년 '닉슨 독트린'으로 촉발되었다. 미국은 아시아에서는 베트남전쟁에서와 같은 지상군 투입을 하지 않겠다고 선언했고, 이어서 대만과 남베트남을 포기했고 한국에서 7사단을 철수시켰다. 카터 대통령은 한술 더 떠서 모든 주한미군을 철수시켜 원래의 애치슨라인으로 돌아가려 했다. 이런 미국에 대해 '독자 핵개발'과

'자주국방'이라는 승부수를 던져 연합사 창설(1978년)과 주한미군 철수 백지화(1979년)를 끌어내고 역내 균형전략을 존속시킨 것이 박정희 대통령이었다. 박 대통령은 미국의 압력으로 독자 핵개발을 포기했지만, 위기를 기회로 반전시켜 국군 현대화를 이루고 중화학공업을 육성하여 경제강국으로 가는 기초를 닦았다.

세 번째 위기는 문재인 정권의 좌파적 수정주의로부터 시작되어 현재 진행형이다. 트럼프 대통령의 '미국 우선주의'란 개입주의 기조를 유지하더라도 역외 균형전략에 의거하여 선별적·소극적으로 개입하고 비용은 철저히 받아내는 것이다. 미국이 세계경찰 역할을 담당하면서 돈을 쓰고 피를 흘리는데 대한 미국 국민의 피로감이 커지고 있는데다 셰일오일 혁명으로 미국의 에너지 자립이 가능해지고 있음을 감안하면, 미국이 세계경찰 역할을 줄일 것으로 보는 것이 타당하다. 전략환경의 변화도 이 방향에 속도를 더하고 있다. 즉, 미국의 대외정책 수단이 전통적인 외교·군사적 수단에서 통상·금융 등 다양한 분야로 확대되고, 해·공군의 비약적 발전으로 역외 균형전략의 효용성도 커지고 있다. 그렇다면, 향후에도 미국은 700여개에 달하는 해외 군사기지들을 줄이고 대신 외교·경제적 수단을 활용하고 유사시 해·공군 위주로 개입하면서 동맹국의 지상군을 최대한 활용하려 할 가능성이 높다.

한국으로서는 미국 대외기조의 변화를 정확하게 읽고 적극적으로 대처해야 하며, 그렇지 못할 경우 또 존망의 위기로 내몰릴 것이다. 팽창주의적 강대국들 사이에 위치하고 북한의 비대칭 위협에도 노출되어 있는 한국으로서는 위험을 기회로 바꾼 이승만·박정희 대통령의 리더십을 거울삼아 한편으로 자강을 위한 제2의 자주국방 노력을 경주하면서 다른 한편으로는 미 역내 균형전략의 대상지역으로 남도록 동맹외교를 강화해야 하다. 그러면서도 원치 않는 최악의 상황이 도래할 수 있다는 전제 하에 여차하면 독자 핵무장을 할 수 있도록 단계적 준비를 해나가야 할 것이다. 하지만, 지금 문 정권은 정 반대의 길을 가고 있다. 좌파적 수정주의에 입각한 자해적 국방정책, 탈미(脫美)·반일(反日)에 기초한 고립외교, 한·미·일 안보협력 파괴 등을 계속하고 있고, 핵잠재력을 키워나가야 하는 시기에 엉뚱한 탈원전 정책을 고집하고 있다. 스스로 미국의 통북봉남과 '제2의 애치슨선언'을 부추기고 존망의 위기를 재촉하고 있다. 그래서 많은 국민들은 문 정권의 정체성과 목표가 무엇인지를 묻고 있다.

4. 남침대로(南侵大路) 열어준 9·19 군사분야합의

(1) 군비통제 원칙을 위배하는 이적성(利敵性) 합의

2018년 9월 19일 평양에서 남북 정상이 '평양 공동선언'을 서명한 데 이어 남북 국방장관이 '남북군사분야합의서'에 서명했다. 북한 비핵화에 실질적인 진전이 없는데도 한국군에게 일방적인 불리한 군비통제 원칙들을 위배한 합의이자 공자(攻者)와 방자(防者)를 구분하지 않은 일방적인 합의였으며, 그 결과 한반도 군사긴장의 원인인 북핵과 북한의 도발에 대해서 일언반구도 없는, 말하자면, 원인과 처방이 일치하지 않는 괴문서였다. 이적성 합의에 서명하지 않겠다며 스스로 장관직을 던지는 군인이 한 둘만 있었어도 문 정권이 이런 합의를 추진하지 못했을 것이지만, 지금 대한민국에는 그런 군인들이 없다.

이 문서에 서명함으로써 한국군은 국민의 생명은커녕 장병 자신의 목숨도 지키기 어렵게 되었다. 이것이 '대한민국수호예비역장성단(대수장)'이 출현한 직접적인 배경이었다. 평생을 군무(軍務)에서 보낸 예비역 장성들은 누구보다 먼저 이 합의의 이적성(利敵性)을 간파했고, 2018년 11월 21일 군사합의 폐기를 요구하는 발표회를 가진데 이어 2019년 1월 30일 대수장을 발족했다. 현재 대수장은 8명의 전직 국방장관과 40여명의 예비역 대장들을 포함한 850여 명의 육·해·공·해병대 예비역 장성들을 회원으로 하고 있으며, 문재인 정권의 안보 파괴에 대해 경고음을 내고 있는 중이다.

군비통제(軍備統制, arms control)란 운용적 군비통제, 구조적 군비통제, 합의 위반사항 제재 등의 군비경쟁 안정화를 통해 잠재적 적대국 간 전쟁 위험과 부담을 제거 또는 최소화함으로서 상호 안보를 증대시키는 모든 노력을 말한다. '운용적 군비통제'는 군사력 운용을 통제해 상호 군사적 충돌의 가능성을 줄이는 것이고, 구조적 군비통제는 실제 병력과 장비의 규모를 통제하는 것으로 군비 해제(disarment), 군비 삭감(arms reduction), 군비 제한(arms limitation) 등의 개념을 포괄한다.

군비통제가 성공하려면 상호 군사적 신뢰구축과 검증 시스템이 필수다. 군사적 신뢰는 약속 준수를 상호간 확인할 수 있을 때 만들어진다. 1992년 미국, 러시아, 유럽 등이 '항공자유화조약(Treaty on Open Skies, 1992년)'에 서명하여 우주공간에서의 상호 간 자유로운 비무장 공중정찰을 할 수 있게 한 이유가 바로 이런 것이다. 방어시설과 장비를 확충하여 상대방의 기습공격 가능성을 줄이고 여유를 가지고 대응할 수 있게 하는 것도 우발적 충돌과 오판에 의한 충돌 가능성을 감소시킨다. 하지만, 남북군사합의는 반대로 감시 정찰을 제한하고 스스로 전방지역 방어시설물을 해체하는데 합의했다. 한국군은 북침(北侵)을 상상할 수 없는 군대이고 늘 북한의 공격을 막아야 하는 방자(防者)이고 북한군은 한군군에 대한 감시정찰이 필요없는 공자(攻者)라는 사실을 감안하면, 이런 식의 합의는 북한군의 기습공격 시 성공 가능성을 높여줄 뿐이다.

신뢰 못지않게 중요한 것이 철저한 검증체계이다. 1987년 레이건 미 대통령과 소련의 고르바초프 공산당 서기장은 중거리핵폐기조약(INFT)에 서명해 사거리 500~5,500km의 1991년까지 핵미사일 2,692기를 폐기했다. 협상 과정에서 레이건 대통령은 "신뢰하라 그러나 검증하라(trust but verify)"라는 말을 반복했다. 군비통제의 핵심을 한 마디로 표현한 것이다. 남북 군사합의서 제5조 3항에도 "쌍방은 남북 군사 당국 간 채택한 모든 합의 들을 철저히 이행하며, 그 이행상태를 정기적으로 점검 평가해 가기로 했다"라고 명시되어 있지만, 어떻게 점검 평가할지에 대한 구체적인 내용은 없다. 북한은 한국의 정상적인 군사 활동에 대해 사사건건 '합의 위반'이라고 비난하면서 정작 자신들은 신형 탄도미사일과 대구경 방사포를 발사하면서 안보리 결의와 군사합의서를 위반하고 있지만, 한국으로서는 속수무책이다.

물론, 북한이 약속을 지키는 정상국가라면 얘기는 달라질 수 있지만, 현실은 전혀 그렇지 않다. 1972년 7·4 공동성명 이후 2017년 4월 27일 판문점 선언 전까지 남북 간 크고 작은 회담이 655회나 있었고 245회는 서명까지 했지만, 북한은 한 번도 지키지 않았다. 북한은 한국군을 24시간 감시하거나 도발대응 태세를 갖출 필요가 없는 공자(攻者)이지만, 한국은 북한군의 공격에 철저하게 대비하지 않으면 국민의 생명은 물론 장병들의 목숨도 지킬 수 없는 방자(防者)이다. 공자와 방자를 구분하지도 않은 채 '우리 민족끼리 평화 쇼'에 취해 군비통제의 초보적인 원칙마저 무시한 이런 합의는 결국 한반도의 군사적 안정과 평화 그리고 대한민국의 생존에 치명상을 줄 것이다.

(2) 서해 NLL 포기로 북(北) 도발에 수도권 무방비 노출

서해 평화수역 설정에 관해서 문 정권은 처음에는 바다에 정확한 선을 긋기가 어려워 서해 해상적대행위 중단구역, 즉 평화수역의 기준선을 정하지 못했다고 했다. 동해는 NLL 기준 남북 40km씩 총 80km 폭을 설정했는데 같은 바다이면서 왜 서해에는 기준이 없는가라는 질문이 나오자 엉겁결에 서해 역시 NLL을 기준으로 했다고 답했다. 국방부 출입 기자들이 측정해 본 결과 서해에는 NLL 기준 북쪽으로 50km 그리고 남쪽으로 85km로 설정돼 한국이 35km를 더 양보한 사실이 판명되자 실무자의 실수라고 했다. 그리고는 북한의 해안선이 더 길고 해안포가 많아 북한이 더 많이 양보한 것이라고 둘러댔다. 한국에게 위협이 되는 것은 북한의 낡은 해안포가 아니라 황해도에 배치된 장사정포를 포함한 북한군 4군단임을 지적하자, 적대행위 중단구역에 황해도도 포함된다고 했다. 하지만 그런 내용은 합의서에 없다. 약속한 것도 안 지키는 북한이 약속하지 않은 것을 알아서 할 리가 만무하다. 당연히, 군사합의는 황해도의 북한군 4군단에 어떠한 제약도 가하지 못하고 있다.

[그림 1] 9·19 군사분야 합의서 주요 내용

이미지출처: 조선일보

군사분야합의서 붙임 4에는 "서해 해상에서 우발적 충돌방지 및 평화수역 설정, 안전한 어로 활동 보장'의 1-1항에는 '평화수역 범위는 쌍방의 관할 하에 있는 섬들의 위치, 선박들의 항해밀도, 고정항로 등을 고려하여 설정하되, 구체적인 경계선은 남북 군사 공동위에서 협의하여 확정하기로 하였다"라고 명시되어 있다. 현재의 NLL은 없애고 다시 협의한다는 소리다. 문 정권이 국군이 피로서 지켜 온 영토선인 서해 NLL을 일거에 형해화시키는 문서에 서명한 것이다.

또한, 서해 평화수역 설정으로 육지인 황해도에 배치된 북한의 장사정포·대함(對艦) 미사일 등 핵심 전력은 영향을 받지 않고 그대로 운용되지만, 북방한계선과 인근 5개 섬에 배치된 한국 해군과 해병대 그리고 이들을 지원하는 한미 연합 공군은 손발이 묶였다. 북방한계선 일대 군사력 균형이 일방적으로 북한에 유리해진 것이고, 서북 5개 도서는 북한의 기습강점 위협에 상시 노출된 것이며, 수도권이 측방 위협에 더욱 취약해졌다. 또한, 합의서는 한강·임진강 하구를 공동이용 수역으로 정했는데, 곧 바로 남북한 전문가들이 함께 수로조사를 실시하는 것을 보면서 많은 전문가들은 아연실색하지 않을 수 없었다. 남북한에 항구들이 없는 것도 아니고 거리가 먼 것도 아닌데도 서둘러 한강하구의 수로들을 조사하여 북한에 알려주는 문 정권을 보면서 혀를 내둘렀다. 어쨌든 이는 북한군 특수부대에게 한강을 이용해 일거에 서울 시내로 들어오거나 평택 수로를 이용해 평택 미군기지까지 위협할 수 있는 길을 열어주는 것이다. 인천항과 인천공항도 그만큼 더 취약해졌다. 그동안 한국군의 해병대와 해·공군 합동전력은 수십 배의 북한 4군단 병력을 황해도에 묶어 두는 역할을 해왔지만, 이제 북한군은 4군단의 일부만 현 위치에 남기고 여타 병력을 서울과 북방의 서부전선으로 이동시킬 수 있게 되었다. 인구의 절반이 밀집한 수도권이 완충 공간을 상실하여 북한군의 위협에 직접 노출된 것이다.

(3) 북 기습도발의 성공을 보장해준 비행금지구역

지금까지 한국군이 북한군 재래전력의 현격한 양적 우위를 상쇄하고 균형을 이룰 수 있었던 것은 한국군이 질적 우위를 가진 첨단전력 때문이었고, 정보·감시·정찰 능력과 정밀타격력이 핵심이었다. 하지만, 군사합의는 고정익 항공기(군사분계선 기준 서부 20km, 동부 40km), 헬기(10km), 무인기(서부 10km, 동부 15km) 등에 대해 비행금지구역을 설정했다. 이로서 수도권을 북방 전방에 전개되는 북한군의 동향을 감시하는데 제약을 받게 되었고 근접 정밀타격도 어려워졌다. 반면, 북한군에게 한국군 첨단전력이 무력화된 공간에서 언제든 기습에 성공할 수 있는 행동의 자유를 제공했다. 특히 서부전선은 최전방으로부터 서울까지의 거리가 40~50km에 불과해 20km의 비행금지구역 설정은 북한군의 도발 감시와 도발 시 즉각 대응에 심각한 지장을 초래할 수밖에 없다. 이런 지적에 대해 국방부는 남북 간 등면적으로 비행금지구역을 설정한 것이므로 공정하다고 설명했지만, 북한이 공자(攻者)이고 한국이 방자(防者)라는 사실을 대입하면 참으로 터무니가 없는 논리다. 강도와 시민이 이웃하고 있다고 가정해보자. 시민이

CCTV를 설치한 것은 당연하지만 강도에게는 필요 없는 장비이다. 그런데, 시민과 강도가 '꼭 같이' CCTV를 달지 않기로 하면 그게 공정한 합의일까?

[그림 2] 공중적대행위 금지구역

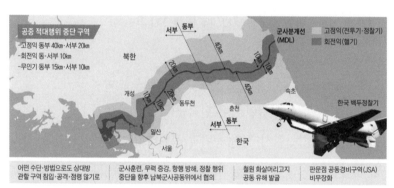

이미지출처: 조선일보

세부적으로 들어가면 더욱 기가 막히는 이야기들이 많다. 통상 정보감시수단은 신호정보(주로 통신 감청), 인간정보(간첩, 동조자 등이 획득하는 정보), 공개정보(언론 보도 등을 통해 획득되는 정보), 영상정보(항공촬영으로 통해 득하는 정보) 등 네 가지로 분류된다. 이번 군사합의는 북한이 우세하거나 비슷한 신호정보와 북한이 월등하게 많은 유리점을 가진 인간정보와 공개정보에는 전혀 지장을 주지 않으면서 한미군이 우위를 가진 양상정보를 크게 제약한다. 한국군의 금강과 새매 그리고 미군의 RC-7B 등 전술정찰기들의 정찰범위가 크게 축소된 것이다. 신호·영상·공개정보는 적의 일반적인 동향을 파악하는 데는 유용하지만, 구체적인 도발징후 파악, 표적 정보 획득, 타격 등을 위해서는 영상정보와 무인기의 활용이 필수적이다. 이 부분의 능력이 제약되면 그만큼 대북 억제력도 줄어든다.

정찰자산들을 획기적으로 늘리면 된다는 주장이 있지만, 이 역시 예산 현실성을 무시하는 것이다. 금강 정찰기 1대는 1,200억 원이고 글로벌호크 1식 4대를 구입하는데는 1조 원이 든다. 저렴하게 사용할 수 있는 무인기를 세워두고 천문학적 예산을 투입해 정찰기를 추가 도입하자는 얘기다. 설사 예산이 확보되어도 군사합의에 명시된 대로라면 북한과 협의를 해야 한다. 2019년 9월 합참이 야당 국회의원에게 제출한 자료에 따르면, 군사합의 이전에는 군단이 사용하는 무인기들이 북한의 장사포 등 713개의 표적을 식별했지만 합의 이후에는 399개로 줄었다. 무인기의 표적식별 능력이 44%나 감소한 것이다.

정밀타격 수단은 한국군이 우위를 가진 또 하나의 무기인데 여기에도 많은 제약이 생겼다. 장사정포 갱도, 지휘소, 탄약저장소 등 전선 지역의 북한군 표적들은 대부분 견고한 지하시설이어서 GPS·레이저로 유도되는 대형폭탄으로 파괴해야 한다. 이들은 통상 전투기가 20km 이내로 근접해 투하하는 무기이기 때문에 비행금지구역을 지킨다면 훈련을 할 수 없다. 전투가 발발하면 즉각 비행금지구역 안으로 들어가면 된다고 하는 정부의 주장은 현실과 동떨어진 탁상공론이다. 문재인 정권 성격상 즉각 투입을 허용할 가능성도 별로 없지만, 설사 허용해도 평소에 충분한 훈련이 없었던 상태에서는 작전에 성공할 가능성이 거의 없다.

"적에 근접하여 투하하는 정밀유도 대형폭탄 대신 멀리 날아가는 미사일로 대체하면 된다"는 설명도 일견 그럴듯하나 거짓말이다. 1기에 수십억 원을 호가하는 현무 지대지(地對地) 미사일은 주로 북한 핵·미사일 기지나 발사대, 비행장 등을 파괴하는 데 사용하는데, 현재 보유 중인 미사일로는 핵·미사일을 제거하기에도 부족하다. 그런데 이런 장거리 무기를 장사정포나 전방 부대 지휘소를 파괴하는데 사용하려면 엄청난 숫자의 미사일을 추가로 보유해야 하기 때문에 예산 현실성이 부족하다. 항공기용 공대지(空對地) 미사일 역시 현실성에 제한이 있다. 현재 공군이 사용하는 5종류 중 3종은 탄두중량(219~680kg)이 크지 않아 장사정포 갱도 등 견고한 지하시설을 파괴할 수 없고, 나머지 2종은 1톤 이상 대형 탄두를 탑재해 지하시설을 파괴할 순 있으나 가격이 기당 수십억 원에 달해 극히 소량만 보유하고 있다. 이들은 대형 미사일이어서 큰 전투기에도 1~2발만 장착할 수 있어 북한 후방지역의 전략적 가치가 높은 표적을 공격할 때만 사용한다. 이런 미사일로 전선에 있는 표적까지 파괴하려면 엄청난 수의 미사일과 전투기가 더 필요하다. 설사 예산이 확보된다 하더라도 북한과 협의하도록 되어 있어 이러지도 저러지도 못한다.

(4) '동수(同數)·등거리·등면적'이라는 사술(詐術)

군사합의 이전까지 비무장지대(DMZ)에 있는 북한군 감시초소(GP)

의 숫자는 160여 개로 한국군의 세 배에 가까웠다. 이후 정부는 군사합의에 따라 남북이 11개씩 동수로 줄였으니 공정하다고 자평했다. 문재인 정권이라면 앞으로도 북한이 DMZ를 벗어난 지역에 대해서도 남북이 등거리·등면적 원칙에 따라 부대와 전투시설을 뒤로 물리자고 하면 합의해줄 가능성이 있다. 그래놓고는 국민을 향해서는 공정하다고 선전할 수 있겠지만, 참으로 웃기는 논리다. 판문점에서 평양까지 직선거리가 147km로 북한은 작전공간에 여유를 누리지만 서울까지는 불과 52km이다. 한번 물러서면 곧바로 낭떠러지이고 망국이다. 총인구의 절반이 밀집한 서울·경기도과 강원도 일대까지 속수무책으로 북한군의 기습공격에 취약하게 만드는 이런 합의를 두고는 '이적(利敵)'이라는 말을 빼고는 달리 표현할 방법이 없다.

북한은 사거리 50km 이상의 장사정포 1,100문을 전선에 배치하고 있는데 이 중 340여문은 수도권을 정조준하고 있다. 장사정포는 콘크리트 관통력이 없고 정확도도 많이 떨어진다. 북한은 2010년 연평도 도발을 오랫동안 준비했지만, 발사한 장사정포의 절반이 바다로 떨어지거나 불발됐다. 한국 측 사망자는 야외에 있던 4명이 전부였다. 그럼에도 장사정포는 '서울 불바다' 위협의 핵심 전력으로 한국의 수도권을 혼란에 빠뜨릴 수 있어 한국군은 북한군의 양적 우세, 짧은 작전 종심 등을 상쇄하는 강력하고 정확한 화력 수단들을 갖추고 있으며, 이들 수단으로 갱도만 파괴해도 북한의 장사정포들은 지속적인 포격을 할 수가 없다. 그러나 문재인 정권이 북한의 평화공세에 넘어가 한국군의 화력 수단들을 후퇴시킬 경우, 후방이 대부분 인구 밀집 도시지역이기 때문에 옮길 데가 없어 그냥 해체해야 할 수도 있다. 즉, 북한의 '등면적 철수' 제안을 수용하여 수도권 북방에 배치된 한국군의 우수한 수단들을 후퇴시키는데 합의해준다면, 한국의 수도권은 북한군의 기습공격에 속수무책으로 노출될 수밖에 없다.

요컨대, 현재의 지리적 여건을 종합하면 '동수 철수', '등거리·등면적 철수' 등은 북한이 기만적 '평화공세'를 위해 사용하는 개념들인데, 문재인 정권이 이런 제안을 받아들여 전방 방어력을 해체하고는 국민에게 '공정한 거래'라고 선전하는데도 국민이 위험성을 간파하지 못한다면, 한국의 수도권은 영영 북한의 인질로 전락하게 될 것이다.

(5) 9·19 군사분야합의는 유엔사·한미동맹 해체로 가는 길목

한·미 연합방위체제는 한미 양국군이 정해진 역할을 충실히 할 때 유지된다. 한국군이 군사분야합의의 이행에 매달려 스스로 작전 수행 능력을 저하시킨다면 연합방위체제도 유지되기 어렵다. 더구나 연합훈련마저 이미 중단되어 한·미 양국군의 팀워크(teamwork)와 지휘관의 리더십(leadership) 발휘가 사실상 어려운 상태인데, 거기에 더하여 한국군이 제 역할을 하지 않는다면 연합방위체제는 무력화될 수밖에 없다.

또한, "비무장지대를 평화지대로 만든다"라고 명시되어 있는 합의서 2항은 유엔사가 관할하는 비무장지대를 남북이 관할하는 평화지대로 만든다는 의미다. 공동경비구역(JSA)이나 GP 철수 등을 계기로 유엔사의 정전유지 기능을 무력화시키기 위한 북한의 기만책에 문 정권이 동조한 것이다. 유엔사의 동의 없이 남북이 먼저 합의해 놓고 정치적으로 추인을 요구하는 것이 관례가 되면 유엔사는 있으나 마나 한 존재가 되고 결국 해체의 길로 접어들게 될 것이다. 그렇게 되면 한미동맹 역시 전작권 전환과 더불어 역사 속으로 사라지게 될 가능성이 매우 크다.

모든 것을 감안할 때 국가 생존을 위해서는 망국적인 '9·19 남북 군사 분야합의서'는 당장 전면 폐기하거나 이행을 전면 보류해야 마땅하다. 빠르면 빠를수록 좋다. '역사적인 판문점 선언 이행을 위한 군사 분야 합의서'라는 정식 명칭에서 보듯이 군사분야합의서의 근거는 판문점 선언이고, 판문점 선언은 북한 비핵화를 전제로 한 것이다. 하지만, 북한의 비핵화는 감감 무소식인 가운데 북한은 언제든 원할 때에는 미사일과 방사포를 발사했다. 대부분의 전문가들은 북한이 핵을 포기할 의사가 없다는 것을 진작부터 알고 있었고, 문 정권의 사람들이라고 해서 이를 모를 리 없다. 사실, 북한의 진의(眞意)는 판문점 선언 1주일 전인 2018년 4월 20일 노동당 중앙회의에서 이미 드러났었다. 이날 김정은은 사실상 핵보유국을 선포하며 '부분적 핵동결(핵·대륙간탄도미사일 시험 중지)과 비확산(핵무기·기술 이전 금지)'을 하겠다고 했다. 핵확산금지조약(NPT)에 명시된 핵보유국의 비확산 임무를 준수하고 미국과 핵 군축 회담을 하겠다고 선포한 것인데, 이는 어떤 경우에도 '핵보유국' 지위를 포기할 생각이 없음을 만천하에 선포한 것이었다. 그런데도 문재인 정권은 국민에게 "김정은 위원장의 비핵화 의지가 확고하다"고 거짓말을 해왔고, 한국의 안보에 치명적인 독소조항으로 가득 찬 9·19 남북 군사분야합의서에 서명을 했다.

5. 결언: 다시 일어서야 하는 대한민국

/

(1) 국민 각성 없이는 안보재건 없다

문재인 정권의 '국가 개조' 시도가 대한민국의 '70년 기적의 역사'를 사정없이 벼랑 끝으로 내몰고 있다. 자유민주주의·시장경제를 근본으로 하는 대한민국의 정체성이 무너지고 경제가 폭망하고 안보가 파괴되고 있다. 이제는 그들도 스스로 무엇을 하고 있는지 알고 있는 것으로 봐야 한다. 즉, 문 정권의 사람들이 무능해서 경제와 안보를 망가뜨리고 있다고 생각하면 순진무구한 것이 되고 만다. 그 보다는 그들이 어떤 정책이 어떤 결과를 가져온다는 것을 뻔히 알면서도 그 어떤 '외길 목표'를 향해 줄기차게 내닫고 있을 것으로 보는 것이 옳다. '낮은 단계 연방제'가 그들이 추구하는 외길 목표일지도 모른다. 그래서 그들은 '낮은 단계 연방제 통일 추구'에 합의했던 2000년 6·15 공동선언을 염두에 두고 '역사적인' 판문점 선언에서 "과거 남북 간 합의들을 철저히 지키자"고 합의했는지도 모른다.

이런 기도들은 반드시 저지되어야 하고, 대한민국은 다시 일어서야 한다. 자유민주주의라는 국가정체성을 회복하고 안보와 동맹을 되살려야 하며 문 정권이 뿌린 사회주의적 흔적들을 말끔히 지워야 한다. 현재로서는 문재인 정권과 추종자들이 개과천선하여 옳은 길로 선회할 가능성은 없어 보인다. 평양만을 쳐다보면서 외길을 달려온 문 정권에게 그런 것을 기대하는 것은 연목구어(緣木求魚)일 것이다. 이제 국민이 나서야 한다. 그들이 국민을 버렸으니, 이제 국민이 그들을 버려야 한다. 지금 대한민국에게는 좌파적폐들을 청산할 지혜와 용기를 가진 정부가 필요하다.

연방제 통일 기도는 가장 확실하게 분쇄되어야 한다. 적화통일로 가는 고속도로를 닦아줄 수는 없기 때문이다. 공산주의라는 괴물이 자리 잡은 나라는 예외 없이 가난, 비인간적인 인권유린, 처절한 죽음 등이 자행되었고, 많은 나라들이 '죽음의 산야(killing field)'로 전락했음을 역사가 증명해주고 있기 때문이다. 공산주의라는 괴물은 소련에서 6천 6백만 명, 중국에서 6천만 명을 희생시켰고, 북한 250만 명, 베트남 240만 명, 동독 210만 명, 캄보디아 200만 명, 유고 45만 명, 폴란드 27만 명, 티베트 20만 명, 버마 15만 명, 루마니아 15만 명, 헝가리 10만 명, 그리스 7만 명, 쿠바 3만 3천 명 등이 공산독재 하에서 '죽음의 산야'로 내몰렸다. 이와는 대조적으로 번영을 누리고 인권이 중시되는 나라들은 모두 자유민주주의 체제를 택한 나라들이다. 그래서 일단은 안보를 재건하는 것이 시급하다. 문재인 정권의 안보파괴 기도를 저지하고 '4.0 대한민국'의 시대를 열어가야 한다. 나라는 지켜놓고 봐야 하고 전쟁은 막아놓고 봐야 하는 법이다. 하지만, 국민이 깨어나지 않으면 불가능하다.

(2) 좌파와 진보를 구분하는 감별사가 되어야 한다

　문재인은 2019년 6월 6일 제64주년 현충일 추념사에서 남한에서 태어나 중국을 거쳐 월북하여 김일성 정권에서 검열상과 노동상을 지낸 김원봉을 '군국의 뿌리'라고 했다. "애국 앞에 보수·진보 없다"는 말도 했다. 진보 진영에서 김원봉의 공적을 인정하는 것처럼 보수 진영도 그래야 한다는 의미로 들렸다. 인민군 창설의 주역이자 6·25 전범인 김원봉을 칭송하는 것이 '진보'일까? 절대로 그렇지 않다. 지금 대한민국에는 자유민주주의 정체성을 부인하는 좌파세력들이 스스로를 '진보'로 자칭하면서 순수한 진보들을 선동하는 '프레임 전쟁'이 절정에 달해 있다. 그래서 지금은 국민이 좌파와 진보를 구분할 줄 아는 감별사가 되어야 한다.

　좌파와 우파를 구분하는 좌우 스펙트럼과 보수와 진보를 구분하는 보혁 스펙트럼은 다른 것이다. 우파란 대한민국의 정체성으로서 자유민주주의와 시장경제 체제를 지지하는 사람들이고 좌파란 현 체제를 사회주의 체제로 바꾸고 싶어 하는 사람들이다. 물론, 한국의 좌파는 순수한 사회주의를 지향하는 PD(peoples' democracy: 민중민주주의파)와 북한식 체제를 두둔하는 NL(national liberation: 민족해방파 또는 주사파)로 나누어지지만, 일단 좌파는 현 체제를 부정하는 사람들이다.

　이와는 별개로, 보수란 과거의 가치와 제도들을 함부로 버리지 않으려는 사람들이고 진보란 과감한 변화를 원하는 사람들인데, 이들의 목표는 공히 '국가사회의 발전'이다. 당연히, 보수도 꼭 필요한 변화를 받아들이며, 진보 역시 꼭 필요한 과거의 가치와 제도들을 버리지 않는다. "보수는 과거에 안주하여 무조건 변화를 거부한다" 또는 "진보는 변화만을 추구하여 옛것들을 모두 파기한다"라는 말은 보혁 논쟁이 만들어낸 음모론적 주장들이다. 보수와 진보 모두는 자유민주주의와 시장경제 체제를 선호하는 국민이기에 보혁 스펙트럼을 좌우 스펙트럼과 겹쳐 놓으면 보수와 진보는 모두 우파의 영역에 들어간다. 즉, 좌파란 좌우 스펙트럼에서 왼쪽에 있는 사람들로서 보혁 스펙트럼에는 포함되지 않는다. 이와는 별개로, '수구(守舊)'란 좌우 모두를 가로지르는(cross-cutting) 개념이다. 즉, 수구란 자신이 표방하는 이념이나 성향과 무관하게 뒤로는 지독하게 개인적 이익을 추구하는 사람들인데, 이런 사람들은 좌우 모두에 수두룩하다.

그런데도 한국의 방송들은 '좌파'라는 표현을 사용하지 않는다. 대한민국을 파괴하는 좌파들을 '진보'라고 불러준다. 한국에서 좌파 정치인은 '진보 정치인'으로 그리고 좌파 정당은 '진보 정당'으로 불린다. 좌파들이 '프레임 전쟁'에 승리하여 스스로를 '문제가 없는 진보'로 불리는데 성공했기 때문인데, 이 전쟁의 최대 전상자는 죄 없는 진짜 진보들이다. 진보 젊은이들에게 "자유민주주의 체제를 원하는가 아니면 사회주의 체제로의 변환을 원하는가"라고 물어보라. 이들은 더 많은 개혁을 원하지만 사회주의 체제를 원하지는 않는다고 답한다. 그러면서도 이들은 '진보'라고 불리는 가짜 진보들에게 동질감을 느낀다. '보수'라고 불리는 사람들의 수구적 행태에 대한 실망감도 원인지만, 그보다는 좌파들이 스스로를 '진보'로 위장하는 선전선동에 성공하고 있기 때문이다. 요컨대, 오늘날 대한민국에서 '진보'로 행세하는 사람들 중에는 대한민국의 체제와 정당성을 긍정하는 진보와 그것을 부인하는 좌파들이 혼재해 있다. 독일인들은 괴벨스의 선전선동에 속아 나치의 맹종자가 되어 히틀러를 선출했었다. 국민이 대한민국을 파괴하려는 좌파와 대한민국을 사랑하는 진보를 구분하지 못한다면 한줌도 되지 않는 대한민국 파괴세력들이 대한민국을 붉게 물들일 것이다.

'조선인민군의 뿌리'이자 전범인 김원봉을 '국군의 뿌리'로 인정하여 서훈을 하자는 것은 좌파적 발상이지 진보적 발상이 아니다. 북한과 상생하기 위해 노력하는 것은 보수 진보 할 것 없이 모든 정부가 노력해야 하는 국가적 과제이지만, 대한민국을 사랑하는 보수 정부나 대한민국을 사랑하는 진보 정부는 스스로의 정체성과 안보를 허물면서 그렇게 하지는 않는다. 즉, "남북 화해와 확고한 안보는 병행해야 한다"는 정론을 저버리지 않는다. 스스로의 군대와 동맹을 허물면서 북한과 화해하겠다고 하면 진보가 아닌 좌파다. 국가보안법이 없어도 안보에 문제가 없다고 믿어 폐지를 주장하면 진보이지만, 대한민국의 안보체제를 허물어 주체통일의 여건을 조성하려는 속마음을 숨긴 채 국보법 폐지를 주장하면 좌파다. 북한이 수십 개의 핵무기를 보유하고 미사일을 개발하고 있는데도 사드(THAAD)기지의 정상가동을 훼방하는 데모꾼들은 진보일 수가 없다. 남북이 하나가 되어 올림픽에 참가하면 좋겠다는 순진한 생각으로 연방제 통일을 지지하면 진보이지만 연방제 통일을 적화통일로 가는 중간 정거장으로 간주하는 북한에 동조하는 것이라면 좌파다. 대한민국은 보수 정당과 진보 정당 모두를 필요로 하고, 보수 정부와 진보 정부가 번갈아 집권하는 것도 바람직한 일이다. 그러나 '진보'로 위장한 좌파가 나라를 이끌어서는 안 된다.

(3) 남베트남의 패망을 기억하자

지금 국민은 문재인 정권에게 누구를 위해 일하는 정부인가를 묻고 있다. 평양 정권과 어떤 관계인지에 대해 궁금해 한다. 많은 전문가들은 이적성 9·19 남북군사분야합의에 서명한 국방장관과 이런 합의를 충실하게 이행하라고 부하들을 다그치는 국방장관에게 어느 나라 국방장관인가를 묻고 있다. 그렇다. 역사는 후일 언젠가는 문재인이 대통령의 영토 보존 의무를 명시한 헌법 제66조를 위배했는지 또는 국방장관들이 이적죄를 저질렀는지를 다시 따져볼 기회를 제공할 것이다. 그러나 나라가 망하면 그런 기회는 없다.

1959년 쿠바 혁명이 일어났을 때 카스트로의 공산군은 고작 5천 명이었다. 이에 대항하는 바티스타 정부군의 병력은 십만이 넘었지만 부패하고 분열된 오합지졸이었다. 이 내전에서 카스트로군은 완승을 거두고 쿠바는 공산화되었다. 남베트남에서도 그랬다. 미국은 남베트남에서 철군하면서 1973년 1월 27일 파리평화협정을 체결했다. 휴전 엄수를 보장하기 위해 미국, 남북 베트남, 남베트남임시혁명정부(베트콩) 등 4대 교전당사자, 안보리 상임이사국 4개국, 휴전감시위원국 4개국 등 무려 12개국을 서명국으로 참여시켰다. 휴전감시위원단 250명이 하노이와 사이공에 체류했고, 북베트남 고문단 150명도 사이공에 머물렀다. 미국은 북베트남에 40억 달러의 원조를 제공했고, 남베트남과 별도의 방위조약을 체결하여 북베트남이 평화협정을 파기하면 즉각 해공군을 투입하여 남베트남군을 지원하기로 약속했다. 전투기와 전차를 포함한 막대한 군사장비도 남베트남군에 넘겨주었다. 하지만, 모든 것이 무용지물이었다.

파리평화협정 이후 남베트남은 혼란과 분열의 도가니였다. 수만 명의 공산당원과 첩자들이 남베트남의 정부와 군대, 시민단체, 종교단체, 언론 등에서 암약하면서 평화주의자, 인도주의자, 민족주의자 등으로 활동했다. 좌성향 인사들이 '진보'로 행세하면서 자신들의 이념성향을 비판하는 인사들에게 '해묵은 색깔론', '극우' 등으로 역공을 펴는 오늘의 한국이 이와 얼마나 다를까? 평화무드 속에서 혼란이 이어졌고 연일 반미·반정부 데모가 벌어졌다. 여중생들이 "사회주의가 답이다"라는 구호를 외치는 오늘날의 한국이 이와 얼마나 다를까? 남베트남 군대도 그랬다. 조국수호 의지나 충성심과는 거리가 먼 부정부패와 일탈이 난무하는 '개판' 군대였다. 도처에 붕괴현상을 보이는 오늘날의 한국군은 이보다 얼마나 나을까?

남베트남의 분열과 혼란을 확인한 북베트남은 1975년 평화협정을 파기하고 18개 사단을 동원하여 남침을 재개했다. 남베트남군은 북베트남군에 비해 병력, 장비, 물자, 재원 등에서 압도적으로 우세했지만, 군인들은 미군이 넘겨준 장비들을 버려둔 채 도주했다. 조종사들이 없어 미군이 남긴 전투기들은 이륙조차 하지 못했다. 북베트남군은 남침 개시 56일 만인 1975년 4월 30일 남베트남군이 버린 미국제 패턴(patton) 전차를 몰고 사이공 시내로 진주했고 남베트남은 지도에서 사라졌다. 미군은 오지 않았고 북폭도 없었다. 공산통일 이후 처형·숙청 바람이 불면서 수백만 명이 희생되었다. 영혼이 빠져나간 남베트남 군대에게 병력, 장비, 재원 등은 아무런 의미가 없었다. 1950년 6·25 전쟁이 발발하기 직전에 한국군 수뇌부가 했던 말이 떠오른다. "인민군이 남침하면 곧 바로 반격하여 평양에서 점심을 먹고 신의주에서 저녁을 먹을 것이다."

문재인 정권의 사법 파괴

박인환

1. 들어가며

/

제19대 대선 당시 문재인 후보가 내세운 사법개혁과 관련한 공약 중에는 고위공직자들에 대한 수사와 기소를 전담하는 '고위공직자 비리척결 수사기관 신설'과 반부패, 재벌개혁을 위한 '적폐청산 특별조사위원회 설치' 등이 포함되어 있다.

또한 문재인 정권 초기 국가비전으로 '국민의 나라, 정의로운 대한민국'을 내세우면서 향후 5년간 로드맵을 그린 '100대 국정과제' 중 5대 국정목표의 하나인 '국민이 주인인 정부'에는 '국민주권의 촛불민주주의 실현'과 함께 '권력기관의 민주적 개혁' 등 4개의 사법 분야 국정전략이 제시되어 있다. 그 아래 다시 15개의 세부 실천공약인 국정과제가 있는데, 그 첫째가 '적폐의 철저하고 완전한 청산'으로 소위 '적폐청산'을 문재인의 국정과제 중 핵심으로 삼고 있음을 알 수 있다.

결국 문재인은 대통령에 취임하자마자 법무부와 검찰 중심의 적폐 청산을 명분으로 비법조인인 연세대 교수 박상기를 법무부 장관으로 임명하고, 검찰의 내부 서열과 기수 파괴를 가져오면서 대전고검 검사 윤석열을 서울중앙지검장으로 임명하였다. 또한 대법원 구성에도 파격적인 기수 파괴로 대법관조차 거치지 않은 김명수 춘천지법원장을 대법원장으로 바로 임명한 다음 이른바 '사법 적폐의 청산'에 대대적으로 나서게 되었다.

　더구나 2018년 10월 30일 김명수 체제의 대법원은 1965년 체결된 '한일청구권협정'과 같은 우리나라의 외교, 안보에 심각한 영향을 줄 수 있는 사안에 대하여 국익을 고려하는 등 '사법자제의 원칙'을 외면하고 관례를 벗어나 일본의 강제징용 배상책임을 인정하는 최종 판결을 내렸다. 대법원이 재판에 있어서 국가의 외교, 안보 전략까지 고려할 필요가 있는 경우에는 공식적으로 정부 관계 부처의 의견을 듣고 이를 존중하는 것은 당연한 일이다(미국의 경우 '상호존중의 계율' 또는 'Chevron 준칙'). 그러나 문재인 정권은 양승태 전 대법원장 체제의 대법원이 당시의 청와대, 외교부와 협의하면서 강제징용 재판을 고의로 지연하였다는 이유로 양승태 전 대법원장 등 고위직 법관들을 '사법농단'이나 '재판거래'와 같은 프레임에 씌우는 등 그들만의 사법 개혁에 매달렸다.

　사법이란 분쟁 사항에 법규를 적용하여 권리관계를 확정하고, 구체적 소송절차를 통하여 적법, 위법을 판단하여 종국적으로 분쟁을 해결하는 국가작용을 말한다. 이러한 사법의 목적은 민주주의와 법치를 실현하고 궁극적으로 국민의 자유와 인권을 보호하기 위한 것이며, 날로 엄혹한 국제 환경 속에서 국익을 지키는 보루가 되어야 한다. 그러나 문재인 정권의 사법개혁은 결과적으로 자유와 인권도 없고 민주주의와 법치도 없을 뿐만 아니라 국익도 외면하는 '사법파괴'라고 평가할 수 있으며, 문 정권의 사법파괴는 지금도 진행되고 있다.

2. '적폐청산 태스크포스(TF)' 설치와 '적폐 수사'에 의한 국정 장악

(1) 적폐청산 태스크포스(TF) 설치와 법치주의 위반

문재인 정권이 '적폐청산'을 명분으로, 제19대 대선 1호 공약으로 내걸었던 '적폐청산특별조사위원회'는 처음 박근혜 정부 시절 '국정농단' 사태나 문화계 블랙리스트 논란 등 각 부처 차원의 잘못된 관행을 바로잡기 위해 독자적인 수사권을 가진 대통령 직속 특별위원회로 설치하는 방안이었다. 그러나 결국 '적폐청산특별조사위원회'를 별도로 설치하지 않고, 국가정보원의 '적폐청산 태스크포스(TF)' 등 각 부처별로 광범위하게 TF를 설치하기로 하였다

문 정권의 국정과제 1호인 적폐청산과 관련하여, 청와대가 2017년 7월 적폐청산 TF 설치를 지시한 19개 부처 중에서 교육부, 국방부, 문화체육관광부 등 13개 부처가 '국정농단 조사 및 재발방지 대책 마련을 위한 TF' 또는 '조직 혁신용 TF'를 설치하였다. 그러나 근거 법령의 부재와 실효성 문제 등으로 '부처별 TF' 또한 청와대의 무

리수였음이 밝혀졌다.

이에 야당인 자유한국당은 청와대가 '적폐청산 TF' 구성을 지시하는 공문을 각 부처에 발송한 것과 관련하여, 당시 공문 발송 명의자인 임종석 대통령비서실장과 기안자인 백원우 청와대 민정비서관을 직권남용죄로 대검찰청에 고발하기도 하였다.

(2) '적폐 수사'에 의한 국정 장악

문재인 정권은 '코드 인사'와 '적폐 수사'를 앞세워 사법부를 포함한 국정 전반을 철저하게 장악하였다. 이에 따라 사법행정권 남용 의혹과 관련하여 사상 유례가 없는 '먼지떨이'식 수사로 전 대법원장, 대법관과 법원행정처 차장에 대한 구속영장이 청구되는 등 전 정권의 사법부가 초토화되다시피 하였다.

그동안 3차례에 걸친 사법부 자체 조사 끝에 범죄로 될 만한 사안이 없다고 결론이 났음에도 불구하고 검찰이 양승태 전 대법원장을 다시 수사하여 '직권남용죄'라는 다소 생소한 죄명으로 구속 기소하였다.

나아가서 김명수 대법원장은 사법행정권 남용 의혹을 '사법농단'이나 '재판거래' 의혹으로 확대 재생산하는 등 오히려 적극적으로 사법부 독립의 파괴에 동참하는 행보까지 보였다. 또한 좌파 이념에 경도된 법관들이 다수 모인 '우리법연구회', '국제인권법연구회' 등 사법부 내부의 특정 그룹들과 문 정권에서 신설된 '전국법관대표회의'

도 사법부 독립을 위협하는 문 정권에 적극 가세하였다.

과거 정권의 '적폐'와 '국정농단'에 대한 검찰 수사 또한 인권은 도외시하고 소위 '먼지떨이'식으로 진행되어 그동안 거의 적용되지 않던 직권남용이나 직무유기 등 다소 포괄적 성격의 죄명을 남용하여 적용하는 것이었다. 그 과정에서 전 국군기무사령관 이재수 장군과 국가정보원에 파견 근무를 하였던 서울고검의 변창훈 검사, 정치호 변호사 등이 자살을 하기에 이르렀다. 또한 박근혜, 이명박, 전두환 등 전직 대통령 3명이 구속 또는 불구속 기소되고, 전직 국가정보원장 4명이 모두 구속 기소되었다.

3. 입법부 및 행정부의 장악과 권력분립주의의 위기

/

(1) 주류 세력의 교체

문재인은 지난 2017년 대선 전 대담집을 통해서 가장 강렬하게 하고 싶은 말은 '우리 정치의 주류 세력 교체'이고 '낡은 체제에 대한 대대적 청산 이후 새로운 체제로의 교체'가 필요하다고 밝힌 바 있다. 2019년 4월 19일 문 정권이 야당과 여론의 격렬한 반대를 무릅쓰고 헌법재판관으로 이미선, 문형배의 임명을 강행한 것을 두고 '주류 세력 교체의 완결판'이라는 말이 나올 정도였다.

문 정권이 들어선 이후 무리한 방법으로 '적폐 청산'을 밀어붙이는 동안 정부와 그 산하단체, 입법부, 법원과 헌재 등 사법부, 지방자치단체와 지방의회, 중앙선관위 등 국가기관 전반에 극단적 이념으로 편향된 인사들이 포진되었다. 결국 보수 진영이 저항 한번 제대로 못하는 사이 문재인의 주류 세력의 교체 의도가 신속하고도 완벽하게 실현되었다.

(2) 국회 인사청문회의 무력화로 형식적 법치주의 만연

문재인 정권은 고위공직자 임명에 대한 국회의 인사청문회제도를 후보자에 대한 검증절차가 아니라 단순히 통과의례 정도로만 취급하는 등 국정에 대한 감시기관인 국회를 철저히 무시하고 있다.

문 정권에 들어와서 2년 반 동안 야당과 대다수 여론의 반대로 국회에서 인사청문경과보고서를 채택하지 않고, 문재인이 일방적으로 임명한 장관급 공직자는 최근의 조국까지 근 22명에 이른다. 이에 따라 인사청문경과보고서의 미채택율은 50% 이상으로 박근혜 정부보다 2배를 넘어서는 등 인사청문회제도 자체를 유명무실하게 하고 권력분립제도와 실질적 법치주의를 위반하고 있다.

또한 문 정권이 스스로 정한 고위공직자 임명 기준에 위반하여 병역면탈, 탈세, 부동산투기, 위장전입, 논문표절 등 부정비리로 얼룩진 인사들을 국민의 여론과 야당의 반대에도 불구하고 과감하게 기용하였다. 그 중에서도 특히 조국의 경우는 좌파 특권층의 불법 재산증식에다가 공직비리, 사학비리, 입시비리 등 소위 '강남좌파', '패션좌파'의 민낯을 그대로 보여주고 있다.

(3) '캠코드'에 의한 편파적 행정부 인사

문재인 정권의 내각과 행정부의 고위 공직자들 인사는 소위 '캠코더(대선캠프, 코드, 더불어민주당)' 인사로 불리운다. 초대 내각은 전체 17개 부처 장관 중 13명이 '캠코더'였으며, 신설된 중소벤처기업부 장관을 포함하면 18개 부처 중 14명으로 늘어난다. 물론 문재인이 대선 과정에서 약속하였던 '통합 내각'은 전혀 이루어지지 않고 있다.

문 정권의 행정부에 기용된 고위 공직자들은 기본적으로 부동산 등 재산형성과 관련하여 전형적인 '내로남불'과 극단적인 이념 편향성에다가 무능하고 가식적인 인사들로 채워져 있다.

집권 2년차 문 정권에서 가장 심각하게 문제가 제기된 공직 인사를 들자면 대통령 비서실장 임종석과 민정수석에서 물러나 지금은 법무부 장관인 조국, 공정거래위원장을 거쳐 지금은 정책실장인 김상조, 소득주도성장위원장 홍장표, 국토부장관 김현미, 정책실장에서 물러나 지금은 중국대사인 장하성, 전 금융감독원장 김기식, 전 청와대 대변인 박수현과 김의겸, 역대급 교육부장관으로 불리울 김상곤, 전 여가부장관 정현백 등이 있으며, 그 중에서도 압권으로는 통일부장관 김연철, 중기부장관 박영선 등이 있다.

거의 전 가족이 파렴치 범죄로 검찰수사를 받고 있는 조국을 법무부장관으로 무리하게 임명한 것은 문 정권이 내세운 공정과 정의의 원칙을 버리고 반칙과 특권을 용인한 특이한 사례로 기억될 것이다. 이와 함께 정와대 정책실장 자리는 장하성, 김수현, 김상조로 이어지면서 진보 시민단체인 참여연대 출신의 전유물이 되고 있어 문 정권의 정책 수립과 집행에 있어서 이념적 편향성이 우려되고 있다.

(4) 범여권 연대로 입법부 장악

입법부는 현재 더불어민주당, 민주평화당, 정의당이 손잡은 범여권 연대가 과반을 차지하고 있다. 즉 여당인 더불어민주당 128명에다가 탈당파를 포함한 민주평화당 14명, 정의당 6명, 민중당 1명, 문희상 국회의장 등 여권 성향 무소속 4명을 포함하면 153명이고, 추가로 바른미래당 내 '호남신당파' 4명을 더하면 재적 의원 297명 중 157명이 범여권 연대로 분류될 수 있다.

따라서 재적 의원 5분의 3 이상의 찬성을 요구하는 국회선진화법이 없었으면 여당은 필요한 법안들을 밀어붙여 모조리 통과시킬 수 있었을 것이며 이미 '패스트트랙'에 올라탄 소위 개혁 법안들이 통과될 가능성은 더욱 커졌다고 볼 수 있다.

(5) 지방정부 장악

문재인 정권이 실질적으로 입법부와 행정부를 이념적으로 장악한 가운데 지방 권력도 진보 정권을 자임하는 여권 출신이 압도하고 있다.

2018년 6·13 지방선거에서는 17개 광역 시·도 단체장 중 더불어

민주당 출신이 14명이나 당선되었다. 17개 광역의회 의장 중 15명도 더불어민주당 소속이다. 최근 더불어민주당은 여당 소속 광역단체장들이 전체 약 130조원이 들어가는 지방 사업을 건의하자 내년도 예산안에 적극 반영하겠다고 호응하였다.

또한 17개 광역 시·도 교육감 중 14명이 친(親) 전교조 성향의 진보교육감으로 분류된다. 그 중에서도 10명은 전교조 위원장이나 지부장을 지낸 전교조 핵심간부 출신이다. 현재 법외노조 상태인 전교조는 문 정권에 법외노조 취소와 해직 교사 복직 등을 적극 요구하고 있다.

(6) 선거관리위원회 장악

대통령선거 등 각종 선거사무를 담당하면서 정치적 중립의무를 철저하게 지켜야 할 중앙선거관리위원회에 대해서도, 내년 4·15 총선이 다가온 가운데 야권을 중심으로 벌써 '선거관리위원회가 정권에 장악 당했다'는 말이 나오고 있다. 이를 나타낸 사례로는, 문재인 정권이 더불어민주당 발행의 19대 대선 백서에 '공명선거특보' 자격으로 이름을 올렸던 조해주를 중앙선관위 상임위원 후보자로 지명한 일을 들 수 있다. 당시 야당을 중심으로 정치적 중립성 위반 논란이 심각하게 제기되었지만 결국 2019년 1월 문재인은 조해주를 중앙선관위 내 서열 2위인 상임위원으로 임명함으로써 여권이 마지막으로 선관위까지 장악하였다는 우려가 있었다.

4. 인적 청산에 의한 사법부 장악과 법치주의 실종

/

(1) 대법원과 서울중앙지방법원 장악

문재인 정권은 사법부의 구성에 있어서도 진작부터 이념적 색채를 강화하였다. 문 정권 출범 이후 대법원장을 포함한 대법관 14명 중 9명이 교체되었는데, 문재인은 그 중 진보 성향의 우리법연구회와 국제인권법연구회 회장을 모두 지낸 김명수 춘천지법원장을 대법원장으로 임명하였다. 그 밖에 교체 임명된 김상환, 김선수, 노정희, 박정화 대법관 등도 모두 진보 성향의 우리법연구회나 국제인권법연구회, 민변 출신이다. 이제 남은 대통령 임기 내에 4명의 대법관이 추가로 더 바뀔 예정인데 이렇게 되면 대법원의 이념적 색채가 더욱 강화될 것으로 보인다.

더구나 김명수 대법원장은 전국 최대의 법원인 서울중앙지법원장에 같은 '우리법연구회' 출신으로 자신의 최측근이며 '전국법관대표회의'의 간부였던 민중기 부장판사를 임명하였다. 또한 사법 적폐 수사와 관련하여 영장전담 부장판사를 1명 더 늘리면서 최근 조국 일가의 비리 수사와 관련하여 청구된 조국 친동생의 구속영장을 기각한 명재권 부장판사를 임명한 것은 단순히 우연으로만 보기 어렵다.

그러다 보니 사건 당사자들은 자기 사건의 재판을 담당할 법관의 이념 성향을 알아보기 위해 먼저 특정 연구회 회원인지 아닌지 부터 확인해 보는 것이 현실이라는 비판도 있다. 이는 결국 우리 헌법의 기본 원리인 자유민주주의 법치 체제를 사법부 내부에서부터 침해하는 내부적 사법파괴 현상이다.

(2) 전국법관대표회의 장악

진보 색채가 강해진 대법원과 함께 문재인 정권 들어 처음 조직된 '전국법관대표회의' 마저 초대 의장인 최기상 서울북부지법 부장판사와 마찬가지로 '우리법연구회' 회장 출신인 오재성 전주지법 부장판사가 연이어 당선되었다. 앞서 2018년 전국법관대표회의는 전임 대법원장 체제 하의 사법행정권 남용과 관련해서 검찰 수사를 촉구하고, 국회에 대하여 사법농단에 연루된 동료, 선배 법관들에 대한 탄핵을 검토해야 한다는 입장을 발표하기도 하였다. 이에 사법부 내부에서는 전국법관회의가 법원 전체를 대표하는 회의체로 볼 수 있는지를 두고 갑론을박이 벌어지기도 하였다.

대법원 규칙에 근거하여 조직된 전국법관대표회의는 사실상 편향된 이념을 가진 법관들이 운영을 주도함에 따라 전체 법관들의 진정한 의사와는 다른 의사결정이 이루어질 우려가 있다. 따라서 전국법관대표회의 기구를 존치하더라도 법률적 근거를 마련하여 사법적 통제를 받게 하면서 기구의 성격이나 각급 법원 대표의 선출 방법, 의사결정 방법 등에 대한 면밀한 검토가 요구된다.

(3) 헌법재판소 장악

헌법재판소는 9명의 재판관 대부분이 진보 성향의 법관 모임과 '민주사회를 위한 변호사모임(민변)' 출신인바, 헌재의 상징성을 감안하면 오히려 재판관의 구성이 다양해야 할 것이나, 사실상 이념적 코드 인사로 획일화 되고 있다. 우리법연구회 회장을 지낸 유남석 헌재소장을 포함해서 김기영 재판관이 국제인권법연구회 출신이고, 이석태 재판관은 민변 회장 출신으로 국가보안법 폐지를 요구하는 시위를 주도하였고 내란음모사건으로 수감된 이석기 전 의원의 석방 탄원서에 이름을 올리기도 하고 세월호 특조위 위원장을 지내기도 하였다.

최근 서기석, 조용호 재판관 후임으로 임명된 문형배 부산고법 부장판사와 이미선 서울중앙지법 부장판사도 각각 '우리법연구회'와 '국제인권법연구회' 출신이어서 좌편향 색채가 더욱 짙어질 것으로 보인다. 더구나 국회의 인사청문회 절차에서 헌재 설립 이후 최초로 '인사청문보고서'가 채택되지 않은 헌법재판관이 4명이나 되는데, 이는 헌재의 독립성과 정치적 중립성을 강조하는 헌법정신에 크게 위배되는 것이다.

5. 법원 재판에 대한 과도한 반응으로 사법부 길들이기

(1) '드루킹' 사건 관련 김경수 경남지사 재판

2019년 1월 30일 서울중앙지법에서 지난 대선 당시 대규모 댓글 여론조작 사건으로 밝혀진 소위 '드루킹' 김동원 사건과 관련하여 공범으로 불구속 기소된 경남지사 김경수가 징역 2년의 실형 선고와 함께 법정 구속되었다.

이에 대하여 여당인 더불어민주당의 반응을 살펴보면, 과거 2015년 전 국무총리 한명숙의 유죄 판결 때는 '야당 탄압'이라는 프레임으로 사법부를 공격하다가 최근 김경수의 유죄 판결에 대해서는 사법적 폐의 당사자인 '양승태의 반격'이라는 프레임으로 사법부 길들이기를 공공연하게 시도하고 있다.

위 1심 판결 직후 더불어민주당 의원들이 집단으로 모여 김 지사에게 유죄를 선고한 '1심 판결문 분석 결과'를 발표하면서 '형사소송법의 대원칙을 망각하였다'는 등의 표현으로 담당 재판부를 맹비난하였다. 이러한 집권 여당의 과도한 대응은 결국 피고인 김경수가 문재인의 측근으로 현직 도지사 신분임을 감안해서 보석을 허용해 달라는 집권당의 노골적인 요구로 밖에 볼 수 없다.

실제로 김경수에 대한 1심 판결 직후 2018년 3월 5일 재판 담당 성창호 판사는 거꾸로 검찰에 의하여 사법농단의 공범으로 기소되어 현직 고위 법관의 신분으로 형사 재판을 받고 있으며, 법정 구속되었던 김경수는 바로 항소심에서 보석으로 석방되어 현재 불구속으로 재판을 받고 있다.

(2) '사법농단' 특별재판부 설치 기도

2018년 10월 자유한국당을 제외한 여야 4당은 양승태 전 대법원장 시절 사법농단 의혹을 규명하기 위한 특별재판부 설치에 전격 합의하였다. 현행 재판부에 의한 재판으로는 공정한 재판을 기대하기 어렵다는 이유로 별도의 특별재판부를 구성하여 진상을 규명하자는 취지이다. 이에 여당 소속 박주민 의원은 사법농단에 대한 진상규명과 사법처리의 신속함과 공정성을 담보하고, 재판거래 당사자의 피해 구제를 도모한다는 명분으로, 사법농단 사건에 대해서 기존 법원의 재판권을 배제하고 따로 전속적인 재판권을 부여한 특별재판부의 설치를 위한 법률 등 2건의 관련 특별법을 대표 발의하였다.

당시 집권 여당은 검찰이 사법농단 수사를 위해 청구한 40건 이상의 압수수색영장 중 법원이 고작 3건만 발부하였는데, 연평균 법원의 압수수색영장 기각률이 2~3% 정도임에 비춰보면 사법농단 사건에 대한 일련의 영장 기각이 법과 원칙에 따른 것인지 강한 의문이 든다고 주장하였다.

(3) 조국 친동생에 대한 구속영장 기각

2019년 10월 8일 여당의 싱크탱크(think tank) 역할을 하는 민주연구원이 법무부장관으로 임명된 조국 일가족이 연루된 사건 수사와 관련하여, '법원이 조국 일가의 수사에 대한 압수수색 영장을 남발하고 있다'고 비판하면서 검찰 뿐만 아니라 법원 개혁을 촉구하는 보고서를 내게 되었다.

그러자 공교롭게도 서울중앙지법 영장전담 부장판사 명재권은 당일 검찰이 조국의 친동생에 대하여 집안의 학원비리 관련 거액의 배임수재 등 혐의로 청구한 구속영장을 석연찮은 이유로 바로 기각하여 향후 수사에 중대한 차질을 가져오게 하였다. 이에 대하여 자유한국당 나경원 원내대표는 "명재권 판사와 김명수 대법원장 그리고 민중기 서울중앙지방법원장과의 관계 역시 사법부 내의 '우리법연구회'란 이름으로 대표되는 판사들"이고, "그와 관련된 이념 편향성 논란과 누가 봐도 편파적인 영장 심사결과 등 한마디로 공정성이란 찾아볼 수 없는 기각 결정"이라고 비판하였다. 명재권은 2018년 사법농단 혐의로 양승태 전 대법원장에 대한 구속영장은 발부하였으나, 최근 조국 일가의 사모펀드 등 핵심 비리 수사와 관련한 구속영장 2건은 기각하였다.

이는 결국 문재인 정권이 현 김명수 대법원장 체제의 법원 재판에 대해서도 사법 개혁을 핑계로 과도한 반응을 보임으로써 공정과 정의는 물리치고 사법부 길들이기를 시도하는 것으로 볼 수 있다.

6. '사법 적폐' 수사 지속에 의한 기형적 재판 운영

/

검찰은 전임 양승태 대법원장 체제의 사법부에서 사법농단에 연루된 혐의로 100여명의 판사들을 대상으로 조사를 마친 다음 2019년 3월 5일 김경수 경남도지사를 법정 구속하였던 성창호 부장판사를 비롯한 전·현직 중견 법관 10명을 직권남용 등으로 추가로 기소하고, 비위 통보된 법관 66명과 참고자료 통보된 법관 10명 등 76명에 대해서는 법원에 해당 비위사실에 대한 징계를 요구하였다.

현재 중요한 재판업무를 다루는 부장판사 이상 중견 법관들은 약 1,000명 정도가 될 것인데, 그 중에서 약 10%가 검찰 수사대상에 올랐으며 또한 약 8% 이상인 86명이 기소되거나 징계절차에 회부됨에 따라 당분간 중견 법관 부족에 따른 기형적 재판운영이 우려된다.

실제로 법관의 부족 현상은 2019년 7월 현재 법관 전체 정원 3,214명에 현원 2,873명으로 341명이 부족한 실정으로 결원율이 정원 대비 10.6%로 치솟아 있다. 2014년부터 2017년까지 평균 4~5% 사이를 유지해왔던 법관 결원율은 문재인 정권 출범 이후 2018년 정원 대비 7.6%로 급증하고 다시 2019년에는 10%대를 넘어섰다.

현직 법관의 결원 문제는 재판을 맡고 있는 법관들의 업무 부담 증가와 심리기간 지연 등 사법서비스에 악영향을 주는 원인으로 지목되고 있다. 더구나 법관 정원과 대비하여 실제 재판 담당 법관 수의 차이는 5년 전인 2014년에 372명이었다가 지난해 518명, 급기야 올해는 633명으로 더욱 벌어진 상태다.

이와 같이 법관 결원율이 높아지면서 급기야 재판이 지연되는 상황까지 이어진다. 민사사건 1심의 경우 합의부 사건 심리기간은 2014년 8.4개월에서 2018년 9.9개월, 2019년 10.1개월로 꾸준히 늘고 있으며 형사사건의 1심도 마찬가지이다.

국민이 신속하고 공정하게 재판을 받을 권리는 헌법에 명시된 기본권이다. 문 정권의 사법부 적폐 수사 지속으로 인한 기형적 재판운영과 법관 결원으로 인한 과중한 업무 부담은 재판 심리기간의 지연을 가져올 뿐만 아니라 법원이 분쟁을 신속하고 공정하게 해결해줄 것이라고 기대하는 국민의 사법부에 대한 신뢰에도 악영향을 끼칠 수 있다는 점에서 문제가 있다.

7. 여론 통제와 야당 탄압에 의한 법치주의 유린

/

(1) 가짜 뉴스와 여론조사 단속

2018년 10월 이낙연 국무총리는 "악의적 의도로 가짜뉴스를 만든 사람, 계획적 조직적으로 가짜뉴스를 유포하는 사람은 의법 처리해야 한다"고 주장하면서 문재인 정권에 불리한 가짜뉴스의 제작, 유포자에 대한 적극적인 수사와 처벌을 강조하였고, 이에 따라 최근까지 정부 여당이 중심이 되어 가짜뉴스와 관련한 22개 법안이 국회에 발의되었다.

에스더기도운동본부는 그동안 주로 동성애 문제, 북한 구원 문제, 이슬람 문제, 낙태 문제, 난민 문제 등 문재인 정권의 신좌파 정책에 반대하는 이슈를 중심으로 기도운동을 펼치는 기독교 선교단체인데 진보 진영 언론인 한겨레신문은 기획특집으로 에스더기도운동본부를 가짜뉴스의 진원지, 가짜뉴스 공장이라고 지목하면서 대대적으로 반기독교적인 공격을 펼쳤다.

또한 문 정권 이후 신설된 여론조사기관 '공정'이 문재인의 지지율 하락세 등 정권에 불리한 여론조사 결과를 다수 발표하자 친 정권 언론을 동원하여 해당 여론조사기관을 상대로 가짜뉴스 프레임을 씌우는 등 탄압을 지속하였다. 2019년 4월 22일 정권의 코드 인사로 장악된 MBC는 '당신이 믿었던 페이크' 프로그램 4부작을 방송하면서 '여론조사 공정'을 대상으로 '가짜뉴스'를 추적하는 내용을 다루었다.

(2) '유튜브' 방송 단속

현 정권은 정권에 불리한 우파적 경향의 '유튜브' 방송에 대한 규제와 단속을 강화하고 있다. 일례로 2019년 4월 박상기 법무부 장관은, 박근혜 전 대통령의 형집행정지와 관련하여 윤석열 서울중앙지검장의 집을 찾아가서 겁박하는 내용의 '유튜브' 생중계 영상을 보낸 유튜버를 지목하여 '법치주의의 근간을 흔드는 중대범죄'라며 엄중 수사를 지시하였다. 이에 따라 서울중앙지검은 협박성 방송을 한 유튜버(자유연대 김상진 사무총장)에 대해 자택과 사무실 등 광범위한 압수수색을 벌이고, 공무집행방해 혐의로 구속 수사하는 등 정권에 불리한 유튜브 영상에 대한 단속을 시작하면서, 검찰은 혐오와 폭력을 조장하는 유튜브 등 개인방송에 대해선 단호히 대처하겠다는 방침을 밝혔다.

이는 곧 '태블릿PC' 조작설로 구속 기소된 유튜브 논객 변희재의 경우와 마찬가지로, '가짜뉴스', '혐오영상'과 같은 프레임으로 최근 거대 공중파 뉴스를 대체할 정도로 새롭게 등장하여 영역을 넓히고 있는, 우파의 젊은 유튜버들의 언론 활동을 원천적으로 막기 위한 조치로 보인다.

(3) '패스트트랙' 정국을 이용한 야당 탄압

최근 여당인 더불어민주당은 연동형비례대표제의 도입, 선거권의 18세 인하를 위한 공직선거법 개정과 고위공직자범죄수사처의 설치, 검경수사권의 조정 등을 목표로 제1야당인 자유한국당을 제외한 상태에서 나머지 야권 3당과 공조하여 대화와 타협의 의회정치를 배격하고 급격하게 정국을 소위 '패스트트랙' 정국으로 몰고 갔다.

그 과정에서 문 정권은 자유한국당 정당해산에 대한 청원이 청와대 국민청원 역대 최단 기간, 최다 참여 기록을 갈아치웠다고 발표하는 등 장외 정치를 펼치기도 하였다. 헌법상 정당해산 청구권은 정부에 있으며, 청와대는 2019년 4월 30일 오후 3시 20분 기준으로 해당 청원의 참여 인원 120만 명이 돌파되었다고 발표하였다.

또한 패스트트랙 지정 및 상호 대치 과정에서 제1야당의 폭력행사 등을 이유로 민주당과 정의당은 자유한국당 원내대표 나경원 의원 등 소속 의원 110명 중 59명을 고소, 고발하여 이들은 모두 형사 입건되었고, 경찰서에서 다시 서울남부지검에 송치되어 현재 피의자로서 수사를 받고 있는 실정이다. 이들은 주로 국회 회의방해 등 국회법위반 혐의를 받고 있는데, 500만 원 이상의 벌금형이나 집행유예 이상의 형을 선고받게 될 경우에는 공직선거법상 피선거권 결격자로서 당장 2020년 총선에 출마자격이 박탈된다. 이는 결국 야당 의원들에 대한 심리적 압박과 피선거권 박탈에 의한 정치탄압이라는 비판을 면하기 어렵다.

8. 문재인의 대국민 약속 위반과 법치주의 파괴

/

헌법 제69조 대통령 취임선서 조항에 의하면, 대통령 당선자는 취임 시 '헌법을 준수하고 국가를 보위하며 조국의 평화적 통일과 국민의 자유와 복리의 증진에 노력하여 대통령으로서의 직책을 성실히 수행할 것'을 국민 앞에 엄숙히 선서하도록 규정되어 있다.

문재인은 2017년 5월 10일 취임사에서 "기회는 평등하고, 과정은 공정하고, 결과는 정의로울 것입니다. 구시대의 잘못된 관행과 과감히 결별하겠습니다. 특권과 반칙이 없는 세상을 만들고, 상식대로 해야 이득을 보는 세상을 만들겠습니다. 저는 감히 약속드립니다. 2017년 5월 10일, 이날은 진정한 국민 통합이 시작되는 예로 역사에 기록될 것입니다. 오늘부터 저는 국민 모두의 대통령이 되겠습니다. 저를 지지하지 않았던 국민 한 분 한 분도 저의 국민이고, 우리의 국민으로 섬기겠습니다"라고 국민과 구체적으로 약속하였다.

그러나 법무장관 조국의 인사청문회 및 그의 처 등 온 가족을 둘러싼 각종 파렴치한 사안에 대한 수사 과정에서 제기된 의혹들에 의하면, 조국과 그 가족의 삶에는 평등과 공정, 정의가 아니라 특권과 편법, 반칙이 난무하였다. 부모의 사회, 경제적 지위가 자녀의 스펙으로 대물림되는 특권층의 적나라한 모습이 드러남으로써 대통령으로서 문재인의 국민에 대한 약속들이 전혀 지켜지지 않았다. 더구나 문정권이 공직임명 기준으로 지킬 것을 약속한 병역면탈, 탈세, 부동산 투기, 위방전입, 논문표절 등에 대해서는 이미 밝혀진 바와 같이 각부

장관 등 고위직 인사 과정에서 그 약속이 제대로 지켜진 것이 거의 없는 실정이다.

대통령은 행정부 수반일 뿐만 아니라 대외적으로 국가를 대표하는 국가원수의 지위를 가지고 대내적으로는 국가의 일체성과 국민 통합을 상징하는 지위를 가지고 있다. 그러나 최근까지 조국 사태에서 보는 것처럼 문재인은 조국에 반대하는 대다수 국민의 여론은 철저히 무시하고, 찬성하는 국민들의 친정부 시위만 지지하여 국민의 화합과 통합을 저해하고, 상대방에 대한 증오와 분노를 이용하여 지속적으로 분열과 갈등을 유발함으로써 국가를 거의 내전 상태로 내몰고 있는 등 국민적 통합의 약속은 거의 지켜지지 않고 있다.

이에 서울 광화문에서는 2016년 촛불사태 이후 최대의 인파가 모인 가운데 조국반대 집회가 벌어지고 급기야는 조국과 문재인의 동반 퇴진을 요구하고 있다. 그 중 일부는 장기간 청와대 앞에서 철야 농성도 하고 있다. 문재인은 대통령이 되기 전부터 자신이 대통령이 된 후 자신에 대한 퇴진시위가 있으면 기꺼이 자신을 반대하는 사람들과도 만나서 대화하겠다고 큰소리를 치기도 하였다. 그런데도 문재인은 청와대 회의에서 조국에 반대하는 집회와 지지하는 집회가 대규모 세대결 양상으로 이어지는 데 대해서 국론 분열이라고 생각하지 않는다고 말하여 사실을 호도하기에만 급급하다.

국가원수인 대통령의 국민에 대한 취임선서와 취임사에 의한 약속은 비록 낮은 단계이지만 법규범성을 가진다. 따라서 문재인의 대 국민 약속 위반은 법치주의 파괴의 또 다른 모습이라 할 것이다.

9. 검찰 길들이기와 검찰권 장악

/

(1) 법무부와 검찰 인사의 이념적 편향성

문재인 정권은 대선공약대로 법무부의 '탈(脫) 검찰화'를 내세우면서 검찰 출신이 아닌 안경환 서울대 명예교수를 첫 법무장관 후보로 내정하였다가 불미한 사정으로 낙마하게 된 뒤에도 역시 검사가 아닌 법학자로 진보 성향의 시민단체 경실련 공동대표 출신의 박상기 연세대 교수를 법무장관에 지명해서 끝내 임명을 관철시켰다. 최근에는 참여연대 간부 출신으로 문 정권의 청와대에서 민정수석을 지내고 과거 사회주의 혁명을 꾀하던 '남한사회주의노동자동맹사건'으로 구속 기소되었으며 지금도 사회주의자를 자임하고 있는 조국을 법무장관으로 무리하게 임명함에 따라 우리 사회를 이념적인 분열과 대립의 극단으로 몰아갔다.

문 정권의 법무부는 검사장급 핵심 보직인 법무실장, 인권국장, 출입국외국인정책본부장에 이용구, 황희석, 차규근 변호사를 각 임명하였다. 이들은 모두 법원 내부의 '우리법연구회'나 '민변'의 핵심 간부 출신으로 민변이 법무부를 접수했다는 평가까지 나온다.

그 중에서도 법무부 인권국장 황희석은 문재인 정권의 대표적인 코드 인사로 볼 수 있다. 그는 법무부 최초로 검사 출신이 아닌 '민변'의 대변인, 사무차장 출신으로 인권국장을 맡으면서 2019년 8월 7일 동성애, 동성결혼 등을 부추기는 포괄적 차별금지법의 제정을 위한 국가인권정책기본계획(NAP)을 마련하는데 주도적 역할을 하였다. 당시 기독교계와 시민단체는 NAP의 절차적 위법성과 근거법의 부재, 내용의 좌편향성과 급진성 등을 들어 NAP에 반대하였으나 그는 오히려 '동성애에 반대하는 기독교는 혐오집단이며 적폐의 대상'으로 지목하는 등 반기독교적 언행을 반복하기도 하였다.

조국 또한 장관 취임 하루 만에 이번에는 황희석을 검찰개혁추진단장에 임명함으로써 그는 소위 조국에 의한 검찰개혁의 선두에 서 있는 셈이다. 그는 2012년 총선 당시 더불어민주당 예비후보로 출마하면서 '검찰과의 전쟁'을 구호로 내세우고 '검찰개혁의 신'을 자처하기도 하였고, 언론 기고문에서 검찰을 절대 권력을 휘두르는 폭군이나 마구잡이로 먹어치우는 괴물에 비유하는 등 평소에도 조국과 함께 검찰에 대하여 지나치게 적대적인 태도를 보여 왔었다.

한편 조국은 2019년 9월 30일 발족한 2기 '법무·검찰개혁위원회'의 위원장에 민변 간부(사법위원장) 출신 김남준 변호사를 임명하였다. 김 변호사는 지난 대선 당시 문재인 캠프에서 반특권검찰개혁추진단장을 맡았으며, 문 정권 출범 뒤에는 대통령직인수위원회 격인 대통령 직속 정책기획위원회에서 권력기관 개혁을 담당하였다. 당시 발족식에 참석한 조국 장관은 마침 서초동 소재 대검찰청 앞에서 진행된 소위 '조국수호, 검찰개혁'의 촛불집회에 고무되어 '수많은 국민이 검찰 개혁을 요구하며 광장에 모여 다시금 촛불을 들었다'는 식으로 빗대어 말하면서 '선출되지 않은 권력'으로 치부한 검찰에 대한 힘 빼기를 요구하였다.

(2) '검찰 개혁'과 '조국 수호': 문 정권의 부끄러운 자화상

검찰은 범죄의 수사 및 기소, 경찰에 대한 수사지휘, 법원에 대한 영장청구, 공소의 유지, 재판의 집행 등 국가의 기본적 형사법 체계 유지 및 그 과정에서 국민의 인권보호를 목적으로 하는 준사법기관이다. 따라서 검사는 판사와 마찬가지로 엄격한 자격이 요구되고 선출직 공직자나 일반 공무원과는 달리 신분과 직무상의 독립이 강하게 보호된다.

검찰청은 직제상 법무부 소속 외청이지만 대통령의 지시, 감독을 받는 법무부 장관이 검사들의 사건수사에 대하여 직접 간섭하게 되면 결국 검사는 대통령의 하부 조직체로 정부 여당의 영향력 아래 '행정부의 시녀' 역할을 할 수밖에 없게 된다. 이를 방지하기 위하여 법무부 장관은 검찰사무의 최고 감독자로서 일반적으로 검사를 지휘, 감독하고, 구체적 사건에 대하여는 검찰총장만을 지휘, 감독하게 되어 있다(검찰청법 제8조).

즉 법무부 장관은 수사 중인 구체적 사건에 대하여 해당 검사에게 어떠한 명령이나 지휘, 감독을 할 수 없고, 오로지 검찰총장에게만 필요한 의견을 제시할 수 있다는 의미이다. 따라서 검찰총장은 검사의 구체적 사건 수사에 대한 대통령이나 법무부 장관의 부당한 간섭을 막아내서 수사 검사의 독립성을 보장하는 완충역할을 하게 되는데 이는 오로지 검찰총장 개인의 인격과 소신에 의하여 좌우된다고 할 것이다.

그런데 문재인은 UN총회에 참석하였다가 귀국한 다음날인 2019년 9월 27일 바로 검찰개혁 특별발표문을 통해서 조국 일가의 파렴치한 비리를 수사 중인 검찰을 향하여 '검찰개혁을 요구하는 목소리가 높아지고 있는 현실을 성찰에 주기 바란다'고 하면서 '절제된 검찰권 행사'를 주문하는 등 검찰개혁을 핑계로 조국의 파면에 대한 국민의 요구를 철저히 외면하고 있다. 이에 그 다음날 윤석열 검찰총장이 '검찰개혁에 대하여는 국민과 국회의 결정에 따르겠다'고 발표하였음에도 불구하고, 당일 여당과 친문 세력의 주도하에 서초동 검찰청사 앞에서 벌어진 '조국수호, 검찰개혁'의 관제 촛불집회가 예상보다 규모가 크다는 점에 고무되어 다시 9월 29일 조국 법무장관의 업무보고 자리에서 '검찰총장에게 지시한다. 검찰개혁을 요구하는 국민의 목소리에 귀 기울이면서 국민으로부터 신뢰받는 권력기관이 될 방안을 조속히 마련해 제시해 주기 바란다'고 지시하는 등 '가족사기단'으로 불릴 정도로 검찰로부터 파렴치 범행 관련 수사를 받고 있는 법무장관 조국에게 지나칠 정도로 힘을 실어주고 있다.

이와 같이 문재인 정권과 정부 여당이 국민의 반대를 무릅쓰고 조국을 보호하기 위한 방편으로 검찰에 대한 무리한 견제를 계속하는 것은 검찰이 준사법기관으로 무엇보다 정치적인 독립성과 중립성이 요구된다는 점에서 검찰권 행사에 대한 부당한 정치적 탄압이라고 할 것이다.

(3) 검찰 개혁을 빙자한 검찰 탄압

2019년 10월 2일 여당인 더불어민주당이 직접 나서 피의사실 공표와 공무상 비밀누설 혐의로 조국 일가의 비리 수사를 맡고 있는 수사팀 전체 검사들을 같은 검찰에 고발하는 어처구니없는 일이 벌어졌다. 연일 강도 높은 검찰 개혁을 주문하던 여당이 대검찰청 인근 '조국수호' 촛불집회를 보고 또 하나의 강수를 둔 것이다. 그러나 피의사실 공표죄는 힘없는 시민의 인권 보호 장치이지 조국과 같은 권력자의 특권을 보장하는 장치가 아니다. 더불어민주당은 스스로 정부 여당임을 포기하는 한편의 블랙 코미디를 연출한 것이며, 이 또한 조국을 지키기 위한 허울 좋은 검찰 개혁이고 검찰 탄압이라고 하지 않을 수 없다.

결국 더불어민주당이 직접 나서 조국 일가 수사팀을 고발하는 사이 진보 시민단체인 '투기자본감시센터'는 오히려 조국 부부를 엄히 처벌해달라는 고발장을 제출하였다. 이렇게 조국 일가를 중심으로 고소 고발이 난무한 상황이지만 여당의 이번 고발 조치는 검찰 개혁이라는 정치권의 문제를 검찰로 넘긴 또 다른 형태의 '정치의 사법화'라는 비판을 받아 마땅한 것이다.

문 정권의 검찰 개혁은 청와대와 법무장관이 인사 전권을 행사하고 이를 통하여 정치권이 검찰을 장악하기 위한 것이 불과하다. 검찰 개혁은 선출된 권력이 비선출 권력인 검찰에 대한 장악력을 높이는 것이 아니라 오히려 낮추는 것이 올바른 방향이다. 선출된 권력이 검찰을 장악하는 방식의 검찰 개혁은 그들이 금과옥조로 내세우는 '국민이 주인이다'라는 이념에도 맞지 않는다.

진정한 검찰 개혁은 검찰의 정치적 독립성과 중립성, 검찰 수사의 공정성을 확보하기 위해 정치권력이 함부로 검찰 수사에 개입할 수 없도록 하는 것이다. 검찰이 정치권이나 법무부에 장악되는 것이 아니라 검찰이 독립적 인사권과 예산권을 보유하도록 체제를 개편하는 것이다. 즉 대통령의 검찰 인사권을 제한해서 '정권의 검찰'을 '국민의 검찰'로 돌려주는 것이다.

지금처럼 문 정권이 겉으로는 '검찰 개혁'을 내세우면서 준사법권력인 검찰권의 장악을 시도하는 것은 자유민주주의 헌법에 기초한 권력분립 원칙에도 위배되고 실질적 법치주의에 대한 중대한 도전이 아닐 수 없다.

10. 고위공직자범죄수사처 설치와 권력분립 제도의 위기

/

문재인 정권의 검찰 개혁의 핵심 내용으로 언제나 거론되는 것이 바로 고위 공직자범죄수사처(공수처) 설치이다. 원래 공수처의 설치는 처음 1996년 김영삼 정부에서 좌파 시민단체인 참여연대(사무처장 박원순) 등이 숙원사업으로 공수처 설치를 포함하는 부패방지법의 입법청원을 할 때부터 20년 이상 지속적으로 제기된 문제이다.

그러나 공수처 설치는 결국 기존 검찰을 배제하고 공수처가 따로 대통령 직속 사찰시관 또는 수사기관이 될 수 있다는 점에서 그 위험성이 매우 크다. 따라서 미국이나 독일, 프랑스, 일본 등 선진국 어디에서도 공수처와 같은 조직은 찾기 어렵다. 공수처의 모델인 홍콩의

'염정공서(廉政公署, ICAC)'나 싱가포르의 '탐오조사국(貪汚調査局, CPIB)'은 범 중국 문화권 도시국가 성격의 작은 나라에서만 찾아 볼 수 있는 독자적인 부패방지기관에 불과하다.

문 정권의 공수처안(案)을 살펴보면, 공수처장은 대통령이 임명하며, 수사 인력의 절반 정도만 검사이고, 나머지는 다른 데서 채워져야 하는데 상당수가 민변 또는 참여연대 출신으로 채워질 것으로 보인다. 결국 현재 진행되고 있는 '법무부의 민변화'와 함께 '공수처의 민변화 또는 참여연대화'가 우려된다.

더구나 공수처는 검찰이나 경찰 등 다른 수사기관에 대한 우월적 지위가 있으므로 공수처가 설치되면 조국 일가의 비리의혹 수사도 공수처로 이첩될 수 있고, 수사를 부당하게 중단시키거나 축소, 은폐하는데 악용될 수도 있다.

공수처의 권한은 검찰청 소속 검사와 같은 수사권, 영장청구권에다가 판사와 검사, 경무관급 이상 경찰에 대한 직접 기소권을 가지게 되며, 경우에 따라서는 군검찰의 권한도 행사하게 된다. 수사 대상으로는 직권남용, 직무유기, 공무상 비밀누설 등이 포함되어 있으며 공무상 비밀누설을 이유로 언론까지 수사할 수 있다. 이에 따라 공수처는 직권남용과 공무상 비밀누설 등을 빌미로 정부 각 부처의 고위 공직자와 군, 법원, 검찰 등을 대상으로 전방위적인 수사를 할 수 있게 된다.

문 정권의 검찰 개혁안(案)과 같이 검찰을 약화하고 경찰에 독자적인 수사권을 부여하면서 검찰조직과 별개의 수사기관인 공수처를 설치하게 되면, 이 역시 '제2의 검찰'로서 '옥상옥'에 불과하고 과거 정권에 대한 보복 수사 등 검찰의 정치화를 가속시킬 우려가 있다.

또한 대통령 직속의 공수처 설치는 자유민주주의의 기본 원리인 권력분립 특히 사법권 분립의 정신을 위배하여 중국이나 북한과 같은 전체주의적 공안통치로 연결될 수 있으며, 고위 공직자들에 대한 상시 감시 체계를 갖추고 본격적인 공포정치를 실시하는 기반이 될 가능성도 없지 않다.

그러나 기존 검찰에 대한 불신으로 공수처 설치를 지지하는 여론이 훨씬 높은 현실에 비추어 보면, 공수처 신설을 반대만 하기 보다는 그 대안으로 현재 시행 중인 '제도 특검'을 활성화 하는 방안도 적극 고려할 만하다. 또한 현행 '국민권익위원회'의 기능 중 부패방지 기능을 분리하여 독립적인 부패방지기관으로서 '국가청렴청'을 설치하여 고위 공직자뿐만 아니라 모든 공직 관련 비리와 부패행위에 대한 수사와 함께 공직자 재산등록 및 공개, 부패방지 및 예방을 위한 정책수립과 교육 등을 종합적으로 담당하게 하는 것도 좋은 방안이 될 것이다.

11. 마무리: 사법 개혁의 바른 길

지금도 진행되고 있는 문재인 정권의 사법 개혁은, 결과적으로 사법이 정치와 이념에 종속되는 사법의 정치화, 이념화로 나타나고 있으며 이는 다시 정치와 이념의 사법화로 악순환을 반복하게 된다. 문 정권의 사법 권력 교체에 의한 사법 개혁은 '촛불혁명의 이념'을 사법적으로 완수해야 한다는 강박에 사로잡혀 과거보다 더욱 심한 '패거리 사법', '코드 사법'으로 법치주의에 심각한 위해를 가져왔다.

사법 개혁의 목적은 국민의 사법에 대한 불신을 해소하고 신뢰를 회복하는 것이다. 국민의 사법 불신을 해소하고 국민을 위한 사법이 되기 위해서는 사법권의 독립이 필수적이다. '법관은 법과 양심에 따라 독립하여 심판한다'는 헌법 원리는 사법권의 독립을 선언하는 것이다. 사법권 독립에 관한 헌법 원리는 개인 법관이 자의적이고 개인적 양심이 아니라 법치주의의 제약 아래 직업적으로 객관적인 양심에 따라 재판을 해야 한다는 것이다. 여기서 말하는 법관의 양심은 일반 시민의 보편적인 선(善)의지이자 공적 의지, 즉 '일반의지(general will)'에 해당하는 양심이어야 한다는 것이다.

실질적 법치주의와 사법권의 독립 실현은 자유민주주의를 지키는 핵심 원리이다. 소위 '선출된 권력'을 내세우면서 대통령 등 정치권이 사법권을 장악하여 이 두 가지 원리가 제대로 작동하지 못하는 경우에 주권자인 국민은 정치권에 위임해 준 권력을 회수하기 위하여 최후의 수단으로 헌법이 규정한 천부(天賦) 인권으로서 저항권을 행사할 수밖에 없다.

우리 헌법 전문(前文)의 '불의에 항거한 4·19 민주이념의 계승' 규정과 함께 헌법 제1조 제2항 '대한민국의 주권은 국민에게 있고, 모든 권력은 국민으로부터 나온다'는 규정에 근거하여 우리 헌법상 국민이 불의한 권력에 항거하고 헌법을 수호하기 위한 최후의 수단으로서 저항권 행사가 인정된다. 문재인 또한 과거 박근혜 전 대통령의 탄핵 과정에서 촛불민심의 영향에 관한 기자들의 질문에 '국민들의 의식이 헌법이다. 국민들이 압도적으로 대통령의 퇴진과 처벌을 원한다면 그것이 바로 헌법이다'라고 답한 적이 있다.

한편 사법권의 독립은 사법부가 국가의 이념과 정체성, 국익과 동떨어진 상태의 독립성을 의미하는 것은 아니다. 사법부도 입법부나 행정부와 마찬가지로 국가의 태두리 안에서 국가의 이념과 정체성을 지키고 국익을 높이는데 봉사하는 것은 당연한 일이다. 그러한 점에서 지난 정부의 사법부의 재판이나 사법행정에 대하여, 사법 농단이니 재판 거래니 하면서 무리하게 프레임을 씌우는 것은 옳지 않다고 본다.

문재인 정권의 사법 개혁은 정치와 이념, 그들이 말하는 '촛불 혁명'의 이념을 사법화 하고자 하는 거대 담론에서 출발하는데 근본적인 문제가 있다. 사법 개혁의 원인이 되는 사법 불신의 해소는 정치나 이념의 문제가 아니라 사법을 운영하는 사람과 관행의 문제이다. 바로 '전관예우'라는 고질적 관행을 뜯어 고치는 일이다.

우리 법조 특유의 고질적인 관행이라고 할 수 있는 '전관예우' 즉 '전관비리'의 관행을 근원적으로 타파하기 위해서는, 형사사건에 한해서라도 변호사 수임료 상한제를 도입하는 것이 필요하다고 본다. 형사사건은 민사사건과 달리 개인의 재산권을 둘러싼 사적 분쟁의 해결이 아니고 국가형벌권의 공정하고 정의로운 실현이 목적이다. 사법 개혁의 출발점으로 더 이상 우리 법조에 지나치게 고액인 변호사 수임료를 둘러싼 '전관예우' 관행과 그 결과로서 '유전무죄 무전유죄'라는 말이 더 이상 용납되어서는 아니 될 것이다.

이에 덧붙여 특정 이념 성향의 단체 존속이 재판의 공정성에 대한 신뢰를 저해하는 요인이 되는 것은 아닌지 사법부 스스로 고민해야 한다. 그동안 '국제인권법연구회'와 그 전신격인 '우리법연구회' 그리고 '판례연구회' 등은 사법의 독립성과 중립성을 내부에서 침해하는 조직임이 드러났으므로 즉각 해체하고 그 관련자들은 퇴진하도록 조치해야 할 것이다.

무너지는 대한민국 교육

김경회

1. 진보·좌파의 정책실험으로 망가지는 학교교육

이 정권은 평등교육을 추구하여 개인 자유와 선택을 억압한다. '국가가 교육을 책임지겠다'는 구호 하에 국가가 과도하게 개입하여 교육의 자율성과 다양성을 죽이고 있다. 평등주의 교육은 대통령 공약이자 현 정부 교육정책에 깔려있는 교육 이념이다. 이는 자유민주주의 선진 국가에서 찾을 수 없는 시대착오적인 역주행이기에 우리 교육을 멍들게 하고 있다. 대한민국은 전 세계가 부러워할 정도로 교육성공 국가였다. 미국 오바마 대통령은 한국 교육을 미국 교육과 비교하여 본받을 국가로 스무 번 가까이 칭찬하였다. "한국의 아이들은 비디오 게임이나 TV를 보는 데 시간을 허비하지 않고 수학·과학·외국어를 공부한다"고 높이 평가하였다. 그러나 문재인 정권은 진보·좌파교육감 그리고 전교조와 손잡고 '경쟁을 줄이고 서열화를 없앤다'는 이유로 '덜 가르치는' 정책 실험을 펼쳐 우리 교육의 강점들을 파괴하고 있다. 교육을 퇴보시키는 세력들과 정책을 짚어 본다.

(1) 진보·좌파의 교육 실험

1) 초·중등 교육은 친(親)전교조 세력이 장악

문재인 정권 들어서 '전교조 전성시대'를 누리고 있다. 우선 전국 교육감 17명 중에서 전교조 핵심 간부 출신이 10명이고 친전교조 성향까지 합치면 14명에 이른다. 이들은 전교조의 주장을 선거 공약으로 내걸었고 하나씩 학교 현장에 도입하고 있다. 대표적으로 혁신학교, 학생인권조례, 자사고·특목고 폐지, 국가학업성취도 전수 조사 폐지 등이다. 나아서 2013년 교원노조법을 위반하여 법외노조로 전락한 전교조의 합법화를 진보교육감들은 주장하고 있다.

교육부 1급 자리인 학교정책실장을 비롯하여 교육부 초중등 정책 담당 주요 자리에도 전교조 출신들이 중용되고 있다. 문재인 정권이 중·장기 국가 교육 정책을 만들기 위해 출범한 대통령 직속 국가교육회의 의장도 전교조 초대 정책실장 출신이 맡고 있다. 일선 학교장도 전교조 출신들로 채워지고 있다. 교장 자격 없이 교사 경력 15년 이상이면 응모할 수 있는 내부형 교장공모제가 전교조 교사들의 교장 진출 경로로 활용되고 있다. 전희경 국회의원실에 의하면 2012년부터 2017년 내부형 공모제로 임용된 교장 73명 중 71%에 해당하는 52명이 전교조 출신이었다. 2019년 서울시 교육청 경우, 무자격 공모 교장의 87%(15명 중 13명)가 전교조 출신이었다. 전교조 독식으로 인해서 젊고 유능한 인사를 교장으로 영입하기 위해서 도입된 내부형 교장공모제가 전교조 출신들의 출세 코스로 전락했다. 교육부·교육청·국가교육회의 등 국가 교육 정책을 결정하는 세 곳 행정 기구와 일선 학교의 최고 책임자 자리를 친전교조 인사가 장악한 형태이다.

2) '공부 안 시키는' 혁신학교 대폭 증가

현 정권은 혁신학교를 공교육의 새로운 표준으로 보고 급속하게 확대시키고 있다. 2009년 전국 13곳이던 혁신학교가 10년 만에 1,714개로 폭증했다. 전체 초·중·고교의 0.1%에서 10년 만에 10% 이상으로 늘어난 것이다. 초등학교(1,026개)가 대다수지만, 중학교(531개)와 고교(157개)도 적지 않다. 학교에 주는 예산은 초기에는 1억이 넘었으나 최근에는 시·도별로 다르지만 5천만 원 내외의 별도 지원금을 주고 있다.

입시교육에서 탈피한다고 자유로운 수업방식, 동아리 활동, 학생 자치 활동 강화 등을 강조한다. 학생인권을 내세워 훈육과 생활지도를 소홀히 한다. 학교 운영에서는 교사들이 의사결정을 주도하고 교장의 리더십을 약화시키는 자칭 학교 민주화를 추구한다. 이에 김진성 교장은 혁신학교를 '학교장을 무력화시키고 학교 운영권을 장악한 전교조가 이념 교육하는 정치학교'라고 혹평을 한다.

문제는 학력 저하이다. 토론, 다양한 체험 수업 등을 강조하고 교과 공부는 등한시한 결과다. 혁신학교는 학업분위기가 산만하여 공부하려는 학생들을 다른 학교로 전학 가는 사례까지 발생하고 있다. 이로 인하여 서울 경우는 강남지역을 중심으로 학부모들이 혁신학교 지정을 거부하는 사태까지 벌어지고 있다. 곽상도 국회의원실 조사에 의하면 혁신학교 고교생의 '기초 학력 미달' 비율이 전국 고교 평균보다 세 배 가까이 높은 것으로 나타났다.

3) 시험·숙제·훈육 없는 3무(無)로 학교가 '노는 곳'으로 변질

대통령 공약, 100대 국정과제, 교육부의 업무계획에서 학습을 권장하고 경쟁을 장려하는 정책은 찾아볼 수 없다. 일본에서 20여간 지속하다 폐기된 "유토리(ゆとり, 여유) 교육"을 맹목적으로 답습하여 "쉼교육", "혁신교육"으로 바꿔어서 현장 학교에서 실험하고 있다. 아동중심교육에 매몰되어 학생들의 성적에 의한 순위 메기는 것에 혐오감을 갖고 학생들의 학습 부담 완화에 몰두한다. 학력을 중시하는 것은 경쟁주의, 서열주의로 매도한다. 학습을 인격체 완성을 위한 자기 수련 내지 도야로 보기보다는 피해야할 노동으로 간주한다. 아동의 휴식 시간과 놀 권리를 강조한다. 이와 같은 교육철학에 따라 시험 없고, 숙제 없고, 훈육 없는 3무(無) 학교를 만들고 있다.

첫째, 중학교 1학년까지 학교에서 중간·기말고사 시험이 없다. 점수로 나타나지 않는 과정 중심의 수시평가만 있다. 서울시 교육청은 2011년부터 초등학교에 중간 기말고사를 폐지하였다. 시험을 '성적에 의한 반인권적인 학생 줄 세우기'로 생각하는 그릇된 교육관에서 기인한다. 학교생활기록부도 실점수나 등급으로 표기하지 않고 학생의 학습 성장과정을 기술하도록 하고 있다. 선생님들은 학생의 기를 살린다고 '못한다, 부족하다'처럼 솔직한 표현을 하지 않는다. 이에 학생부를 받아본 학부모들은 자기 자식을 우등생으로 착각을 한다. 학교에서 시험을 보지 않자 자녀의 학력 수준이 궁금한 학부모들은 사설 학원에서 치르는 학력고사를 통해 아이들의 실력을 측정하는 사례가 늘고 있다.

둘째, 초등학교에 숙제가 없다. "아이들도 쉴 권리와 놀 권리가 있다", "엄마 숙제 없앤다"라는 이유로 초등학교에 숙제를 없앴다.

셋째, 학생인권조례로 학생생활지도를 무력화시키고 있다. 학생 상·벌점제를 폐지하여 잘못을 해도 야단칠 수 없는 지경에 이르렀다. 학부모단체는 경남의 학생인권조례를 반대하면서 '생활교육 포기방안', '인권으로 포장된 학생 일탈 방조'라고 혹평했다. 최근 교육부는 두발·복장, 용모, 휴대폰 사용 기준 등을 학칙에 기재토록 한 초·중등 교육법 시행령 조항을 삭제하여 시도교육청의 학생인권조례를 뒷받침하고 있다. 설문조사에 응한 한국교총 회원 교사 82.7%가 시행령 개정안에 반대하면서 '생활지도 권한 축소로 면학분위기 훼손'을 가장 염려하고 있다. 학교는 학생들이 올바르게 성장하는 배움터이기에 '학생이 해야할 것을 오롯이 행하게 하고, 하지말 아야할 것을 하지 않게 체득하도록 하는교육'이 필요한 것이다.

(2) 학력이 곤두박질

1) 기초학력 미달 중·고 학생 수가 지난 정부보다 2배 증가

기본 수업도 못 따라가는 기초학력 미달자가 급증하고 있다. 2018년 6월 실시한 '국가수준 학업성취도 평가'에서 중3은 학력 미달 학생 비율이 국어 4.4%, 수학 11.1%, 영어 5.3%이고, 고2는 국어 3.4%, 수학 10.4%, 영어 6.2%로 판명되었다. 수학 과목에서는 교과 내용의 20%도 이해 못 하는 기초학력 미달자가 10%가 넘어서 충격을 주었다. 더욱이 고등학교 국어를 제외한 모든 과목에서 기초학력 미달자 비율은 전년보다 증가하여 학력 저하가 심각한 것이다. 기초학력 미달은 학교 수업을 제대로 따라가지 못하는 학생인데 2016년도보다 2배 가까이 증가했다.

[그림 1] 최근 5년 기초학력 미달 비율 추이

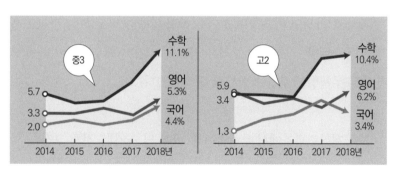

주: 2014년은 전수평가, 2017~18년은 표본평가
자료: 교육부

교육부는 기초학력 미달이 증가한 원인이 학습량과 시험 횟수를 줄이는 정책에서 있다는 것을 인정하지 않고 어설픈 대책을 금년 3월

내놓았다. 학급당 학생 수를 줄이고 기초학력 진단도구를 개발·보급한다는 내용이었다. 학교에는 교육부에서 개발한 진단도구 중에서 자율적으로 선택해서 학생 성적을 평가하여 기초학력 도달 여부를 판단토록 하였다.

그러나 전교조에서 이마저 거부하는 반교육적인 행태로 학부모들의 비판을 사고 있다. 전국에서 기초학력 미달자가 제일 높은 서울의 조희연 교육감은 2020년부터 서울 시내 모든 초3·중1 학생을 대상으로 기초학력을 진단하겠다고 올 9월에 발표한다. 모든 학생의 학력을 신장시키는 대책이 없고 단지 기초학력을 진단하고 특별 지도에 그치고 있어서 허술한 대책이라 할 수 있다. 그럼에도 불구하고 전교조 등 진보 성향 단체는 기초학력진단 평가는 학생을 성적으로 줄 세우기 한다는 이유로 철회를 주장하였다. 이재정 경기교육감도 "일률적인 잣대로 학생의 기초학력 진단은 하지 않겠다"라고 하여 전교조 입장에 동조했다. 기초학력 보장은 공교육의 기본 책무인데 이마저 외면하는 무책임한 모습에 학부모 원성이 크다.

2) 국제학력평가에서 추락하는데 '공부 덜 시키는' 정책 고집

한국은 경제개발협력 기구(OECD)의 국제학업성취도평가(program for international student assessment; PISA)에 2000년 시작 이후 줄곧 최 상위권을 유지하고 있었다. 그런데 2016년 12월에 발표된 2015 PISA 성적은 우려할 수준으로 떨어졌다. PISA에서 최상위권을 차지하던 순위가 70개국 중에서 읽기는 4~9위, 수학은 6~9위, 과학은

9~14위로 밀려났다. 평균 성적도 OECD 국가 평균 하락폭보다 훨씬 커서 읽기는 19점, 수학은 30점, 과학은 20점이 떨어졌다. 이는 역대 최저 성적이고 동아시아 국가 중에서 꼴찌이다. 상위 성취 수준 비율은 감소하고 하위 성취 수준 비율은 증가하여 학력 저하 현상을 뚜렷이 보여주고 있다. 3년 주기로 치러지는 PISA는 의무교육의 종료 시점에 있는 만 15세 학생들의 읽기, 수학, 과학 영역의 성취 수준을 평가하여 각국 교육의 성과를 비교·점검하는 데 의미가 있다. 교과 과정에 바탕을 둔 지식보다는 실생활에 필요한 응용능력을 평가에 중점을 둔다. 미국·영국·독일 등 OECD 선진 국은 PISA 성적을 자국 학생의성취도 비교뿐만 아니라 학교의 교육적 성과를 재는 중요한 지표로 활용한다.

2015 PISA 성적이 경고음을 울렸지만 현 정부는 위기를 인식하지 못하고 있다. 학과 숙제를 없애고 시험 횟수도 줄이는 '덜 가르치는' 정책이 진보교육감의 시도를 중심으로 유행처럼 전국으로 확산되고 있고, 문재인 정권도 이와 보조를 맞추고 있는 것이다. 아이들을 공부 스트레스와 경쟁으로부터 해방시킨다고 수업 시간과 학습내용을 줄이고 체험학습을 늘리고 있는 것이다. 이는 10여전에 폐기한 일본의 여유(유토리) 교육과 비슷한 교육방식이다. 아래 그림에서 보듯이 일본은 정책 변경으로 국제학업성취도 평가에서 약진하였다. 유토리 교육을 폐기하고 학습량을 늘린 일본은 2015 PISA에서는 수학과 과학에서 OECD 국가 중 1위(70개 참가국 중에 수학 5~6위, 과학 2~3위)를 기록했다.

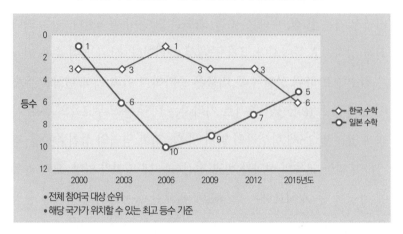

[그림 2] 국제학업성취도평가(PISA) 한국과 일본의 순위 비교

- 전체 참여국 대상 순위
- 해당 국가가 위치할 수 있는 최고 등수 기준

2019년 12월에 발표되는 2018년 국제학업성취도평가(PISA)결과 가 주목된다. 다수의 교육전문가들은 대한민국의 학생들의 성적의 하 락 폭이 더 커질 것으로 우려하고 있다.

(3) 사교육비 증가폭이 지난 정부보다 큰 역대 최고

문재인 정권에 들어와 사교육비 대란을 겪고 있다. 2019년 3월 통계청이 발표한 '2018 초중고 사교육비 조사'를 보면, 1인당 월평 균 사교육비가 29.1만 원으로 전년대비 7.0%, 1.9만 원이나 오르고, 특히 고등학교 학생의 1인당 월평균 사교육비는 전년대비 3.6만 원 (12.8%)이나 증가했다. 사교육비를 조사한 지난 2007년 이래 가장 큰 폭으로 증가한 것이다. 사교육을 받지 않는 학생을 포함한 평균치이 기에 실제로 사교육비 부담은 더 크다. 3년 연속 1인당 사교육비 최대치를 갱신 하였을 뿐만 아니라 △사교육 참여율, △학교급별 사교육비, △과목별 사교육비 등 어느 항목 하나 감소한 것이 없다.

[표 1] 역대 정부의 1인당 사교육비 전년대비 증감표

	2008	2009	2010	2011	2012	2013	2014	2015	2016	2017	2018
정부	이명박 정부					박근혜 정부				문재인 정부	
증감	1.1(+)	0.9(+)	0.2(-)	0	0.4(-)	0.3(+)	0.3(+)	0.2(+)	1.2(+)	1.6(+)	1.9(+)

자료: 사교육 걱정 없는 세상

[표 1]에서 보듯이 문재인 정부 들어와서 사교육비 증가 폭이 가장 크다. 교육비 증가 요인은 복합적이나 분명한 것은 학부모들이 문재인 정부의 공교육을 믿지 못한다는 것이다. 특히 현 정부에서 발표한 △2022학년도 대입 제도, △2019학년도 수능, △사립유치원 정책 등에서 혼선을 빚어 불안감을 키운 점을 들 수 있다. 더 큰 문제는 상황이 이렇게 심각함에도 불구하고 교육부는 이렇다 할 사교육비 경감 대책을 내놓지 못하고 있다는 점이다.

(4) 지난 3년 동안 학생은 7.5% 줄었는데 교육청 예산은 25.6% 증가

저출산으로 학생 수는 급격히 줄고 있으나 교사는 늘고 예산은 급격히 증가하여 국민 세금이 낭비되고 있다. 유·초·중·고 학생 수는 2016년 6백63만 명에서 2019년 6백13만 명에 이르러 3년 동안 7.5%가 감소하였다. [그림 3]에서 보듯이 시도교육청 예산은 같은 기간에 56조 3,341억 원에서 2019년 70조 5, 960천억 원으로 25.6%

대폭 증가하였다. 2019년 2학기부터 고등학교 무상교육이 실시되어 시도교육청의 재정 규모는 크게 증가할 것이다. 한편, 학생 수가 급격히 감소해도 유·초·중·고 교사수도 같은 기간 449만 1천 명에서 49만 7천 명으로 1.2%가 늘었다.

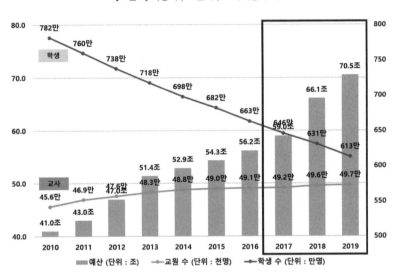

[그림 3] 학생 수, 교원 수, 교육재정 추이

출처: 2019 교육통계연보, 2019 교육비특별회계분석, KEDI

이처럼 국민의 세금을 펑펑 쓰고 있지만 그 효과는 교육여건 개선에 그치고 있다. 교원 1인당 학생 수와 학급당 학생 수는 OECD 국가 수준으로 좋아지고 있다. 2019년 교원 1인당 학생 수는 유치원 11.9명, 초등학교 14.6명, 중학교 11.7명, 고등학교 10.6명이다. 학급당 학생 수도 유치원 17.0명, 초등학교 22.2명, 중학교 25.1명, 고등학교 24.5명에 불과하다. 1970년 초등학교 62명, 중학교 62명, 고등학교 58명에 이르는 콩나물 교실과 비교하면 같은 크기 교실에서 공부하는 학생이 1/3 수준으로 줄었다. 그러나 국가의 돈을 공교육에 많이 쓰는 것에 비해서 교육성과는 형편없다. 학교교육에 만족하지 못하여 사교육에 의존은 늘어나고 학생들의 성적은 떨어지고 있는 것이다.

(5) 종합적 고찰 및 대책

현 정권에서 교육 권력을 장악한 소위 진보좌파 세력은 폐기처분된 미국의 진보교육과 일본의 여유 교육을 때늦게 답습하여 학교의 교육력을 파괴하고 있다. 더욱이 교육 결과의 평등을 추구하여 교육경쟁력을 훼손하고 있다. 미국과 일본 사례는 본보기이다. 미국은 1957년 구 소련이 미국보다 앞서서 인류 최초로 인공위성 스푸트니크(Sputnik) 발사에 성공하자 그 당시 유행하던 진보교육을 버리고 수학·과학 교육을 강화하는 학력 중시 정책을 펼쳤다. 이후 학업성취도 향상은 학부모·학생의 선택권 확대와 더불어 미국 교육개혁을 관통하는 핵심 정책이었다. 레이건 대통령은 '위기에 처한 국가(A Nation at Risk)'보고서를 통해서 교육을 국가의 '안보'로 보고 학업성취의 표준을 높이는데 진력하였다. 클린턴 대통령은 'America 2000' 법률을 제정하여 미국 경쟁력을 높이는 수단으로 모든 학교 모든 학생들의 학업성취도 향상 정책을 추진했다. 부시 대통령은 낙오방지법(No

Child left behind)을 통해서 학생들의 학업성취를 향상시키려고 했고, 오바마 대통령은 '최고를 향한 질주(race to the top)' 사업을 시행하여 교육개혁을 촉진하였다. 이웃 일본은 국제학력 평가 PISA에서 성적이 추락하자 유토리 교육을 폐기하고 학습량을 늘리는 '확실한 학력' 신장을 펼쳐 2015 PISA에서는 수학과 과학에서 OECD 국가 중에서 1위를 기록했다.

이와 반해서 한국 교육은 진보교육실험으로 글로벌 경제체제에 필요한 창의성과 기초학력을 함양하는데 실패하고 있다. '어려운 선택을 하지 않으면 어려운 시기(Tough Choice or Tough Times)'를 맞을 위기에 처해있다. 한국 교육의 성공신화를 되살기 위한 방안을 제시하면 아래와 같다.

1) 전국 수준 학업성취도 부활 및 학교 성적 공개

전국의 모든 초·중·고 학생을 대상으로 하는 전국 단위 학업성취도 시험을 실시하고 그 결과를 공개하여한다. 2017년 6월에 교육부는 전국 중3학년과 고2학년 모두 치르던 전국 수준 학업성취도 평가를 표본 3% 학교만 시험 보도록 표집평가로 바꾸었다. 문재인 대통령 국정기획 자문위는 문재인 정권이 지향하는 '경쟁을 넘어서는 협력교육'에 맞추어 전수조사 폐지를 제안하였고, 교육부는 이를 받아들인 것이다. 그동안 전국 모든 중3, 고2 학생 대상 전수 평가는 성적 지상주의를 부추기고 학교 서열화를 가져온다는 이유로 전교조와 진보 교육감들의 지속적으로 반대하였다. 학업성취도 결과를 공개하면 학교 간 무한 경쟁을 조장하고 부진학생을 낙인찍어서 협력과 배려 정신에 어긋난다는 이유이다. 그러나 전국 수준의 학업성취도 평가가 주는 교육적 이점이 훨씬 크다. 교사는 어떤 학생이 잘하고 누가 학습장애를 겪는지 알 수 있다. 나아가 학생을 공부하게 만드는 동기를 부여할 수 있다. 학생은 자기의 학습 상황을 진단할 수 있고, 다른학교 친구들과 비교를 통해서 자신의 학업 수준을 파악한다. 국가나 시도교육청 차원에서 단위학교와 교사의 교육적 활동의 성과를 측정할 수 있는 객관적인 자료를 얻을 수 있다.

교육 선진국들은 전국 수준의 학업성취도 평가를 실시하여 학생 지도 자료로 사용할 뿐 만 아니라 학교의 교육적 성과를 평가하는 자료로 활용하고 있다. 영국은 학업성취도 결과를 인터넷에 공개하고 부진학교 학부모들에게는 성적 좋은 학교로 학생 전학을 허용한다. 성적이 부진한 학교 명단을 공개하여 수치스럽게 느끼게 한다. 초·중등교육을 4단계(key stage)로 구분하고 각 단계 수료할 때마다 전국적 학력평가를 실시(SATs: standard assessment tests)하여 학업성취도를 점검한다. 즉, KS1(7세), KS2(11세), KS3(14세)의 SAT, 그리고 KS4(16세)의 중등 자격시험(GCSE)을 실시한다. 학생의 학습목표 달성도를 측정하여 교사와 학부모에게 지도 정보를 제공하고, 학생의 학업성취도 향상에 학교의 기여 정도(value added)를 비교하는데 주안점을 주고 있다.

일본은 유토리 교육으로 학력 저하 실패 사례를 교훈 삼아 국가수준 학업성취도 평가인 전국학력 학습 상황 조사(NAT: national achievement test)가 문부과학성에 의해 2007년부터 초등학교 6학년과 중학교 3

학년을 대상으로 시행되고 있다. 그리고 지역별 성적을 분석하여 발표하기에 언론 등에서는 47개 도·도·부·현 성적을 비교하여 순위 발표하는데, 2018년 경우 이시카와(Ishikawa)가 1위였고(평균 정답률 66.8%) 오키나와(Okinawa)가 47위로 꼴찌(평균 정답률 59.3%)였다.

2) 지식교육을 멀리하는 혁신학교·자유학기제·선행학습금지 정책은 폐기

문재인 정권은 지난 정부에서 도입된 자유학기제를 한 학기에서 한 학년으로 확대하여 자유학년제를 확대하고 있다. 자유학기제는 박근혜 정부에서 학생들이 시험 부담에서 벗어나 학생들이 스스로 꿈과 끼를 키울 수 있도록 한다고 도입한 것이지만, 문재인도 후보도 '쉼이 있는 전환 학기제'로 공약하였던 제도이다. 그러나 자유 학기의 교육적 타당성과 현실 적합성이 매우 낮은 제도이다. 무엇보다도 중간·기말시험을 폐지하여 학생들이 기본적으로 공부를 소홀히 하고 '노는 학기'로 전락하여 학력이 저하되고 있다. 자유 학기는 학교에서 놀고, 학원에서 공부하는 체제로 변질되고 있다. 문재인 정권 들어서 1인당 사교육비가 증가하고 참여율도 늘고 있는 것이 이를 입증한다. 많은 학부모들은 중학교 2학년이 되어서야 비로소 자녀들의 객관적인 학력 수준을 파악하고 돌이킬 수 없는 상황에 직면한다. 중1까지 누적된 학습결손을 단시간 내에 회복하기 어려워 수포자(수학 포기자)와 영포자(영어 포기자)가 양산되는 것이다. 교육 선진국에서 중학교 단계에서 시험 없는 자유학기제를 운영하는 나라는 없다. 이제 자유학기제에도 시험을 보아서 아이들의 학업성취 수준을 측정하고 학업 동기를 북돋아야 할 것이다.

선행학습 금지도 폐지하여야 한다. 초·중·고 각종 시험과 고교·대학입시에서 학교교육과정을 넘어서는 출제를 금지하고 위반 시에는 불이익을 주고 있다. 사교육 억제 방편으로 제정된 '공교육 정상화 촉진 및 선행교육 규제에 관한 특별법'에서 선행학습과 선행교육을 금지하고 있기 때문이다. 이치에 맞지 않아서 부작용이 속출하고 있다. 영어는 초등학교 3학년부터 정규교육과정에 들어가 있다는 이유로 초등학교 1~2학년을 대상으로 방과 후 영어 프로그램 금지하고 유치원·어린이 집에서 진행되던 영어수업 금지하였다가 학부모들이 반발하자 이를 허용하는 정책 혼선을 빚기도 하였다. 대입 논술에서 고교 교육과정을 벗어난 내용을 출제하였다는 이유로 연세대와 울산대에 2019학년도 신입생 모집 정원을 감축하는 불이익 처분을 받았다.

선행학습·교육을 법으로 금지하는 것은 비교육적인 발상으로 이를 폐기하여야 할 것이다. 선행교육·학습이 금지 대상으로 성립하지 않고, 선행학습을 권장하는 국제적인 흐름과도 배치된다. 국가교육과정을 채택하고 있는 영국이나 일본의 유수한 대학의 본고사 시험문제는 대학 수준으로 어렵다. 미국에서는 고등학교에서 대학의 과목을 미리 공부하는 대학과목선이수제(advanced placement)를 권장하고 있으며 이에 참여하는 학교와 학생 수는 매년 늘고 있다. 또한, 동일 학생 간의 개인차가 워낙 커서 수준별 수업과 심화 학습이 필요한 상황에서 선행학습을 금지할 경우 학교에서 상위권 학생들을 지도하는 것이 어려우지고, 이는 공교육 붕괴를 가속화시킬 가능성이 큰 것이다.

2. 자사고 폐지하여 획일적 평등교육 추구

/

(1)진보좌파 교육감과 함께 자사고 죽이기

문재인은 대선 교육정책 발표(2017. 3. 22)에서 "입시 명문고가 되어 버린 외국어고, 자사고, 국제고를 단계적으로 일반고로 전환하겠다"라고 약속했다. 조희연 서울시 교육감은 언론 인터뷰에서 "자사고 폐지는 시대정신"라고 사망선고를 내렸다. 한편 자사고(자율형사립고)의 학부모·동문, 보수 교육계 인사들은 자사고·특목고 지키기에 법정 투쟁 등 혼신의 노력을 다하고 있다.

그동안 교육부가 진보·좌파 교육감과 함께 '자사고 죽이기' 단계적 전략은 다음과 같이 펼쳤다. 1단계로 2017년 12월 교육부는 초·중등 교육법 시행령을 개정하여 자사고의 학생 선발을 전기 선발에서 일반고처럼 후기 선발로 변경하여 우선 선발권 폐지하였다. 자사고를 일반고와 함께 모집하도록 하고 자사고 지원자들의 일반고 중복지원을 금지시켰다. 이는 평준화 지역 자사고에 지원하여 불합격하면 거주지 학교 군 일반고에 진학할 수 없도록 하는 불이익 조치였다. 불이익을 주어서 자사고 지원 자체를 포기토록 유도하는 정책은 헌법재판소에 의하여 제동이 걸렸다. 2019년 4월 11일 헌재는 자사고 동시 모집은 합헌이지만 이중 지원 금지는 위헌이라고 판시했다. 전기에 선발을 후기로 돌려서 우선 선발권을 박탈한 것은 겨우 합헌(위헌 의견 5명, 합헌 의견 4명으로 위헌 결정에 필요한 정족수 1명 미달로 합헌 결정을 받음)을 유지했으나, 재판관 전원 일치로 자사고 지원자에게 평준화 지역 후기학교의 중복지원을 금지한 초·중등교육법 시행령에 대해서는 위헌 결정을 내렸다. 헌재 결정에 따라, 평준화 지역에서 자사고에 지원한 학생도 2개 이상의 학교를 지원할 수 있도록 하였지만, 후기에 일반고와 함께 동시에 모집하게 하여 자사고가 누리던 선발권의 장점이 사라졌다.

2단계로 자사고 재지정을 위한 운영성과 평가기준을 대폭 올려서 탈락시키는 전략을 썼다. 평가 기준 점수를 60점에서 70점(전북은 80점)으로 높이고 평가항목에 정성적 요소를 가미하여 주관적 평가 비중을 높였다. 평가 지표를 새롭게 만들어 좋은 평가를 받을 수 없도록 교묘하게 재지정 평가 기준을 설계한 것이다. 2019년 성과 평가를 받은 24개 자사고 중에서 11곳이 기준점을 넘지 못해 교육청 평가에서 탈락하였다. 교육부가 협의과정에서 전북 상산고만 지정 취소 결정에 부동의하여서 기사회생으로 자사고 지위를 유지하였다. 이는 전북교육청이 기준 점수를 80점으로 무리하게 올리고 사전 예고에 없었던 평가요소를 반영하는 등 부당한 평가에 대한 교육부의 시정 조치였다. 이처럼 지정 취소 통보를 받은 자사고는 전국 10곳(서울은 경희고, 배재고, 세화고, 숭문고, 신일고, 중앙고, 이대부고, 한대 부고 등 8개교; 부산은 해운대고 1교; 경기는 안산 동산고 1교)에 이른다. 자사고의 책무성을 확보한다는 차원에서 도입된 5년 주기 평가 제도가 자사고 폐지 수단으로 사용되었다.

그러나 이와 같은 일방적 자사고 죽이기 정책은 법원에 의해서 제동이 걸렸다. 교육청으로 지정 취소를 통보받은 10개 자사고는 법원에 지정 취소 처분에 대한 효력정지 가처분 신청을 하였고, 법원은 이를 받아들인 것이다. 대법원의 최종 판결이 날 때까지 2~3년 동안 자사고 지위는 유지되고 판결에 따라 지정 취소 여부가 확정된다. 문제는 내년이다. 2020년에는 자사고·특목고 48개교(자사고 12개, 외고 30개, 국제고 6개 등)가 재지정 평가대상으로 외고·국제고 36교의 재지정 여부가 사회적 관심을 끌 것이다. 벌써 내년 외고 30개교(사립 16개, 공립 14개)의 재지정 기준 점수를 2015년보다 10점 올린 70점으로 올리는 것을 교육부는 검토하고 있다. 올해 자사고처럼 기준점수를 높이면 서울외고 1곳만 재지정 평가를 통과하지 못했던 5년 전과는 달리 16개 사립외고 중에서 상당수가 탈락할 것으로 우려된다.

3단계로 초중등교육법 시행령에서 아예 자사고 설치 근거 조항을 삭제하여 자사고 제도 자체를 없애는 방안이다. 친전교조 교육감과 전교조 등 진보단체의 주장이다. 그러나 혁신학교도 시행령에 학교유형으로 특정되지 않고 교육감이 지정하는 '자율학교'로 운영되는 것처럼 근거조항을 없애더라도 자사고의 자율성을 계속 유지되어야 할 것이다. 새롭게 지정하는 자사고만 없을 뿐이다.

(2) 종합적 고찰 및 대책

자사고의 태생과 성장 과정은 국민의 자유와 사회 각 분야의 자율성을 확대해온 우리 역사 흐름과 닮았다. 고교 평준화 체제에서 획일적인 교육체제가 한계를 드러내자 사립고에 자율을 주어서 돌파구를 찾고자 했던 것이다. 고교 평준화 과정에서 국공립 교육체제로 흡수된 사립학교를 본래 모습으로 환원시키자는 의도가 엿보인다. 1995년 김영삼 정부 시절 5·31교육 개혁 방안으로 제안되어 김대중 정부에서 자립형 사립학교로 태동하였다. 이명박 정부에서 자율형 사립고(자사고)로 명칭이 바뀌어 전국 51개로 확대되었다가 문재인 정권에서 존폐 위기를 맞고 있다. 자사고나 특목고가 우리 교육에 주는 기여도는 크다. 자율형 사립고(이하 자사고) 도입 취지는 사학이 건학 이념에 따라 정부 지원 없이 자립적으로 다양한 교육을 하는 학교 모델이다. 사학의 이상적 모습으로 우리 사학이 가야 할 옳은 방향이다. 자사고 폐지를 공약으로 내세운 문재인 정부와 진보교육감들은 자사고 '때리기'를 넘어서 '죽이기'로 나가고 있는 이유는 간단하다. 진보좌파 진영에서는 외고·자사고 등 선발권을 갖는 학교를 모두 폐지하여 모든 학교 입학을 강제 배정하는 '제2 평준화'를 획책한다. 이는 학생과 학부모로부터 선택받기 위한 경쟁을 피할 수 있어서 교사 등 학교 구성원들은 교육성과에 대한 책임에서 벗어날 수 있다. 그리하여 자사고는 신자유주의에 의한 교육시장화 정책으로 학교의 '서열화'를 조장하고, '귀족학교'를 양산함으로써 지역·사회계층 간 불평등을 심화시킬 뿐이라고 매도한다.

1) 자사고 존치시키고 운영 자율성 부여해야

자사고와 특목고의 존치 이유는 아래와 같이 정리된다.

첫째는 고교 평준화의 획일성과 무(無) 경쟁의 부작용을 보완한다. 자사고는 학생과 학부모로부터 선택을 받아야 생존과 발전이 가능하다. 이는 학생들에게는 학교 선택의 폭을 넓혀주고 학교에는 적합한 학생을 선발하는 권한이 주어지기에 기존 평준화에서 나타나는 무경쟁과 무긴장 문화를 극복할 수 있는 것이다. 자기 변신을 통해 경쟁력을 확보하지 못하면 학부모로부터 외면 받아 생존할 수 없기 때문이다. 박정희 정부 시절에 일방적으로 평준화 정책을 채택하는 과정에서 중등사학의 자주성은 고려되지 않았다. 이를 회복하여 주는 의미도 띠고 있다.

둘째, 정부 재정 지원받지 않아서 국민 세금 절감해준다. 자사고는 교육청으로부터 재정 지원을 받지 않고 학생 등록금과 학교 재단의 전입금으로 지출 비용을 충당한다. 국가로부터 보조금 지원을 받지 않고(연간 약 40억에서 60억 정도) 학교법인에서 매년 3~5억 이상 학교 운영비를 투자하여 국가의 교육재정투자의 한계를 보완해주고 있다. 전국적으로 46개 자사고에 재정결함보조금을 받지 않아서 절감되는 국가예산은 약 2,000억 원에 이른다.

셋째, 자사고는 학부모의 선택권을 넓히고, 교육의 다양성을 확대한다. 학부모가 거주 지역, 경제적인 수준과 관계없이 자녀에게 가장 적합한 교육을 자유롭게 선택하도록 보장해 주는 것이 학교 선택권의 요체이다. 교육 서비스를 제공하는 학교는 선택을 받기 위해서 교육 수요자의 요구를 반영하여 학교 교육 내용을 보다 매력적으로 개발하고 운영하여야 하므로 학교 간의 경쟁은 강화된다. 학부모와 학생이 가고 싶은 학교를 선택하는 것은 헌법상 기본권이라는 주장이 있음에도 불구하고 평준화 논리에 밀려 철저하게 무시되었다.

그동안 특목고·자사고를 특권학교로 폐지를 주장하면서 정작 자기 자녀는 이들 학교에 진학시키는 현 정부 집권세력의 이중성에 학부모들은 분노한다. 조희연 교육감의 두 아들과 조국 법무부 장관의 딸·아들은 외고를 졸업했다. 공적인 자기주장과 사적인 행동 사이에서 모순이 발생하는 '내로남불' 행동으로 국민들을 실망시키고 있다.

넷째, 법률로 자사고 운영 자율성 보장해야 한다. 교육제도는 법률로 정한다는 헌법상 '교육제도 법정 주의' 정신에 따라 초중등교육법에 고등학교 유형, 신입생 선발방법, 지정 취소 요건을 규정함으로써 정권 성향에 따라 특목고·자사고 운명이 결정되는 것을 방지하여 교육제도의 안전성을 기할 필요가 있다. 자사고로 지정되면 입시부정·회계비리 등 중대한 법령 위반이 없는 한 교육감이 평가를 통한 임의적인 지정 취소를 할 수 없도록 법률 개정이 요구된다. 한국교총은 "교육감이 평가를 통해 자사고를 임의로 지정 취소할 수 없게 하고, 중대한 법 위반 행위가 없으면 자사고를 유지하는 내용의 법 개정안을 처리"하라고 촉구했다.

2) 일반고에 학생 선발권 부여하여 평준화 문제점을 보완

현재 평준화 지역에서는 특성화 학교(실업계고), 영재고, 과학고, 예술고, 체육 등만 전기에 제한적 선발권을 지닌다. 자사고와 외고는 후기에 학생을 모집할 수 있으나 시험문제 등 입학 전형에서 교육당국의 통제를 많이 받고 있다. 이는 선진국에서는 찾아볼 수 없는 배급형 교육제도로 학부모의 선택권과 학교의 선발권을 국가에서 박탈한 반민주적인 제도이다. 이제는 공립고등을 포함하여 모든 고등학교들이 전후기로 나누어서 학생을 모집하도록 허용해야 할 것이다. 학생은 전기에서 희망하는 학교에 지원하고, 전기에 떨어지면 후기 고등학교에 진학할 수 있도록 한다. 학교에서 선발 방식은 초기에는 중학교 내신 성적으로 당락을 결정하고 어느 정도 제도가 정착되면 학교 자율적인 전형으로 발전시킨다.

일본은 1967년부터 학교 서열화를 막겠다는 취지에서 고교 공동 선발 방식인 학교군제(평준화)를 도입하였다. 평준화는 공립 고등학교만 적용하였기에 학교별 단독 선발제를 유지한 사립 고등학교는 학생·학부모 지원이 증가하여 신흥 명문고로 부상하였다. 이에 반해 기존의 명문 공립고는 학부모로부터 외면을 받게 되어 정원 미달 사태와 대학 진학 성적이 한없이 추락했다. 이에 사립고가 공립고보다 많은 도쿄도는 2003년 학교 군을 폐지하고 모든 공립학교는 학교별 단독 선발제로 학생을 선발하게 이른다. 학생의 선택권을 보장하고 학생의 능력과 교육의 개성화·특색화·다양화를 추구하기 위해서 평준화인 학교군제를 폐지한 것이다. 보다 근본적인 이유는 세계화 추세에 맞추어 국제경쟁력을 맞춘 유능한 인재 양성에 있었다. 일교조, 사회당의 반대에도 불구하고 자민당은 경제계와 학부모의 지지를 얻어 학교별 선발제로 하여서 공립고를 살리는 정책을 펼쳤다.

아울러 공립 일반고를 명문고를 육성시키는 정책을 펼쳤다. 동경도 교육위원회는 히비야고를 비롯하여 공립고를 '진학지도중점교' 지정하여 대학 진학 실적의 향상을 위한 지원을 한다. 도쿄(東京)대, 히토쓰바시(一橋), 교토(京都)대 등 3개 국립 난관교(難關校, 진학이 상당히 어려운 명문 국립대)와 와세다(早稻田)대 게이오(慶應)대 조치(上智)대 등 3대 사립 난관교(진학이 상당히 어려운 3대 사립 명문대)의 진학 실적을 향상시켰다. 0교시 수업, 방과 후 수업, 토요일 수업, 교원 공모제로 유능한 교사 초빙, 학원 강사 특강, 진학 집중 지도 등이 진학지도중점학교에서 시행한 노력이다.

끝으로 미국 불평등 경제학 대가 글랜 라우리 브라운대 교수의 충고를 전한다. "공부 잘하는 학생들을 위한 학교(자사고)를 없앤다고 하면 그들과 학부모들은 그런 학교가 있는 다른 지역으로 옮겨가고 싶을 것이다. 또 공교육 대신 사교육을 선호하게 될 것이다. 이렇게 되면 모두가 손해를 보게 된다.(중앙일보, 2019. 8. 13)

3. 대학입시 정치 도구화와 혼란

문재인 대통령의 지시로 대학입시제도가 요동치고 있다. "조국 장관 후보자 가족을 둘러싼 논란 차원을 넘어 대입 전반을 재검토해 달라"(2019. 9. 1) 조국 법무부 장관 딸의 대학 입학에 관련된 여러 의혹이 제기되는 가운데 대통령 지시이다. 유은혜 교육부 장관은 "현재 학종은 학부모 경제력이나 사회적 지위가 자녀 입시에 직접 영향을 준다는 사회적 불신이 커 과감한 개선이 필요하다"라고 대통령 지시에 화답하면서 화살을 대학으로 돌렸다. 학종 선발 비율이 높고 자사고·특목고 학생 합격 비율이 높은 서울대·연대·고대 등 13개 대학에 대한 입시 실태 조사에 착수하였다(2019. 9. 26). 수시전형이 한참 진행 중인 대학을 비리집단으로 의심하고 있는 것이다.

2022 대학입시 개편안을 발표한지 1년 밖에 안 되는데 온 국민의 초미 관심사인 대학입시를 대통령이 갑자기 재검토하겠다고 한데 대하여 비판의 목소리가 여기저기에서 나왔다. "조국 후보자를 살리기 위한 정치적 수사에 불과하다(공정사회를 위한 국민모임)", "장관 후보자의 도덕성 문제를 제도의 탓으로 돌리고 있다(한국교총)" 등 대입 제도를 정치 도구화하는데 대한 우려 목소리이다. 문 정권 지지 세력인 전교조마저 "조 후보자 딸 문제로 현행 입시를 전면 재검토하라는 대통령의 지시는 성급하고 경솔했다"라고 정면 비판했다. 시기적절했다는 시민단체도 있었지만 대입 개편을 정치 난국 타개의 수단화하여 국민을 불안케 하는 데 대한 반발이 지배적이다. 더욱이 유은혜 교육부 장관은 입시제도의 신뢰도를 높일 방안은 제켜놓고 입시 감사를 통해서 대학에 책임을 묻고 '자사고·특목고 죽이기'의 빌미를 찾고 있다. 개인의 반칙과 특권을 대입제도 탓으로 돌리고 있는 것이다.

(1) 문재인 정권의 원칙 없는 대입정책

문재인은 선거공약으로 '수시 확대와 수능 절대평가, 그리고 대입

단순화'이다. 이는 전교조 등 진보단체들의 요구를 공약에 반영한 것이다. 그러나 2018년 8월에 발표한 '2022대입 제도 개편안'은 정반대 내용을 담고 있다. 정시를 30% 이상으로 확대하고 수능은 상대평가 틀을 유지하면서 제2외국어 과목의 절대평가로 전환하였다. 문·이과 구분을 폐지함에 따라 수능 과목의 조합이 800여 개가 나와서 "역대 가장 복잡한 수능"을 예고하고 있다. 같은 수능에서 영어와 제2외국어는 절대평가이고 국어·영어·수학·사회·과학은 상대평가가 뒤섞여 누더기가 되었다. 학생부 수상 경력 기재는 학기당 한 건씩 3년간 총 6건으로 제한했다. 이 정권이 공약한 고교 학점제와 고교 내신 성취평가는 2025학년도로 미루었다. 이와 같은 땜질식 개편안은 교육부 → 국가교육회의(대통령 자문 기구) → 공론화 위원회 → 국가교육회의 → 교육부의 폭탄 돌리기 결과였기에 더욱더 학부모 학생들로부터 지탄을 받았다. 개편 내용도 교육의 원칙과 철학이 보이지 않는 땜질식 개편이다. 현 정권이 대입 개편 결정과정에서 아래와 같은 정책 오류를 범했다.

첫째, 국가가 선발권을 장악해야 한다는 반민주적인 발상을 버리지 않고 있다. 대학의 선발권을 확대하려는 정책은 찾아볼 수 없고 대학을 불신하여 오히려 선발 재량권 범위를 축소하려고 하고 있다. 대입 제도 개편 논의에서 정작 학생 선발에서 가장 고민을 많이 하는 대학에 대해서는 발언권을 주지 않고 있다.

둘째, 대입은 전문적이고 기술적인 접근이 필요한 정책 의제임에도 불구하고 과도하게 정치적으로 해결을 도모하여 갈등과 대립만 부추겼다. 일반 시민의 공론화를 거쳐 정시 비율, 수능 절대평가 등을 결정하다 보니 교육 이슈를 표결에 의한 승패 문제로 변질시켰다. 이에 대학 총장들은 대입 개편 공론화는 보여주기라고 평가절하했다.

셋째, 특정 이해집단에 휘둘려 대입 제도가 혼돈을 겪고 있다. 현실을 바로 못하고 진보·좌파 교육감과 전교조 등 반대로 인하여 정시와 수시 비율이 갈팡질팡하는 점이다. 공론조사에서 정시 45% 이상 확대가 제일 많은 지지를 받았지만 전교조 등의 반대에 물러서 30%에 그치고 있다. 이는 공약이 얼마나 현실을 도외시하고 특정 단체의 입김에 의해서 졸속으로 만들어졌다는 것을 입증하는 것이다.

이처럼 대입 준비과정에서 어떤 역량을 키워주고 대학 입학 적격자를 어떻게 규정할 것인지 하는 교육 본질적 논의는 빠져 있다. 원칙 없는 제도 개편 작업으로 혼란만 부추기고 있다.

(2) 세계 유명 대학들은 우수한 학생 뽑기 위해 경쟁

전 세계적으로 대학입시 골격을 국가에서 정하는 나라는 자유민주주의 국가에서는 찾을 수 없다. 민주주의 표방하고 있는 나라 중에서 정부가 대학에 정시를 얼마(%) 이상 뽑으라고 강요하는 곳은 없다. 그리하여 자유민주주의 선진 국가들에서 입학자를 선발하는 방식은 크게 둘로 나눌 수 있다. 하나는 표준화 시험과 함께 다양한 비교과 활동을 종합적으로 고려하여 선발하는 전형 방식이다. 우리나라 학종과 비슷한 전형으로 미국의 입학 사정관 제도가 이에 해당된다. 다른 하나는 입학시험 성적을 주된 전형자료로 삼아 선발하는 방식이다. 우리나라 정시와 비슷한 제도로 일본, 영국, 프랑스의 유명 대학의 입시가 이에 해당한다. 현재 논란이 되고 있는 학종은 미국의 입학사정관제를 벤치마킹한 제도이다. 입학사정관제는 1920년대 도입 당시부터 학업성적으로 볼 수 없는 인성, 리더십, 발전 가능성을 종합 평가하여 학생을 선발하고 있다.

일본은 근대식 대학이 설립된 1870년대(도쿄대학 1877년 설립)이래 입학시험을 통해 입학생을 선발하는 일관된 대학입시 제도를 1세기 이상 유지하고 있다. 이처럼 기본 골격이 변하지 않고 입시가 안정적으로 정착한 데는 입시제도 변혁을 꾀하면서도 항상 대학이 자율적으로 선택토록 한 데서 기인한다.

문부과학성은 매년 '대학 입학 입학자 선발 실시요강'을 마련하여 다양한 입학 전형을 권장하고 있지만 구체적 전형방법은 대학에 일임하고 있다. 이에 대학생의 3/4이 다니는 사립대학은 대학 입시에서는 완전 자유를 누려 대학입시센터시험 반영 여부도 자유이고, 자기 대학의 부속 고등학교(일명, 에스컬레이터 학교) 학생들을 입학시험 없이 자동으로 입학시키기도 한다.

영국에서 학생 선발에 관한 최종 권한과 책임은 대학의 개별 학과에 있다. 대학의 학과에 따라 시험과목과 전형요소가 다르다. 대학별 전공별로 요구하는 A레벨 과목, 에세이, 인터뷰, 추가적인 시험 성적(예, 의/수의대 지원자는 BMAT(Bio medical Admission Test))이 다르다. 일반적으로 대학 예비학교(Sixth form college) 2년 동안 취득한 A-level

3~4개 과목 성적이 대학 진학의 토대가 된다.

프랑스에서 '대학 위의 대학'이라고 불리는 엘리트 양성 대학 그랑제콜(Grandes Écoles) 입학하려면 고등학교 졸업 후 그랑제콜 준비반 프레파에서 2년 과정을 거쳐야 한다. 그랑제콜 입학시험인 콩쿠르(concour) 시험 성적과 대학 자체 평강에 의해서 합격생을 가린다.

(3) 종합적 고찰 및 대책: 선발 자유제의 대학입시

이상 선진국 사례를 교훈 삼아서 50년 이상 국가 주도 입시정책을 반성하고 실험을 끝낼 시점이다. 대입 제도를 해결하면 모든 교육 문제가 풀린다는 환상과 정치적 발상으로 역대 정부는 잦은 입시제도 변경으로 국민의 원성을 샀다. 교육자, 지식인, 정치인, 그리고 시민단체가 생각할 수 있는 모든 형태의 입시제도가 제안되고 채택되어 실시되고, 수정되고, 폐기되고 또 새로운 제도가 등장하여 변경 폐기되는 악순환이 되풀이되고 있다. 이는 새 정부가 전(前) 정부의 입시정책을 부정해서 따른 결과이기도 하다. 박근혜 정부는 이명박 정부의 수준별 수능(2014학년도 시행)을 백지화하였고, 이명박 정부는 노무현 정부의 '대입제도 개선안'(2008학년도 시행)을 대폭 수정하였다. 현 정권에서 지난 정부의 수능제도를 뜯어고쳐서 벌써 "2022학년도 수능은 역대 가장 복잡한 시험"을 예고하고 있다. 역대 정부는 대입 제도 개편의 명분으로 고교 교육 정상화, 학생 학습 부담 완화, 사교육비 부담 경감을 제시하였으나 경쟁의 내용만 달리할 뿐 정책성과는 미미하다. 따라서 대입 제도의 주된 가치를 대입 준비과정에서 미래 사회가 요구하는 역량을 키워주고 대학 수학 능력 적격자를 가리는 기능에 초점을 두어야 할 것이다.

대입을 둘러싼 세 주체-정부, 고교, 대학-의 역할을 중심으로 대입 제도의 개편 방향을 모색해 본다. 정부는 학생·학부모에게 대학과 전공 선택에 필요한 진학정보제공과 타당성·신뢰성 있는 사정 자료를 생성하여 대학의 학생 선발을 지원하는 데 중점을 둔다. 우선 수능을 미국 SAT처럼 수능 1(언어, 수리, 외국어)과 수능 2(현재 사탐과 과탐 과목을 고교 교육과정에 맞추어 세분화)로 나누고 전국 논술을 실시하여 응시생의 학업성취도 수준을 측정한다.

고등학교는 학생의 교과 성적뿐만 아니라 비교과 활동을 충실히 기재하여 대학에서 학생의 학업능력과 인성을 파악할 수 있도록 한다. 대학은 전공분야 학업 수행 능력을 평가하기 위한 지필 고사(소위 본고사)를 쳐서 학습 수행능력을 가린다. 이는 그동안 '대입 3불(不) 원칙' 중에서 기여입학제를 제외하고 대학 본고사와 고교 차이 인정(소위 고교등급제)을 허용하는 것이다. 이들 전형자료-수능 1, 수능 2, 대학 지필 고사, 학교생활기록부 등을 어떻게 활용할지는 대학에서 결정토록 한다. 그러면 대입은 크게 4가지 유형으로 정착될 것이다.

첫째 유형은 수능 성적으로만 뽑는 방식, 둘째는 학생부 기록을 토대로 선발하는 방식, 셋째는 수능과 대학 지필 고사를 일정 비율로 합산하여 선발하는 방식, 넷째는 수능, 대학 지필 고사 그리고 내신 성적을 합산하여 선발하는 방식 등이다. 이와 같은 입시제도의 자율화가 이루어지면 내신 절대평가제와 수능 성취평가제(절대평가)로 전환할 수 있는 여건이 마련될 것이다. 대학은 자율화에 부응하여 입시 선발에서 공정성과 투명성을 높이는 노력을 기울일 책임을 진다. 나아가 저소득층 자녀, 낙후지역 학생 등 소외계층에 대한 특별한 배려를 함으로써 기회 격차를 줄이는 것도 필요하다. 지성인의 집합체인 대학 사회의 학생 선발 능력과 양심을 불신하고 정치가·관료가 이끄는 국가권력에 의존하는 국가의 미래는 어둡다.

끝으로 대학 경쟁력을 높이기 위해서 세계 석학의 이야기를 되새겨 본다. 서울대 Blue Ribbon 경영진단 패널로 참여하고 《대학, 갈등과 선택》이란 책으로 우리나라 지성인에게 잘 알려진 하버드대학의 헨리 로조프스키(Henry Rosovsky) 교수는 미국이 세계 유명 대학의 2/3내지 3/4을 보유한 이유로 세 가지를 들었다. 미국 대학들은 ①훌륭한 교수, ②우수한 학생, ③많은 연구비와 사회적 관심을 얻기 위해서 치열하게 경쟁하기 때문이라고 설명한다. 로조프스키 교수의 기준에서 보면 한국 대학들은 세계 명문 대학으로 도약할 수 없다. 우수 학생 선발을 위한 대학 입학 제도는 정부가 좌지우지하고, 우수한 교수 유치에 필요한 재원조달에서 '경쟁의 자유'를 정부에서 억압하기 때문이다. 그 결과 국제경영개발대학원(IMD) 국가경쟁력 순위에서 한국의 대학교육 경쟁력은 2011년 이후 매년 순위가 밀려서 2011년에 39위, 2013년에 41위, 2017년에 53위, 2019년에 63개국 중 55위로 뒷걸음질쳤다.

문재인 정권의 언론 장악과 파괴

정규재

1. 파괴된 자유언론과 국가 선동기관의 탄생

/

문재인 정권은 방송을 장악하였다. 신문은 자발적으로 협력하였다. 그 결과 자유언론은 파괴되었다. 방송과 달리 일부 신문은 자유언론의 보도관행을 최근 들어 조금씩 회복해 가는 중이다. 문재인 촛불 정변으로부터 기산하면 이제 3년여가 되면서 언론을 돌아볼 계기가 만들어지고 있다. 조국 법무장관의 미증유의 불법 비리 사태는 언론 자유를 촛불의 미몽에서 흔들어 깨우는 실로 예민한 계기로 작용하고 있다.

방송장악은 유례없이 강력한 것이었다. 방송 장악은 언론노조라는 이름의 내부 부역자들이 전폭적으로 협력한 결과였다. '권력과 언론 내부 협조자'들을 민중주의적, 참여적, 반시장적, 사회주의적, 군중적 민주주의관을 가진 정치동맹이라고 말할 수 있다. 이들은 민주적 중앙집중제라고 말하는 체제를 선호한다. 인민의 의지를 최우선으로 하는 이런 원시적 정치이념은 제한된 정부, 법치와 대의제를 골자로 하는 자유민주주의 체제와 양립할 수 없다. 인민의 의지를 중시하는 사이비 민주주의관은 소비에트 사회주의에서나 나치즘, 파시즘 혹은 중국 문화혁명에서 관찰되는 선전선동기구로서 언론만 필요할 뿐 자유언론이라는 개념은 필요로 하지 않는다.

문재인 정권 하에서의 언론의 변화는 다음과 같이 요약된다.

-선전선동적 정치이념의 요청에 따라 많은 언론인이 결과적으로 부역자가 되었다.

-특히 방송에서는 자유언론이 종적을 감추었다.

-방송은 강력한 민족 사회주의적 지향을 갖는 좌익 노조에 의해 장악되었다.

-언론은 정권과의 밀약에 따라 동맹군 혹은 선전대로 재편성 되었다.

-언론은 여전히 촛불정변의 공범적 태도 혹은 원죄 지은 자의 입장을 고수하고 있다.

-국내 언론지형은 거대한 변화의 소용돌이를 맞고 있다.

-지상파의 시청률이 급감하고 있다.

-유튜브가 대거 자유언론의 무대에 등장하고 있다.

-일부 조사에서는 유튜브에 대한 신뢰도가 급상승했다.

-정치 성향에 따라 선호 매체를 선택하는 '이념-매체의 자기 강화

현상'이 심화되고 있다.

2. 자유언론에 대한 열망: 유튜브 시대의 도래

구글사가 운영하는 유튜브는 비교적 최신 매체다. 한국에서는 2010년 들어서야 사실상 대중의 시선을 끌기 시작했다. △광고수입을 공유하고 △검색이 가능하다는 측면 외에도 △정권의 감시와 통제로부터 벗어날 수 있다는 면에서 유튜브가 문재인 정권 들어 단숨에 가장 강력한 우파적 매체로 부상했다.

시사인이라는 잡지가 실시한 2019년 조사에서 유튜브는 14%의 신뢰도 점수를 받은 jtbc 다음으로(12%) 가장 믿을 만한 매체로 선정되었다. 먹방 등 오락물에서 벗어나 정치논평과 보도를 주된 내용으로 삼는 유튜브만도 1백여 개에 이를 정도이고 수십만 명의 구독자를 가진 슈퍼 유튜버도 대거 쏟아지고 있다.

펜앤드마이크라는 신생 언론사의 영상 매체인 펜앤드마이크TV는 2019년 10월 현재 60만의 구독자를 확보하고 있고, 유튜브의 범위를 비언론 교양분야로 넓히면 '신의 한수TV'가 1백만 구독자를 이미 돌파한 것을 비롯하여 수많은 유튜브가 기존 방송 매체를 대체하면서 급성장하고 있다. 반면 MBC의 주중 뉴스 시청률이 1%를 들락거리는 등 기존 방송은 급격한 쇠퇴 현상을 보여주고 있다.

최근에는 기존 신문사들도 대거 자체적으로 유튜버들을 키워내면서 독립적인 방송영상을 제작하여 송출하고 있다. 이 점에서는 이미

4~5명의 1인 유튜버를 선보이고 있는 조선일보가 가장 발 빠른 움직임을 보여주고 있다. 기존 방송사들도 이제는 뉴스 등을 유튜브를 통해서도 송출하고 있다. 유튜브로만 계산하면 펜앤드마이크 뉴스가 가장 많은 동시접속자 숫자를 확보하면서 기존의 방송사 뉴스 유튜브 채널을 압도하고 있다. 일반 방송사 유튜브 방송이 수천 명대의 동시접속자를 갖고 있는 반면 펜앤드마이크 뉴스는 동시접속자가 이미 2만 명에 달하고 있는 상태다.

이는 분명 문 정권의 언론 장악과 언론의 선전선동기관화, 즉 언론 파괴가 초래한 결과다. 지금 한국인들은 활짝 열린 자유 시장에서, 폐쇄적인 문 정권의 언론 장악과 방송 장악에 때로는 격하게 그리고 때로는 조용하게 항거하고 있는 것이다.

3. 문재인 정권의 방송 장악과 언론 통제
/
(1) 권력의 방송 장악

모든 정부는 자기에게 유리한 언론환경을 갖고자 한다. 신문이 민간자본에 의해 자유언론 시장에서 비교적 자율적인 언론 사업을 경영하는 반면 방송은 전파 자원의 제한성을 갖고 있는데다 정부가 방송업의 인허가권을 쥐고 있기에 신문과 달리 방송은 언제나 권력에 포위되어 통제를 받는다. 권력은 언제나 손쉬운 방송을 장악하기 위해 온갖 노력을 기울인다. 신문사들도 주요 신문이 별도의 종합편성채널을 겸영하고 있는 이유로 정부의 통제와 규제를 수용하고 있는 것이 엄연한 사실이어서 광의의 방송 장악이라고 할 때의 방송에는 '종편을 경영하고 있는 조선 동아 중앙 매경 등 신문사'도 포함된다.

권력은 방송장악에 매진한다. 방송은 더구나 시청자 층의 광역성, 영상 자체가 갖는 즉물성 등에 기인한 여론대중에 미치는 파급력이 신문과는 비교할 수 없는 정도로 크기 때문이다. 신문과 방송의 영향력의 차이는 신문을 읽는 소위 문자 계층과 방송을 보는 소위 영상 계층의 계층에서 오는 본질적 차이도 크게 작용하고 있다.

유권자 대중에게 미치는 영향력은 더욱 그렇다. 유식자나 대중이나 동일한 한 표를 갖는다는 점은 여론시장에서의 기존의 가치평가 절차를 우회하여 직접적으로 대중들에게 주사되는 전파에 의해 여론이 결정될 가능성을 높인다. 힘의 우위가 숫자로 귀결된다는 점에서 대중 사회에서의 방송은 문자로 정보를 얻는 대중에 대한 영상 대중의 정치적 영향력을 상대적 우위를 구조화한다.

더구나 영상 제작에는 신문과는 비교할 수 없는 거대 자본의 투입을 필요로 하기 때문에 유형적 무형적 진입장벽이 존재하고 바로 이 때문에 권력의 입김이 작용할 여지가 신문보다 더 크다. 방송을 장악한다는 것이 권력을 장악하여 얻게 되는 전리품의 하나로 인식되고 있는 것도 그 때문이다.

(2) 전두환 정권보다 더한 언론 통제

정부가 새로 구성될 때마다 정부들은 공영방송을 장악하려고 시도해 왔다. 특히 그 정부가 권위주의적이거나 특정한 이념적 지향을 갖는, 그래서 반자유주의적 성격을 갖는 정부라면 더할 나위가 없다. 전두환 정권이 그런 경우였는데 이 정부는 특정 주제에 대한 보도의 방향과 내용을 정부가 결정해 각 언론사에 하달하는 소위 보도지침을 운영할 정도였고 강제적인 언론 통폐합을 시도할 정도로 공세적인 언론 정책을 운영하였다.

문재인 정권은 군사정부였던 전두환 정권 이후 삼십 수년 만에, 7번의 정권 만에 가장 강력한, 아니 전두환 시절과는 비교를 불허하는 강력한 언론 통제를 시도하고 있다. 전두환 정권은 군부 정권의 내부자 혹은 이해관계자 외에는 언론 시장 내에 내응자 혹은 동조자를 얻을 수 없었기에 통제하려는 자와 통제받는 자의 대치선이 비교적 명확하였다. 언론인에 대한 탄압 역시 갈등선이 명확하였다. 언론 혹은 언론 종사자와 정권 혹은 군부라는 대치선이 명징하여 자유언론과 통제언론이라는 구획이 가능하였다. 당연히 투쟁도 명징하였고 시민들은 자유언론을 지지하였기에 자유언론 운동은 곧 민주화 운동으로 규정되었다.

(3) 반자유주의적 언론

우리는 자유언론과 반자유주의적 언론을 구분하여 생각하여야 한다. 자유언론관은 사상과 그 표현의 자유는 자유시장에서의 상품이 그런 것처럼 자유로운 교환과 거래 속에서 언론이 가장 잘 발휘된다고 생각하는 사람이요 진영이다. 그러나 반자유주의 언론관은 언론은 일정한 사회 향도적 역할을 해야 하고 이념의 선도 혹은 지도가의 이념을 발현하여야 한다고 생각하게 된다. 전자는 자유민주주의자들이며 후자는 인민민주주의, 전체주의, 권위주의적 세계관을 가진 사람들이다. 자유는 전자에서만 나타나는 현상이며 후자의 사유 세계에서는 자유 언론을 용인할 여지가 거의 없다.

문재인 정권은 기본적으로 반자유주의적 언론관을 갖고 있는 집단이다. 이들은 다만 문재인 정치권력 내부에 뿐만 아니라 민중·민주주의적 세계관을 가진 광범위한 세력을 형성하고 있다. 민노총이 그렇고 전교조가 그런 집단이다. 민변이 그런 집단이고 민주당내 핵심세력이 모두 자유시장 제도를 거추상스럽고 제거해야할 대상으로 보거나 심지어는 자유주의-여기서는 자유언론-를 적폐로 인식하는 일반적 경향을 보여준다.

이들은 시장주의자들을 기득권을 옹호하거나 부자를 지원하는 그런 체제로 인식하는 단세포적 오류 혹은 무지에서 오는 일반적 어리석음에 빠져 있다. 그래서 이들은 언론자유를 악한 세력의 악할 자유로 간주하고, 부자 혹은 시장에서의 권력을 통제하려면 부득이 언론을 통제 장악해야 한다는 생각을 숨기지 않고 있다. 그래서 이들은 언론을 장악 통제하지만 전혀 양심의 가책이나 부끄러움을 느끼지 못한다. 그것이 이들의 진정한 문제다.

이들은 언론자유를 위해 투쟁하기보다는 반체제 투쟁을 벌이면서 반자유주의 세력으로의 이행이라는 역사적 오류로 퇴화해 갔다. 이는 한국의 정치지형과 유사한 흐름일 뿐 그것으로부터 벗어난 독자적인 흐름은 아니다. 87민주화 체제는 그 속에 두 개의 정신 즉 자유주의적 민주화와 민중주의적 민주화라는 분열하는 정신을 내포하고 있었다. 불행히도 대한민국에서는 민중주의적 민주화가 정치적으로 입지를 굳히면서 더 강력한 세력을 형성해왔고 자유주의는 점차 쇠태하기에 이르렀다. 그것의 결과가 우리가 목격하는 문재인 정권이요 앞서의 노무현 정권이었다. 문재인 정권으로서는 촛불 정변 이후 등장한 민중주의적 세력 즉 언론기관 내부로부터의 지원을 얻을 수 있다는 점이 다른 정권과는 달랐다.

4. 언론노조: 내부의 부역자 혹은 동조자

언론 통제는 다른 무엇보다 언론 내부에서 자라난 민중주의자들이 문제로 부상하고 있다. 언론을 사회혁명의 선봉이요 수단이라고 생각하는 집단을 민중언론주의자 혹은 반자유주의 언론진영으로 지칭할 수 있다.

부역자 혹은 내응자의 존재가 언론 내부에서 공식적으로는 은밀하게 그러나 누구나 아는 공공연한 상태로 거대하게 자라났다. 이들은 민노총을 상부기구로 하는 언론노조라는 이름으로 내부로부터 언론 자유를 제약하고 언론을 권력의 의지에 귀속시키려는 강력하고 은밀한 그리고 역설적이게도 공공연한 통제 권력, 완장 권력으로 자라났다. 한 마디로 이들은 나치의 친위대이면서, 스탈린식 독재 권력의 비밀협조자이면서, 동시에 광장을 장악하는 홍위병의 역할을 스스로 떠맡고 있는 자들이다. 민노총에 속한 각사 언론노조들이 바로 그런 세력이다. 신문사들은 비교적 민노총의 지도로부터 격리되어 있지만 방송사 노조들은 민노총 언론노조와 긴밀한 상호연락망을 유지하면서 공조하는 내밀한 관계를 유지하고 있다.

문재인 정권은 언론을 국가정책의 선전기구화하거나 권력의 어젠다를 확대재생산하는 의제동학적 선동 기구로 만들려는 분명한 의지를 드러내고 있고 또 실행에 옮겨왔다. 그것은 문재인 정권이 대한민국의 정체성을 △자유민주주의로부터 사회주의적 체제로 전환시키려는 시도를 숨기지 않고 있는데다 △북한 체제를 인정 옹호하는 바탕 위에서 대북 유화책을 시도하려는 명백한 체제 전환적 시도를 감행하기 위한 하부수단으로서의 언론 정책을 요구하고 있기 때문이다. 이는 결코 대한민국 헌법이 허용하고 있는 자유주의적 언론 이념이 아니다.

문 정권의 언론 이념은 국가의 선동기구라는 분명한 목표를 갖고 여기에 복무하는 언론으로 정의되는 그런 언론관이다. 따라서 문재인 정권의 언론정책은 언론을 매수하거나 친정부로 전환시키는 것이 목표는 아니다. 문 정권의 언론 정책은 언론은 국가의 선동기구로 전환시키는 것이 목표다.

자유언론은 대한민국이 기본 전제로 하는 그런 언론이다. 누구라도 표현의 자유를 가지며 다양한 서로 다른 견해가 언론이라는 기구를 통해 자연스럽게 조화를 만들어 가는 그런 자유민주주의 체제에서의 자유언론을 말한다. 자유언론은 △민주주의의 결과가 아니라 민주주의를 가능하게 만들어 주는 언론이며, △인간의 지적발전을 가능하게 만들고, △모든 자유권 중에서도 기본적인 자유권이며, △다른 모든 자유를 가능하게 해주는 원천적인 자유이며 △정신에 대한 자유로서의 언론의 자유를 말하는 것이다.

민중을 내세우는 자들의 전체주의적 성향은 자유로서의 언론을 폐기처분한다. 그들은 전체주의적 언론 즉, △국가의 어젠다에 복무하여 △권력의 확성기가 되며 △전체에 봉사하는 그리고 △유사 국가기관화하는 그런 언론을 요구한다. 레닌은 다음과 같이 선언하였다. "인간의 사고는 총보다 위험하다. 치명적이다. 어떤 사람이 정부를 혼란스럽게 할 것으로 예측되는 유해한 의견을 퍼뜨리는 인쇄된 신문을 사는 것이 왜 허락되어야 하는가?"

레닌이 이런 말을 한 것은 러시아 혁명 1년이 지난 시점이었다. 히틀러는 악명 높은 독재자의 지위를 얻자마자 단행한 것이 '편집인 법률'을 제정한 것이었다. 그것은 모든 언론인은 국가에 등록하여야 하며, 모든 편집인은 국가의 지휘를 받도록 했고, 모든 출판인이 나치의 규율에 따르도록 명령받았다. 역사적으로 자유민주주의에 찬성하지 않는 정치집단은 언제나 언론의 자유를 거부하고 언론을 정부와 권력의 하수인이요 동업자로 전락시킨다.

5. 내부에서 자란 부역자: 노조의 사유물이 된 공영방송

/

한국 언론은 내부에 거대한 세력으로서의 소위 민노총 각 언론사 지부를 키워왔다. 민노총은 명백하게 자유민주주의 체제에 저항하는 세력이다. 친북적이며 반자유시장에의 지향성을 숨기지 않고 있다. 자유언론의 이념은 구조적으로 자유시장의 이념과 완전하게 동일하다. 사람의 사상도, 자유 시장에서 독자를 얻기 위한 치열한 경쟁을 거치게 되고 시험을 거치며 각기 언론에 걸맞은 지위를 얻게 되고, 그러나 다음 날엔 또 다른 경쟁에 뛰어들어야 하는 완전하게 자유시장 언론 체제의 시련을 견대내야 한다. 이것이 자유언론의 이념이다.

우리는 이 지점에서 유명한 홈즈 판사의 판결설시 한 귀절을 떠올리게 된다. 홈즈 판사는 미 정부에 대항하여 벌어진 언론자유를 다투는 재판(1919년)에서 미 정부의 통제에 패배를 안기는 판결을 하면서 다음과 같이 판시하였다.

"시대가 여러 가지 대립하는 신념들을 뒤섞어 놓았다는 것을 사람들이 인식한다면 우리에게 요구되는 궁극적인 선은 아이디어의 자유로운 교환에 의해 더욱 잘 이루어질 수 있다는 것, 즉 진리의 가장 좋은 시금석은 시장의 경쟁이 속에서 인정될 수 있는 사고의 힘이며 바로 그것이 우리 헌법의 정신이다. 인생이 모두 실험이듯이 그것은 실험이다. 우리는 불완전한 지식에 근거한 예언에 우리의 구원을 걸지 않을 수 없다. 실험이 우리 시스템의 일부라고 할진대 비록 죽음으로 가득한 것으로 믿어지는 의견이라 할지라도 그것이 간절하고 합법적인 법의 목적을 즉각적이고 절박하게 방해하는 것이어서 즉각적인 견제가 요구되는 경우가 아니라면 그러한 의견의 표명을 제한하려는 시도에 대하여 우리는 끊임없이 경계하여야 한다고 생각한다."

그러나 한국의 집권세력은 원초적으로 자유라는 개념을 결여하고 있다. 그들은 시장경제 체제에서는 언론이 자본의 의해 지배받기 때문에 그 자유를 인정할 수 없다고 주장하면서 그 대신 다중을 이루는 집단 혹은 선출된 권력이 이를 대체해야 소위 다중의 지배라는 민주성이 보장된다고 주장하는 인민주의적 세계관을 유감없이 발휘하게 된다. 그들은 제도와 법치로서의 언론자유를 부정한다.

선출된 권력이기만 하면 무한 권력의 정당성이 보장된다는 소위 민주적 중앙집중의 권력을 상정하는 그런 사회주의적 혹은 전체주의적 세계관을 익히고 있는 자들이다. 이들의 민주주의관에 따르면 노조가 지배하거나 노조와 동맹군인 인민의 권력이 언론을 지배하는 것이 정상 상태가 된다. 그러므로 그들은 언론의 자유라는 개념을 아예 갖고 있지 않다.

공영방송은 정부의 통제를 불가피하게 받는다. 그러나 그 정부와 언론이 하나의 동일한 지향점을 갖거나 동조하는 사실상 하나의 이념의 지배를 받는다면 언론은 내부에서부터 동업자를 확보하는 의외의 성과를 거두게 된다. 한국의 공영방송은 이런 가장 손쉬운 먹잇감이었다. 방송은 처음부터 자유방송이 아니었고 지상파는 더욱 그랬다. 자유주의 체제 아래에서 아니 그런 체제의 보호막 속에서 덩치를 키워온 언론노조 지부들은 문재인 정권이 권력을 장악하자마자, 때는 이때라며 권력 장악에 나서 오늘날 한국의 대표적인 지상파 방송을 모두 송두리째 장악하고 말았다. 정권과 내부자들은 긴밀한 내통의 과정 속에서 서로가 돕고 지원하며 하수인이 되는 밀접한 작용 속에서 언론을 장악하는 일련의 과정을 거칠게 밀어붙여 왔다.

6. 언론인들의 자발적 투항: 문 정권과의 4.27 비밀 야합

그들과 문재인 정권은 소위 촛불 대선 막바지에 만났다. 2017년 4월 27일이었다. 그들은 '정책협약'이라는 이름으로 비밀 협약을 맺었다. 자유 언론으로서는 놀라운 배신이었고 언론 내부에서 자라난 좌익 노조세력들로서는 이제 당당하게 좌익 현실 정치와의 야합을 선언하는 자리였다. 이날의 비밀협약 내용 중 핵심은 △언론사 경영을 노조가 장악하는데 정권이 협조한다는 것, △언론사 노조들은 문재인 정권의 탄생을 지지하고 옹호하며 △문 정권을 위한 언론이 되기로 한다는 등의 내용이었던 것으로 알려지고 있다. 이들은 수치심도 없이 이날의 회동을 사진까지 찍었고 인터넷에는 공공연하게 그 사진이 돌아다니고 있다.

이날의 야합에는 문재인과 20여 명의 언론사 노조간부가 참석했다. 한국 언론사상 그 유사한 사례를 찾아볼 수 없는 이날의 야합은 어느새 언론사 내부에서 부쩍 자라난 반자유주의 세력들과 이제는 노골적으로 대한민국의 정체성에 도전하는 문재인 정권이 맺은 결탁이며 야합이었던 것이다.

그 결과로 태어난 것이 KBS MBC SBS YTN 등의 현재의 경영진이다. KBS 양승동, MBC 최승호 사장 등은 그렇게 노조출신으로 최고 경영자에 올랐다. YTN 등 나머지도 대동소이했다. 권언 유착이라고 부르는 이 협약은 언론인들의 자발적인 타락이며 자유언론의 자살이기도 했다. 이들에게 자유언론을 말하는 것은 이미 사치였다. 그들은 언론인의 오랜 윤리준칙이며 직업윤리의 핵심에 해당하는 '자유독립적인 기자'라는 칭호는 사라지고 말았다. 권력에 줄을 대고 권력의 사냥개 노릇을 하며 물라면 물고, 짖으라면 짖는 그런 개에 불과했다. 그들은 경영을 사유화하며 권력과 야합했다. 공영방송이 노조의 사유물로 전락하는 일이 대명천지에 나타난 것이다.

그렇게 그들은 정권의 하수인이요 나팔수가 되었다. 그들은 각 방송사에서 할 수 있는 일들의 목록을 만들어 냈다. 이들이 중점을 둔 것은 소위 과거청산위원회를 설립하고 자유독립적인 자유의 언론인들을 몰아내는 일이었다. KBS는 이름도 아름다운 '진실과 미래 위원회'라는 이름의 과거청산위원회를 만들어 냈다. MBC는 정상화위원회라고 간판을 달았다. 광우병 보도를 정상이라고 판단한다는 것인지, MBC는 그 간판을 내걸고 16명의 정상적인 언론인들을 무단 해고했다. 그 정당성을 다투는 재판은 지금도 진행 중이지만 대부분이 부당해고라는 지극히 정당한 재판 결과를 받아들고 복직하고 있다. KBS는 4명에 대해 정직 등의 중징계를 내렸고 1명을 해고하는 조치를 내렸지만 진실과 미래 위원회의 인적청산 활동 자체가 불법이라는 법원의 판결을 받았다. YTN은 혁신위원회라는 오도된 이름을 가진

위원회를 출범시켜 눈엣가시인 기자들을 내치는 일을 서슴지 않았다. 문재인 정권에 반대하거나 민중주의적 세계관에 반하는 자유주의적 세계관을 가진 자는 배제되었다.

민노총 산하 언론노조 전국언론노동조합연맹(약칭 언노련)의 정강정책은 △진보정치 세력과 연대한다는 점을 뚜렷이 하고 있다. 독립적이며 동시에 중립적인 언론 본래의 직업윤리는 사라지고 말았다. 언론은 사실을 기본 가치로 보는 조직이다. 언론은 팩트(사실)를 도외시하면 성립하지 않는다. 팩트에 기반하여 진리를 추구하는 것이지 거짓된 것, 사실이 아닌 것을 보도하면 이미 언론이 아니게 된다. 언노련은 △진보정치 세력과 연대한다는 정치적 슬로건을 내거는 외에도 △정치위원회를 구성한다 △이를 위한 정치기금을 조성한다는 등의 행동강령을 천명하고 있다. 이렇게 되면 이미 언노련은 정치단체인 것이지 자유 독립적이며 사실로부터 진실로 나아간다는 언론 본연의 가치를 버린 지 오래다. 지상파의 공공성은 폐기처분되었다.

7. 국민으로부터 노조가 탈취 장악한 공영방송

문제는 소위 공영방송이라는 구조 그 자체에서 도출되는 가치를 저버렸다는 점이다. 더구나 KBS는 스스로 내세우고 있듯이 국민의 방송이다. KBS는 공영방송이기 때문에 특정한 정치색채를 가질 수 없다. 아니 그래서는 안 된다. KBS출신의 한 인사는 "KBS가 파르티잔 저널리즘으로 전락했다"며 공영방송이 사유물로 되고 말았다고 개탄했다. 결국 언노련에 장악되었다. 자유주의적 세계관을 가진 자들은 배제되어 자리에서 물러났다. 정권과 노조는 협동작전을 펴면서 방송사를 정치권력이 주장하는 특정의 이념을 선전하고 전파하는 선동기구로 만들었다.

특정한 정치적 선전선동을 하려면 자유언론의 원칙에 따라 누구라도 자기의 자본을 들여 자신의 방송사를 만들어야 한다. 국민 모두에 해당하는 일반적 관심사를 방송하고 재난사태 등에 대비해 국민 전체를 대상으로 하는 더구나 국민의 세금으로 건립되고 강제 징수하는 시청료로 경영되는 KBS가 특정한 정당의 특정한 이념을 전파하는 데 바쳐질 수 없다. 하물며 노조라니. 언노련이 특정한 주의주장을 방송하려면 자신들의 별도의 방송사를 설립해야 한다. 이 때문에 공영방송은 국민 일반의 관심을 반영하는 프로제작의 엄정한 기준을 두는 것이다. 그러나 그들은 정치권력과 합작으로 KBS를 탈취 장악하는 것으로 방향을 잡았다.

조선일보가 단독으로 입수해 보도한 민주당 내부의 공영방송 장악 문건은 문재인 정권의 언론 장악 계획의 로드맵이 고스란히 담긴 문건이다. 이 문건은,

　-야당 측 이사들의 개인 비리를 부각시켜 퇴출시키고

　-김장겸 MBC 사장, 고대영 KBS 사장도 같은 방식으로 퇴진

　-정치권이 직접 나설 경우 자유한국당 등 야당과 보수 세력이 '언론 탄압'이라는 역공을 할 우려가 있다는 점을 감안할 것

　-'방송사 내부 구성원'들이 사장·이사장 퇴진 운동을 벌이도록

유도

　-민주당이 전면에 나설 경우 정치적 부담이 있기에 방송사 노조, 시민단체·학계 등에서 영향력을 행사하는 식의 편법을 동원

　-시민사회·학계·전문가들의 전국적·동시다발적 궐기대회, 서명

　-'언론적폐청산촛불시민연대회의(가칭)' 구성 및 촛불 집회 개최

　-사측 및 사장의 비리·불법 행위 등과 관련해 감사원에 '국민감사청구'를 추진

　-방송통신위원회를 활용: 방통위의 관리·감독 권한을 최대한 활용해 사장의 경영 비리 등 부정·불법적 행위 실태를 엄중히 조사

　-2017년 11월 방송사 재허가 심사 시 엄정한 심사를 통해 책임을 물어야 함

　-사장 임면권을 갖고 있는 이사진을 교체

　-야당 측 지명 이사들에 대한 면밀한 검증을 통해 개인 비리 등 부정·비리를 부각

　-MBC를 관리·감독하는 방문진(방송문화진흥회)에 대한 강도 높은 조사

　-고영주 방문진 이사장, 이인호 KBS 이사장의 즉시 퇴진

　-방법은 전 정권 청와대 낙점설 재조사, 관용차량 부당 사용 등에 대한 책임 추궁

　등을 적시한 것이었다. 문 정권의 방송장악, 아니 방송 파괴는 이 문건의 내용과 거의 비슷하게 진행됐다.

8. 각 방송사들의 적폐청산 위원회

/

각 방송사들은 소위 적폐청산위원회를 만들었다. 노조를 업고 경영진에 오른 사람들은 정치를 흉내 내 과거사를 정리 혹은 청산한다는 위원회를 만들었다. 방송사에서 무슨 적폐를 청산한다는 것인지 모르지만 이들은 방송사를 장악한 다음 네 편과 내 편을 정확하게 구분했다. KBS는 진실과 미래위원회라는 이름도 아름다운 위원회를 만들었다. 최승호 체제 하의 MBC는 정상화위원회였다. SBS는 이미 노조가 장악한지 오래였다. 문재인 정권이 들어선 이후에는 대주주로부터 회사 편집권 등을 노조에 이양한다는 요지로 받아든 각서 한 장이면 족했다.

강규형 교수의 강력한 저항 때문에 KBS 노조는 회사를 장악하는데 적지 않은 시간을 허비했다. "진실과 미래위원회(진미위)"는 태생부터가 불법 투성이였다. 강성 언론노조원들조차 소위 숙청기구의 조사위원이 되는 것을 꺼렸다는 말도 나돌았다. 중징계할 기자를 17명 정도로 미리 정해놓고 직원 이메일을 불법 사찰하는 등 무소불위의 행각을 벌였다.

그런데 성창경 KBS공영노조(3노조)위원장 등이 낸 "진미위 효력정지 등 가처분 신청"이 서울 남부지원에서 '일부 인용'되면서 숙청작업은 일단 중지됐고 당초 이 기구가 예정했던 활동기간이 종료하면서 지금은 해산된 상태다. 법원의 판결은 위원회 자체는 인정하면서도 이 위원회가 직원에 대한 징계권을 가질 수 없다는 것이었다.

9. 소규모 보수 게릴라 언론들에 대한 탄압

/

문재인 정권 하에서 상당수 언론사들의 경영은 노조에 탈취되었다. 특히 방송은 그랬다. 신문사들은 경영의 압박을 받았다. 자칫 정부의 눈 밖에 나면 바로 기업들의 광고 중단 등 보복조치가 취해질 가능성이, 쉬쉬하는 가운데 널리 공유되었다. 문 정권은 기본적으로 좌익적 권위주의적 성격을 갖는 정부였다. 언론사 기자들은 동시에 문재인 정권의 공범자이기도 했다. 그들은 연합하여 촛불 시위를 만들어 내고 박근혜 정부를 무너뜨린 것에서 동지애를 느꼈다. 아니 공범의식을 가졌을 것이다. 취임 초기 문재인의 기자회견은 너무도 화기애애하여 인형을 들고 대통령에게 흔들면서 일방적 애정을 드러내는 기자까지 생겨날 정도였다. 그러나 은밀한 곳에서 탄압은 시작되었다. 대상은 재야 보수 언론이었다.

(1) 손상윤의 경우

문 정권 시대 언론 시장의 가장 큰 특징은 유튜브를 중심으로 재야 언론이 잇달아 생겨나기 시작했다는 점이다. 유튜브 언론은 대체로 1인 방송의 성격을 가지고 있다. 펜앤드마이크처럼 언론사에서 유튜브를 경영하는 사례도 생겨나고 있다. '뉴스타운'도 그런 1인 미디어였다. 2018년 벽두에 뉴스타운사는 "청와대가 탄저균 백신을 구입했다"고 보도했다. 남북 화해무드가 진행 중이었기 때문에 이 보도는 국민들의 눈총을 받을 만을 만한 기사였다. 청와대가 불편한 심기를 드러내자 바로 경찰이 뛰어들었다. 1월 17일 경찰은 손상윤 뉴스타운 회장에게 19일까지 출석하여 소명하라는 통지서를 보냈다. 2월 26일에는 손 회장을 체포했다. 그러나 익일인 27일 검찰은 구속영장을 청구해달라는 경찰의 신청을 반려했다. 그해 8월 4일 손상윤 회장은 무혐의 처분을 받았다. 7개월 동안 손 회장과, 비슷한 처지에 있던 언론사들은 두려움에 떨어야 했다.

(2) 변희재의 경우

한국 언론 사상 민주화 이후 시대에 가장 불행한 사건이 터져 나왔다. 미디어워치는 작은 언론사다. 이 회사의 변희재 대표에 대해 검찰의 구속영장이 청구된 것은 2018년 5월이었다. 변희재 대표는 박근혜 대통령 탄핵의 가장 중요한 증거자료였던 소위 최순실의 태블릿 피시가 jtbc에 의해 조작되었다고 연일 보도하던 중이었다. 변희재 대표는, jtbc사장이며 관련 뉴스의 앵커였던 손석희의 집 앞에까지 찾아가 최순실의 소위 태블릿 피시는 jtbc가 의도를 갖고 조작한 사실이라는 주장을 밝혔다.

변희재는 이 태블릿 피시에 대해 △최순실의 소유가 아니고 △최순실이 사용하던 것도 아니며 △최순실이 대통령의 드레스덴 연설문을 이 태블릿 피시로 수정한 바가 없고 △이 태블릿 피시는 문서작성 기능이 아예 없었다는 점을 주장하며 국민들을 격분케 했던 jtbc의 그 방송 즉 "최순실이라는 아녀자가 대통령의 외교상 중요 문서인 드레스덴 연설문을 고치는 등 국정을 농단했다"는 주장을 정면에서 반박한 것이었다. 문제는 변희재가 손석희의 집 앞에까지 가서 크게 떠드는 등으로 그의 명예를 훼손했다는 것이었다. 검찰은 구속영장을 청구했고 법원은 신속하게 영장을 발부했다.

재판에서 검찰은 징역 5년의 중형을 구형했고 1심 재판부는 징역 2년의 실형을 선고했다. 독재 아닌 민주화 이후 시대 들어 첫 구속수감이며 유죄판결이 내려진 것이다. OECD국가에서 현직 언론인이 공인에 대한 합리적 의혹 제기로 유죄를 받는 일은 적어도 최근 10년간은 없는 것으로 알려지고 있다.

10 "가짜뉴스": 문 정권의 총 공세

/

문재인 정권과 소위 제도권 언론들과의 갈등도 서서히 고조되고 있다. △방심위는 2018년 4월 27일 남북정상회담을 취재 보도할 때는 국가기관의 공식발표를 토대로 보도하라는 취지의 대언론 권고사항을 발표해 주목을 끌었다. 명백한 보도지침이었다. 정부의 공식발표대로 보도하라는 요구는 독재국가들의 전매특허에 지나지 않는 것이었다. 언론의 자유는 보도할 자유, 비판할 자유에 앞서 '보도하지 않을 자유'를 당연히 포괄하는 것이어야 마땅하다. 정부가 요구하는 대로 보도할 것이라면 자유언론도 자유언론 이론도 필요 없다. 이는 한국 언론을 관보로 격하시키려는 시도에 지나지 않았다.

▲조선일보는 문 정권의 대북정책에 대해 일련의 비판적인 보도를 내놓았다가 청와대의 직접적인 비난에 직면했다. △한미정상회담 끝난 날 국정원 팀이 평양으로 달려갔다는 2018년 5월 28일자 보도 △풍계리 갱도 폭파-연막탄 피운 흔적 5월 24일자 보도 △북, 미국 언론에 풍계리 폭파 취재하려면 1만 달러 내라고 요구(5월 19일자) 보도를 '사실이 아닐뿐더러 비수 같은 위험성을 품고 있는 기사들'이라고 청와대는 날카로운 언어를 사용하며 직접적인 비난을 퍼부었다.

▲2018년은 문재인 정권의 소위 가짜뉴스 대책들이 쏟아졌다. 연초 청와대는 "언론보도 왜곡보도에 공세적으로 대응하라"는 지침을 정부 각 산하기관들에 하달했다. 정부의 공세는 이 지침에 따라 연중 내내 지속적으로 이루어졌다. 유튜브가 폭발적으로 증가하고 여론의 상당한 비중을 차지하면서 급성장하는 것에 정부는 '가짜뉴스'라는 프레임을 씌워 대책을 마련하느라 동분서주했다.

▲급기야 연말이 다가오면서 이낙연 총리까지 가세해 "가짜뉴스에 대한 통제가 부족하다. 검경은 신속하게 수사하라"는 지시를 내렸다. 2018년 10월 2일이었다. 그는 "악의적으로 가짜 뉴스를 만드는 사람, 계획적 조직적으로 가짜 뉴스를 유포하는 사람은 의법 처리해야 마땅하다"고 지적했다. 총리는 "기존의 태세로는 가짜뉴스를 통제하기 부족하다면서 검찰과 경찰은 유관기관 공동 대응태세를 구축해 가짜뉴스를 신속히 수사하고 불법은 엄정 처벌하기 바란다"고 지시했다.

▲민갑룡 경찰청장은 며칠 뒤(8일) 기자회견을 열어 "지난달 12일부터 가짜뉴스 단속을 벌여 지금까지 37건을 단속했다"며 "이 가운데 21건은 삭제 차단을 요청했고 16건은 내사 또는 수사 중"이라고 밝혔다. 민갑룡 청장은 가짜 뉴스가 유뷰트를 겨냥하고 있음을 분명히 밝혔다. 그는 "최근 1인 미디어나 SNS 블로그 등 매체가 많아지고 전파성이 강해지면서 가짜 뉴스 문제가 심각해지고 있고 우리 법제는 악의적으로 조작된 허위정보는 생산 유포하는 것에 대해 굉장히 엄하게 처벌하고 있다"고 상기시켰다.

▲문 정권은 10월 8일 관계기관 총동원하여 가짜뉴스 대책을 발표하려다 돌연 연기했다. 논란은 확산되었다. 현 정권에 비판적인 언론과 소셜미디어 유튜브를 가짜로 몰아세운다는 논란이 확산되는 가운데 정부가 8일 범정부 종합 대책을 발표하려다 돌연 미루어졌다. 정작 주무부서인 방송통신위원회가 대책에 미온적이었다는 것이다. 이효성 방통위원장은 결국 임기를 남겨놓고 2019년 하반기에 교체되었다. 이효성 위원장의 교체에 대해서는 여러 가지 의문이 있으나 가짜뉴스 대책에 미온적이었던 것이 가장 큰 교체 사유로 거론되고 있다.

▲집권 민주당은 급기야 '가짜뉴스 특별위원회'라는 조직을 출범시켰다. 위원장에는 그동안 언론인으로서 MBC 좌경화에 앞장섰고 민주당에서 2선 의원이 된 박광온 의원이 선정되었다. 박 위원장은 그동안에도 민주당 의원 가운데 가장 격렬하게 유튜브를 공격해왔다.

박 의원의 특위는 기어이 1년을 탐색한 결과 2019년 9월말 가짜뉴스를 규제하기 위한 아래와 같은 대책을 내놓았다.

▲민주당의 특위는 △문재인의 건강이상설 △5·18 당시 북한 특수군 개입설 등 유튜브 영상 104건을 가짜라고 단정하고 구글에 대해 이들 영상을 삭제할 것을 요구하는 민간 기업에 대한 비정상적 압력을 가하기도 했다. 그러나 구글 측은 유튜브 동영상은 자체적인 심의 기준에 위반되는 것이 아니면 삭제할 수 없다고 입장을 밝혔다.

11. 대북 비판과 경제 비판 차단

이런 갈등이 계속되는 가운에서도 문재인 정권은 제도권 언론에 대한 간섭과 탄압도 되풀이 했다. 통일부는 2018년 10월 15일 판문점 남측지역에서 열리는 남북고위급 회담에 풀기자로 취재에 나선 탈북민 출신 조선일보 김명성 기자에 대해 일방적으로 취재 불허를 통보하는 등 편파성을 드러내 비판을 받았다.

2019년 3월 13일에는 민주당이 문재인을 김정은의 수석 대변인이라고 비판한 블룸버그 소속 외신기자에 대한 비난성명을 발표하는 등 공세를 외신기자에까지 무차별 확대하는 조급성을 드러냈다. 더불어 민주당 이해식 대변인은 이 성명에서 "해당 기자는 한국인으로 블룸버그에 채용된 사람으로 문제의 기사를 게재했다"고 밝히고 "미국 통신사의 외피를 쓰고 국가원수를 모욕한 매국에 가까운 내용"이라는 인격 모욕적 성명을 내놓아 더욱 비판을 받았다. 이에 대해 서울외신 기자클럽은 외신 기자의 이름으로 이례적으로 민주당을 비판하는 성명을(3월 16일) 발표하기에 이르렀다.

대북 문제는 문 정권의 히스테리를 불렀다. 그리고 작은 성공을 거두었다. 방심위는 민주당의 요청을 받아들여 5·18광주사태에 북한군 개입설을 내용으로 하는 유튜브 동영상 78건의 접속을 차단해버리는 조치를 결정했다. 구글에 대한 삭제 압력이 실패하자 아예 인터넷 접속을 차단해버리는 비상식적이며 전파의 공공성과 자유성을 정면에서 부정하는 이례적인 조치를 취한 것이다.

대북 정책에 대해서는 통일부와 국방부가 자유언론 탄압 전담부서를 방불게 했다. 국방부는 아예 남북군사합의를 비판하는 보도 자체를 가짜뉴스로 규정했다. 국방부는 2018년 12월 29일 발표한 성명에서 "남북군사합의를 비판하는 보도는 그 자체로 가짜뉴스이며 국민을 혼란시킨다"고 주장하는 만행을 저질렀다.

문재인이 직접 나서서 자유언론을 비판했다. △문재인은 2019년 1월 8일 정부에 대해 선정적 조직적 가짜뉴스의 유통을 정부가 단호히 대처하라고 지시했다. △이에 4월 4일에는 신문의 날 기념사에서 "이제 언론의 자유를 억압하는 정치권력은 없고 언론도 정권을 두려워하지 않는다"고 선언하기에 이르렀다. 문 정권으로서는 정권과 민주당의 이념적 지향과 다르면 모두 가짜뉴스였다. 문재인이 무엇을 가짜로 보는 지는 더욱 명확해 졌다. 2019년 8월 13일에는 드디어 "근거 없는 가짜뉴스를 경계해야 한다. 우리경제는 기초 체력이 튼튼하다"고 규정함으로써 문정권이 경제실정을 비판하는 언론 전체를 가짜로 매도하는 놀라운 주관주의적 오류를 드러냈다.

12. 방통위와 집권당의 규제 시도

/

(1) 방통위의 규제 시도

그동안 유튜브 등에 대한 규제에 비교적 신중한 모습을 보여 왔던 방통위는 더는 버틸 수 없다는 것인 양 2019년 6월부터는 본격적으로 자유언론을 규제하려는 법적. 제도적 체제를 갖추려고 시도하고 있다. 6월 11일에는 논란 속에 '허위조작정보 자율규제협의체'를 출범시켰다. 당사자들은 모두 제외되고 시민단체 관련전문가라는 이름으로 12명의 친정부적 인사들이 자율구제 협의체를 구성하게 되었다. 시민단체로는 참여연대와 민주언론시민연합 등 친정부적 성격의 조직들이 동원되었다. 이 조직이 지금 무엇을 하고 있는지에 대해서는 외부에 알려진 바가 거의 없다.

방통위는 또 하나의 규제조직을 만들어 냈다. '인터넷 규제개선 공론화 협의회'라는 긴 이름의 조직이었다. "해외불법 사이트 차단을 위해 연초에 도입한 SNI차단이 국민의 공감을 얻는데 부족하였다"는 표현이 협의회 발표문에도 게재되었듯이 논란은 가라앉지 않았다. 이 조직에도 진보네트워크 여성민우회 등 친정부 시민단체와 대학교수 등이 위원으로 이름을 올렸다. 이효성 방통위원장은 "불법사이트 차단과정에서 국민의 공감을 구하려는 노력이 부족했다는 지적을 무겁게 받아들인다"며 정부의 유튜브 차단시도 등에 무리가 많았음을 시인하는 발언을 했다.

결국 이효성 위원장은 다음 달인 7월 22일 사의를 표명하기에 이르렀다. 자유언론 특히 유튜브를 규제하는데 청와대 민주당 등 집권 세력들과 견해가 크게 달랐기 때문이었다. 한국당의 윤상직 의원은 8월 30일 국회에서 "이 위원장은 유튜브 탄압요구에 학자로서의 양심 때문에 할 수 없이 물러나게 된 것이라는 이야기들이 나오고 있다. 사실이라면 이는 정부가 위법행위를 한 것"이라고 비판하기도 했다.

이효성 위원장이 물러나고 한상혁 방통위원장으로 교체되었다. 처음부터 방송 혹은 언론과는 전문성이 없는 코드 인사였다. 그는 위원장으로 취임(9월 11일)한 직후인 9월 18일 회의에서 가짜뉴스 대책을 수립할 것을 요구하는 등 강경한 입장을 보였다. 한상혁 위원장은 9월 27일에는 지상파 3사와 간담회를 갖고 지상파의 재정난을 타개해주는 등의 약속을 하는 한편 KBS MBC 등이 공공성을 위해 협력키로 하는 기이한 정책 간담회를 가졌다. 정권으로부터 이탈하려는 방송을 정부의 우군으로 다시 붙들어 매려는 결사적인 노력의 하나라고 해야 할 것이다. 권력과 언론의 유착이라고 할 수밖에 없는 일이다.

(2) 집권당의 유튜브 규제안

민주당은 그동안의 내부 논의를 거쳐 결국은 여권은 종합적인 유튜브 방송 규제 방안을 발표했다(2019년 9월 30일). 이 대책은 민주당 박광온 의원이 위원장을 맡고 있는 허위조작정보대책특별위원회 이름으로 발표되었다. 이 규제 방안의 골자는 다음과 같다. 이 방안은 국내 플랫폼은 방통위와 방심위의 규제를 받지만 해외 사업자는 이 규제에서 제외되어 있기 때문에 국내외 사업자에게 동일한 규제를 적용한다는 명분을 내세우고 있다. 정보통신망 등 관련법에 역외규정을 도입해 해외사업자도 같은 책임을 지운다는 것이다.

이 방안에 따라 다음과 같은 구체적인 규제안이 도입되었다.

△플랫폼 사업자는 매크로 등 엄격한 감시 필터링 의무를 진다.

△불법 의심 정보를 차단하는 전담 직원을 둔다. 해당직무를 위한 교육이 제공되어야 한다.

△허위 조작 정보의 처리 과정을 담은 투명성 보고서를 분기별로 방통위에 제출한다.

△방통위가 내린 처분은 즉각 이행하여야 한다.

△유튜브 등 플랫폼 사업가자 자사 플랫폼에 올라오는 허위조작 정보를 걸러내지 못하면 관련 콘텐츠 대출액의 최대 10%를 과징금으로 부과한다.

이런 규제 외에 날카로운 독소조항이 당연하다는 듯이 포함되었다. 우선, △징벌적 손해배상 제도를 도입한다. 타인의 명예를 훼손하는 정보가 유포된 경우 해당 정보 생산자와 유통자, 유통을 방치한 플랫폼에 대한 징벌적 배상책임을 지운다. △허위조작정보의 정의는 정보통신법상에 명시된 불법정보의 정의에 따르기로 하고 △허위 조작

정보가 포함되었는지에 대한 유무 판단은 방송통신위원회가 임의적으로 한다. △방통위는 임시차단조치를 통해 콘텐츠의 유통을 우선 차단할 수도 있다. △방심위에 명예훼손 분쟁조정부를 온라인분쟁조정위원회로 개편하고 위원수도 기존의 5인에서 50인으로 대폭 확대한다.

13. 언론탄압에 대한 기자들의 내부 저항

/

마침내 기자들의 저항이 시작되었다. 정권의 홍보 방송에서 탈피한 자유언론에 대한 욕구들이 다시 꿈틀거리고 있다. KBS '시사기획 창' 제작팀은 태양광 사업과 관련한 이 정부의 난맥상을 보도하려는 프로그램을 만들어 방송하였는데 이후 청와대에 외압에 직면했다고 집단으로 반발하는 일이 벌어졌다. 청와대는 이에 대해 정상적인 과정을 밟아 정정을 요구했던 것이라고 주장했지만 재방송이 결방되는 등 파장은 이어지고 있다. 이에 대해 자유한국당은 '시사기획 창-복마전 태양광사업'에 대해 청와대가 직권남용 권리행사 방해, 업무방해, 방송법 위반으로 윤도한 청와대 수석을 검찰에 고발했다. KBS라디오 편성 피디들은 2019년 9월 "라디오 편성에 친정부적 편성압력이 존재한다"는 요지의 성명서를 발표했다.

한겨레신문 일부 기자들이 제기한 정부 편향 보도에 대한 비판은 주목을 끌기에 충분하다. 역시 조국에 대한 언론사 내부의 보도기피 현상이 반발을 부르고 있는 것이다. 실제로 문재인 정권에서 많은 언론들은 친정부적 성향을 숨기지 않았다. 바로 이 문제에 가장 좌익적이며 친정부적인 한겨레신문 기자들이 내부 통제에 대한 반발을 보인 것이다. 한겨레 기자 31명은 편집국장의 사퇴를 요구하며 다음과 같이 한겨레를 비판했다. -조국 비판 기사가 사라졌다. 칼럼도 사라졌다. -문 정권 들어 인사청문회 검증팀이 구성된 적이 없다. -한겨레는 다른 매체에 끌려 다녔다. -기사가 일방적으로 톤 다운되었다. -정권 비판적인 기사는 프론트페이지에서 내리라는 지시가 많다. -조국 의혹 정리 영상팀 발제를 에디터가 직접 삭제하였다. -'30대가 말하다' 기사는 국장이 지시라는 이유로 미루어졌다. -김태우 신재민 사건을 제대로 보도하지 않았다. -한겨레 기자들이 다른 언론사 기자들로부터 조롱받고 있다. -내부에서는 한겨레를 신적폐 구태 언론이라고 자조한다. -민주당 기관지이다. -인사청문회 검증팀은 전설이 되었다. -에디터가 "너무 안 썼으니까 한번 쓰자"고 말하는 지경이다. -586 진보 기득권에 남성을 위한 신문이다. -회사 내 세대 착취가 있다는 등의 고백들이다. 아마 이런 한겨레 젊은 기자들의 요구는 대동소이하지만 거의 모든 언론의 공통된 현상일 것이다.

KBS 한겨레 등의 자기비판적 움직임들에 대해 자유한국당의 'KBS의 헌법파괴 저지 및 수신료 분리징수 특위' 위원장을 맡고 있는 박대출 의원은 "특권과 반칙으로 얼룩진 '조국 사태'를 계기로 양식 있는 기자들의 내부 저항이 시작됐다"며 "언론 홍위병 노릇에 반발하는 자성의 신호탄"이라고 평가했다.

14. '탄핵 동맹'의 존속과 깨지는 보도금기

한국 언론은 '탄핵 이전과 이후'라고 특별히 구분해야 할 만큼 보도 태도에서 현격한 차이를 보이고 있다. 우리는 이러한 특정한 보도 경향을 탄핵 프레임이라고 불러야 할 것이다. 예를 들어 탄핵 관련된 보도에서는 기존의 기성적 레토릭을 벗어나는 새로운 보도를 허용하지 않는다. 예를 들어 탄핵에 동조자 혹은 공범자 혹은 선전대로서의 역할을 해왔던 국내 기성 언론들은 △태블릿 피시의 진실과 관련된 논란에 대해서는 보도하지 않는다. △재판 과정에서도 박근혜 대통령 측에 유리한 증언이나 증거는 그것이 어떤 것이든 보도하지 않는다. △탄핵의 정당성을 부정하는 논지의 칼럼이나 오피니언은 신문과 방송에서 지면이나 시간을 주지 않는다. △촛불 혁명을 부정하는 주장도 마찬가지다. △태극기 시민들의 반(反)문재인 시위는 그 규모가 아무리 크더라도 절대로 진지하게 다루지 않는다는 등이 일관된 보도 준칙을 유지해 왔다. 문재인 정권 출범의 정당성과 관련한 이런 논쟁적 주제들을 언론은 거의 취급하지 않았다.

한국 언론은 스스로 지난 수년 동안 보도 불가의 성역을 구축해왔다. 누구라도 이 성역을 깨면 언론들은 말 그대로 집단으로 달려들어 '무조건 때리기' 비판 보도의 포문을 연다. 우리들은 그런 언론이 편향성과 불가침의 성역을 설정한 가운데 이 성역과 다른 주장들에 대해서는 무조건적 비판의 칼을 들이대는 언론행태를 기레기(기자와 쓰레기의 합성어)라는 말에 함축하여 표현한다. (참고로 미국에서는 창녀와 언

론을 합쳐 presstitute라고 부르는 용례가 있는데 이와 유사하다)

　이런 보도 금기는 일종의 한국판 '정치적 옳음(political correctness)' 이라는 성역이다. 위안부에 대해서 한국에서는 학문과 표현 등 정신적 자유가 공식적으로 부인된다. 세월호 운동단체들에 대한 비판적 보도 역시 금지된다. 사회는 세월호 피해자들이 제기하는 보도 준칙을 무조건적으로 수용한다. 위안부도 그렇다. 위안부 출신 할머니들이 요구하는 스토리들로 위안부에 대한 역사적 사실관계는 재구성된다. 일제하에서 제한적 근대화가 이루어졌다는 소위 식민지 근대화 이론은 정치적으로 금지된다. 광주민주화 운동의 민주화 운동적 성격을 부인하는 발언도 정치적으로 금지된다. 환경 문제도 그렇다. 인간에 의한 온난화 주장에 회의적인 입장도 서서히 금지되는 입장으로 분류되고 있다. 이런 금기들이 계속 만들어지는 중이다. 그런 금기되는 보도의 하나가 바로 탄핵 정변 이후 줄기차게 이어지고 있는 태극기 시민들의 시위를 긍정적으로 혹은 사실대로 보도하는 행위다.

　이 금기는 일명 '조국 사태'로 문 정권을 비판하는 사상 최대의 인파가 광화문에 집결할 때까지 지켜졌다. 조국 사건을 계기로 비로소 우파들의 시위가 보도되기 시작했다. 조국 사태가 가져온 의외의 긍정적 효과라면 조국이라는 현저한 불의가 그동안의 보도금기를 깨어주고 있다는 점이다.

15. 맺음말

/

한국의 언론은 탄핵 정변 이후 급격하게 좌경화하는 일련의 흐름을 보여 왔다. 그러나 아직 자유진영의 언론은 태어나지 않았다. 영상 언론들은 구글 유튜브에 의존하는 비율이 절대적이어서 그 미래를 예측하기 어렵다. 지면 중심의 언론들은 지금도 탄핵 동맹에서 깨어나지 못하고 있다. 조국의 불법과 비리 불의와 불공정을 보고 겨우 보수진영의 집회를 보도하는 정도에 그치고 있지만 아직까지 정치경제 사회문화 뉴스 전반에 걸쳐 올바른 보도를 하고 있다고 평가할 만한 상황과는 거리가 멀다.

그러나 자유언론을 위한 자유진영의 저항은 이제 본격적으로 시작된다고 볼 수 있다. 기존의 언론이 독자 혹은 시청자들의 급격한 시망을 초래하고 있는 반면 유튜브나 독자언론사 등 자유진영을 대변하는 자유언론들은 급속하게 세를 늘려가고 있다. 이들의 전진을 눈 여겨 보자.

방송장악과 악마적 왜곡 그리고 정권 찬양

성창경

1. 머리말: "방송은 언론이 아니라 흉기"

/

2019년 8월 15일, 서울 광화문 일대에는 수십만 명의 인파가 몰렸다. 광복 74주년, 건국 71주년을 맞이해 문재인 정권의 퇴진을 촉구하기 위해 모인 국민 집회였다. 비가 오는 궂은 날씨였지만, 그야말로 입추의 여지가 없었다.

차선 한편을 점령하고, 골목길까지 사람들이 몰려들었다. 우산을 쓴 그날의 전경은 그야말로 장관(壯觀)이었다. 시민들은 "문재인 하야", "문재인 퇴진"을 외치며 하나가 되었다.

그날 서울 시내 여러 군데 집회가 열렸다. 교보문고 앞, 한국기독교총연합회(한기총) 주최로 열린 행사에는 경찰추산 4만 명, 주최 측 추산 20만여 명이 모였다. 그런데 이날 저녁 〈KBS 뉴스9〉은 광화문 한 귀퉁이에서 진행된 이른바 '반일(反日) 집회'를 중계차를 동원해 보도했다. 모인 사람도 우파단체들 보다는 비교가 안 될 정도로 적었지만 KBS는 이 행사를 보도한 것이다. 그리고 그 보도 말미에 "한편 문재인 정부를 반대하는 시민들 3천여 명이 집회를 가졌다"고 방송했다. 반일집회는 주최 측 추산 1만 5천여 명이 모였다고 주장하고, 우파국민들의 모임은 그저 3천여 명이 모였다고 보도한 것이다.

비교할 수 없을 정도로 적은 인원이 참여한 좌파행사를 주요 뉴스로 보도하면서, 우파 국민들의 행사를 축소 왜곡해서 보도한 것이다. 그것도 단 한 줄로 말이다. 가관인 것은 MBC와 SBS등 타 지상파 방송은 8시 뉴스 시간에 이날 우파 행사를 아예 보도조차 하지 않았다. 만약, 이날 지상파 방송만을 본 한국 사람들이라면, '문재인 퇴진 국민행사'는 없었던 셈이다. 대낮 시내 한가운데 벌어진 대규모 국민 행사를 아예 '없었던 행사'로 만들거나, 단 3천여 명이 모인 초라한 것으로 둔갑시켜버린 것이다.

이런 짓은 이번만이 아니다. 지난해 광복절과 3·1절도 마찬가지였다. 왜곡을 넘어 조작하고 있는 방송, 이것이 현재 대한민국 방송이다. 그러니 다른 분야의 보도는 어떻겠는가? 정권에 부담이 되는 행사나 내용은 아예 보도를 하지 않고, 정권에 유리하다고 판단되는 것은 침소봉대(針小棒大)하는 것이다. 이런 방송이 벌써 3년째이다. 과거 군사독재시절에도 이렇게 완벽하리만큼 방송이 통제되거나 장악되지는 않았다.

이런 상황이라면, 북한이 남침을 감행하더라도, 방송이 이를 제대로 보도할 것인지 의심이 간다. 그리고 현재 방송에서 보도하고 있는 것들이 얼마나 왜곡되고 조작된 것이 많은지 가히 짐작해 볼 수 있다.

이제 방송은 대한민국을 파괴하고 국민들을 속이는 흉기(凶器)가 되고 있다는 비판을 받고 있다. 그리고 이 흉기를 조직적으로 휘둘러 정권을 무너뜨렸던 것이 바로 박근혜 대통령의 탄핵이 아니었던가? 2016년 10월, 이른바 jtbc의 태블릿PC로부터 본격화된 '대통령 죽이기'보도가 무려 5개월여 가까이 이어져 결국 박근혜 체제는 무너졌다. 거짓, 가짜 뉴스의 경연장 같은 상황이 대한민국을 뒤흔들었던 것이다.

그 세력들이 언론 특히 방송을 장악하고 있다. 그리고 이 방송들이 문재인 정권을 보호하고 홍보하며, 그 반대 세력에 대해서는 가차 없이 공격하고 있는 것이다. 그래서 문재인 정권의 버팀목은 방송이라는 말이 나온다.

2. 방송장악의 실체-"민주노총 언론노조의 방송"

그렇다면 누가 방송을 장악했단 말인가? 많은 사람들은 문재인 정권이 장악했다고 생각한다. 그 말도 틀린 것은 아니지만 실제로는 민주노총 산하 언론노조가 방송사 내부를 장악했다고 본다. 겉으로는 외부의 통제가 아닌 노동조합이라는 내부 조직을 통해 장악한 것이 더 큰 문제인 것이다.

(1) 민주노총 언론노조-"98개 언론사, 14,500여명"

현재 KBS와 MBC를 비롯한 방송사와 신문, 통신 등 대부분의 언론사 노동조합이 소속된 곳은 민주노총이다. 민주노총 산하에 연맹 형태로 있는 '언론노조'(이하 민노총 언론노조)가 바로 그들이다. KBS와 MBC 사장은 각각 민노총 언론노조 위원장 출신이다. 이 두 방송사의 주요 간부들은 대부분 민노총 언론노조 출신이 맡고 있다.

사장과 간부 등이 민노총 언론노조 출신이라서 장악되는 것은 아니다. 핵심은 기자와 PD 등 방송 콘텐츠를 만드는 인력의 대부분 여기에 가입해있다는 것이다. KBS의 경우 기자의 90% 정도가 민노총 언론노조에 가입돼있다.

1) "방송사 기자와 PD의 절대다수가 민노총언론노조 소속"

문제는 문재인 정권만 아니라, 이미 이명박 박근혜 정권에서도 대다수 기자와 PD들이 좌파 성향의 민노총 언론노조에 가입돼 있었다는 점이다. 과거 김대중, 노무현 정권 때 언론인들이 좌경화가 많이 됐고, 이후 이런 기조가 계속 이어지면서 민노총 언론노조가 조직적으로 조합원 수를 늘려나갔던 것이다.

박근혜 정권 때 KBS와 MBC 사장은 보수 성향의 인물이었지만, 그 구성원들은 상당수가 좌파 성향의 노조원들이었던 것이다. 그래서 보수 정권 기간 내내 방송사 간부 들은 좌파성향의 구성원과 힘겨운 내부 '투쟁'을 벌여야만 했다. '광우병 파동'이나 '문창극 총리후보자 보도' 등은 모두 좌파 정권이 아닌 보수 정권시절에 나왔던 것을 봐도 이런 상황을 알 수 있다. 이런 내부의 이념과 정파적 성향이 '세월호

사건'과 '최순실 씨 사건' 등이 발생하자 일제히 터져 나오면서 박근혜 정권을 탄핵하게 이르렀던 것이다.

그밖에 SBS와 YTN, jtbc, CBS 등 방송사들도 민노총 언론노조가 강한 영향력을 행사하고 있다. 현재 민주노총 산하 언론노조에 가입돼있는 언론사는 2019년 2월 현재 모두 98개 언론사에 조합원은 14,512명이다. 98개 언론사라고 해도, KBS와 MBC, SBS 등 중앙 방송사의 지방 계열사나 지역방송국도 조합 수에 포함하기 때문에 실제로는 그렇게 많지 않다. 민노총 언론노조는 바로 방송사 중심의 노조라고 봐도 무방할 정도이다. 이 98개 언론사가 하나의 카르텔을 형성하고 있다. '한국노총' 등 다른 노총에는 없는 유일한 언론사 노조 연합체인 것이다.

2) 언론노조 강령 "진보정치 세력과 연대, 정치위원회 활동"

그렇다면 민노총 언론노조는 도대체 어떤 강령(綱領)을 갖고 있기에 노골적인 좌편향 활동을 한단 말인가? 민주노총의 강령을 보면, '국가보안법 철폐'와 '주한미군 철수', '평화협정 체결', '연방-연합체 통일'이라는 북한의 대남(對南) 노선에 동조하는 정책을 채택하고 있다. 이 바탕에서 민노총 언론노조의 강령은 '진보정치 세력과 연대를 추진한다'고 밝히면서 1)정치 세력화를 꾀하고 2) 정치위원회를 두며 3) 정치기금을 운영하고 있다. 언론사 노동조합인지 정치단체인지 구별이 되지 않을 정도의 '정치화'를 노골적으로 표방하고 있다.

민노총 언론노조는 2012년 4·11 총선을 앞두고 당시 통합진보당

이정희 대표와 정책협약식을 체결했고, 2016년 5·9 대선을 앞둔 4월 27일, 더불어 민주당 문재인 후보와 정책협약식을 맺었다. 정치권을 견제하고 비판해야할 언론인들이 특정 정치인과 협약을 맺고, 연대를 한 것이다. 이런 점에서 한국 언론은 세계 언론사상 유례를 찾아보기 힘들 정도로 특정 정치성향을 노골적으로 드러내놓고 활동을 하고 있는 것이다.

(2) 문재인 정권의 방송장악-"노조를 동원하라"

문재인 정권의 '방송장악'은 권력이 직접 나서는 것이 아니라 '방송사 내부의 자율적인 통제'라는 특이한 방법으로 이뤄진다는 점이 색다르다. 즉 정권이 방송사에 감 내놔라, 대추 내놔라는 식의 간섭이 아니라, 내부 구성원이 스스로 알아서 정권과 코드를 맞추는 형식인 것이다. 이를 위해 문재인 정권은 민노총 언론노조가 바라는 인물을 사장으로 선임해주면 되는 식이다.

박근혜 대통령의 탄핵 후 정권이 바뀐 지 얼마 되지 않은 2017년 9월, 이른바 '민주당 방송장악 문건'이 외부에 알려졌다. 내용은 '방송사 내부 직원들을 활용해서 이사와 사장의 비리를 캐서 내보낸다'는 식이었다. 당시 큰 파문을 가져왔지만, 양(兩) 방송사 민노총 언론노조는 이사들이 재직하는 학교나 변호사 사무실, 심지어 주일 예배드리는 교회까지 찾아가서 시위를 벌이며 "사퇴하라"고 촉구했다. 이렇게 해서 임기가 보장된 이사와 사장을 몰아내고 MBC에는 최승호 씨를,

그리고 KBS에는 양승동 씨를 각각 사장으로 선임했다. 민노총 언론노조 위원장들이 공영방송 사장 자리를 꿰 찬 것이다.

"KBS와 MBC 핵심 보직 민노총 언론노조 출신이 장악"

사실 방송 장악은 사장 교체가 핵심이다. 사장이 인사(人事)를 통해 친 정권적인 인물들을 중요한 보직에 앉혀 놓으면 바로 장악되기 때문이다. 이후 KBS의 경우 대대적인 물갈이 인사가 진행됐다. 과거 사장시절에 보직을 맡았던 자들의 보직을 대부분 박탈하고 한직(閑職) 등에 내쳤다. 보도국장은 인재개발원 평직원으로, 대구방송총국장은 안전관리실 직원으로, 스포츠국장과 9시뉴스 앵커는 방송문화연구소 연구위원 등 방송부서가 아닌 곳으로 배치되었던 것이다.

이 같은 상황은 MBC도 마찬가지여서 전임 사장 시절의 간부나 앵커 등이 방송현업이 아닌 곳으로 대거 발령이 났다. 당시 MBC 유명 앵커도 사무공간이라고 보기 힘든 창고 같은 곳에 보내, 특별히 하는 일 없이 '유배생활'한다는 비판이 일기도 했다. 이처럼 과거 사장 시절에 일했던 직원들을 대거 물갈이하고, 주로 민노총 언론노조 출신들을 주요 보직자로 기용한 것이다.

과거 보수정권에서는 이른바 '탕평인사'라고해서 특정 노동조합이나 지역 출신이라도 보직을 제법 줬지만, 양승동 체제의 KBS는 그러지 않았다는 비판이 거세게 일었다. 그래서 내부에서는 '동아리' 인사라는 말이 나돌았다. 노조활동을 했던 선배, 후배가 나란히 보직을 차지해, 회사 경영도 '노조 동아리'처럼 한다는 비난이 그것이다.

또한 노사(勞使)가 한편이라는 소리를 들으면서 본격적인 노영(勞營) 방송이라는 비난도 받았다. 사내에서는 경영진이 두 군데 있다고 하는 말이 나왔다. 하나는 사장의 사무실이 있는 KBS 본관 6층 경영진과 또 다른 하나는 민노총 언론노조 사무실이 있는 곳을 가리켜 말했다. 그런데 어떤 문제가 발생할 경우, 6층 경영진을 찾는 것보다 '노조 경영진'을 찾아가면 더 빨리 해결된다는 이야기가 직원들 사이에 나돌기도 했다. 그러다 보니 각 본부별 실세(實勢)가 등장했고, 구체적으로 4인방이니, 5인방이니 하는 이름도 거론됐다. 그들이 막후에서 인사와 보도, 프로그램 등에 영향을 미친다는 이야기가 많이 나왔다.

(3) 방송사 내 계엄사령부 '적폐청산위원회'

양승동 체제는 취임 후 바로 KBS판 '적폐청산위원회'를 만들었다. 이름 하여 '진실과 미래위원회'(이하 진미위)이다. KBS 이사회는 2017년 6월 5일, 야당 이사들이 퇴장한 가운데 여당 추천 이사들만 모여서 진미위 운영규정을 통과시켰다.

진미위는 KBS부사장을 위원장으로 하고, KBS본부장 3명과 외부 인사 3명 등 모두 7명으로 구성됐다. 외부 인사로는 군(軍) 적폐청산위원회 위원, 세월호 조사특별위원회 위원, 대학교 연구교수 등이었다. 공영방송사내 '적폐'를 청산한다며 군 적폐청산위원회 위원과 세월호 조사위원을 데려온 것 자체가 이상하게 보였다. 진미위 아래 15명의 직원들로 구성된 '진미위 추진단'을 만들었는데, 이 기구에서 직원들을 소환해서 조사했다.

진미위, "소환에 불응해도 처벌, 조사내용 외부 알려도 처벌"

진미위 규정에는 '소환에 불응해도 처벌 받고, 조사 내용을 외부에 알려도 처벌받는다'라는 조항이 있었다. 진미위를 '공포의 계엄사령부'라고 부르는 이유가 여기에 있었다. 직원들에게 은밀하게 문자 등을 보내 소환해서 조사를 벌였던 것이다.

조사 대상은 과거 사장 시절에 보도했던 '사드 배치', '4대강', '세월호', '기자들의 성명서 작성' 등 여러 가지였다. 당시 정권에 고의적으로 우호적으로 보도하지 않았느냐 하는 것 등이 추궁대상이었던 것이다. 언제 어떤 내용으로 소환문자가 날아올지 몰라서 그야말로 직원들은 조마조마했던 것이다. 방송사상 전무후무한 인민위원회 같은 기구를 만들어서, 후배가 선배를 소환해 과거 보도한 내용을 추궁하는 무서운 상황이 벌어진 것이다.

MBC는 그 이름을 달리 해 '정상화위원회'라고 불렀고 역시 비슷한 활동을 했다. 연합뉴스는 '혁신위원회'가 그 역할을 했다. 이런 상황에서 현 정권에 편파적인 보도를 하지 말라고 내부 직원들이 반대하는 목소리를 내는 것은 사실상 불가능한 상황이었다.

이런 상황에서 2017년 7월 20일 경, KBS공영노동조합이 진미위가 방송법을 위반했다며 서울 남부지방법원에 '활동중지 가처분'을 신청했다. 그리고 진미위의 조사 결과를 바탕으로 사측이 인사위원회를 열기 하루 전인 2017년 9월 17일, 법원은 진미위에 '징계권이 없다'는 판결을 내렸다. 징계 직전에 구조된 것이다.

이후 항고심인 고등법원은 2018년 5월 15일, 1심과 달리 'KBS사측이 징계를 할 수 있다'라는 판결을 내렸다. 사측은 이를 바탕으로 전 사장 시절의 간부들 20여명에게 해임과 정직, 감봉, 주의 촉구 등의 징계를 추진했고 2019년 10월 현재, 그 절차가 진행 중이다.

MBC도 모두 16명을 해임하고 수십 명을 정직과 감봉 등의 처분을 내렸다. 그러나 해임된 직원들이 소송을 통해 속속 복직하고 있다. 그 외 사측의 이런 조사 등을 견디지 못해 자진 퇴사한 직원들을 합치면 회사를 그만 둔 직원들은 훨씬 많다.

3. 편파·왜곡·조작-"정권은 보호하고 반대파는 공격하라"

/

장악된 방송의 특징은 문재인 정권에 대한 홍보성 찬양과, 김정은에 대한 칭송방송이다. 반대로 보수 우파에 대해서는 노골적인 비판과 공격성 보도가 많았다. 이와 함께 '재벌'이라고 불리는 대기업에 대한 적대적인 보도를 하면서 민노총을 중심으로 한 노동조합에 대해서는 친화적인 보도행태를 보였다. 문재인 정권 2년의 보도행태를 몇 가지 사례를 중심으로 간략하게 서술해 본다.

(1) "문재인 정권을 찬양하고 김정은을 칭송하라"

방송의 문재인 정권 찬양은 이미 널리 알려져 있어서 여기서 재론

(再論)하는 것이 큰 의미가 없을 지경이다. 집권 초기에 문재인이 청와대 구내에서 수석들과 테이크아웃 잔으로 커피를 마시고, 구내식당에서 식사하며, 상의를 벗어서 직접 의자 위에 걸치는 모습 등을 보여주면서 서민 대통령의 이미지를 만들었던 것도 역시 방송이 가장 적극적이었다.

"대통령의 헤진 구두에 얽힌 사연"

당시 한 방송은 대통령이 휴가를 맞아 산소에 가서 절을 하는 사진을 보여주며, 사진 속 대통령의 구두 바닥이 헤진 것을 보도했다. 그 보도에서 "대통령이 헤진 구두를 계속 신는 것은 그 구두가 장애인이 선물한 특별한 것이기 때문"이라고 방송했다. 이런 사소해 보이는 좋은 이미지들을 집중적으로 보도함으로써 대통령이 착하고, 정의로우며 정직하다는 인상을 심어줬던 것이다.

또 중국을 방문했을 때, 기자폭행과 혼밥 등 여러 가지 홀대 논란이 일었던 당시, 대통령이 중국 고위층과 식사 약속을 잡지 못해 일행과 베이징 시내 식당에서 식사를 했다. 당시 특정 언론은 '문 대통령의 서민식당 체험'이란 제목으로 마치 대통령이 의도적으로 서민식당을 방문해서 북경시민들과 소통하려고 했던 것처럼 보도했다. 중국에서 홀대 받았다는 여론을 서민식당을 체험하기 위해 일부러 혼밥을 했다는 식으로 보도했다.

"최저임금 문제는 편의점 과다 경쟁 때문이야"

문재인을 미화하는 것은 그렇다고 치더라도, 잘못된 정책으로 국민들에게 구체적인 피해가 발생하는 상황에서도 그 정책을 비판하지 않고 책임을 다른 곳으로 돌린 사례도 많았다. 가령, 최저임금의 과다한 인상으로 많은 소상공인들이 힘들다고 아우성 칠 때도 〈KBS 뉴스9〉는 '어쩌다 편의점 공화국이 됐나… 사실상 출점 무제한'(2018년 7월 16일)이라는 뉴스를 보도했다. 이는 최저임금으로 인해 힘든 자영업자 문제를, '편의점의 과다 경쟁' 때문이라는 식으로 해석되는 보도였다. 최저임금 인상이 잘못된것이 아니라 편의점 과다 경쟁이 문제라는 식이었다.

또 소득주도 성장으로 인해 최하위 계층의 소득이 줄어들고 오히려 상위 계층이 올랐다는 통계청의 발표가 있던 날, 〈KBS 뉴스9〉은 '사상 최악의 소득분배… 가계소득 통계 뭐가 문제'(2018년 8월 30일)라는 제목의 뉴스를 보도했다. 정책의 실패보다는 오히려 '통계처리 방식에 문제가 있다'는 식으로 보도한 것이라는 비판이 강하게 일었다.

이처럼 문재인 정권의 정책이 잘못됐다는 것에 대한 직접 언급을 회피하거나 다른 이유를 들어 교묘하게 덮는 식의 보도를 함으로써, 정권에 부담을 최소화하려는 것처럼 보였다.

"4대강 부정적인 보도, 보(洑) 해체에 활용"

또 이명박 정권에서 추진했던 4대강에 대한 비판적인 보도는 문재인 정권 2년차까지 이어졌다. 〈KBS 뉴스9〉의 '4대강 반대하면 감시하고 돈 끊고"(2018년 7월 5일) 라는 제목의 뉴스를 보도했다. 여기서 4

대강을 반대했던 대학교수를 스튜디오에 출연시켜, 과거 4대강에 대한 부정적인 견해를 밝히면 학자들의 연구비가 차단되는 등의 탄압을 받았다는 식으로 보도했다. 이런 부정적인 보도를 바탕으로 문재인 정권은 4대강 보(堡) 해체를 강력하게 주장했다.

이밖에도 문재인 정권에서 유난이 많았던 화재 사건 등 각종 재난 때도, 사건 그 자체 보다는 대통령이 언제 현장에 도착해서 무엇을 지시했다는 것을 주요한 뉴스처럼 보도했다. 2017년 12월 4일, 주요 뉴스 가운데 하나는 수석 비서관 회의 전, 전날 인천 영흥도 낚싯배 전복 사고로 20여명의 사상자에 대한 청와대 '묵념행사'였다. 대부분의 언론들이 이 묵념사진을 크게 보도했다.

언론들은 문재인이 각종 사고현장에서 피해자를 다독이고 눈물을 흘리는 등 '사건 현장에 대한 관심'이 많다는 것을 유난히 강조해왔다. 전임 박근혜 대통령과는 다르다는 것을 강조하려는 것이다. 세월호를 의식한 특별한 보도행태라고 보여 진다.

"대형 사고에 분(分) 단위까지 챙기는 대통령"

그래서 2019년 5월 30일 폴란드 유람선 사고가 났을 때도 방송사 주요 뉴스 가운데 '문 대통령의 지시사항'은 빠지지 않았다.

이날 〈KBS 뉴스9〉은 '긴박한 청와대… 문 대통령 "외교 채널 총동원 신속 구조"'라는 제목의 뉴스를 보도했다. 이 보도에서 대통령은 "가장 중요한 것은 속도"라며 "구조 인원과 장비를 최대한 빨리 투입하라"고 당부했다고 보도했다. 마치 사고 현장이 국내에 있는 것 같은 절박감이 느껴졌다.

이어 KBS는 "문 대통령은 청와대 위기관리센터로 보고가 접수된 오전 새벽 5시 45분 이후 첫 보고를 받았고, 정의용 국가안보실장에게 관저에서 대면 보고를 받은 뒤 오전 8시에 가용한 모든 자원을 총동원해 구조에 나서라고 긴급 지시를 내렸습니다"라고 보도했다. 분(分) 단위로 대통령의 지시사항을 보도하는 것이다. 아무리 큰 사고가 나고, 당국의 대책이 소홀해도 대통령은 사후 처리를 철두철미하게 챙기는 것처럼 보도했다. 정말 '좋은 대통령'이라는 말이 절로 나올 지경이었다.

그런 가운데 2019년 4월 4일 밤 강원도 고성에서 산불이 났다. 산불이 커져가는 동안에도 KBS는 재난보도가 아닌 〈오늘밤 김제동〉이라는 프로그램을 방송하다가 여론의 질타를 받았다. 이날 문재인은 '이례적'으로 불이 나고 5시간가량 지나서 상황실에 들렀다. 일부에서 그 시간에 대통령은 어디서 무엇을 했느냐고 물었다. 즉 불이 난 저녁 7시부터 불길이 잡힌 자정 사이에 어디에 있었느냐는 것이다. 일부에서는 전날 신문의 날 행사에 이은 '음주설' 등을 제기 하기도 했다.

그 다음날 〈KBS 뉴스9〉은 이렇게 보도했다. "오늘(5일) 청와대도 긴박하게 움직였습니다. 문 대통령은 오늘(5일) 예정된 일정을 전면 취소하고 새벽부터 2차례 긴급회의를 열었고, 오후엔 산불 현장을 직접 방문했습니다."

저녁 7시부터 자정사이에 대통령의 모습은 보이지 않았지만, 그 시간에 무엇을 했는지에 대한 보도는 하지 않고, 새벽부터 바쁘게 회

의를 했다며 아주 긴박하게 움직인 것처럼 방송했다. 이처럼 대통령
에 대해서는 어디 흠이라도 날까봐 조심하는 보도가 많았다.

김정은, "다정하고 진솔한 친구 같은 지도자"

그렇다면 김정은에 대한 보도는 어떠했을까? 역시 칭송일색이다.
마치 과거의 김정은이 아니고 새로운 인물이 나타난 것처럼 우호적으
로 보도하는 것이다. 몇 가지 사례를 살펴보면 아래와 같다.

〈KBS 뉴스9〉의 뉴스 제목은 다음과 같은 것들이 있었다. "새 역사
는 이제부터" 방명록서 드러난 김정은 '주체필체'(2018년 4월 27일) '친
구 간 평범한 일상처럼'(2018년 5월 27일) '김정은 진술 파격발언' '중대
한 변화 있을 것'(2018년 6월 12일) '김정은 위원장 손가락 하트 사진 공
개'(2018년 4월 27일) '김정은 스타일은? 겸손 화법. 격식파괴'(2018년 9
월 20일) 등 그야말로 친숙하고 다정한 사람처럼 묘사했다.

이런 가운데 2018년 9월 20일, 문재인과 김정은이 정상회담을 한
뒤에 백두산에 올랐다. 아래 기사는 〈KBS 뉴스9〉에서 '남북정상, 백
두산에서 손잡고 새 역사 열었다'라는 제목으로 보도한 내용의 일부
분이다.

"변덕스런 날씨 때문에 삼대(三代)가 덕을 쌓아야 볼 수 있다는 천지
(天池), 문재인 대통령과 김정은 위원장 두 정상에게 모습을 허락했습
니다… 중요한 결단의 순간마다 백두산 정상을 오르곤 했던 김 위원
장은 백두산 동반 등정의 의미를 되새겼습니다… 오랜 친구처럼 스스
럼없이 사진도 찍고 배려하는 남북 정상, 파격의 파격 속에 정상회담

기간 줄곧 함께 했던 신뢰의 마지막 여정은 한민족의 영산 백두산이었습니다." 팩트를 전달한 기사가 아니라 마치 기자의 생각이나 의견을 적은 수필같이 보인다.

이처럼 뉴스를 통해 만들어지는 김정은의 이미지는 독재자가 아닌 다정다감하면서도 개혁적인 지도자로 둔갑하는 것이다. 이런 상황에서 KBS가 2018년 9월 24일 발표한 여론조사결과를 보면, 김정은 답방 찬성이 87%, 문재인의 국정지지율은 72%라고 나타났다.

방송의 친 김정은 보도는 현안인 북한 핵무기 폐기에 대한 국민의 관심을 다른 곳으로 돌리는 동시에, 남북관계 개선과 이를 통한 남북통일이라는 성급한 기대를 가져오게 했다. 특히 젊은 층은 기차 타고 북한을 거쳐 유럽대륙으로 여행 갈 수 있다는 식의 꿈을 꾸는가하면, 북한이 우리에게 더 이상 위협적인 존재가 아닌 것으로 인식하게 됐던 것이다.

이 같은 상황에서 친북 혹은 종북이라고 하면 그것은 철지난 색깔론으로 보이고, 안보문제를 제기하는 야당 등은 시대 흐름을 따라가지 못하는 수구 꼴통으로 비춰지는 것이 어쩌면 당연한 것인지도 모른다.

(2) 반(反)보수 보도-"우파를 궤멸하고 좌파를 지켜라"

방송에서의 보수우파 때리기는 어제 오늘의 일이 아니다. 앞서 기술한 것처럼 과거 보수정권시절에도 방송사의 구성원들 중 기자와 PD

등이 대부분 좌파 성향의 노조에 가입돼있어서 자연스럽게 그 성향이 보도에 드러나고 있었다. 그러나 문재인 정권이 들어선 이후에는 노골적이고 본격적인 '우파 때리기'가 시작된 것이다. 그 핵심은 박근혜와 이명박 두 전직 대통령의 구속에서 아주 구체적으로 드러났다.

문재인 정권은 출범 후 이른바 적폐청산이라는 이름으로 보수우파에 대한 대대적인 수사에 들어갔다. 말이 수사이지 '우파 궤멸작전'이라고 부를 수 있을 만큼 철저하게 '우파 공격'처럼 보였다. 박근혜와 이명박 두 전직 대통령은 물론, 전직 국정원장 4명, 군 장성, 전직 장관과 청와대 수석 등 100여명이 넘는 보수우파 인사들이 줄줄이 구속됐다. 이 과정에 이재수 장군과 변창훈 검사가 극단적인 선택을 하는 등의 희생자가 잇따랐다.

대한민국 헌정사상 정권교체 후 이렇게 많은 우파 인사들이 한꺼번에 구속된 것은 처음이다. 바야흐로 무서움과 공포가 지배하는 사회처럼 돼버렸다. 마치 프랑스 혁명 이후 자코뱅당이 주도하는 국민공회의 공포정치가 연상되었다. 이런 적폐청산에는 방송 등 언론이 수사 과정에서 '피의사실'을 먼저 보도하는 것이 관례처럼 됐다.

육군대장이 공관병에 갑질… "썩은 과일 던지고 부모 모욕"

가령 박찬주 장군이 옷을 벗고 구속당하기 전에 먼저 '공관 사병 갑질'이라는 이유로 언론의 물매를 맞았다. 〈KBS 뉴스9〉은 2017년 8월 4일 보도에서, '전역 공관병 하인 취급 증언… "썩은 과일 던지고 부모 모욕"'이라고 보도했다.

뉴스 제목처럼 육군대장이 그 공관병에게 인간 이하의 대우를 했다는 것이 주요한 내용이었다. 이 기사는 갑질의 패턴만 달리해서 계속 비슷한 뉴스를 보도했다. 마치 대한항공 조양호 회장 일가의 '갑질 보도'처럼, 사퇴하거나 구속될 때까지 관련 보도가 이어졌다. 박찬주 대장에 대한 뉴스는 부인에게까지 이어졌는데, '부인이 공관병에게 팔찌를 채우는 등의 갑질을 했다'고 보도했다. 박찬주 대장은 다른 건 등으로 구속됐지만 결국은 무죄로 석방됐다. 아무리 생각해봐도 말도 안 되는 억지 적폐청산이었고, 또 이를 위한 '억지 뉴스'였다.

적폐청산도 이렇게 언론을 통해, 개인에게 치명적인 타격을 가해 방어력을 상실하게 만든 뒤, 자연스럽게 사법처리로 이어지게 하는 '일정한 패턴'을 보였다. 정말 공포 그 자체였다. 그런데 당시 언론은 이런 상황에 대해 동조할 뿐, 이에나 문제 제기는 거의 없었다. 그리고 보도에 대해 책임도 지지 않았다.

"보수단체 삭발하고 2백만 원 받는다"

MBC 뉴스데스크는 2018년 1월 16일 뉴스에서 '전경련, 어버이연합에 3억 원 넘게 지원… 돈 세탁 정황도'라고 보도했다. 본격적인 보수파에 대한 사정작업을 시작한 것이었다. 이어 MBC는 같은 뉴스에서 MBC는 '삭발하고 2백만 원… 어버이연합, 돈 받고 관제 시위'라는 제목의 뉴스를 내보냈다. 모두 보수 우파 단체를 겨냥한 보도였다. 우파 단체가 반정부 운동을 벌이면서 삭발하면 돈을 줬다는 내용인데, 아직 필자는 삭발하고 돈 받았다는 사람을 본적이 없다. 만약 그렇다면 서울역 앞에 있는 많은 노숙자들이 삭발하고 돈을 받았지 않았겠는가? 어처구니없는 뉴스였다.

그리고 '박(朴) 말 한마디에 개성공단 전면 중단… 헌법도 무시'(2017년 12월 28일) '세월호 침몰 당시 대통령은 침실에… 전화도 안 받았다'(2018년 3월 28일) '4년간 은폐돼있던 거짓말 어떻게 드러났나?'(2018년 3월 28일) 등 박근혜 전 대통령을 공격하는 뉴스가 계속 이어졌다.

〈KBS 뉴스9〉도 비슷한 양상이었다. KBS는 특히 드루킹 사건으로 시끄러웠던 때인 2018년 6월에 뜬금없이 과거 새누리당에서도 드루킹과 비슷한 사건이 있었다며 박근혜 당시 대표를 끌어들였다. '새누리당 매크로 조작 의혹… 경찰, 확인 나서'(2018년 6월 6일)라는 제목이 바로 그 뉴스이다.

또 2018년 6월 8일 〈KBS 뉴스9〉은 문재인이 허익범 특검을 임명하는 뉴스를 보도하면서 "허익범 특검 임명… 구(舊) 여권 매크로 수사, 국회서 결정"이라는 제목으로 방송했다. 이것은 대통령이 허익범 특검에게 임명장을 주는 것을 보도한 것인데, "과거 새누리당의 매크로에 대해서도 만약 국회에서 결정한다면 조사 하겠다"는 식의 보도를 했다. 물 타기 보도의 전형처럼 보였다.

"5·18 헬기사격?… 내 몸이 증거여"

또 KBS와 MBC 등은 '기무사가 계엄령을 검토한 문건을 작성했다'고 연일 크게 보도했다. 〈KBS 뉴스9〉의 경우 '탄핵 때 계엄 검토… 탱크 동원 5·18 흡사'(2018년 7월 6일) '기무사, 계엄령 발령 시 야간통행 금지도 계획'(2018년 7월 22일) 등 아주 구체적인 정황이 있는 것처럼 보도 했지만 이는 모두 사실무근이었다. 이밖에 1980년 5·18 당시, 헬기사격설이 나오면서 방송들은 일제히 헬기 사격이 있었다는 보도를 했다. 대통령은 진상조사를 하라고 특별지시까지 했다.

〈KBS 뉴스9〉의 경우 '(단독) 광주투입 헬기 탄약 500발 사용… 5·18 군인의 증언' (2018년 5월 12일) '헬기사격?… 내 몸이 증거여'(2018년 5월 21일) 등 헬기 사격이 있었다는 단정적인 보도를 했다. 이런 보도는 당시 문재인의 조사지시 등과 맞물려 5·18 분위기를 고조시키는데 크게 기여했다. 그러나 헬기사격의 가해자와 피해자가 특정되지 않는 등 구체적인 증거가 없는 보도로, 대표적인 선동적인 보도였다는 비판을 받았지만 누구도 이의 제기를 하지 않았다.

"고(故) 노회찬 의원 금품 수수 알려진 날, 스튜디오 출연 칭찬"

고 노회찬 의원이 생전에 드루킹 특검 조사과정에서, 드루킹 측으로부터 금품을 받았다는 뉴스가 흘러나온 날인 2018년 7월 4일, 〈KBS 뉴스9〉은 노회찬 의원을 〈KBS 뉴스9〉스튜디오에 출연시켰다. '노회찬 의원… 특활비 투명화, 폐지 필요성은?'라는 제목의 이 날 방송에서 뜬금없이 노 전의원이 국회 특활비 반납을 결심하게 된 경위 등을 보도했다. 정치자금을 받은 혐의로 수사선상에 있는 현역 의원을 스튜디오에 출연시켜, 다른 선행(善行)을 소개함으로써 여론을 되돌려 보려는 의도로 보였다. 참으로 대담하고 간 큰 뉴스였다. 그래도 당시는 모두가 조용했다.

이후 노 전의원이 극단적인 선택을 하자, 이내 방송들은 노 전의원의 추모뉴스를 집중적으로 보도했다. '힘이 못 돼 미안했습니다… 고(故) 노회찬 의원 추모행렬'이라는 제목의 뉴스(2018년 7월 25일)가 말해주듯이 노 전의원을 기리는 뉴스를 연일 보도했다.

가해자를 피해자로 바꾸고 악을 선으로, 선을 악으로 바꾸는 것이 작금의 방송이 아닌가. 그러니 누가 방송을 보며, 또 본들 누가 믿을 것인가?

(3) 반 대기업, 친 노조 방송 – "재벌을 때리고 노조는 보호하라"

방송의 재벌공격은 대한항공과 삼성바이오로직스 사태에서 잘 드러나고 있다.

이 가운데 대한항공 상황을 중심으로 살펴보자. 대한항공 조양호 회장 딸의 '갑질'로 결국, 조 회장이 경영권을 박탈당한데 이어 미국에서 사망하는 상황에 이르게 됐다. 박찬주 대장의 경우처럼 의혹이나 관련자의 증언이 나오면 모두 뉴스가 되는 상황이었다. 관련 보도는 수차례 나갔기 때문에 여기서 재론하지는 않겠지만 그동안 〈KBS 뉴스9〉에서 방송됐던 몇 가지 제목만이라도 살펴본다.

"회장 사모님이 욕하고 가위 던져… 개 보다 못한 갑질"
(단독) "침 뱉고 신발 던졌다"… '경찰 이명희 폭행 피해자 8명 진술

확보'(2018년 5월 12일) "욕하고 가위 던져"… '개보다 못한 취급 갑질 추가 폭로'(2018년 5월 23일) (단독) '한진 조양호, 부친 묘소 관리에 계열사 동원'(2018년 9월 24일) 등이다. 제목에서부터 짐작할 수 있듯이 공중파 뉴스라기보다는 마치 '주간지 가십 기사' 같은 내용들이 전파를 탔다. 특히 대한항공의 갑질 관련 기사는 뉴스 가치가 있든 없든 간에 사흘이 멀다 하고 방송됐다. 이런 집중 보도와 수사당국의 잦은 압수수색, 공개소환 등으로 한진그룹은 그야말로 만신창이가 돼 버렸고, 결국 조양호 회장은 국민연금이 동원된 주주총회에서 대한항공의 대표이사 직에서 해임됐다. 그 후 조양호 회장은 먼 미국 땅에서 지병으로 숨졌다고 발표됐다.

이 사안은 결국은 대한항공의 경영권을 빼앗기 위해 언론과 수사기관이 총동원됐다는 것 외에 달리 해석하기 힘든 상황이다. 대한민국이 소유권과 사적 자치를 보장하고 있는 자유시장경제 체제가 맞는지, 많은 사람들이 의문을 가졌지만 이 또한 침묵 속에 잠겨버렸다.

재벌에 대한 공격성 보도는 이외에도 삼성바이로직스에도 집중됐다. 당국은 이재용 부회장에게 경영권 세습을 위한 분식회계가 있었다며 조사했고, 방송은 이에 맞춘 삼성 때리기를 이어갔다. 결국 삼성바이오로직스는 증권거래소에서 거래가 중단되기도 했다. 바야흐로 대한민국에서 대기업을 경영한다는 것 자체가 죄가 되는 것처럼 보였다.

이와 함께 방송들은 삼성이 '노동조합 설립을 막았다'는 내용 등을 주요 뉴스로 내 보내기도 했다. 간단히 제목을 살펴보면, MBC 뉴스데스크는 '말 안 들으면 섬으로… 삼성 노조 파괴 교과서'(2018년 4월

12일), 〈KBS 뉴스9〉의 경우 〈삼성노조 기획〉이라는 코너를 만들어 삼성의 무노조 상황을 공격하는 듯한 뉴스를 수차례 방송했다. '삼성그룹 문건 확인… 노조 파괴 본사 차원'(2018년 5월 15일) 등이 그 예이다.

이와 반대로 방송은 노조에 대해서는 한없이 우호적인 태도로 보도했다. 민주노총이 경찰을 상대로 폭행을 하거나 대검찰청 청사를 점거하는 등의 불법행위에 대해서도 거의 보도를 하지 않았다. 자신들의 상급단체인 민주노총이 관련된 범법행위는 눈 감고 있다는 비판을 강하게 받아왔지만 아랑곳하지 않았다. 그야말로 '노조의 나라', '노조의 방송' 같아 보였다.

(4) "조국 일가의 비리를 덮어라"

문재인은 2019년 8월 9일 조국 청와대 민정수석을 법무부장관 후보로 지명한다고 밝혔다. 나머지 6명의 장관후보자도 함께 발표했다. 발표 직후부터 조국 후보자에 대한 검증기사가 쏟아졌다. 75억 원에 약정한 사모펀드에 10억 5천만 원을 투자했다는 소식을 시작으로 딸의 논문과 장학금, 가족이 운영해온 웅동학원 등 가족의 비리 의혹이 연일 터져 나왔다.

주로 신문에서 첫 보도를 하고나면 유튜브와 카카오톡 등 SNS를 통해 기사가 확산되었다. 이러다 보니 지상파가 보도하지 않아도 조국관련 뉴스는 연일 국민의 주요 관심사가 되었다. 그렇다면 지상파 등 방송들은 조국관련 기사를 어떻게 보도했을까? 초기에는 특정 한

두 매체를 빼고는 대부분의 지상파와 라디오 방송은 조국과 관련한 기사를 잘 보도하지 않거나 그동안 신문 등 타사(他社)가 보도한 내용 가운데 비교적 타격이 적은 내용 위주로 소극적인 태도로 보도하는 것 같이 보였다.

2019년 9월 1일 문재인이 동남아시아로 순방을 떠나면서, 조국의 비리 의혹에 대해 '대학입시 제도'와 '청문회의 정쟁'의 문제라는 듯이 말했다. 이날 〈KBS 뉴스9〉은 대통령의 발언을 전하면서 "…당시 (입시)제도에 따라 딸을 진학시킨 조 후보자가 물러날 사안은 아니라는 겁니다"라고 보도했다. 그 하루 전 날인 8월 31일 뉴스에서는 "조국 씨의 딸이 평범하지는 않은 기회를 얻은 것은 맞지만 위법은 아닙니다"라고 보도했다. 조 씨 편에서 해명해주는 것 같은 뉴스가 많았다. '조국스러운 방송'이라는 말이 나오는 이유였다.

그 후 의혹이 더 커져가면서 언론사간의 경쟁이 치열해지자 방송사들도 보도량을 조금씩 늘려갔지만 '눈 가리고 아웅 하는 식'의 보도라는 비판이 많았다.

이런 보도태도는 조국뿐 아니라 김기식 전 금융감독위원장, 안희정 전 충남도지사, 김경수 경남도지사, 이재명 경기도지사 등 여권인사들의 범죄 의혹 등을 보도할 때도 비슷했다. 추가 의혹이나 비리를 파헤치는 것이 아니라 드러난 혐의를 덮거나 '물 타기'한다는 강한 비판을 받았다.

(5) 그랜드 디자이너… "방송사들 뒤에 숨은 기획자 있다"

문재인 정권에서 방송의 특징 가운데 하나는, 보수나 우파에 대한 비판을 하거나 정부에 유리한 내용을 홍보하는 방송을 할 때, 마치 방송사 전체를 조율하고 기획한 것처럼 방송한 경우가 많았다는 점이다.

'김학의 전 법무차관 사건', '고(故) 장자연사건' 등 개별 사건은 물론이고 '국군기무사 계엄검토 문건', '군(軍) 기무사의 민간인 사찰', '대한항공 사주 갑질', '광주 5·18 헬기 사격설' 등을 보도할 때 비슷한 패턴을 띠고 있다는 것이다.

즉 다른 방송사가 보도한 내용이라도 시차를 두고 또다시 방송하는 사례가 많아서, 마치 방송사들이 경쟁하는 관계가 아니라 마치 하나의 거대한 계열사 군(群)에 들어있는 것처럼 보였다. 마치 누군가가 기획해서 방송사별로 방송날짜와 내용 등을 배분한 것처럼 보였다.

"윤지오 씨의 연속 방송 출연… 누가 기획했나?"

가령, 고 장자연 씨 사건의 유일한 목격자라고 하는 윤지오 씨가 비슷한 내용을 각기 다른 날짜에 다른 방송사에 출연한 것이 그런 예이다. 윤 씨가 방송사 메인 뉴스에 출연한 날짜는 이렇다. 〈KBS 뉴스 9〉(2019년 3월 7일), 〈MBC 뉴스데스크〉(3월 18일), 〈SBS 8시 뉴스〉(3월 7일), 〈jtbc 뉴스〉(3월 11일) 등이다. 그뿐 아니라 KBS에는 〈KBS 뉴스 9〉에만 출연한 것이 아니라 〈오늘밤 김제동〉 등 KBS에만 5차례 출연했고, jtbc에 3차례, 교통방송인 TBS에 2회, CBS에 2회, MBC와 SBS, 그리고 YTN에 각각 1번씩 출연했다.

이 프로그램에서 윤지오 씨는 장자연 씨가 억울한 일을 당한 것을 지켜본 것처럼 증언했고 장자연 리스트가 있었다고 말했다. 특히 〈KBS 뉴스9〉에 8분 이상 출연하면서 앵커는 "조선일보 사주 이름이 있었지 않았나?"하고 캐묻기도 했다. 그러나 검찰은 5월 20일 수사결과를 발표하면서 장자연 리스트는 없었다고 밝혔다. 그리고 윤지오 씨의 주장이 상당수 거짓으로 밝혀지면서 윤 씨에게 후원금을 낸 시민들이 윤 씨를 상대로 소송을 제기했다.

그리고 윤 씨가 고 장자연 씨 관련 책을 펴낼 때 도움을 준 작가도 윤 씨가 거짓말을 하고 있다고 윤 씨를 고발했다. 그리고 윤 씨는 돌연 캐나다로 출국해 버렸다. 결과적으로 보면 방송사는 윤지오 씨에게 놀아난 셈이다.

그렇다면, 과연 윤 씨가 혼자서 각 방송사 메인 뉴스 출연을 섭외하고 또 비슷한 내용을 증언했을까? 경쟁하는 방송사는 이런 식으로 특정인을 연속해서 출연시키지 않는다는 것은 자명하다. 누군가가 뒤에서 기획해서 방송사에 순차적으로 출연시켰다는 의혹이 강하게 든다. 과연 누굴까?

4. 맺는말–"언론의 자유, 그 영원한 명제를 위하여"

언론의 자유는 다른 모든 자유를 가능하게 하는 전제가 된다는 점에서 민주사회에서 가장 중요시 되는 자유이다. 그리고 언론 자유의 핵심은 공정하고 객관적인 보도를 할 수 있는 제도와 상황의 보장이다. 과거 언론자유를 침해해온 주체는 주로 권력이나 자본이었다. 특히 후진국일수록 정치권력으로부터의 간섭과 탄압이 많았다.

그러나 앞에서 살펴본 것처럼 노동조합이라는 내부 단체에 의한 '언론장악'은 더욱 심각하다는 것을 알 수 있다. 겉으로는 언론사 내부 사정이라고 말하기 좋기 때문이다. 문재인 정권은 민주노총과의 정책연대라는 형식으로 노조에 의한 장악이 가능한 여건을 만들었다고 본다. 권력이 나서지 않아도 언론사 내부에서 스스로 정권과 코드가 맞는 보도를 해준다면, 이보다 더 수월한 장악이 어디 있겠는가?

노동조합은 원래 사측에 대항해서 근로조건 개선 등을 위해 투쟁해온 것이 일반적인데, 언론사 노조 특히 공영방송의 노동조합은 정치적 활동에 치중해왔다. 앞서 민주노총 산하 언론노조의 강령 등에서 봤듯이 드러내놓고 정치활동을 하고 있는 것이 현실이다.

이런 막강한 영향력을 가진 언론사들을 민노총이라는 기치아래 하나의 카르텔을 형성해 현실정치에 간여하고 영향력을 행사한다면, 이는 군대나 정당보다 더 큰 힘을 발휘할 수 있다고 본다. 이런 점에서 민주노총산하 언론노조의 특정한 이념과 정파성 지향의 활동은 언론자유의 침해는 물론 자유 민주주의와 법치를 파괴할 수 있는 행위라는 점에서 매우 위험해 보인다.

그런데 궁(窮)하면 통(通)한다고 했던가? 유튜브라는 새로운 매체가 등장하면서 지금 언론은 대변혁을 겪고 있다. 특히 지상파 방송의 편파, 왜곡, 조작이 심해지자 시청자들이 대거 유튜브로 이동하면서 유튜브 전성시대를 맞이하고 있다. 이 과정에서 지상파 방송의 시청률이 폭락하고 광고가 급감하고 있어서, 오히려 방송의 위기를 맞이하고 있다. 아이러니가 아닐 수 없다.

장악된 언론을 통한 장기집권을 기획했다면, 유튜브 때문에 그 계획이 차질이 생긴 것이다. 아니 언론 지평이 새롭게 열리고 있는 것이다. 그러나 아직도 지상파 방송사만을 보는 계층이 있고, 여전히 지상파 방송의 시청률을 다 합하면 그 영향력은 무시할 수는 없다. 그래서 대책이 시급한 것이다. 또한 2020년 총선과 2022년 대선에도 지상파 방송이 적지 않은 영향을 미칠 것으로 보인다.

언론의 자유, 그것은 우리의 숨결과 같다. 누리고 있을 때는 전혀 감각조차 할 수 없을 정도로 자연스러운 것이지만, 장악이나 통제될 경우 마치 질식할 것 같은 답답함을 느낀다.

한국 언론, 특히 방송은 박근혜 대통령 탄핵과 문재인 정권의 탄생, 그리고 그 후에 자행된 숱한 폭정(暴政)에 동조하거나 협조하면서 씻을 수 없는 과오를 범했다. 머지않아 반드시 그 실상을 낱낱이 밝혀 역사와 정의의 심판 앞에 반드시 세워야 한다. 하루빨리 그날이 오기를 간절히 소망한다.

대한민국을 독살하는 좌파 영화와 드라마

조희문

1. 한국영화는 좌파선동의 선봉대

영화는 흥미롭고 재미있는 예술작품이라고? 기본적으로 그런 면이 있기는 하다. 하지만 대한민국에서 영화는 대한민국을 공격하는 무기 노릇을 한다. 이승만, 박정희 대통령처럼 대한민국의 건국과 성장 발전에 중요한 기여를 한 인물에 대해 온갖 험담이나 모욕을 하며, 정치인, 고위관료는 오로지 부정한 권력과 돈을 노리는 타락한 캐릭터로 묘사한다. 국가는 국민을 보호하는 정당한 권력이 아니라 학대하고 저주하는 폭압적 존재로 묘사할 뿐이다. 대한민국의 역사와 현재를 공격하는 영화는 흥미와 감동의 외피를 덮어쓴 채 특정 집단이나 계층의 목표를 실행하는데 부역하는 흉기요 독극물 역할을 하는 것이다.

문재인 정권의 등장 이후 대한민국은 독살당하는 중이다. 청산가리를 넣은 음식을 강제로 먹이려 하고 창문을 밀봉한 채 방안에 연탄불을 피워 놓는꼴이다. 나치 수용소에 갇힌 유태인들이 단지 유태인이라는 이유로 가스실에서 집단으로 학살당하는 것과 다를 바 없다. 독을 퍼뜨리는 협박범은 문재인과 그 주변 세력이고, 독가스실에서 인질로 잡혀있는 것은 대한민국 국민들이다.

문재인은 2017년 5월, 대통령 선거를 통해 정권을 잡았다. 취임사에서 '나를 지지하지 않은 국민들까지 포용하며 함께 가겠다'며 '기회는 평등하고 과정은 공정하고 결과는 정의로운 사회'를 만들어 '한 번도 경험하지 못한 나라'를 만들 것이라고 공언했다. 취임 2년여가 지나는 사이, 국민들을 '내 편'과 '적폐, 친일, 수구꼴통'으로 철저하게 구분하여 서로 대립하고 증오하도록 분열을 조장하고, 이전 정권에서 시행했던 대부분의 정책을 '적폐'로 몰아 폐기하거나 말살하려 한다.

문재인은 대통령이 되기 전부터 영화를 자주 보는 정치인으로 꼽혔다. '광해, 왕이 된 남자'(2012)를 보고는 노무현 대통령이 생각난다며 눈물을 흘렸다는 기사가 있었다. 원전 폭발사고를 소재로 다룬 '판도라'를 보고, 원전사고가 현실이 될 수 있다는 위험성을 실감했다는 말도 나왔다. 일본 후쿠시마 원전 사고가 주요 뉴스로 다루어지던 무렵이기는 했다. 일본과는 환경조건이나 원전 안전관리 역량 면에서 비교 불가한 수준이었지만, 원전 시설이 시민의 안전을 위협하는 당장의 흉기라도 되는 것처럼 우겨댔다. '판도라'는 원전 폭발 사고의 실상을 보여주는 선전 자료 행세를 했다.

좌파 영화들은 그들이 지지하는 편에 대해서는 미화, 영웅화 작업을 하며, 공격의 대상에 대해서는 필요에 따라 사건이던 인물이던 왜곡하거나 조작하는 일을 서슴지 않는다. 노무현 대통령의 변호사 시절을 소재로 삼았다는 '변호인'(2013)의 변호사는 그저 돈 많이 버는 일에만 관심을 두다가 시국사건의 변호를 맡게 되면서 당시 사회를 새롭게 인식하며 인권에 각성하게 되는 과정을 묘사한다. 시국사건에 연관된 피고인을 단죄하려는 검사는 부당한 국가권력에 맹종하는 주구처럼 설정한다. 논란이 되는 사건의 맥락은 고려하지 않은 채 선량한 시민(또는 국민)과 부당한 독재권력과의 대결이란 구도를 만들어 낸다. 마치 결론을 정해놓은 채 천사와 악마의 대결처럼 묘사하는 것이다.

5·18 사태 당시 광주의 상황을 최초로 보도했다는 독일 제1공영방송(ARD-NDR)의 일본주재 기자 힌츠페터(Jurgen Hinzpeter)의 행적을 소재로 한 '택시운전사'(2017)는 광주의 사건 현장에 몰래 잠입하려는 외국 기자를 현지에 태워주는 어느 택시기사를 주인공으로 설정한다. 홀아비로 딸을 키우며 하루하루를 살아가는 그는 오로지 먹고사는 일에만 관심이 있을 뿐 사회문제엔 아는 바도 흥미도 없다. 광주 현장에서 외국기자와 함께 이곳저곳을 다니며 여러 사람들을 만나고, 시위와 진압 상황을 경험하면서 인식이 크게 달라진다는 구성이다. 현실 문제에 무지했던 농민이나 노동자가 험난한 고비를 넘긴 뒤 대오 각성하여 혁명대열에 앞장서는 투사가 된다는 구성은 좌파 선전영화의 전형적인 구성이다. 소련영화 '어머니'나 북한영화 '피바다'의 주인공과 판박이 설정이다.

2. 소련 공산당과 함께 성장한 좌파영화

영화가 처음 등장한 것은 1895년. 크리스마스를 막 넘긴 12월 28일, 프랑스 파리의 '그랑 카페'라는 곳에서 처음으로 대중상영을 했다. 미국의 발명가 에디슨을 비롯한 프랑스, 영국, 독일, 덴마크 등 여러 나라에서 연구자들이 앞서거니 뒤서거니 하며 개발에 몰두하는 동안 시험적인 영사도 이루어졌지만 모두 결과를 테스트하기 위한 과정에 머물렀다.

프랑스의 발명가 뤼미에르 형제는 미국인 발명가 에디슨이 개발한 영사장치 키네토스코프(Kinetoscope)를 프로젝션 방식으로 바꾸어 독자적인 모델로 개량했다. 키네토스코프는 기계 1대당 관객 한명 씩 들여다보는 엿보기(peeping) 방식이다. 재미있기는 하지만 효율성 측면에서는 문제가 많았다.

뤼미에르 형제가 개발한 '시네마토그라프(Cinematographe)'는 키네토스코프의 불편함을 획기적으로 개선했다. 오늘날 영화관에서 보는 것과 같은 상영방식이다. 영사기 한 대와 필름 1벌만 있으면 그 곳에 모인 모든 관객이 관람하는 것이 가능했다. 뤼미에르 형제는 1895년 12월 28일, 프로젝션 방식의 시네마토그라프를 대중에게 공개한 것이다. 새로운 방식의 영사방식은 곧 프랑스를 벗어나 다른 영국, 독일, 덴마크, 러시아, 일본, 중국 등으로 퍼져나갔다. 미국에서조차 키네토스코프는 빠르게 퇴조하는 대신 시네마토그라프 방식이 일반화되었다.

영화 역사에서는 1914년에 공개된 미국영화 '국가의 탄생(The Birth of a Nation)'을 현대적 영화 형식을 갖춘 최초의 '극영화(Feature film)'로 평가한다. 상영시간 158분의 이 영화는 남북전쟁을 배경으로 두 가문의 교류와 대립, 갈등을 장대하게 그리고 있다. 기술적인 한계 때문에 흑백 화면에다 무성이기는 했지만, 극적 효과를 구성하는데 필요한 편집, 클로즈업, 트랙킹 같은 기술들을 모두 갖추었다. 영화의 형식적 완성이 이루어졌다고 보는 것이다.

시각적으로 쉽고 재미있게 관객(대중)을 움직일 수 있는 힘에 주목한 것은 미국영화계의 사업가들뿐만이 아니었다. 영화가 막 성장을 시작하던 무렵 러시아에서는 공산혁명이 일어났고, 새롭게 주도권을 잡은 레닌 등 권력지도부는 대중적 관심을 크게 모으고 있는 영화의 효용성에 주목했다. 공산혁명의 이념을 선전하는 수단으로 유용하다고 보았기 때문이다. 1917년 10월 25일 제2차 전(全) 러시아 소비에트대회가 열렸고, 이 대회에서 레닌이 제안한 3가지 포고령 즉 모든 교전국의 즉각적인 휴전을 제의한 평화에 관한 포고, '지주의 토지소유권은 무상으로 즉각 폐지한다'는 토지에 관한 포고, 레닌을 의장으로 하여 소비에트정부(인민위원회)를 창설한다는 국가권력에 관한 포고를 채택했다. 11월에는 레닌의 아내인 크룹스카야(Nadezhda Konstantinovna Krupskaya)의 주도 하에 인민교육위원회 안에 영화분과(Kinopodotdel)를 설치했다. 영화의 제작과 배급, 상영을 소비에트 정부가 장악하겠다는 의도를 구체적으로 시행하는 첫 과정이었다. 당시 러시아의 영화 사업은 비록 초기이기는 했지만 모스크바나 상트

페테르부르크 등 여러 지역에 산재하였고, 제작자나 극장 사업자 등은 각각 서로 다른 이해관계 속에서 경쟁하고 있었다. 그들은 영화제작과 흥행을 사업으로 인식하며 이익을 중요하게 여겼지만, 소비에트 혁명정권은 영화를 공산혁명을 선전하고 홍보하는 수단으로 동원하겠다는 계획을 노골화했다.

이 같은 목적을 실현하기 위해 인민위원회는 영화의 국유화 조치를 시작했다. '사진사업과 무역의 인민교육위원회(Narcompros)로의 이행에 대하여'라는 소련 인민위원회의 포고령에 레닌이 서명 한 이후 영화와 사진 사업은 개인 사업에서 국가사업으로 전환되었다. 모든 영화 작업이 일시에 국유화된 것은 아니며 점진적인 진행과정을 겪기는 했지만, 결국 소련의 영화사업은 공산당이 장악하였고, 오직 공산당의 이념을 선전하는 수단으로 동원되었다. 그것을 잘 실천하는 영화만이 최고의 작품으로 대우받았다. 좌파영화인들이 '걸작' '위대한 영화'라고 칭송하는 세르게이 에이젠스타인(Sergei Eisenstein)연출의 '전함포템킨'(1925), '파업'(1925), '10월'(1927), 푸도프킨(Vsevolod Pudovkin) 감독의 '어머니'(1926) 등 일련의 영화들은 모두 공산 혁명을 선전하기 위한 도구로 등장한 사례들이다.

이후 소련 소비에트의 영화인식은 사회주의 공산이념을 추종하는 집단이나 개인은 절대가치로 받아들였다. 개방 이전의 소련, 중국은 물론이고 북한도 영화를 선전에 동원한 대표적 경우로 꼽힌다. 대한민국의 좌파 영화들은 이념적으로는 소비에트 공산당의 교시를 추종하고, 실행 측면에서는 선전, 선동의 무기로 동원한다. 한국영화가 표면적으로는 자유 시장경제 체제에서 운영되고 있지만, 좌파 영화인들은 제작, 배급, 유통 분야에 직, 간접으로 개입하며 기반(진지)을 확보하려는 시도를 멈추지 않는다. 영화에 관한 행정을 담당하는 영화진흥위원회를 비롯하여 관람등급을 관리하는 영상물등급위원회, 자료보존업무를 맡고 있는 한국영상자료원 등에도 영향을 미친다. 부산국제영화를 비롯하여 전주국제영화제, 부천판타스틱국제영화제 등 대부분의 영화제들, 여러 지역에 설치되어 있는 영상위원회도 좌파 세력들이 장악하고 있는 실정이다.

KBS, MBC, EBS 등의 공영방송과 민영인 SBS 등 모든 공중파 방송은 물론이고 jtbc 같은 종합편성채널(종편), 한겨레신문이나 경향신문, 서울신문 같은 일간지, 수많은 인터넷 매체들은 좌파의 영화성향을 지지하며 관련 소식을 객관적인 정보인 것처럼 포장한다. 좌파 영화인 또는 좌파 문화예술인들이 집단적으로, 공공연하게 팔을 걸어 부치고 전면에 나선 것은 지난 80년대 이후 여러 차례 등장했다. 1980년대 중반에는 좌파 운동권들의 '북한영화상영' 시도가 조직적으로 벌어졌다. 당시의 법령이나 규정으로는 수입허가나 심의를 받지 않은 영화는 공개적인 상영을 할 수 없었다. 북한영화 상영은 대한민국의 법체계를 조롱하며, 정부의 권위를 흔들겠다는 도발적 전술이었다. 게릴라식 북한영화 상영을 막으려는 경찰의 저지 행동을 민주화를 억압하려는 독재적 조치로 선전했다.

이후에는 영화 심의와 관련된 논란을 벌였다. 영화 심의가 전담 기구를 통해 진행되기 시작한 것은 1966년 1월에 출범한 한국예술문화

윤리위원회의 등장 때부터. 1975년, 법적근거가 된 공연법의 개정에 따라 한국공연윤리위원회를 설립했다(1976년 5월). 이 기관은 1986년 2월에 기관 명칭을 공연윤리위원회로 바꾸었고, 1999년 6월부터는 영상물등급위원회로 바뀌었다. 공연윤리위원회 시절까지의 심의 체계는 심의 기준에 맞지 않는 부분에 대하여는 삭제, 상영 불허가 등의 방법을 적용했다. 이를 두고 좌파 영화인들은 '검열'이라고 비난했다. '표현의 자유'를 억압하는 독재적 요소라고 비난하며 '검열철폐' 투쟁을 벌이는 빌미가 되었다.

한편으로는 심의 기준 상 도저히 용인할 수 없는 장면을 의도적으로 끼워 넣고는, 심의과정에서 삭제되는 것을 유도한 뒤 언론을 통해 '부당한 침해'를 받았다는 식으로 하소연을 늘어놓는다. 영화의 구성상 전혀 상관이 없는 장면을 끼워 놓고는, '표현의 자유' 운운하면서 실제로는 돈들이지 않는 홍보 효과를 거두고, 예술의 가치를 지키는 '민주투사'로 위장한다.

문화예술계의 좌파 세력들이 더욱 조직적으로, 공개적으로 행동에 나선 것은 박근혜 대통령의 탄핵 정국 과정에서다. 박근혜, 이명박 정부에서 비밀리에 반정부 세력으로 분류되어 각종 지원에서 배제되는 불이익을 받았다며 '블랙리스트' 논란을 들고 나온 것이다. 자유로운 창의를 위해서라며 간단없이 들고 나왔던 '표현의 자유' 보장 요구가 사실은 이념적 선동을 위장하기 위한 명분에 지나지 않았다는 사실을 적나라하게 드러낸 사례로 꼽힌다. '블랙리스트' 논란은 문화예술이 이념의 도구가 될 때 어떻게 변질 될 수 있는가를 보여주는 생생한 기록이다.

3. 대통령 탄핵에 동원된 '블랙리스트' 공작(工作)

'블랙리스트' 문제가 수면 위로 뛰어오른 것은 2016년 10월. 국회의 국정감사 중 교육문화체육관광위원회에서 더불어민주당 도종환 의원이 문화예술계 인물 중 각급 단위에서 지원하는 각종 대상에서 배제하는 예술가 명단이 있다는 이른바 '블랙리스트' 문제를 제기했다. 명단에는 9,347명의 이름이 들어있다고 했다. 그 무렵 세간에는 박근혜 정부에서 작성했다는 리스트가 몇 가지 버전으로 온라인에 떠돌아다니기 시작했다. 도종환은 그것을 흔들며 박근혜 정부가 예술인들을 감시하며 차별 조치를 하고 있는 것이 아니냐며 문화부를 다그쳤다.

도종환 의원실에서 독자적으로 제기한 문제라기보다는 민예총, 문화연대, 한국작가회의 등 좌파 성향의 단체들에서 조직적으로 수집한 자료를 취합하여 도종환 의원실로 넘겼고, 국정감사라는 제도적 과정을 통해 공론화하는 패턴이다. 국정감사에서 제기된 블랙리스트 시비는 좌파 성향 언론을 타고 사회적 이슈로 확장되는 과정을 거쳤다. 좌파 세력들이 소문 수준의 이슈를 사회적 관심사로 띄우는 전형적 방식이다

답변에 나선 조윤선 장관은 자신이 알기로는 구체적인 명단은 존재하지 않는다는 취지로 답변했다. 도종환은 선정대상자에게 1천만

원씩 지원하는 아르코문화창작기금에 응모한 이윤택 연극연출가의 희곡작품이 최고 점수를 받고도 지원대상에서 배제되었다며 구체적 사례로 들었고, 조윤선 장관은 이윤택의 경우 다른 지원에서 여러 차례 대상자로 선정되었다며 반박했다.

인터넷 등을 통해 산발적으로 노출되던 '블랙리스트' 문제는 국정 감사를 계기로 공론화 단계로 바뀌었고, 민예총, 문화연대, 작가회의 등 좌파 성향의 단체와 개인들은 기다렸다는 듯 '책임자 처벌과 예술 검열반대 예술행동'(이하 예술행동)이라는 조직을 급조하여 시위에 나섰다.

이 급조 조직에는 민예총을 비롯한 200여 개의 단체들과 숫자를 알 수 없는 개인들이 참여했다. 지원에서 배제되었다고 주장하는 경우를 포함하여 리스트에 자신의 이름이 포함되었다고 하는 경우, 이도저도 아니지만 그런 일이 벌어졌다는 것을 빌미로 가담한 경우 등을 포함하여 여러 유형이 뒤섞인 상태로 구성되었고, 단체 등에 소속되어 있거나 개별 활동으로 경력을 가진 인물들이 무차별적으로 가담했다. 전통예술가라는 이수환은 "블랙리스트에 내 이름이 없더라. (정부에) 무시당한 것이 슬퍼 나왔다"고 말하기도 했다. 전통예술가라는 것이 어떤 활동을 가리키는 것인지, 어떤 명단에도 자신의 이름이 들어있지 않다는 것이 슬펐다는 주장은 '예술행동'에 참가한 인물들의 구성이 일정하지 않았으며, 구체적인 활동 경력을 확인하기 어려운 '자칭' 예술가들까지 포함되어 있었다는 사실을 드러낸 것이다.

그들이 일반적으로 구분할 수 있는 예술가인지 아닌지는 문제되지 않았고, 실제로 불이익을 받았는지의 여부도 정리되지 않은 상태였다. 무조건 '나는 피해자'였거나 '피해자를 지지'한다는 것이 그들의 주장이지만 궁극의 목표는 박근혜 정부를 공격하는 것이었다.

예술행동을 결성했을 때까지만 해도 특검이 구성되지 않았고, 박근혜 대통령에 대한 탄핵 여부도 실행 여부를 확신할 수 없는 상태였기 때문에 주장과 행동을 다방면으로 펴 날랐다. 우선 각 예술 단체나 개인들에게 지원업무를 총괄하고 있던 한국문화예술위원회를 향해, 이에 대한 책임을 지고 문화예술위원장 사퇴와 관련 책임자들에 대한 처벌, 진상규명을 위한 국회청문회 개최를 요구했다. 다음으로는 시위와 농성, 특검 고발 등 동원 가능한 방법을 모두 끌어 들였다.

11월(4일)에는 '7,200인 문화예술인 시국선언'을 하고 '박근혜 퇴진 광화문 캠핑촌'에서 농성을 시작했다. 6일에는 '박근혜 퇴진과 시민정부구성을 위한 예술행동위원회'(이하 예술행동위원회)로 전환했다. 단순히 정부의 부당한 차별을 주장하며 개선을 요구하는 것이 아니라 정권퇴진을 요구하며 시민정부 즉 소비에트를 구성하겠다는 본색을 드러낸 것이다. 그들의 목표가 무엇인지를 명백히 한 것이다. 이어 예술행동위원회 산하에 '블랙리스트법률대응모임'을 결성했다. 민변과 참여연대, 문화예술계가 참여했다. 12월(12일)에는 특검에 박근혜(대통령), 김기춘(대통령 비서실장), 조윤선(정무수석, 문화부장관), 김종덕(문화부장관)을 고발하고, 김기춘, 조윤선 2인에 대해서는 구속을 촉구하는 시위를 벌였다. 이와 함께 2017년 1월에는 블랙리스트문화예술인 500여명이 국가를 상대로 손해배상청구를 신청하는 기자회견을 벌였고, 3월에는 국정원 검찰 고발 및 기자회견, 4월에는 블랙리스트는 헌법 22조에 명시된 표현의 자유를 침해하는 위헌적 행동이라며 헌법재판소에 위헌소송을 제기하는 기자회견을 각각 열었다. 5월에는 '블랙리스트문화예술인 200인'이 국가를 상대로 손해배상을 청구하는 2차 소송을 접수했다. 그러는 동안에도 광화문 일대에서는 '박근혜 퇴진 광화문 캠핑촌'을 유지하며 농성을 계속했다.

4. 광장은 문화공작의 무대?

여론 정국의 주도권을 잡았다고 판단한 좌파세력은 박근혜 대통령에 대한 탄핵을 마지막 승부처럼 설정하고 격렬하게 시위 규모를 확대해갔다. 촛불을 든 시위대가 광화문 광장을 메우고, 행동대들은 청와대를 향해 행진을 거듭했다. 대통령 탄핵 촛불 시위는 민중총궐기본부, 백남기투쟁본부 등 1,500여 좌파단체들이 이름을 올린 '박근혜정권퇴진비상국민행동'이라는 대표조직을 만들어 군중을 선동했다. 이후 최순실(본명 최서원)의 국정 개입 논란이 더해지면서 박근혜 대통령의 퇴진 문제는 국정의 최대 이슈로 확산되었다. 결국 '박근혜-최순실 게이트'라는 프레임으로 포장되면서 정치적인 이슈로 확대되는 과정에서 현직 대통령을 수사하는 특검이 구성되었다. 특별검사에 박영수 전 서울고검장이 임명되고, 이후 특검보 임명과 파견검사 등이 확정되면서 12월 21일 헌정 사상 처음으로 현직 대통령을 수사하는 특검팀이 공식 출범했다.

특검은 2017년 3월 6일 뇌물 혐의 등 박근혜 대통령에 대해 모두 13가지 혐의를 적용한 국정농단 의혹 최종 수사 결과를 발표했다. 종전 검찰 특별수사본부가 특검팀으로 넘긴 박 대통령의 혐의는 8개였으나 특검은 뇌물수수, 직권남용(3건), 의료법 위반, 문화예술계 블랙리스트 작성·시행(직권남용 권리행사방해·강요), 공무원(문화체육관광부)과 민간(KEB하나은행) 인사 부당 개입(직권남용) 등 5개 혐의를 추가로 적용했다.

특검은 이른바 블랙리스트 관련 수사를 하면서, 좌파 세력에 대한 리스트, 지원 배제 등을 포함한 내용에 대해서는 '블랙리스트'로, 정부 차원의 지원 대상자로 선정하여 직·간접 지원을 한 경우에 대해서는 '화이트리스트'로 구분하여 조사했고 '직권남용, 권리행사방해. 강요 혐의를 적용했다. 블랙리스트에 대응되는 이른바 화이트리스트 단체(특정 보수단체)에 대해 청와대 정무수석실 등 관계자들이 2014년부터 2016년 10월까지 전경련을 통해 총 68억 원을 지원하게 한 정황을 포착했다고 밝혔다. 특검 수사 결과에 따라 김기춘 대통령비서실장, 조윤선 문화부 장관이 직권 남용 등의 혐의로 구속되는 고초를 겪었다.

5. 좌파의 혁명기지로 변한 문화·예술계

문화예술 분야에 대한 정부나 공공기관, 단체의 지원은 말 그대로 지원인 경우가 대부분이다. 지원금은 형식적으로나마 지원 목적에 맞는 결과물이나 성과를 내기만 한다면 지원금을 상환하지 않아도 되는 소진성 형태가 대부분이다. 상환을 조건으로 하는 경우라면 '지원'이란 용어 대신 '융자' '담보' 등의 용어를 사용한다. 이른바 문화예술 분야의 경제적 인프라는 대체로 취약하다. 순수예술이나 전통예술이라고 분류하는 경우일수록 더욱 열악하다. 관련 분야의 활동가가 아예 적을 뿐 아니라 후계인력이 없어 명맥을 잇기 어려운 경우도 많다. 공공 단위에서 각 분야에 대해 지원에 나서는 것은 해당 분야의 기반을 지키고 보호함으로써 문화 인프라를 조성해야 한다는 필요성이 있기 때문이다.

하지만 문화예술분야는 각 부문별 중요성의 우선순위나 내용의 우열을 가늠하기는 쉽지 않다. 각 장르의 형태나 성격이 다르기 때문에 단순 비교하기가 불가능하기 때문이다. 그런 탓에 어느 분야를 집중 육성하겠다는 취지로 특정 분야에 지원을 확대하면, 다른 분야에서 아우성친다. 왜 그쪽만 지원하고 우리는 박대하느냐는 반발이다. 지원받을 만한 기반이나 활동력이 있는지는 거론도 하지 않는다. 어느 분야, 누가 지원을 받았으니 우리도 같은 수준으로 받아야 한다는 주장만 반복한다. 요구하는 대로 진행되지 않으면, 머리띠 두르고 대자보 붙이고, 언론이나 SNS 등을 통해 지원 제도에 문제가 있다느니, 음모나 비리가 있다느니 하는 식으로 확산한다. 시끄럽게 떠들수록 돌아오는 보상이 있다는 것을 경험으로 체득한 '지원금 사냥꾼'들은 온갖 방법을 동원한다. 개인 차원으로는 명분도 없고, 신분이 드러나는 것도 부담스럽기 때문에 관련 단체가 나서도록 압력을 행사하거나 그럴듯한 이름으로 아예 단체를 만들고 그 간판을 앞세워 불만을 터뜨린다.

결국 지원금은 특정 분야에 쏠림 없이 골고루 '나눠' 주게 된다. 분야별 할당 방식으로 지원금 집행이 이뤄지는 탓에 '지원'은 명분으로만 남을 뿐 문화예술 각 분야의 자생력이나 경쟁력을 높이는 효과는 기대하기 어려운 실정이다. 지원을 받았다 하더라도 지원 취지에 맞는 성과물을 내는 경우도 찾기 어렵다. 결과물의 품질이나 수준을 판단하기보다는 응모 당시에 제출한 계획서에 맞게 진행했는가의 여부만 따지는 것이 대부분이기 때문이다. 지원금을 받고, 그에 맞춰 사업을 했다는 것을 팸플릿이나 사진으로 만들어 제출하기만 하면 지원조건을 충족했다고 보는 경우도 흔하다.

좋은 작품을 만들겠다며 없는 돈까지 보태 작업 시간을 길게 잡다가는 성실한 노력을 인정받기보다는 지원 조건을 지키지 못한 '블랙리스트'에 오르게 될 가능성이 더 크다. 그럴 경우 지원금을 반납해야 하고, 다음 지원에서는 배제될 각오를 해야 한다. 그래서 규모가 작은 전시장이나 공연장을 빌려 관객도 없는 행사를 하거나 가족, 친지들 모아놓고 학예회 같은 연주를 하는 일이 쳇바퀴 돌듯 반복되는 이유다. 10년, 20년씩 지원을 계속하는 데도 지원 초기나 한참의 시간이 흐른 뒤의 사정이 별로 달라진 것이 없는 속사정이다.

문화예술계의 진짜 '블랙리스트'는 지원을 받기는 했지만, 약정된 기간 내에 결과물을 제출하지 못하거나 지원금을 당초 용도와는 달리 전용하거나 횡령한 경우 등의 비리가 적발되었을 경우 일정기간 또는 영구적으로 해당분야의 지원사업에 응모할 수 있는 자격을 제한하는 경우를 가리킨다. 그마나 지원을 한다고 하여 정부나 기관 단체에서 임의로 대상자를 골라 선심 쓰듯 줄 수 있는 것도 아니다. 모든 지원은 심사를 거쳐야 한다. 하지만 문화예술분야 심사라는 것이 무게를 재거나 크기를 가늠하는 방식으로는 어림없다. 눈에 보이지 않는 추상적인 가치를 평가할 수밖에 없다. 특정한 영화나 연극을 두고 극단적으로 다른 평가가 나오는 경우가 허다한 것은 평가 기준이 저마다 다르기 때문이다. 결국 지난 실적, 지원자의 성향 등을 참고로 할 수밖에 없다.

문화예술계는 규모가 큰 것처럼 보이지만 분야별로 세분해서 보면 연극은 연극끼리 미술은 미술끼리 교류하는 수준이다. 해당 분야에서 웬만큼 얼굴을 아는 정도만 돼도 누가 어떻다는 정도의 정보는 서로가 같은 동네 옆집 사정 들여다보듯 알고 있다. 심사 과정에서 중요하게 작용하는 요소다.

문제는 심사위원단을 좌파 또는 좌파 친화적 인물들이 대부분 장악하고 있다는 점이다. 심사 결과를 보면 우파 성향 지원자들이 대거 탈락하는 경우가 많은 데 비해 좌파 쪽 지원은 일방적으로 우세하다. 사실상 좌파가 쓸어가고 있는 것이나 다름없다. 심사위원 구성은 적게는 3명, 평균 7~9명으로 구성한다. 한 두 명이 우파 쪽 지원을 하고자 하더라도 다수결로 밀어붙이면 어쩔 수 없다. 최종 결과는 좌파 쪽의 압도적인 싹쓸이로 마무리되는 것이 일상화되다시피 했다. 심사위원에 우파 인물들을 많이 넣으면 되지 않느냐고? 행정업무를 담당하는 직원 중에서도 좌파이거나 친좌파적 행동을 하는 경우는 흔하다. 문화예술 행정 각 분야도 (범)좌파가 압도하고 있는 것도 현실이다. 결국 고위층의 어느 부분에서 특정 분야나 인물에 대해 지원할 의지가 있다 하더라도 실무행정 라인까지 순탄하게 전달되어 실행한다는 것이 원천적으로 불가능하다는 뜻이다. 반대로 좌파 쪽 지원은 상부 라인에서 제한하고자 하더라도 결국 실제 지원으로 연결되는 경우가 당연한 것처럼 나타난다. 현실적으로 '블랙리스트'는 우파가 가지고 있는 것이 아니라 좌파 세력의 손아귀에 있는 것이다.

6. 사실과 다르게 만든 '블랙리스트' 피해 보고서

좌파 세력은 대통령 탄핵을 실현한 것에 그치지 않고, 2017년 7월 31일에는 '문화예술계블랙리스트 진상조사 및 제도 개선위원회'(이하 위원회)라는 이름을 붙인 조사위원회를 만들어 영화, 연극, 출판 등 각 분야에 걸쳐 광범위한 사례를 끌어 모은 뒤 본책 4권과 부록 6권 등 모두 10권으로 구성된 백서를 만들었다. 도종환 문화부 장관을 포함한 21명의 위원으로 구성한 위원회는 2018년 5월, 조사 결과를 발표했다. 국정원, 청와대비서실, 한국문화예술위원회, 영화진흥위원회, 한국콘텐츠진흥원, 한국출판문화산업진흥원, 한국예술종합학교 등 문화 예술 관련 업무를 관장하거나 관련 업무를 다루었다고 지목한 정부, 공공기관에 대해서 저인망식으로 긁어모은 내용을 채웠다. 관련 기관의 직원들을 상대로 탐문하거나 블랙리스트와 연관되어 피해를 받았다고 신고 받은 사례를 들고 확인하는 방법을 동원했다. 미리 설정한 목적에 맞추어 대부분의 사례들을 수집해 놓은 경우여서 객관성이나 공정성은 전혀 보장하기 어려운 수준이다.

분야별로는 △정부 기관 단위에서 진행된 좌파예술인 및 단체에 대한 관리 업무와 관련한 내용 7건을 비롯하여 △연극 공연과 관련한 44건 △문학·출판 분야 21건 △영화 분야 13건 △미술·기타 분야 29건 등 모두 114건의 사례를 모아 놓았다.

정부 기관 단위의 관련 활동은 부록 1편에 수록하고 있는데, 구체적으로는 △문화예술계 블랙리스트 사태에서 국가정보원의 관여 내용 △이명박 정부의 특정문화예술인들에 대한 탄압사건 △한국예술종합학교 블랙리스트 적용사건 △박근혜 정부의 좌파문화예술계 배제 문화융성정책 입안 및 실행방안에 관한 직권조사 △문체부 건전콘텐츠 활성화 TF 등의 구성 및 운영사건 △한국문화예술위원회 블랙리스트 실행을 위한 지원 및 심사제도 개편 사건 △재외 한국문화원 블랙리스트 사건 등 7건을 나열하고 있다.

부록 5권에 수록된 영화 부문에서는 부산국제영화제의 '다이빙벨 상영' 논란과 관련한 △부산국제영화제외압사건 △한국영상자료원 블랙리스트 실행사건 △영화진흥위원회 블랙리스트 실행사건 △영상물등급위원회 문제영화 검열·배제사건 △영화진흥위원회 독립영화전용관 상영 검열 및 지원 배제 사건 △맹수진의 영화진흥위원회 독립영화 사전제작지원 심사위원 배제 등 사건 △영화진흥위원회의 미디액트 영상미디어센터 사업운영자 배제 사건 △영화상영등급분류 면제 추천 제도를 통한 문제영화 상영 방해 사건 △유인택의 영화 진흥위원회 다양성영화전문 투자조합 출자사업 지원 배제 사건 △영화 '천안함 프로젝트' 상영 방해 사건 △영화진흥위원회 예술영화전용관 지원 배제 사건 △'㈜시네마달' 블랙리스트 실행 사건 △영화사 '청어람'의 블랙리스트 관리 및 외압 등 사건 △2010~2011 인디애니페스트 및 순회상영 사업지원 축소 의혹 사건 등 모두 14건을 적시하고 있다.

영화 부문 역시 다른 분야와 마찬가지로 논란이라고 적시한 사례는 대부분 좌파 영화인들의 반정부적, 위법적 활동에 대한 행정적 대응을 모두 부당한 조치인 것처럼 일방적으로 주장하고 있는 내용에 그치는 수준이다.

부산국제영화제(이하 부산영화제 또는 영화제)의 '다이빙벨' 상영 논란은 좌파 세력의 정치공세를 문화적 갈등으로 위장한 경우다. 세월호 침몰은 단지 사고일 뿐이었지만 정치적 음모로 조작한 사건이라는 식으로 주장하며 정권을 공격하는 빌미로 삼는다. 좌파 세력들은 순수한 영화를 왜 상영하지 못하도록 하느냐며 조직적인 반발에 나섰다. 처음부터 영화는 영화적 수준을 고려하기보다는 세월호 사건을 좌파적 진영논리로 공격하려는 의도를 노골적으로 담고 있는 선동, 선전물의 한계를 벗어나지 못한 상태였다. 당시 부산시장은 영화제의 조직위원장을 맡고 있었기 때문에, 어떤 영화가 상영되는지에 대한 의견을 제시할 수 있었고, 내부적인 검토가 가능했다. 제작 과정에서부터 제기된 이 영화와 관련된 논란은 부산시나 영화제 측 모두 인지하고 있는 상태였고, 내부적인 조정도 가능한 상태였다.

그런데도 이 문제가 사회적 이슈로 떠오른 것은 부산시와 영화제 집행부 사이의 누적된 갈등이 이를 계기로 돌출된 것이라고 할 수 있다. 부산영화제의 개최 비용 중 60% 정도는 부산시가 지원한다. 부산시의 지원이 없었다면 영화제는 출발도 하기 어려웠을 것이다. 그에 따라 영화제의 조직위원장은 부산시장이, 집행위원장은 오랫동안 김동호(전 문화부 차관)가 맡고 있었지만, 이른바 대외적 간판 역할을 하는 바지사장 역할이었고 실질적인 영향력은 이용관(부위원장, 공동집행위원장, 현재 부산국제영화제 조직위원회 이사장)과 문성근 등으로 연결되는 좌파세력들이 장악하고 있었다.

초기에는 일방적으로 부산시의 지원이 중요한 역할을 했지만, 횟수를 거듭하면서 부산영화제의 위상이 안정 단계로 전환되는 듯하자, 영화제 운영을 장악한 세력 측에서는 독자적인 운영체제를 확보하는 것을 목표로 삼았고, 부산시 측은 예산의 상당 부분을 부산시가 담당하고 있는데도, 시의 개입을 배제하며 독자적 운영을 하려는 영화제 측에 대해서 불만을 누르고 있는 상태였다. '다이빙벨' 상영 여부가 내부적으로 정리되지 못한 채 부산시와 영화제 운영 세력들 간 정면 충돌 형태로 돌출된 것은 그동안 누적된 내부 알력이 표면화된 것이다. 부산시의 정당한 운영관리를 통제와 압박이라고 여긴 영화제 운영진과 좌파 세력은 이를 부당한 간섭과 개입이라고 반발하는 형태로 여론화 작업을 시도했고, 결국 전술적 우위를 차지하는 것으로 전환되었다. '다이빙벨' 상영은 부산영화제 집행부의 기만적 도발이었지만, 위원회의 조사과정에서 이용관은 이를 부당한 외압이라고 진술했고(위원회 보고서), 위원회 역시 이를 블랙리스트 외압사건으로 단정하고 있다. 좌파 세력들의 일방적 주장일 뿐이다.

7. 문재인의 좌파지원 – '판도라'와 '부산영화제' 출연

문재인은 2017년 10월 15일, 부산국제영화제에 예고 없이 나타났다. 청와대 측에서는 여러 가지 정황을 살피며 면밀하게 준비했을 것이고, 영화제 측에서도 미리 그 사실을 알고 있었겠지만 다들 모르는 척하며 대통령을 맞이했다. 대통령은 영화 한 편을 관람한 뒤 영화 관계자들과 식사자리까지 이어갔다.

일국의 대통령이 영화제 기간 동안 현장에 나타나 영화 보고 영화인들과 자리를 함께하며 이런 저런 말을 듣는 것은 얼핏 여유로워 보이는 듯하지만, 대통령의 방문이 갖는 의미와 현장에서 드러낸 표현들을 들여다보면 공공연히 정치적 후원의 신호를 보내려는 의도가 그대로 드러났다.

국내에서 열리는 국제영화제가 여러 개이지만, 특정하게 부산영화제를 골랐다는 점, 문 대통령의 고향이 부산이라는 점, 부산영화제가 대외적 기반을 확보했다고 판단한 영화제 집행부를 비롯한 좌파세력들은 영화제 장악을 위해 부산시와 갈등을 빚었다. 좌파들의 의도를 파악한 부산시 측은 정상화를 위해 이용관 집행위원장의 퇴출을 실행했고, 그동안의 운영과정에 대한 감사를 실시해 사업비를 부당하게 전용한 사실을 밝혀냈다. 이로 인해 이용관과 전양준 프로그래머 등이 형사적 유죄판결을 받았다. 좌파영화 세력들은 이를 부산시의 부당한 압력인 것처럼 호도하며 전방위적인 반발과 압력을 가했다. 김동호 위원장과 강수연 부위원장이 조직위원장과 집행위원장을 맡아 수습에 나섰지만, 좌파 세력들은 동의하지 않았다. 영화감독조합, 여성영화인회의 등 좌파성향 단체들은 조직적으로 영화제 참가 보이콧 운동을 폈고, 좌파 언론들 또한 부산영화제를 비판하는 기사를 쏟아냈다. 문재인의 부산영화제 등장은 '문화에 관심이 많은 대통령'이라는 이미지 홍보와 함께, 부산영화제를 좌파 세력의 진지로 인정하고, 지원하겠다는 선언이나 다름없었다. 대통령은 주변에 모인 영화인들에게 '옛날 위상을 되찾도록 해주겠다'고 약속했다. 그동안 부산영화제가 정치적 외압에 흔들렸다고 하면서 정작 대통령이 정치적 지원을 약속하는 모양새가 된 것이다.

문재인은 재야 시절, 원전 사고를 소재로 한 '판도라'(2016)라는 영화를 보고는 원자력 발전소가 시민들을 위협하는 폭탄쯤으로 인식하는 듯한 감상 후기를 밝혔다. 후쿠시마 원전 사고 같은 일이 한국에서도 일어날 것처럼, 고리 원자력 발전소 주변에 사는 주민들은 머리맡에 폭탄을 달고 사는 것이나 마찬가지라는 취지의 발언을 전했다. 영화는 원전 사고를 극단적으로 과장한 픽션이었지만, 마치 현실에서 금방이라도 일어날 수 있는 일인 것처럼 인식하며 영화가 묘사하는 상황이 곧 현실이 될 수 있다는 식으로 반응한 것이다.

8. 북한은 '우리 민족', '일본은 원수'라고 선전하는 영화들

/

영화계를 장악하고 있는 좌파 영화 세력은 대한민국을 공격하며 조롱하는 내용의 영화들을 지속적으로 만들고 있다. 여러 소재들을 다루고 있지만 결국 권력의 타락, 일본의 식민 통치에 대한 증오심 유발, 북한군에 대한 인간적 묘사를 통해 국군을 잔혹한 폭력집단처럼 비난하거나 북한에 대한 적개심 완화를 유도하는 경우 등 몇 가지 유형으로 요약할 수 있다.

'내부자들'(2015)은 타락한 보수 정치인과 언론, 폭력 조직 간의 유착을 고발하는 형식을 사용하며, '1987'(2017)은 80년대에 민주화를 요구하는 시위 도중 경찰에 연행된 대학생 이종철의 사망 사건을 통해 당시의 정치권력과 그에 동원된 경찰 조직이 얼마나 기만적이었는지를 비난한다. 종북 좌파 세력으로부터 대한민국을 지키려는 애국심조차 빗나간 독재 권력에 대한 맹목적 충성으로 비하하고, 민주화라는 가면 뒤에서 대한민국의 전복을 기도하는 좌파세력들에 대해서는 위대한 민주열사라는 월계관을 부여하려 한다.

문재인 정권이 등장한 후 MBC 사장으로 임명된 최승호는 해직 시절, '뉴스타파'라는 인터넷 언론사를 운영하면서 3편의 영화를 만들었다. '자백'(2016), '7년-그들이 없는 언론'(2017), '공범자들'(2017)은 이명박 대통령 시절, 방송국 기자나 PD들이 부당하게 해고당했다고 주장하거나 타락한 권력이 언론 장악에 얼마나 힘을 기울였는지에 대해 고발형식의 다큐멘터리로 구성하고 있다. 영화관에서 상영을 하였으니 '영화'라고 하기는 하겠지만, 극영화적인 구성 대신 방송의 시사 프로그램 같은 형식을 동원하고 있다는 점에서 구별된다. 사실을 바탕으로 논리적 선후 관계를 분석하는 것이 아니라 선악의 이분에 따라 해직자는 일방적 피해자로, 해직을 주도한 방송국 경영자나 그들을 뒤에서 조종하는 것으로 의심하는 정치 권력자들은 타도의 대상으로 설정하고 있을 뿐이다. 보수 권력에 대해서는 무조건적인 적대감과 비난, 해직자들에 대해서는 그들이 어떤 행위를 했고, 어떤 절차에 따라 징계를 받았는지에 대해서는 한마디 언급도 없다. 오로지 보수 정권은 국민의 적이요, 타도의 대상으로 비난하고 선동할 뿐이다.

'그리고 싶은 것'(2012), '소리굽쇠'(2014), '귀향'(2015), '아이 캔 스피크'(2017), '허스토리'(2017), '김복동'(2019) 등은 위안부 문제를 소재로 다룬 경우들이다. 각각의 영화는 시대 배경과 장소 등의 세부적인 묘사에서는 조금씩 다르지만, 일본군은 무자비한 폭력 그 자체이며, 피해자들은 얼마나 인격적으로 모욕과 학대를 당했는지, 대한민국의 보수 정권은 위안부 문제를 얼마나 왜곡시켰는지, 일본 정부는 무자비한 학대를 자행하고도 정당한 사과나 배상을 하지 않고 있다며 비난하는 내용으로 채우고 있을 뿐이다.

천안함 침몰은 여러 가지 조사 결과 북한의 폭침으로 인한 것이란 결론을 내린 상태이지만 '천안함 프로젝트'(2013)는 정부 측의 발표 내용을 믿을 수 없으며. 조사결과는 조작된 것이라는 주장을 편다. 세월호 침몰원인을 과학적으로 규명한다며, 그간의 전문가 조사를 부정하는 내용을 채운 '그날 바다'(2018)는 온갖 가설과 추론을 동원하며

그것이 과학적 조사라고 우긴다

'생일'(2018)은 세월호 침몰에서 희생된 아들의 생일이 다가오면서 아픈 마음으로 추모하는 내용을 다루고 있다. 세상을 떠난 아들의 생일을 통해 세월호 침몰 사건을 감성적으로 재현하며 비난을 계속하는 것이다. 세월호 침몰은 단지 사고일 뿐이지만, 그로 인해 정권이 바뀌는 요인이 되었고, 수년의 시간이 지났지만 좌파 세력들은 우파 정권을 공격하는 빌미로 세월호 사건을 계속 동원하고 있다.

'웰컴 투 동막골'(2005)은 6·25 전쟁 당시 강원도의 오지 산골 동막골에서 조우하게 된 국군과 인민군 낙오병들, 작전 도중 추락한 미군 전투기 조종사 그리고 동네 주민과의 옥신각신을 통해 서로에 대한 적대감을 털어버리고, 새로운 이해와 우정을 쌓아가는 과정을 그린다. 북한군에 대한 인간적 묘사, 미군을 평화의 수호자가 아니라 상관없는 나라의 전쟁에 뛰어든 침략자처럼 구성한 내용이 당시로서는 충격적 인상을 주었다.

최근 영화들은 거기서 더 나아가 북한을 민족적 동지 관계로 설정하는 경우가 일반화하고 있다. 6·25 전쟁 중 서부 전선에서 낙오병으로 만난 국군과 북한군 탱크병의 인간적 교감을 그리고 있는 '서부전선'(2015)은 서로 대립하는 적이 아니라 서로를 걱정하며 보살피는 형과 동생의 관계로 구성한다. '공조'(2016), '강철비'(2017) 같은 영화들에서는 남북한이 아예 범죄 수사의 공조 체제를 갖추거나 위기 발생 상황에서 서로 도와주는 관계로 묘사한다. 적대감을 드러내거나 경계심을 보이는 것은 말도 안 되는 일이라고 단정하는 대신 서로 협력하고 도와주어야 하는 민족 공동 운명체라고 속삭인다. 이런 영화들에 등장하는 북한은 더 이상 적대적인 존재도 아니고, 어떤 위협도 되지 않는다고 주장하는 것이나 다름없다. 결국 북한 체제를 인정하며, 우리 민족끼리 협력하자는 내용으로 유도하려는 것이다.

9. 사회주의 운동가는 '영웅', 민중 봉기는 '백성의 용기'로 포장하는 드라마

문재인 정권이 등장하고, 공영방송인 KBS, MBC, EBS 등 공영방송 체제의 공중파 방송에는 모두 친좌파 인물들을 경영진으로 임명했다. KBS, MBC는 새로운 경영진이 들어서자마자 각 방송사의 이사, 간부급을 포함한 직원들에 대한 무차별적 공격과 압력을 자행했다. 전임 정부 시절에 임명된 인물이라거나 친정권적 행동을 했다는 이유를 내세웠지만, 결국 반대세력으로 분류한 뒤 모두 내치겠다는 의도를 공공연하게 행동으로 연결한 것이다. 불법이나 위법한 것인지에 대해서도 관심이 없는 태도로 일관했다. 먼저 강제로라도 조치를 한후 억울하면 소송을 하라는 식으로 행동했다. 더구나 각 방송사의 노조는 친좌파 성향으로 심각하게 기울어 있는 상태이고, 경영에도 직, 간접으로 개입한다. 노조 세력과 연결된 각 방송사의 경영자는 조직체계와 부서 운영의 관리자급을 전면적으로 갈아 치운 뒤 친정권적 방송을 내보내고 있다.

뉴스의 경우 정권에 유리한 여론을 만드는데 필요한 경우라면 미화, 과장, 반복을 계속하고 있는 중이고, 불리한 내용은 아예 보도에서 제외하거나 부득이 한 경우라면 축소하는 것을 당연한 것처럼 반복하고 있다. 교양 프로그램에서도 좌파 성향의 인물들을 진행자에 배치하거나 게스트로 끌어들여 여론 조작을 꾸민다. 사실 확인과 공정함, 균형의 유지는 아예 버려야 할 가치처럼 여기는 행태다.

2019년 5월 4일부터 7월 13일까지 매주 토요일 밤에 4회 연속으로 방송으로 구성한 MBC 드라마 '이몽'은 좌파 방송이 기획한 선전 방송의 대표적 사례로 꼽을 만하다. 일제의 한반도 통치 기간 중 중국 상해 등지에서 애국지사들이 독립운동을 하던 시기를 배경으로 설정하고 있는 이 드라마는 의열단 소속 독립운동가 김원봉을 실존 캐릭터로 설정하고 있다. 김원봉(1898~1958)은 1919년 의열단을 조직하여 항일 운동에 나서는데, 아나키스트적인 활동가로 평가받았다. 해방 후에는 좌파 단체인 민족주의민주전선 공동의장, 인민공화당위원장 등을 맡았다. 1948년에는 김구, 김규식 과 함께 납북협상에 참여한 뒤 북한에 남아 북한정권 수립에 참여였다. 그 후 국가검열상, 조선인민공화당 중앙위원회 위원장, 노동상, 최고인민회의 상임위원회 부위원장 등 주요 직책을 역임했고, 6·25 전쟁 중에는 군사위원회 평안북도 전권대표로 임명돼 북한군의 군량미 조달 업무를 담당했다고 한다.

북한 정권의 공로자 인정받던 그였지만 김일성과의 정치권력 투쟁에서 패배하여 1958년 10월, '반국가적 및 반혁명적 책동의 죄'로 체포되었다. 사망 여부에 대해서는 명확히 밝혀진 바가 없으나 정치범 수용소에서 음독자살했다는 설이 있다. 김원봉은 사회주의 아나키스트로서의 독립운동가 기록을 남기기는 했지만, 북한정권 수립에 참여한 이력 때문에 대한민국의 독립운동과 건국에 공헌한 인물 명단에는 포함되지 않았다. 그런데도 드라마는 김원봉을 열렬한 독립운동가로 묘사하며 칭송하고 있는 것이다. 문재인 정권이 1948년의 대한민국 정부 수립을 건국으로 인정하지 않으려 하고, 상해임시 정부에서 대한민국의 출발을 삼으려는 '역사 바꾸기' 시도를 하는 것과 맞물려, '이몽'은 그 연장선에서 사회주의 계열 운동가들의 정당성을 인정하려는 선동작업이라는 지적을 받았다. 드라마이면서도 실존 인물의 실명을 그대로 사용하고 있지만, 관련사건, 등장인물의 설정에서는 픽션을 가미하고 있다. 실제 사건을 바탕에 깔면서 가상의 사건과 인물을 더하여 주인공의 이미지를 미화하고 영웅화하려는 것이다.

좁게는 특정한 사회주의 독립운동가의 영웅화 작업, 넓게는 좌파 세력의 미화를 선전하는 나팔수 역할을 겨냥하는 것이다. 궁극적으로는 김일성의 항일 운동을 영웅화하고 정당화함으로서 대한민국의 건국에 사회주의 운동 세력을 포함시키려는 시도라는 의구심이 드는 부분이다.

동학농민운동을 주요 소재로 설정한 '녹두꽃'(2019)은 백성을 억압하고 착취하는 폭압적 권력에 농민들이 저항하며 궐기한다는 내용으로 채운 경우다. 비록 동학농민운동이 성공하지는 못했지만, 부당한 권력에 저항하는 백성들의 혁명의지를 찬양하며 그것이 3·1 사건, 4·19 운동, 5·18 사건으로 이어지며 마침내 촛불혁명에서 위대한 결과를 창조했다는 이미지를 연출하고 있다. 이전의 동학농민전쟁을 스토리들에서는 전봉준을 주인공으로 다루고 있는 경우가 대부분이지만, 이 드라마에서는 전봉준을 의식 있는 민중의 지도자로, 그 시대를 살며 전봉준을 따랐던 농민을 포함한 각계 백성들은 새로운 세상을 만들기 위해 한 몸 바치는 것을 자랑스럽게 생각한다는 식의 구성을 펼쳐 놓는다. 전봉준의 농민군은 우금치 전투에서 관군들에게 무참히 무너지지만, 백성들의 저항 정신은 굳건하게 남아 다음 세대로 이어진다는 설정이다. 이 드라마에도 가상의 인물과 사건이 등장하며, 실제 사건이라 하더라도 과장되고 미화된다.

케이블 방송인 tvN에서 제작한 '미스터 선샤인'(2018)의 경우도 일제 통치기의 반일 저항운동을 영웅적인 행동으로 미화하고 있기는 마찬가지다. 천민의 신분을 가졌지만, 우연한 기회에 미국 시민이 되어 격변기 조선에 무관으로 부임한 미국인, 양반의 후손이지만 신분을 뛰어넘어 항일 무장 투쟁을 벌이는 여자 주인공을 통해 사랑과 낭만, 치열한 항일이 어우러지는 시대적 풍경을 그려내고 있다. 평면적으로는 각각의 입장을 가진 캐릭터를 교직하는 로맨스 드라마처럼 보이지만, 일제 통치 권력을 절대 악으로 설정하며 반일 감정을 자극하려는 의도를 강조한다.

10. 어떻게 대응해야 하나?

/

문화예술계 지형은 총체적으로 좌파가 장악하고 있는 상태다. 인력, 자금, 행정조직과 권한까지. 일제 시대에 모든 권한과 활동이 조선총독부의 관리 하에 있었던 것처럼, 북한 노동당 통일선전부가 모든 선전매체를 장악하고 있는 것과 다름없어 보인다. 기울어진 운동장이 아니라 아예 뒤집어진 운동장이 된지 오래라는 지적이 나오는 이유다.

대안이 가능할까? 문화예술계는 한두 가지의 이벤트로 지형을 바꾸기 어렵다. 인력을 양성하는 일도, 의미 있는 성과물을 내는 데에도 오랜 시간이 걸린다. 시간이 투입된다 하더라도 소기의 성과를 낸다는 보장도 장담할 수 없다.

좌파의 포진은 전방위 적이다. 문화예술계는 물론이고 학계, 정치계, 언론, 법조 등 각 분야에 걸쳐 있다. 예술적 활동이나 성과물의 유통은 유기적인 연결 속에서 이루어진다. 현재 자유민주주의 시장경제 체제를 지지하며 공개적 활동을 주도하는 것은 우파 세력이 운영하는 일부 유튜브 채널 정도인 것으로 보인다. 일부 보수 언론을 제외한 대부분의 방송, 신문, 인터넷 매체들은 좌파이거나 친좌파 성향을 드러낸다. 정권에 불리하거나 비판적인 내용은 드러나지 않거나 축소되고, 보수 우파를 공격하는 내용은 과장되거나 반복된다.

보수 우파들의 담론은 주로 사회, 경제 분야에 치중하는 경향이 강한 반면 문화 예술계에 대한 인식은 상대적으로 소홀하다. 그런 상황에서 문화적 지형을 바꾸는 일에 왕도를 찾기는 어렵다. 당장 의미 있는 성과물 내거나 판세를 바꾸는 일은 쉽지 않지만, 현실을 조명하며 인식을 개선하려는 노력은 가능하다. 영화감독 최공재나 김규민처럼 어렵게 영화 작업을 하고 있는 사례에서 보듯 조그만 통로들은 열려 있다. 각자 알아서 하라는 식으로 내버려 두는 한 자생은 요원하다. 지원을 모으고, 응원을 통해 활동 의지를 유지하도록 격려하는 분위기를 조성하는 것은 중요한 부분이다.

자유적 가치를 전파할 문화 운동의 리더를 양성하는 문제도 시급하다. 우파 진영 내에서도 문화적 가치를 설명할 수 있는 리더를 찾기 어려운 상태에서 문화적 인식을 확장하기란 기대 난망이다. 문화적 인식을 가진 우파 진영의 인력을 발굴하고, 연대를 통해 활동력을 높이는 일이 현 단계의 우선 과제로 보인다.

4대강 보 해체는 반문명적 대국민 범죄

박석순

1. 배경과 현황

/

건설한지 겨우 7년 지난 4대강 보를 문재인 정권이 해체하겠다고
한다. 이유는 보수 정부의 위대한 업적을 폄훼하고 자신들의 4대강
사업 반대 주장이 옳았다는 것을 보이기 위함이다. 보 해체는 대선공
약 12대 약속 중 하나인 '지속가능한 대한민국'의 6번째 국정과제 '수
생태계 파괴 주범 대형보를 상시 수문개방하고, 재평가를 거쳐 재자
연화를 추진한다'로 포함되어 집권 즉시 시작됐다.

4대강 사업은 기후변화에 대비한 홍수 방지와 수자원 확보, 그리
고 산업화와 도시화로 인해 악화된 강의 수질을 개선하고 파괴된 생
태계를 복원하기 위한 대형 국책 사업이었다. 하천부지 불법경작도
정비하고 오염된 퇴적물도 준설했으며, 보를 만들어 강에 물을 채우
고 수변 문화공간도 조성했다. 그 결과 홍수와 가뭄 피해가 사라지고

풍부한 수자원으로 주변 농민들의 소득도 크게 늘어났다. 수질개선은 물론 어족자원이 늘어나고 넘실대는 강물과 수변공원으로 경관도 좋아져 찾는 관광객과 강가 어민들의 수입도 증가했다.

하지만 문재인 정권은 보를 해체해야 녹조가 사라지고 수질이 좋아지며 생태계가 건강해진다는 좌파 언론과 환경단체의 선동을 대선 공약에 넣은 것이다. 2017년 6월, 4대강 보 처리 계획을 발표하고 16개 보 중에서 13개 보를 차례로 개방하기 시작했다. 2018년 11월에는 환경단체와 관변학자들로 4대강 조사평가기획위원회를 구성하여 단 3개월 만에 보를 유지·관리하는 것보다 해체하는 것이 국가 경제에 도움이 된다는 궤변을 만들어냈다. 그리고 2019년 2월 22일, 금강·영산강 5개 보에 대해 세종·공주·죽산보는 해체하고 백제·승촌보는 상시 개방해야 한다고 공식 발표했다. 남한강 3개 보와 낙동강 8개 보에 대한 계획도 금년 내에 발표할 예정이다.

문재인 정권의 4대강 보 개방과 해체 결정은 현재 지역 주민들의 강한 반발에 직면하고 있다. 충남 공주시와 세종시에 이어 전남 나주시도 영산강의 죽산보 해체 반대에 나섰다. 지난 6월 나주시의회 더불어 민주당 소속 시의원 전원이 보 해체 반대 건의안을 채택했고, 이보다 먼저 4월 중순에는 나주시장이 '죽산보 해체 반대가 주민 여론'이라는 내용의 공문을 환경부에 보낸 것으로 밝혀졌다. 이와 함께 해당 지역 국회의원들도 모두 반대 선봉장에 섰다.

반발은 용역 시장에서도 나타났다. 환경부가 발주한 "4대강 보 처리 방안 세부 실행 계획" 용역 입찰이 모두 유찰됐다. 지난 2월부터 3

차에 걸쳐 입찰 공고가 나갔지만, 어느 업체도 지원하지 않았다. 입찰을 담당했던 조달청은 지난 5월 "더 이상 입찰 공고를 내봐야 안 된다"며 환경부에 반려 통보했다. 반문명적이고 비과학적인 보 해체가 결국 시장의 심판을 받게 된 것이다. 다시 추진해도 지원 업체는 없을 뿐만 아니라 시간적으로도 현 정권 임기 내에 해체는 불가능하다는 것이 중론이다.

4대강 보 해체는 문재인 정권 임기 내내 벌어질 무모한 소동에 불과할 것이다. 이유는 정상적인 방법으로는 해체가 불가능하자 과학적 사실 왜곡과 통계 조작, 그리고 오류투성이 경제성 평가 방법을 동원했기 때문이다. 이 글에서 좌파 언론과 환경단체의 거짓 선동, 그리고 4대강 조사평가위원회의 보 해체 궤변과 평가 방법의 치명적 오류를 고발하고자 한다.

2. 환경성 평가의 거짓과 진실

문재인 정권은 4대강 보 해체 이유를 녹조 발생, 수질 악화, 생태계 파괴 등과 같은 환경 문제에 두고 있다. 보로 인해 녹조가 발생하고 수질이 나빠졌으며 생태계가 파괴되었기 때문에 해체하거나 상시 개방해야 한다는 것이다. 이는 과학적인 강 관리를 무시하고 정치적인 이유로 사실을 왜곡하여 국가 주요 시설을 파괴하려는 의도에 불과하다. 보 해체를 위해 만들어진 환경성 평가의 거짓과 진실을 정리하면 다음과 같다.

(1) 보로 인한 녹조 발생은 완전 날조된 거짓말

지표수(강, 호수, 바다 등)에는 식물성 플랑크톤이 태양에너지를 이용하여 광합성을 한다. 물벌레나 물고기와 같은 수중 동물들은 광합성으로 늘어난 식물성 플랑크톤을 먹고 살아간다. 마치 초원에 풀이 광합성을 해야 육상 생태계가 유지되는 것과 같은 원리다. 비옥한 토양에 풀이 무성하듯이 물에도 영양물질이 많으면 식물성 플랑크톤이 왕성하게 자란다.

녹조는 영양물질이 많은 물에 더운 여름 몇 주간(고온수기) 남조류(blue green algae)라는 식물성 플랑크톤이 급증하는 현상을 말한다. 온도가 낮은 저온수기에는 규조류(diatom)라는 식물성 플랑크톤이 자라지만 여름철 수온이 올라가면 남조류가 급속히 증가한다. 녹조는 수면위로 떠올라 덩어리(scum)를 만들기 때문에 미관상으로 좋지 않고, 상수원으로 사용할 때 특별한 처리를 요한다. 그래서 정부는 강이나 호수에 녹조 발생을 줄이기 위해 많은 예산을 투자하고 필요 시 수돗물 고도정수 대책도 세운다.

지난 1980년대부터 우리나라 주요 도시에 수세식 화장실과 하수처리장이 도입되고, 축산업 발달과 농업비료 사용 증가로 큰 강의 하류에는 영양물질이 많아지게 됐다. 여기에 기후변화로 수온이 증가하면서 녹조 현상이 자주 발생했다. 4대강 하류의 녹조 현상은 언론에도 자주 보도됐고 기록으로도 남아있다. 특히 낙동강 하류와 영산강은 녹조뿐만 아니라 사시사철 수질이 좋지 않았다. 그래서 낙동강 하류의 모든 정수장에는 1990년대부터 간접취수(강가에 우물을 파서 취수)나 고도처리 기술이 도입됐고, 영산강은 아예 먹는 물로 사용하지 않고 있다.

녹조 발생 요인은 식물의 광합성에 영향을 주는 온도, 태양광, 영양물질(인, 질소 등)이다. 이 세 가지 중에서 인간이 조절할 수 있는 것은 영양물질이다. 또 수체(물의 부피)를 크게 하여 여름철 폭염에도 수온이 쉽게 올라가지 않도록 하는 것도 도움이 된다. 4대강 사업은 강의 영양물질(인)의 농도를 획기적으로 줄이고 물그릇을 크게 하여 여름철 폭염에 수온 상승도 억제했다.

하지만 환경단체는 오히려 4대강 사업으로 녹조가 발생했다고 선동하기 시작했다. 보로 인해 유속이 느려져 녹조가 발생했다고 거짓 주장을 한 것이다. 물과 함께 흘러가는 단세포 생물인 식물성 플랑크톤이 어떻게 속도감을 느껴 규조류에서 남조류로 바뀐다는 것인가? 수온 증가로 나타난 현상을 유속 감소가 원인이라고 국민을 속이는 것이다. 식물성 플랑크톤이 감지할 수 있는 것은 온도와 빛, 그리고 성장에 필요한 영양물질이다. 유속 때문이라면 왜 소양호와 같은 사시사철 고여 있는 물에는 생기지 않으며, 또 4대강 보에는 여름 한철 폭염에만 생기는가? 과학적으로 전혀 말이 되지 않는 거짓말을 하고 있는 것이다.

4대강 사업으로 영양물질(인과 질소)이 크게 줄어든 것은 국가 수질측정망 관측 자료(물환경정보시스템: water.nier.go.kr)에 기록돼 있다. 4대강 사업이 이루어진 2010년과 2011년 전과 후 각 5년간

(2005~2009과 2012~2016)을 통계 비교한 결과, 영산강과 낙동강 하류에서는 총인(모든 인 성분을 합한 것, 녹조 발생의 핵심 수질)의 경우 50~80%, 금강은 50~70%, 남한강은 20~40% 감소했다. 수질 자료는 환경부 국립환경과학원에서 국가공인측정법으로 관측하여 물환경정보시스템에 기록으로 남아있기 때문에 누구도 비교 결과를 왜곡하거나 부인할 수 없다.

환경단체의 거짓 선동에 넘어간 문재인 정부는 녹조 발생을 줄인다고 보를 개방했다. 그 결과 오히려 더 많은 녹조가 생겼다. [그림 1]은 지난 2018년 8월 15일 금강 세종보에서 발생한 녹조에 관한 언론 보도 자료다. 이유는 보 개방으로 수량이 줄자 수온이 급증하고 희석 작용이 감소하여 인의 농도가 증가했기 때문이다. 국가측정망 자료를 비교한 결과, 보 개방 후 총인 농도가 금강은 15~70%, 영산강은 10~40% 증가한 것으로 나타났다. 결국 녹조 선동은 무모한 보 개방 소동으로 지역 주민에게 막대한 피해를 입힌 후 거짓임이 밝혀졌다.

[그림 1] 보 개방 후 급증한 녹조 현상 언론 보도

연합뉴스   최신기사 정치 북한 산업/경제 금융/증권 IT/과학 사회 전국 연예 문화 스포츠

최신기사

세종보 수문 최대 개방했지만…녹조 원인 남조류세포 외려 급증

송고시간 | 2018/08/15 14:00

최근 3년간 최대…"수량 대폭 줄고 상류서 오염원 유입된 탓"

(세종=연합뉴스) 양영석 기자 = 수문을 최대 개방한 금강 세종보의 수질이 오히려 더 나빠지면서 녹조 원인으로 지목되는 남조류 세포가 급증한 것으로 나타났다.

(2) 획기적인 수질개선을 '고인 물은 썩는다'로 선동

우리나라는 강의 수질개선을 위해 지난 1978년 서울의 중랑하수처리장을 시작으로 전국 곳곳에 하수처리장을 건설해왔다. 특히 1991년 낙동강 페놀사건 이후 하수처리장 건설에 엄청난 예산을 투자했다. 1993년부터 2005년까지 13년 동안 4대강 수질개선에 무려 28조 6천억 원을 쏟아 부었다. 전국 곳곳에 하수처리장을 건설하여 외부에서 강으로 유입되는 오염물질을 막았다. 하지만 4대강 하류 구간은 목적하는 맑은 수질을 달성하지 못했다. 이유는 대도시, 산업단지, 농경지 등 각종 오염원이 유역에 산재해 있는 큰 강에서는 외부 유입 차단만으로는 한계가 있기 때문이다. 특히 비가 올 때 일시적으로 유입되는, 농경지에 살포된 비료나 농약, 도시 지면에 쌓인 먼지나 쓰레기, 산지나 나대지에서 유출되는 토사 등은 방지 기술로 일부 제거되지만 상당량 그대로 들어온다.

외부 유입 차단의 한계를 극복하기 위해 적용하는 방법이 강의 주요 지점에 보를 만들어 일단 들어온 오염물질을 바닥에 가라앉히고 쓰레기를 걷어내는 것이다. 이는 선진국에서 이미 1백 년 전부터 큰 강에서 해오던 방법이다. 가라앉은 오염물질은 대부분 유기물이기 때문에 강바닥의 미생물과 실지렁이나 깔따구와 같은 청소동물이 먹어치운다. 강바닥의 유기물로 증가한 청소동물은 물고기의 먹이가 되는 자연정화과정을 거치게 된다. 생태계의 먹이 사슬이 물을 맑게 하는 것이다.

4대강 사업의 목적 중 하나는 수질개선이었다. 하수처리장에 총인 (비료성분) 처리시설을 추가하여 강물에서 광합성으로 유기물이 만들 어지는 것을 줄였고 불법 농지로 사용되던 강의 둔치(하천 부지)를 정 비하여 비료와 농약 유입을 막았다. 또한 강바닥을 준설하고 쓰레기 를 수거하여 내부 발생 오염원을 줄였다. 또 다른 수질개선 효과는 보 에 가득 찬 물로 인한 희석현상과 부유성 고형물질이 바닥으로 가라 앉아 제거되는 자연정화에 의해 나타났다.

국가 수질측정망 관측자료(물환경정보시스템: water.nier.go.kr)로 4 대강 사업 전과 후 각 5년간(2005~2009과 2012~2016)을 통계 비교 한 결과, 강의 대표 수질인 생물화학적 산소요구량(BOD: biochemical oxygen demand)의 경우 낙동강 하류는 30~60%, 영산강은 10~50% 감소했다. 또한 금강은 10~30%, 남한강은 30~50% 감소했다. 그 외 부유성 고형물질(SS: suspended solids)을 비롯한 대부분의 수질 지표 가 보 설치 구간에서 크게 감소했다. 이러한 효과는 예상했던 바와 같 이 보로 인해 강에 물이 가득해서 부유성 고형물질들이 바닥으로 가 라앉은 침강 효과에 의한 것이다. 4대강 사업으로 인한 수질개선결과 는 지난 2019년 1월 권위 있는 국제학술지(Environmental Engineering Science)에 논문으로 게재됐다.

실측 자료의 확실한 증거에도 불구하고 문재인 정권은 '고인 물은 썩는다'고 4대강 보 해체를 추진했다. 지난 2017년 보 개방을 시작하 면서 '철거나 상시 개방을 하면 수질이 개선된다'고 했다. 그리고 보 를 열면 '수질이 더 좋아질까' 해서 엄청난 국가 예산을 낭비하며 무모한 실험을 했다. 하지만 보 개방 결과 수질은 확실히 나빠졌다. 환경부는 결국 지난 8월 20일 임이자 국회 환경노동위원회 의원에게 제출한 보고서를 통해 4대강 보 개방 이후 수질이 악화된 사실을 공식 인정했다.

(3) 큰 강을 개천으로 만들어 '자연성 회복'이라 궤변

하늘에서 내린 비나 눈은 실개천으로 흘러가 지천과 지류를 이루고, 다시 큰 강이 되어 바다로 간다. 물줄기는 실개천에서 큰 강으로 가면서 유속이 빠르고 얕은 여울에서 깊은 수심과 느린 흐름으로 변해간다. 바닥과 수변은 토질과 암반에 따라 차이는 있지만, 상류에는 모래와 자갈, 하류에는 진흙이나 펄이 주를 이루며, 수질 또한 상류의 맑은 물이 하류로 가면서 유기물과 영양물질이 점점 많아지게 된다.

강은 이처럼 상류에서 하류로 가면서 모든 것이 조금씩 변해간다. 물의 흐름이나 지형과 같은 물리적인 현상뿐만 아니라 물속과 강변에 사는 생물들도 상류와 하류 그리고 지천과 본류가 다르다. 특히 서식 생물은 지천에는 여울과 모래톱에 사는 종이, 본류에는 깊은 수심과 느린 흐름에 사는 종이 주를 이룬다. 4대강과 같이 큰 수계는 이 모든 생물종들이 지천과 본류로 연결되고 함께 어울려 거대한 생태계를 이룬다.

4대강 사업은 큰 수계의 본류 중 일부 구간에서 이루어졌다. 한강의 경우 실개천을 제외한 모든 지천과 본류를 합하면 7,111km

에 이른다. 여기서 준설을 하고 보를 만든 구간은 1.6%에 불과한 114.3km다. 낙동강, 금강, 영산강도 각각 7,305km, 3,761km, 1,270km에서, 사업 구간은 각각 334.2km(4.6%), 130.4km(3.5%), 111.6km(8.8%)에 불과하다. 그리고 각 사업 구간의 94%는 돌과 흙, 그리고 나무로 이루어진 자연 호안이며 나머지 6%에만 콘크리트 보를 만들었다. 또 사업 구간은 깊은 수심과 느린 흐름이 유지되어야 하는 곳이다.

[그림 2] 4대강 사업 전 강의 상태를 기술한 언론 보도

우리가 기억해야 할 것은 4대강 사업 구간은 과거 산업화와 도시화를 거치면서 병들어 있었다는 사실이다. [그림 2]는 지난 2009년 1월 중앙일보에서 특집으로 보도한 사업 전 4대강의 상태였다. 낙동강 1,300리는 굽이굽이 병들어 있었고, 영산강은 중류에 퇴적물이 쌓

여 비만 오면 범람하고 하류는 썩어 기형 물고기가 나타나는 상태였다. 금강은 물 마른 낙화암, 과거 해상교통 요충지였던 곰나루(웅진, 현 공주)에는 모래만 가득하고 하류에는 비닐하우스로 뒤덮인 상태였다. 남한강은 가뭄과 홍수로 주민들이 고통 받고 있었음을 알려주고 있다. 4대강 사업은 강바닥은 오염된 퇴적물로, 둔치는 비닐하우스로, 물은 썩어 기형 물고기가 나오고, 비만 오면 범람하는 본류 구간 일부를 청소하고 정비한 환경개선 사업이었다.

하지만 좌파 언론과 환경단체는 아름다운 우리 강을 콘크리트로 덮어 자연을 파괴했다고 선동해왔다. 선동에 넘어간 문재인 정권은 보를 개방하여 다시 개천으로 만들어버렸다. 그리고 모래톱이 살아나고 맹꽁이, 흰수마자, 민물가마우지 등이 돌아왔다며 4대강에 자연성이 회복되었다고 홍보하고 있다. 이는 큰 강과 개천의 생태계 차이를 무시한 어처구니없는 궤변이다. 깊은 수심과 완만한 흐름이 유지되어야 할 큰 강을 여울과 모래톱이 있는 얕은 개천으로 만들어 버리니 지천에 사는 생물들이 내려온 것이다. 이는 개천성 회복이지 자연성 회복이 아니다. 보수 정부 업적 폄훼에 혈안이 되어있는 현 정권은 큰 강을 개천으로 만들어 자연성 회복이라 국민을 속이고 있다. 더구나 과거 썩고 파괴되었던 4대강 사업 구간을 마치 맑은 물이 흘렀던 아름다운 자연의 강이었다고 거짓말을 하는 것이다.

(4) 보를 생태계 파괴 주범으로 몰아가는 비과학적 무지

문재인 정권의 대선공약을 보면 4대강 보를 '수생태계 파괴 주범'으로 규정하고 있다. 강과 수생태계를 모르는 무지 때문에 이런 공약이 나온 것이다. 선진국에서는 수생태계 보호를 위해 강에 보를 만들어 물을 채우는데, 이 공약은 자신들의 무지를 폭로하고 있는 것이다.

수생태계 보호를 위해 강에 보를 만드는 이유는 도시에서 방류되는 하수 때문이다. 인체가 섭취한 의약품은 보통 90% 정도가 분해되지 않고 하수로 간다. 이는 의약품이 인체에 들어와 약효만 발휘하고 대부분 배출되며 사라지는 양은 10% 정도에 불과하다는 것을 의미한다. 그 외 치약이나 화장품 등 생활에 사용되는 여러 화학물질도 생활하수로 들어간다. PPCP(pharmaceuticals and personal care products)라 불리는 이 화학물질들은 하수처리장으로 가도 일부(10~30%)는 처리되지 않고 그대로 강으로 간다. 강에 물이 많을 경우 PPCP는 희석되어 생태계에 피해를 적게 주지만, 그렇지 못할 경우 환경호르몬으로 작용하여 어류나 양서류의 성비 균형을 깨뜨린다. 이는 하수처리장 방류수가 많이 유입되는 강에서 수생태계 보호를 위해 가장 중요하게 다루는 수질관리 과제다.

우리나라도 과거 4대강에 수량이 부족하고 흐르는 물의 상당량이 하수처리장 방류수였기 때문에 그 피해가 나타났다. [그림 3]은 지난 2007년 국립환경과학원이 발표한 조사 자료를 언론이 보도한 기사다. 여기서 보듯이 당시 4대강에서 잡히는 물고기 100마리 중 8마리가 환경호르몬으로 인해 암수한몸이었다는 사실을 말해준다. 그 외에 4대강에서 기형물고기가 잡히기도 하고 PPCP가 원인이 되어 수

돗물에서 미세플라스틱이 검출되는 사례가 언론에 보도되기도 했다. 이 모든 사례들은 여름 한철 홍수기를 제외하면, 사시사철 물 마른 4 대강 본류에 너무 많은 생활하수, 산업폐수, 농경배수 등이 유입되기 때문이다. 4대강 본류 구간이 다시 과거로 돌아가면 어류와 양서류는 또 다시 환경호르몬 피해를 당할 것이 뻔하다. 보를 만들어 강에 물을 채우는 것이 수생태계를 보호하는 방법이다.

[그림 3] 4대강에서 과거 나타났던 환경호르몬 피해

. (02)724-5114　　　　　　　chosun.com　　　　　　2007년 1월 4일 목요일 라

100마리중 8마리 '암수한몸'
붕어요리 먹기 찜찜하네

환경호르몬 영향인듯

붕어 요리를 즐기는 사람들에 겐 꺼림칙한 조사결과가 나왔다. 우리나라 하천에서 잡히는 붕어류 100마리 가운데 8마리는 암·수의 성(性)이 혼재하는, 자웅동체(雌雄同體)인 것으로 나타났다. 이런 성 변화는 환경호르몬(내분비계장애물질)의 영향 탓으로 추정돼, 이 붕어를 먹을 경우 인체에 어떤 영향을 끼칠지도 관심사로 떠올랐다.

3일 국립환경과학원에 따르면 지난해 국내 4대 강(한강, 금강, 영산강, 낙동강)에서 붕어류 100마리를 잡아 생식세포를 검사한 결과, 이 중 8마리에서 암컷의 난소에 존재하는 세포가 수컷의 생식기에서 발견되고, 암컷 생식기에선 수컷의 생식세포가 관찰됐다. 이성(異性) 생식세포가 발견되는 비율은 2003년 4.8%, 2004년 5.3%, 2005년 4.8% 수준이었으나 이번 조사에선 8%로 껑충 뛰었다. 환경과학원 이철우 박사는 "현재로선 생물체의 내분비계에 장애를 일으키는 환경호르몬의 영향으로 추정된다"고 말했다.

이런 현상은 1972년 일본에서 들여온 외래종(떡붕어)에서 월등히 높은 비율로 관찰됐다. 토종 붕어(참붕어)는 40마리 중 1마리(2.5%)였지만, 떡붕어는 60마리 중 7마리(12%)가 자웅동체였다. 금강 대청댐과 낙동강 어귀의 둑에선 각각 20마리 중 3마리(15%)였고, 영산강 담양댐에선 20마리 중 1마리(5%)였다. 반면 청정수역인 충주호에서 잡은 떡붕어는 70마리 가운데 2마리(3%)로 낮은 비율을 보였다. 이철우 박사는 "(이 붕어를 먹을 경우) 인체에 어떤 영향이 있을지에 대한 후속 연구가 필요하다"고 말했다.

환경호르몬은 사람이나 동물의 호르몬 움직임을 교란시켜 생식계통 등에 악영향을 끼치는 물질로, 소각장 연기 속의 다이옥신을 비롯해 플라스틱류, 주방용 세제 같은 생활용품에 포함된 각종 화학물질을 통칭해서 일컫는다.

박은호기자 unopark@chosun.com

강의 보가 '수생태계 파괴 주범'이라 불리게 된 이유는 물고기의 이동을 차단하기 때문이다. 하지만 이를 극복하기 위해 지금까지 다양한 어도(물고기 이동 통로)가 개발됐다. 4대강 16개의 보에는 최첨단 어도가 23개나 설치되어 있다. 물 흐름과 지형에 적합한 형태의 보를 16개 보에 각각 1~2개씩 설치하여 이 문제를 극복했다. 현재 우리나라 강과 하천에는 총 34,012개의 보가 만들어져 있다. 여기에 설치된 어도의 수는 5,081개로, 전체 보 중 약 15%만 물고기 이동 차단 문제를 해결하고 있다. 과거 수생태계에 미치는 영향을 무시하고 물이용에만 집중한 나머지 약 28,931개의 보가 '수생태계 파괴 주범'이 되어 있다. 문재인 정권은 보를 '수생태계 파괴 주범'으로 몰아가려면 전국의 어도 없는 보를 먼저 해체 또는 상시 개방해야 할 것이다. 최첨단 어도가 설치된 4대강 16개 보는 생활하수에서 나오는 환경호르몬으로부터 수생태계의 건강성을 지키기 위해 반드시 필요하다.

3. 황당한 경제성 평가

문재인 정권의 보 해체와 상시 개방 발표에 동원된 것이 비용편익분석(CBA: Cost-Benefit Analysis)이라는 황당한 경제성 평가다. 이는 평가 방법도 잘못됐을 뿐만 아니라, 가정 자체가 잘못됐다. 보를 해체하면 수질이 나빠지고 녹조는 더 많이 발생하며, 큰 강이 개천으로 변해 생태계 건강성은 악화되는데, 4대강 조사평가기획위원회는 보를 해체하면 손실은 소수력 발전뿐이고 수질·수생태·친수·홍수조절 등에서 큰 경제적 이익(편익)이 생긴다는 궤변을 만들어냈다. 환경적 가치를 돈으로 환산하는 희한한 방법도 등장한다.

(1) 무지와 궤변으로 전도된 환경 가치

경제성 평가에서 큰 부분을 차지하는 것이 수질이다. 4대강 사업 이후 전국적으로 극심한 가뭄이 계속되었음에도 불구하고 획기적인 수질개선이 이루어졌다. 이는 국가 수질측정망 자료에서 밝혀졌고, 이 자료를 통계 분석한 문재인 정부의 감사원 결과(2018년 7월)에서도 인정됐다. 또 이론적으로도 보를 만들어 수량이 풍부해지면 희석작용과 부유물 침강으로 물이 맑아지는 것은 당연하다. 그런데 현 정권은 고인 물은 썩는다는 환경단체의 선동을 믿고 지난 2017년부터 보를 개방하고 열심히 관측했지만 수질은 나빠졌다.

경제성 평가에서 보 개방으로 나빠진 수질을 부정할 수가 없어 퇴적물 오염도와 저층빈산소라는 희한한 지표를 수질평가에 넣었다. 큰 강에 물이 모여 수심이 깊어지면 부유물질이 강바닥에 쌓이고 여름철에는 그곳에 산소부족현상이 생길 수도 있다. 이런 지표를 넣은 것은 물은 맑아졌지만 바닥이 더러워졌으니 나쁘다는 것이다. 집을 청소했더니 공기는 맑아졌지만 쓰레기통이 더러워져 싫다는 식이다. 이런 궤변으로 보를 해체하면 수질이 개선된다고 수백억 원의 편익을 넣은 것이다.

생태계 경제성 평가에는 더욱 황당한 궤변이 등장한다. 큰 강은 수많은 지천이 모여 본류를 이루고 생태계가 물줄기를 따라 연결되어 있다. 지천은 수심이 얕고 유속이 빠르며 수면에 비해 수변공간이 넓지만, 본류는 그 반대다. 평가에 사용된 생태계 지표를 보면 유속, 수변 면적, 저서성 대형무척추동물 등 지천에서 높은 점수를 받을 수 있는 것으로 일관되어 있다. 큰 강이 물 없는 개천으로 변하면 좋은 생태계가 된다는 궤변으로 수백억 원의 편익을 포함시켰다.

더 엽기적인 궤변은 어류 건강성이다. 금강과 영산강의 보들은 150만 인구의 대전과 광주라는 대도시 하류에 있다. 대도시 생활하수는 처리장을 거치지만 생활에 사용된 각종 의약품과 화학물질(PPCP)은 일부 강으로 가서 어류와 양서류에 환경호르몬 피해를 준다. 선진국에서는 많은 물을 강에 채우고 하수처리수를 급히 희석시키는 방법으로 이 문제를 해결하고 있다. 금강과 영산강의 보를 해체하면 어류와 양서류는 환경호르몬 피해를 당할 것이 뻔하다. 상황이 이러한데 보를 해체하면 어류 건강성이 좋아진다고 편익을 넣었다.

4대강 사업은 2백년에 한번 일어날 수 있는 극한 홍수도 방지할 수 있도록 보를 설계하고 준설했는데, 보를 없애면 홍수조절이 더 잘된다고 편익을 넣었다. 또 보를 해체하면 강바닥에 모래톱이 많이 생겨 경관이 좋아진다는 이유로 친수 편익도 포함했다. 큰 강이 개천으로 변하면 관광객이 많이 모여든다는 코미디를 관변학자들이 만들어낸 것이다.

(2) 사기성 설문 조사

수질이나 생태계와 같은 환경적 가치는 경제적 가치(돈)로 환산하기란 거의 불가능하다. 환산하더라도 매우 주관적이기 때문에 신뢰성이 없다. 하지만 4대강 위원회는 보 해체를 위해 물이용 부담금 대상자에게 한 사기성 설문조사를 동원해서 엉터리 편익계산법을 만들어 냈다.

보를 해체하면 수질과 생태계가 좋아지는데 얼마나 물이용 부담금을 더 낼 수 있는지를 묻고 그것을 편익으로 계산한 것이다. 수질과 생태계가 나빠질 것이 분명한데 설문 대상자에게 거짓말을 한 것이다. 이 설문에서 나온 수계별 편익을 보의 숫자(금강 3, 영산강 2)로 나누어 보별 편익으로 할당한 것이다. 이는 보의 숫자가 많으면 보별 편익이 줄어들어 해체가 불가능해진다는 의미다. 자체 모순에 빠진 바보 계산법이 국가 대사에 등장한 것이다.

편익계산법도 어처구니없지만 설문 대상자들 대부분이 보와 무관하다는 사실은 더욱 놀랄 일이다. 왜냐하면 4대강 보의 물은 농업용수가 큰 부분을 차지하는데, 농업용수는 물이용 부담금 대상이 아니기 때문이다. 엉뚱한 자들에게 사기성 설문조사를 하여 보 해체를 결정한 것이다.

4대강 조사평가위원회가 공개한 설문조사 개요 [그림 4]를 보면 더욱 놀라운 사실이 드러나고 있다. 온라인 조사 방법에 60세 이상은 설문 대상에도 포함되지 않았다. 게다가 물이용 부담금을 내는 지역별, 성별, 연령별 인구비례로 할당하여 표본조사를 했다. 이는 보 수혜자와 설문 대상자를 별개로 하려는 사기극에 지나지 않는다. 예를 들어 한강의 경우 남한강에 3개의 보가 있고 물이용 부담금 대상자는 팔당댐 하류 서울과 경기도 거주자들이다. 보 수혜자들은 경기도 여주와 양평에 거주하는데 이들은 설문 대상자가 아니다. 다른 수계도 마찬가지다. 금강의 세종보, 공주보, 백제보 해체 결정에 설문 대상자는 대전시 150만, 충북 청주시 85만, 전북 전주시 65만이 인구비례 할당으로 대부분을 차지하게 되었다. 영산강의 승촌보와 죽산보 해체 결정에도 인구 비례로 할당한 설문 대상자는 광주시 150만이 큰 역할을 했다. 보가 3개 있는 한강은 1,500명, 보가 8개 있는 낙동강은 500명을 대상으로 조사했다는 것도 황당하기 그지없다.

[그림 4] 4대강 위원회가 공개한 설문 조사 개요

모집단	▪ 4대강 수계별 물이용부담금 부과 대상 지역 거주 만 19세-59세 이하 성인 남녀
유효 표본	▪ 전체 : 3,000명 - 한강수계 : 1,500명 - 금강수계 : 500명 - 낙동강수계 : 500명 - 영산/섬진강수계 : 500명
표본 추출	▪ 지역별, 성별, 연령별 인구비례 할당표집(Quota Sampling)
표본 오차	▪ 전체 : 95% 신뢰수준에서 최대허용 표본오차는 ±1.79%P - 한강수계 : 95% 신뢰수준에서 최대허용 표본오차는 ±2.53%P - 금강수계 : 95% 신뢰수준에서 최대허용 표본오차는 ±4.38%P - 낙동강수계 : 95% 신뢰수준에서 최대허용 표본오차는 ±4.38%P - 영산/섬진강수계 : 95% 신뢰수준에서 최대허용 표본오차는 ±4.38%P
조사 기간	▪ 사전조사 : 2017년 09월 27일(수) ~ 29일(금) ▪ 본 조 사 : 2017년 10월 10일(화) ~ 20일(금)
조사 방법	▪ 온라인 조사 (Online-survey)

(3) 조작된 비용편익분석표

[그림 5]는 4대강 조사평가위원회가 금강·영산강 보 해체를 공식

발표하면서 공개한 비용편익분석표다. 보를 해체하면 수질과 생태계가 나빠지는 것이 분명한데 수백억 원에서 많게는 1천억 원이 넘는 편익을 산정해 두고 있다. 보 해체 시 수질, 생태계, 친수, 홍수조절 등에 편익을 넣은 것 자체가 잘못되었지만 들어있는 수치에도 수상한 점이 한두 가지가 아니다. 해체를 결정한 금강 세종보(B/C값 2.92)와 영산강 죽산보(B/C값 2.54)를 보면 다른 보에 비해 턱없이 높은 생태계 편익(754.96억)과 수질 편익(1,018.745억)이 각각 잡혀 있다. 이는 조작이라 의심하지 않을 수 없다. 저수량도 적은 세종보가 공주보나 백제보에 비해 생태계 편익이 2배가 넘는다. 또 죽산보의 수질 편익은 승촌보의 4배나 된다. 게다가 영산강은 수생태계에 비해 수질에, 금강은 수생태계에 아주 높은 편익이 잡혀 있다. 뒤죽박죽된 수치가 조작된 편익 흔적을 잘 보여주고 있다.

또 하나 황당한 것은 지역 주민들이 지금까지 잘 이용하고 있는 수억 톤에 이르는 보의 물을 편익계산법에는 아무 가치가 없는 것으로 간주했다는 사실이다. 영산강은 물론이고 우리나라에서 물이 가장 부족하고 가뭄에 취약한 금강도 보가 주는 물의 가치를 아예 없는 것으로 가정했다.

해체를 결정한 세종보는 4대강 16개 보 중 유일하게 세종시를 관통하는 도시 보다. 그리고 물 이용 목적이 경관과 위락이다. 보를 해체할 경우 경관과 위락 가치가 사라진다. 하지만 비용편익분석에서는 경관과 위락의 가치는 항목 자체가 없다. 공주보의 경우도 경관적 가치가 매우 크지만, 편익계산에는 없다. 나머지 모든 보도 경관 편익은 전혀 없는 것으로 두고 있다.

[그림 5] 4대강 위원회가 공개한 비용편익분석표

수계	보	2019~2022년에 발생하는 직접 비용의 현재가치 합계		2023~2062년에 발생하는 편익(+) 또는 불편익(-)의 현재가치 합계								경제성 분석 결과		
		보해체 비용	물이용 대책 비용	수질	수생태	친수	홍수 조절	물활용 감소	교통 시간	유지 관리비 절감	소수력 발전	비용 + 불편익	편익	B/C 값
금강	세종보	-114.67	-86.08	112.27	754.96	19.97	1.64	0.00	0.00	83.03	-131.64	-332.40	971.88	2.92
	공주보	-532.83	-137.31	295.99	354.08	6.62	1.32	0.00	-268.92	572.57	-200.88	-1,139.94	1,230.57	1.08
	백제보	-415.10	-237.48	-285.78	334.81	47.18	21.55	0.00	0.00	619.72	-133.12	-1,071.48	1,023.27	0.96
영산강	승촌보	-438.52	-300.27	246.97	89.96	24.38	1.48	0.00	-172.42	495.54	-49.16	-960.35	858.32	0.89
	죽산보	-250.01	-250.85	1,018.74	48.97	56.43	123.42	-47.85	0.00	332.78	-74.19	-622.90	1,580.34	2.54

주1) 수질 및 수생태 편익 추정 시 보설치 이전의 수질~생태 지표를 활용
주2) 보 해체에 따른 소요비용 : 2019~2022년 발생하는 공사비 산출가 및 현재가치 환산
주3) 유지관리 비용 : 연간 유지관리비를 보의 경제적 수명인 40년간('23~'62) 현재가치로 환산
주4) 현재가치 : 사회적 할인율은 기재부「예비타당성조사 수행 총괄지침」에 의거 현재시점부터 운영 후 30년까지('19~'52년) 4.5%,
이후('53~'62년) 3.5% 적용
주5) 비용, 불편익 : 음(-)의 부호로 표시하였으며 B/C값은 편익 현재가치의 합계를 비용과 불편익의 현재가치 합계로 나눈 값

사기성 평가는 비용 계산에도 있다. 보를 철거하면 지하수 수위가 떨어져 농업에 직접적인 피해를 준다. 해체 결정에는 피해 범위를 강 양쪽 500m씩으로 한정해서 보 철거 시 비용을 계산했다. 지역에 따라 3㎞ 넘게 떨어진 곳에서도 지하수 영향이 나타난다는 사실이 확인되었지만 비용 축소를 위해 무시했다. [그림 6]은 이 문제를 제기한 언론(조선일보)이 보도한 금강·영산강 주변의 지하수정이다. 여기서 볼 수 있듯이 보 해체나 상시 개방으로 영향을 받을 3km 이내의 지하수정은 수천 개에 이른다.

[그림 6] 금강 영산강 주변 지하수정

단위: 개		강에서 3km 이내 관정 수	경제성 평가 에선 500m이나 관정만 반영
보 철거로 영향받는 지하수 규모 축소한 엉터리 경제성 평가			
금강	세종보	1698	161
	공주보	3454	508
	백제보	5277	541
영산강	승촌보	4102	672
	죽산보	2699	229

※보 철거시 지하수 영향은 강에서 5km 이상 떨어진 곳도 영향받을 수 있음.

(4) 평가 방법 자체가 실소를 금치 못하는 오류

수질이나 생태계와 같은 환경적 가치를 경제성 평가할 때 적용하는 방법은 비용편익분석(CBA: cost-benefit analysis)이 아니라 비용효과분석(CEA: cost-effectiveness analysis)이다. CEA는 편익을 돈으로 환산하기 어려운 환경, 보건, 교육 등에 활용되는 방법이다. 비용편익분석(CBA)은 비용과 편익 모두 돈의 단위로 산정되기 때문에 편익을 비용으로 나눈 값(B/C)으로 시행 여부가 결정된다. B/C 값이 1.0을 넘을 경우 편익이 비용 보다 크기 때문에 시행 가치가 있다는 것이다.

하지만 비용은 돈의 단위로 표현되지만 편익은 돈의 단위로 환산할 수 없는 경우는 B/C 값 자체가 존재할 수 없다. 이러한 경우 적용하는 비용효과분석(CEA)은 하나의 E/C 값으로는 판단이 불가능하다.

몇 가지 대안에 대한 E/C 값을 구한 후 상호 비교해서 최적 안을 찾을 수밖에 없다. 4대강 보 해체나 상시 개방으로 인한 수질과 생태계 편익은 돈으로 환산할 수 없기 때문에 비용편익분석(CBA)이 아닌 비용효과분석(CEA)을 적용해야 한다. 보 해체를 비롯한 몇 가지 대안을 CEA에 적용하여 수질, 생태계 등에서 나타나는 효과를 비교하여 결정해야 한다. 비용편익분석(CBA)과 비용효과분석(CEA)의 차이는 [표 1]에 보다 구체적으로 설명되어 있다.

4대강 조사평가기획위원회는 평가 방법 자체에 실소를 금치 못하는 오류를 범한 것이다. 이를 감지한 언론은 지난 2월 경제성 평가 발표 즉시 이 사실을 보도했다('보 해체 경제성 평가 거의 조작 수준이다.' 조선일보, 2019년 3월 2일). 결론적으로 4대강 경제성 평가는 잘못된 가정에다 사기성 설문조사, 제멋대로 평가 방법에 이르기까지 총체적 거짓투성이다.

[표 1] 비용편익분석과 비용효과분석 비교

	차이점	방법	적용 대상
비용편익분석 (CBA)	비용(Cost)과 효과(Benefit)를 돈의 단위로 비교 가능	단일 안에 대한 1을 기준으로 한 B/C 값 비교⟩, =, ⟨1)	비용과 효과를 돈으로 환산할 수 있는 모든 경우
비용효과분석 (CEA)	비용(Cost)과 효과(Benefit)를 돈의 단위로 비교 불가능	두 개 이상의 안에 대한 E/C 값 상호 비교	환경, 보건, 교육 등

4. 종합적 비판과 대책

인류 문명은 강에서 시작되었고 강을 길들이면서 발달해왔다. 방치된 자연 그대로의 강은 언제 어떤 수마로 돌변하여 재앙을 가져올지 알 수 없기 때문에 인류는 강을 길들여왔다. 가뭄과 홍수에 대비하여 댐도 만들고 강가에 둑도 쌓고 수로도 정비했다. 또 맑은 물과 건강한 생태계를 위해 수질을 개선하고 오염된 퇴적물도 준설했다. 여기에 현대 문명은 둔치 공원을 조성하여 휴식 공간도 만들고, 수상 스포츠와 위락, 주운, 발전 등 다양한 사회경제적 가치도 강에서 창출해냈다.

인류 문명의 강 길들이기에는 물 흐름을 조절하는 보가 중요한 역할을 담당하고 있다. 그래서 '문명이 있는 곳에 강이 있고 그 강에는 보가 있다'라는 말이 강 관리에는 정설처럼 되어있다. 특히 산업화 이후 보를 이용한 강 길들이기는 모든 대도시를 지나는 강에는 필수가 되었다. 산업화가 가장 먼저 시작된 영국 템즈강(Thames River)을 길들여진 강(Tamed River)이라 부르는 것도 이러한 이유다. 세계 강 관리의 교과서라 불리는 템즈강은 길이가 우리나라 낙동강의 3분의 2에 불과하지만 45개의 보가 있다. 그 외 프랑스 센느강에는 34개의 보, 미국 미시시피강에는 43개 보, 유럽 7개 국가를 지나는 라인강에는 86개의 보가 있다.

강은 크게 인류 문명의 발달로 길들여진 문명 강(Cultural River)과 사람의 손길이 닿지 않은 자연 강(Natural River)으로 분류한다. 산업이 발달하고 대도시가 위치한 템즈강, 센느강, 미시시피강, 라인강 등은 문명 강, 그리고 그렇지 않는 남미 브라질 아마존강, 아프리카 중부 콩고강 등은 자연 강에 해당한다. 유역에 수백만이 살아가는 대도시가 위치하고 활발한 산업 활동이 일어나고 있는 우리의 4대강 본류는 누구도 부인할 수 없는 문명 강이다. 하지만 과거 4대강은 제대로 길들여지지 않아 연간 수조원에 달하는 가뭄과 홍수 피해를 입었다. 더구나 방치된 하천부지는 불법 경작으로 농약, 토사, 비료 등 각종 오염원이 되고 있었다.

4대강 사업은 우리 국토에서 시도된 초단기 대규모 강 길들이기 사업이었다. 선진국에서 이미 효과도 입증됐을 뿐만 아니라, 홍수 방지, 수자원 공급, 수질개선에 이르기까지 학술적 이론도 잘 정립돼있다. 우리나라도 지난 1980년대 한강 본류 구간에서 신곡보와 잠실보를 만들고 강변 둔치를 조성하여 서울 시민이 혜택을 누리고 있다. 여기에 2012년 4대강 사업 완공 후 지금까지 관찰된 가뭄과 홍수 피해 급감, 수질개선, 수력발전 등 수많은 증거들이 나와 있다. 더욱 확실한 증거는 지역 주민들이 4대강 보를 절실히 원하고 있다는 사실이다. 그들은 사업 전에 강이 어떠했는지, 그리고 4대강 사업으로 자신들의 생업과 삶의 질이 어떻게 달라졌는지 몸소 체험한 자들이다.

문재인 정권은 지난 2년에 걸친 4대강 보 개방 소동으로 엄청난 국가 예산을 낭비하고 피해 주민들에게 거액의 배상까지 하게 됐다. 지난 5월 14일 환경부 중앙환경분쟁조정위원회는 창녕함안보 단 40일간(2017년 11월 13일부터 12월 22일까지) 개방으로 피해본 농민들에게 8

억 원을 배상하라는 판결을 내렸다. 이후 유사한 피해 보상 요구가 계속되고 있다. 이 사건은 환경부가 가해하고 판결하고, 보상까지 한 전 국민의 조롱거리 환경분쟁 사례가 됐다. 게다가 금강 유역 청양에서는 보 개방이 지하수 고갈로 이어져 우라늄 수돗물까지 나오는 엽기적인 사건도 발생했다.

사태가 이 지경에 왔는데 문재인 정권은 보 해체 소동을 중단하지 않고 있다. 그동안 좌파 언론과 환경단체가 선동했던 녹조 발생, 수질 악화, 생태계 파괴 등은 거짓이었음이 드러났지만, 이에 굴하지 않고 큰 강을 개천으로 만들어 놓고 자연성 회복이라며 국민을 속이고 있다. 이것은 지금까지 보수 정부의 국책 사업을 무조건 반대해온 좌파 환경단체와 추종 세력들의 속성이다. 이들은 과거 보수 정부가 추진했던 인천공항, 경부고속철도, 새만금 사업 등을 생태계 파괴와 환경재앙 운운하면서 철저히 반대해왔다. 하지만 김대중 정부의 그린벨트 해제와 노무현 정부의 각종 도시개발에는 침묵으로 일관했다. 특히 노무현 정부 때에는 국토균형발전이라는 미명 아래 행정도시, 기업도시, 혁신도시 등으로 99조원에 달하는 국고가 토지보상비로 지불되고 전국의 산과 들이 불도저로 파괴돼도 박수갈채를 보냈던 자들이다. 현 정권에서는 전국의 산과 들, 저수지까지 태양광 패널로 덮는 환경파괴에 앞장서고 있다.

문재인 정권의 보 해체 소동을 끝내기 위해서는 이들의 이중적 행태를 낱낱이 파헤쳐 국민에게 널리 알려야 한다. 이들은 지난 2년간 보 개방 소동의 허망한 결과를 보고서도 '보가 무슨 문명이냐', '강은 흘러야 한다', '지역 주민이 왜 강의 주인이냐' 등 무지하고 선동적인 구호만 외치고 있다. 문명 강과 자연 강도 구분하지 못하는 '강 몰라' 선동꾼들이 국민을 속이고 국가 파괴를 자행하고 있다. 이들의 망국 적 무지와 선동이 계속되는 한 우리의 선진국 진입은 요원하다.

아울러 강물의 진짜 주인인 지역 주민들이 보다 강력하게 투쟁 해야 한다. 강물의 주인은 강가에 사는 사람들이라는 강변수리권 (riparian right)이 문명 국가에서는 관습법(common law)으로 보장되고 있다. 또 4대강 보의 물과 주변 지하수는 대부분 농업용수로 사용되 기 때문에 보 해체와 개방은 전 국민의 식량과 장바구니 물가로 이어 진다. 결국 4대강 보 해체는 지역 주민의 생존권을 넘어 전 국민에게 피해를 주게 된다. 그래서 문재인 정부의 국가 파괴로부터 4대강 보 를 지키기 위해서 전 국민이 반대 투쟁에 나서야 한다. 정치적 목적으 로 자행되는 이 어처구니없는 반문명적 대국민 범죄는 결코 용납되지 말아야 한다.

원자력 파괴

정범진

1. 대한민국에 원자력은 무엇인가?

/

(1) 원자력 산업의 현황

2019년 9월 현재 우리나라에는 고리, 한빛(영광), 월성, 한울(울진) 4
개 부지 그리고 이들과 인접한 새울(신고리), 신월성, 신한울 3개 원전
부지가 있으며 여기에 24기의 원자력발전소가 운전 중이다. 신한울
1·2호기와 신고리5·6호기가 건설 중에 있으므로 4기의 원전이 추가
될 것이다. 고리1호기와 월성1호기는 영구정지가 결정되어 해체를
기다리고 있다.

문재인 정권의 탈원전 정책에 따라서 신한울3·4호기는 공정률 약
30%에서 공사가 중지된 상태이고 천지1·2호기는 부지매입단계에서
대진1·2호기는 계획단계에서 건설이 백지화되었다.

우리나라의 발전원별 전력의 비중은 원자력 발전 30%, 석탄 발전 40%, 천연가스(LNG) 발전 20%, 수력 발전 및 신재생 발전 등이 나머지 10%를 차지하고 있으며 매년 설비이용률, 발전연료의 가격 등의 변동에 따라서 가감된다.

발전원별 전력 단가를 비교하기 위해서는 시장가격에 해당하는 정산단가를 사용하기 보다 공장도 가격에 해당하는 평준화발전단가(LCOE: Levelized Cost Of Electricity)를 이용하게 된다.

[표 1] 우리나라 발전원별 평준화발전단가

US$/MWh (메가와트시)

	자본비	운영비	연료/폐기물	계
원자력	22.20	9.65	8.58	40.42
석탄	12.70	5.31	64.81	83.83
LNG	9.44	4.05	105.10	118.60
태양광	124.38	17.70	0	142.07
풍력	118.58	28.86	0	147.45

자료: IEA, *Projected Costs of Generating Electricity*, 2015

[표 1]에 제시된 바와 같이 원자력의 발전단가는 방사성폐기물 처리비용을 포함하고도 석탄 발전의 절반, 천연가스 발전의 1/3, 재생에너지 발전의 1/4 수준이다. 에너지부문의 기술발전 속도가 높지 않으므로 현재에도 이 수준으로 볼 수 있다. 발전원전별 단가를 보면 값싼 전기요금을 유지하는데 원자력 발전이 크게 기여하고 있음을 알 수 있다.

(2) 문재인 정권의 선거공약과 100대 국정과제에 나타난 탈원전 공약

더불어민주당의 제19대 대선공약에서는 4대 비전과 12대 약속을 제시하였다. 그 10번째 약속으로 '안전한 대한민국'이 제시되었고 그 10항과 11항에서 탈원전 정책이 제시되고 있다.

탈원전 정책의 이유로 '후쿠시마 원전사고 이후 탈핵이 세계적 추세'이고 '경주지진이후 국민적 우려'를 언급하고 있다. 그런데 탈핵은 세계적 추세가 아니다. 원전을 운영하는 30여개 국가 가운데 탈핵을 제시한 국가는 독일, 스위스, 벨기에, 대만 등 4개 국가이며 벨기에와 대만은 그나마도 절반쯤 탈핵에서 발을 뺀 상태이다. 이들 국가가 보유하고 있는 원전의 수로 보면 탈원전이 대세라는 표현은 옳지 않다. 탈원전 국가는 사례가 아니라 예외이다. 또 경주지진에 따른 국민적 우려도 감각적 판단이기 때문에 정책의 근거로 사용하는 것은 옳지 않다. 경주지진으로 인한 원전의 피해는 없었다. 오히려 구옥(舊屋) 등 일반시설의 피해가 전부였다. 원전은 가장 높은 지진에 대비되어 있다. 따라서 지진을 우려한다면 상대적으로 대비가 약한 부문을 강화하는 것이 정상적 사고이다.

10번째 약속의 10항은 '원전정책을 전면 재검토하겠다'고 기술되어 있다. 그리고 신규원전 건설 백지화, 설계수명에 도달한 원전의 계속운전 금지, 신고리5·6호기 건설 중지 및 월성1호기 폐쇄를 그 내용으로 하고 있다. 그런데 문재인 정권에서 택한 것은 '재검토'가 아니라 '집행'이었다. 재검토라는 표현을 사용함으로써 정책변화의 여지를 둔 것처럼 착각하게 한 것이다. 결국 원자력산업 종사자도 탈원전 공약에 설마하면서도 표를 빼앗기고만 것이다.

11항은 '원전사고 걱정 없는 나라'라는 제목으로 하여 원자력안전위원회의 독립성 강화, 원자력안전기술원을 원자력안전위원회로부터 독립, 그리고 지자체의 원자력안전행정 참여를 법제화하는 것을 제시하였다. 제목부터가 선동적이다. 1977년 준공된 고리1호기 이래로 40년 이상 원전사고로 인한 사망자가 전무한 산업에 대해서 사고 걱정을 언급하는 것이 그렇다. 물론 체르노빌과 후쿠시마 원전사고의 사례로 인한 국민적 우려가 있다. 그러나 UN 핵방사능 효과에 대한 과학위원회(UNSCEAR)의 공개된 조사보고서에서 체르노빌4호기 원전사고의 사망자가 43명이며 체르노빌1, 2, 3호기는 사고 이후에도 운전되었다는 사실 그리고 동일본 대지진으로 인한 쓰나미 사망자가 2만 명이 넘었지만 후쿠시마 원전사고로 인한 방사선 사망자가 한 명도 없다는 사실은 제대로 알려져 있지 않다. 이에 비추어 본다면 국민의 감각적 우려에 따라서 탈원전을 하기 보다는 잘못 알려진 사실로 인한 국민적 우려를 불식시키기 위한 노력을 하는 것이 국가운영의 합리적 자세이다.

문재인 정권의 100대 국정과제 가운데 60번째 국정과제가 '탈원전 정책으로 안전하고 깨끗한 에너지로 전환'한다는 것이다. 이에는 몇 가지 문제가 있다. 첫째, 안전과 깨끗함이라는 감각적 판단에 기초하고 있다. 지난 40년간 국내의 어떤 산업도 원전산업만큼 안전하지 않았고 깨끗하지 않았다. 세계적으로도 마찬가지이다. 이것이 정책이 기초하여야 하는 과학적·합리적 사실이다. 둘째, 60번째 국정과제가 전면에 나선 이유는 무엇일까? 원전이 없어지면 이득을 보게 되는 세력이 강했기 때문이다. 현재 에너지전환재단을 구성하고 있는 구성원이 여기에 해당할 것이다. 전부는 아니지만 천연가스(LNG)의 수급과 발전과 관련된 조직, 재생에너지의 수입, 판매, 건설과 관련된 조직, 전력저장장치(ESS) 생산자 그리고 전력망 운영과 관련한 학자들이 이에 해당할 것이다. 셋째, 원자력안전위원회는 원자력시설의 안전성을 기술적으로 판단하여 인허가를 주고 관리감독을 하는 기관이다. 그런데 독립성이 보장되어야 할 원자력안전위원회를 탈원전 정책의 이행 부처로 지정한 것이다.

(3) 우리사회에서 원자력의 역할

원자력 발전이 값싼 전기요금을 유지하는데 지대한 공헌을 하고 있음은 주지의 사실이다. 제조업 중심의 수출국가에서 전기요금이 싼 것은 큰 잇점이 된다. 값싼 전기는 농업 등 타 부문에 대한 지원과 저소득층 지원에 매우 중요하다. 원자력 발전이 재생에너지를 지원하고 있는 것도 제대로 알려져 있지 않다. 값싼 원자력 발전으로 인하여 전기요금을 올리지 않고도 태양광과 풍력 등 재생에너지원의 개발과 보급이 가능했던 것이다. 또한 한국수력원자력이 항상 재생에너지원으로 발전한 전력을 가장 많이 구매하는 회사였다. 신재생에너지공급의무화제도(RPS)제도에 재생에너지원으로 발전한 전기를 구매하도록 강제하고 있기 때문이다.

원자력 산업의 근간은 엔지니어링, 중공업, 제조업 그리고 건설업에 있다. 1980년대 원전산업 국산화를 위하여 정부와 한전이 지원한 것은 모두 이들 분야의 성장으로 이어졌다. 현재 두산중공업의 기술적 역량은 원전 주요기기를 국산화하는 과정에서 습득된 기술력을 토대로 하고 있으며 보조기기를 생산하는 창원지역의 중소기업은 미국기계학회(ASME) 등의 인증을 받는 제품을 생산하는 수준으로 기술력이 향상되었다. 세계최고수준의 용접기술자들은 조선업계로 이전되어 조선업의 성장에도 기여한 바 있다. 이와 같이 가치사슬이 긴 종합엔지니어링으로서의 원자력 산업은 다른 분야와 동반하여 성장한다. 따라서 탈원전 정책은 원자력 산업 뿐만 아니라 이러한 부문의 동반쇠퇴를 예고하고 있다.

에너지 부문에서 가장 중요하게 보는 것은 경제성, 환경성, 그리고 안정성(안보)이다. 그 가운데 가장 중요한 요소가 전력의 안정적 공급임은 자명하다. 원자력발전소는 95%이상 국산화되어 있다. 즉 건설에 소요되는 비용의 95%는 국내에 남는다는 것을 의미한다. 또한 전력생산량의 30%를 차지하면서도 우라늄 구매에 소요된 비용은 전체 에너지 수입액의 1%가 되지 않는다. 이러한 이유에서 원자력을 국산에너지라 하기에 손색이 없다.

에너지정책은 나라마다 다르다. 나라마다 부존자원과 기술력이 다르기 때문이다. 따라서 여건이 비슷한 나라의 에너지정책이 따를 수 있는 사례가 된다. 일본은 결국 후쿠시마 원전사고를 경험하고도 원자력발전의 비중을 20%이상으로 선언하였는데 그것이 우리가 주목해 보아야 할 사례인 것이다. 에너지부문의 안보는 국가 존립의 매우 중요한 요소이다.

(4) 원전의 수출

우리나라 원전 수출의 시작은 UAE가 아니다. 1990년대 중반 북한 핵문제가 국제사회에 큰 우려로 부각하였고 제네바합의에 따라 북한 신포에 경수로를 지어주기로 한 것이 시작이었다. 당시 그 비용의 대부분을 국제사회가 아니라 한국전력공사가 부담하는 것에 대한 불만도 많았으나 KEDO(한반도에너지개발기구) 사업을 추진하면서 북한과의 교류의 물고를 틔우고 원전 수출을 준비하는 활동을 하게 된 것이었다.

2009년 한국원자력연구원은 요르단에 한국형 연구용원자로(JRTR)를 수출하였고 연말에는 한국전력공사가 아랍에미레이트연합(UAE)에 우리 원전 APR1400을 수출하였다. 이들은 모두 적기에 건설되었다. 프랑스 아레바(AREVA)사가 핀란드 올킬루오토에 건설중인 원전이 10년 지연되고 웨스팅하우스가 미국내에 건설중인 보글(Vogtle) 원전이 5년 지연된 것에 견주어 우리는 적기건설을 한 것이다. 이는 기술력의 차이라기보다는 원전 건설을 지속해온 우리나라가 부품 공급망, 건설 경험 등에서 우위를 차지한 결과이다. 이러한 우위는 건설이 중단되고 수년이 지나면 증발할 경쟁력이기 때문에 탈원전 정책에 대한 산업계의 우려는 매우 심각하다.

세계적으로 약 160기의 신규원전 건설이 예정되어 있기 때문에 원전 수출은 반도체, 자동차, 그리고 조선에 버금가는 수출상품이 될 수 있는 잠재력이 있다. UAE의 경우만 봐도 4기의 원전건설, 운영서비스, 핵연료와 부품공급 등을 포함하면 100조원에 가까운 상품인 것이다.

(5) 국격기술로서의 원자력의 역할

원자력은 전력을 생산하는 발전원으로서의 역할 그리고 한 국가의 핵무기 생산과 억제력을 담보하는 역할로 구분하여 볼 수 있다. 전자가 경제성을 나타낸다면 후자는 한 국가의 기술적 능력과 수준을 나타낸다. 따라서 국산화 정도, 관련부문의 첨단 연구소의 보유는 한 나라의 위상을 나타낸다.

우리나라는 1958년 원자력연구소를 건설하여 원자력 산업에 필요한 기술력과 교육훈련을 제공하여 왔으며 현재에도 가동 중인 원전의 안전성 그리고 미래 원자력시스템, 방사성동위원소의 산업 및 의학적 활용에 대한 활발한 연구를 수행하고 있다. 우리나라 고유의 원전으로 OPR1000과 APR1400이라는 상품을 가지고 있으며 연구용원자로 수출국이다. 또한 현재 사우디아라비아와 한국형 중소형원자로인 SMART를 개량하여 건설할 계획으로 사우디아라비아와 우리나라가 공동으로 건설 전 설계(PPE) 사업을 수행하고 있다.

우리나라의 활발한 원자력활동으로 인하여 국제사회에서 원자력 부문의 위상은 대한민국의 평균적 위상을 크게 상회한다.

2. 탈원전 정책

/

(1) 탈원전 정책의 내용

문재인 정권의 탈원전 공약은 '안전하고 깨끗한 에너지'를 공급하 겠다는 것이 목표이고 그 수단으로 원전과 석탄발전을 없애고 신재생 에너지를 2030년 20%까지 늘린다는 것이다.

이 정책의 가장 큰 문제는 기본이 안 된 것이다. 에너지 정책의 목 적은 안정적 공급이다. 어떤 발전원을 뺄 것인지 넣을 것인지는 이러 한 목적을 달성하기 위한 수단인데 문재인 정권의 에너지정책은 수단 만 강조하고 있어서 목적과 수단이 도치되었다는 것이다.

발전비중의 70%를 차지하는 원자력 발전과 석탄 발전을 폐지하기 전에 대체할만한 발전원이 선결되어야 한다. 5%에도 미치지 못하는 신재생에너지를 20%까지 규모를 키우는 것도 기술적 모험인데 기존 발전원의 폐지 계획부터 제시하는 것은 이른 바 대책 없는 과격한 정 책이다.

신재생에너지를 20%까지 늘린다면 40~50%에 가까운 비중은 액 화천연가스(LNG)발전으로 채울 수밖에 없다. 천연가스는 연소라는 화학적 과정에 의존하기 때문에 이산화탄소와 미세먼지를 여전히 발생시킨다. 메탄가스의 온실가스효과가 이산화탄소의 20~30배이며 일상적으로 일부가 누설됨을 감안하면 온실효과 측면에서 석탄발전과 크게 다를 바가 없다. LNG 발전소가 도심 가까이 위치한다는 점을 감안하면 미세먼지가 건강에 미치는 영향도 작지 않다.

지난 3년간 태양광 발전과 이에 연결된 전력저장장치(ESS)의 화재는 150여건 발생하였다. 매주 1회 이상의 화재가 발생했던 것이다. 태양광 발전의 산림파괴, 화재, 생산되는 전기의 변동성으로 인한 타 발전원에 주는 부담 등을 고려한다면 무엇이 더 깨끗하고 안전하다는 것인지 알기 어렵다.

안전하고 깨끗한 에너지를 원하는 감각적인 국민정서가 있다고 하더라도 그 대책은 국민을 설득하는 것이 이성적이고 합리적인 선택이지 국민정서를 그대로 따르는 것은 민주주의가 아니라 망국적 포퓰리즘이다.

(2) 경제적 손실

탈원전 정책에 따라서 계획 중이고 건설 중인 모든 신규원전이 백지화되었다. 이에 따라서 신고리5·6호기, 신한울3·4호기의 공사가 중지되었고 천지1·2호기는 부지 매입단계에서 대진1·2호기는 계획단계에서 건설이 백지화되었다.

신고리5·6호기는 공론화를 통하여 건설이 재개된 바 있다. 공론화에는 약 40억 원의 국고가 지원되었다. 공론화가 진행되었던 3개월의 기간 동안 공사중단으로 인하여 한수원은 1천억 원의 매몰비용이 발생했다.

신한울3·4호기는 2017년 산업부로부터 발전사업허가를 받아서 부지매입을 마치고 건설 중인 원전이었으나 현재 건설이 중지된 상태이다. 한전전력기술㈜가 종합설계용역을 추진중이었고 두산중공업이 원자로, 증기발생기 등 제작에 시간이 요구되는 주기기를 제작중이었기 때문에 건설 중단으로 이어진다면 약1조 원의 매몰비용이 발생한다. 여기에 부지매입에 소요된 비용이 손실로 추산된다.

천지1·2호기는 부지 매입단계에서 원전 건설이 백지화되었다. 이에 따라서 수년간 원전부지에 대한 소유권 행사를 하지 못하다가 결국 원전건설이 백지화됨에 따라서 부지매각도 하지 못한 소유자들이 대책을 호소하고 있다.

계속운전은 세계적으로 보편화되었고 기술적으로도 문제가 없다. 그런데 이 정권은 설계수명에 도달한 원전의 계속운전을 금지함에 따라서 2023년부터 총 24기의 원전의 계속운전이 금지된다(고리2~4, 신고리1~4, 월성2~4, 한빛1~6, 한울1~6, 신한울1~2). 이들의 용량을 합치면 24,150 메가와트이다. 이용률 85%를 감안하고 20년간 운전하면서 생산하는 전력요금을 실제요금으로 추산하면 약 400조원의 국가손실이 발생하게 되는 것이다.

월성1호기는 1983년 상업운전을 시작하였다. 2013년으로 30년의 운전허가 기간이 끝났다. 동일 원전이 캐나다에서 계속운전을 하고 있으므로 한수원도 계속운전을 하기로 하고 7천억 원의 비용을 들여서 설비개선을 완료하였고 원자력안전위원회로부터 2015년 2월 27일 계속운전허가를 받았다.

한국수력원자력은 2018년 6월 15일 이사회를 열어서 경제성이 없다는 이유로 월성1호기 조기폐쇄를 결정하였다. 2022년까지 운전할 수 있는 설비를 2018년 가동중단을 함에 따라서 1조원의 손실을 입게 되었다. 이럴 것이었다면 7천억 원의 비용을 들여서 설비개선을 왜 했을까? 수년 전에 경제성이 있다는 보고서와 함께 계속운전이 추진되었는데 갑자기 경제성이 없어진 것에 대해서는 따져볼 일이다.

(3) 산업의 붕괴

한국전력공사가 UAE에 APR1400 원전을 수출할 당시, 메가와트 당 건설단가는 프랑스 아레바(AREVA)사와 미국 웨스팅하우스가 제시한 자국노형 건설단가의 절반수준이었다. 우리나라의 기술력이 이들 국가보다 더 높은 것도 아니다. 이유는 단 하나이다. 우리나라는 반복건설을 통하여 최적화된 건설 노하우를 가지게 되었고 각종부품을 조달하는 산업생태계를 건강하게 유지하고 있었던 것이었다.

탈원전을 주장하는 정부는 신규원전 건설만 하지 않는 것이며 운영 중인 원전은 계속 가동되는 것이므로 2080년이 되어서야 원전이 완전히 없어지는 것이기 때문에 탈원전이 천천히 진행된다고 주장한다. 그러나 실은 신규원전 건설계획이 백지화된 그 순간부터 생태계의 붕괴는 급속히 일어날 수밖에 없다.

[표 2]는 원전건설과 관련한 업체의 현황을 보여준다. 대부분이 중소협력사로서 총인원 6만 명이 신규 원전건설 여부에 따라 영향을 받게 된다.

[표 2] 원전건설 참여업체의 분류

	대기업			중·소협력사			합계		
	업체 수	인원	총인원	업체 수	인원	총인원	업체 수	인원	총인원
기자재	1	443	2,550	1,753	11,262	48,979	1,754	11,705	51,529
시공	4	326	580	218	1,479	4,717	222	1,805	5,297
설계	1	221	221	11	179	951	12	400	1,172
합계	6	990 (7%)	3,351	1,982	12,920 (93%)	54,647	1,988	13,910 (100%)	57,998

원자력발전소 건설과 운영의 가치사슬(value chain)은 설계, 건설, 운영, 그리고 정비로 나누어 볼 수 있다. 종합설계(A/E), 계통설계(S/D), 핵연료 설계의 설계업무가 약 10%를 차지한다. 시공 35%, 원자로, 터빈 등을 공급하는 주기기 산업이 25%, 각종 밸브 등을 공급하는 보조기기가 20%를 차지한다.

탈원전 정책에도 불구하고 설계부문은 한수원으로부터 직접 하도급을 받게 되며 공기업이기 때문에 전문인력을 유지할 수 있을 것으로 판단된다. 건설부문에서 시공은 대다수의 시공업체의 원전비중이 높지 않기 때문에 타 사업을 통하여 유지될 것으로 판단된다. 원자로, 증기발생기, 터빈, 원자로 펌프 등을 공급하는 주기기업체는 탈원전이 진행되면 시장을 즉시 이탈할 것이고 여기에 동참하였던 460여개의 중소기업도 이탈할 것이다. 보조기기 업체는 국내 신규건설이 발생하지 않으면 즉시 산업을 이탈할 것으로 예상된다. 원전수출이 이루어지는 경우에도 보조기기는 경쟁입찰 또는 자국산업을 활용하기 때문에 국내업체는 원전산업을 떠나게 될 것이다.

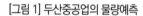

[그림 1] 두산중공업의 물량예측

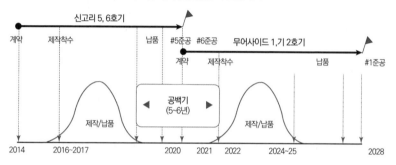

[그림 1]은 주기기업체인 두산중공업의 연도별 물량을 보여준다. 2020년 신고리5·6호기의 주기기 납품을 마치면 영국 무어사이드 1·2호기를 수주한다고 하더라도 5~6년의 공백기가 발생함을 알 수 있다. 이러한 공백기가 발생하면 공장의 라인과 인력을 유지할 수 없게 된다. 또한 주기기업체를 지원하는 463개의 기업도 동일한 운명을 맞게 된다. 물론 탈원전 정책이후 영국 원전 수출가능성도 멀어지고 있다.

전체 보조기기 업체는 약 2,000곳이며 이들의 81.8%가 예비품을 납품하고 있으며 이들의 64.6%가 중소기업이다. 따라서 보조기기 업체가 원전시장을 이탈한다는 것은 예비품 조달의 어려움이 발생하게 되므로 기존원전의 운영이 어려워짐을 의미한다.

이에 대해 한철수 창원상공회의소 회장은 "정부 에너지 정책 변화로 지역 원전 기업들이 일감 절벽으로 생존마저 위태롭다"고 밝히고 있다. 이러한 원전생태계의 파괴는 비용으로 추산할 수 없을 정도이다.

(4) 지역의 영향

원전건설 예정지였던 영덕군 그리고 원전건설이 중단된 울진군은 갑작스런 정책변화에 따라 지역경기의 침체, 세수의 축소 및 예정된 사업의 취소를 경험하고 있다.

영덕군의 경우 신규 원전 건설계획이 취소됨에 따라 지역에서는 용역비, 자율유치가산금 등 매몰비용이 발생하였으며 신규원전 건설 시 가동기간(60년) 동안 받을 수 있었던 지원금과 세수의 기회를 상실하였다.

울진군의 경우 건설 중이던 신한울3·4호기 건설이 중지됨에 따라서 7년여 간 건설과 60년 간 가동에 대한 발주법(발전소주변지역지원에관한법)상 보장된 지원금을 받을 수 없게 되었다. 또한 신한울3·4호기 지역현안사항으로 실시계획승인 조건부 한수원과 합의한 사업을 추진할 수 없게 되었다.

[표 3] 지역의 원전의존도

		경주	울진
세금	원전 납부 지역세(억 원)	542	691
	원전 비중(%)	13.6	63.6
지원금	기본지원 사업비(억 원)	77	156
	사업자지원 사업비(억 원)	77	156
사업체	유자격 사업체수(개)	12	9
	지역 사업체수 대비 비중(%)	0.1	0.2
고용	원전본부 직원 수(명)	2,130	2,473
	지역 종사자수 대비 비중(%)	1.8	13.8

[표 3]은 경주와 울진의 세수영향을 정리한 것이다. 울진은 원전이 납부하는 지방세가 전체 지방세의 63.6%를 차지하며 발전소 직원이 지역 종사자수 대비 13.8%를 차지하고 있어서 극심한 지역경제의 침체가 예상된다. 또 원전건설을 예상하고 지역주민이 빚을 내어 숙소 등을 건설한 것이 임대되지 않으면서 주민의 삶이 도탄에 빠지고 지역이 유령도시화 되고 있다.

(5) 전력산업

탈원전 정책의 가장 큰 피해는 당연히 전력산업이 입게 된다. 가장 값싼 원자력 발전과 석탄 발전이 70%를 차지하는데 원자력 발전보다 2배 이상의 가격인 LNG 발전으로 대체하면 전기 생산비가 오르지 않을 수는 없다. 또 2019년 현재 2조 6천억 원이 넘는 보조금이 들어가야 하는 재생에너지를 20%로(현재 수준의 50배) 늘리면 100조 원대의 보조금을 요할 것이다.

그뿐이 아니다. 재생에너지원은 급전불응(給電不應) 설비이다. 자연조건이 허락하지 않으면 발전을 하지 못한다. 따라서 재생에너지발전소를 건설할 때 반드시 LNG 발전소가 예비발전소로 함께 건설되어야 한다. 또한 초 단위로 바뀌는 전력생산을 일정하게 유지하기 위하여 전력저장장치(ESS) 등을 보강하고 안정화하는데 추가로 비용이 소요된다.

한편 문재인 정권은 탈원전 정책의 초기에 전력요금의 인상은 없을 것이라 단언하였다. 그 당연한 결과는 한국전력공사의 적자이다. 실제로 한전은 2년 연속으로 적자를 기록하였다. 정부는 모두 이것이 연료가격이 증가했기 때문이었다고 발표하였다. 그러나 그것은 사실의 일부일 뿐이다.

2018년의 한전의 적자는 원자력 발전소 이용률 감소가 원인이었다. 원자력안전위원회가 맹활약한 결과 원전 이용률이 크게 떨어졌다. 신고리5·6호기 건설 중단을 요구했던 원자력 전문가인 강정민 위원장, 탈핵 환경운동연합 출신의 김혜정, 월성1호기 계속운전 반대 소송대리인이었던 김호철 변호사 등이 원자력안전위원으로 포진되면서 원자력안전위원회는 독립성을 잃고 탈원전 정책의 도구로 전락했다.

1400 메가와트급 원전1기가 하루에 생산하는 전력량은 약 20억 원어치가 된다. 이를 LNG발전소로 대체하면 20억 원 이상 손실이 발생한다. 원전이용률이 10% 감소하면 한전은 약 1조 3천억 원 정도의

손실을 입게 된다. 이것이 2018년 적자의 가장 큰 요인이다. 가동원전의 수가 줄지 않았지만 이용률이 감소하면서 탈원전 상태를 예행 연습한 것이다.

2019년에는 원자력안전위원회의 학습효과로 인해 원전 이용률이 다소 증가하였다. 그러나 재생에너지 증가가 한 몫을 하였다. 발전 사업자는 신재생에너지공급의무화제도(RPS)에 따라서 일정규모의 신재생에너지를 구매하도록 강제되는데 태양광 발전의 보급에 따라 정부가 발전사별 구매할당량을 늘린 것이다. 2019년 한전의 적자는 원전 이용률의 작은 감소, 재생에너지 구매증가, LNG 구매증가에 기인한다.

이에 따라서 당연히 2018년은 대한민국 역사상 가장 천연가스 수입을 많이 한 해로 기록되었다. 이것이 문제가 되는 것은 에너지 안보가 흔들리기 때문이다. 우리나라는 매년 약 1,500억 달러의 에너지를 수입한다. 최근에는 경기침체로 인하여 약 1,000억 달러의 에너지를 수입하고 있다. 이는 매일 3천억 원~5천억 원 어치의 에너지를 수입한다는 뜻이다. 이 가운데 원자력 발전소에 들어가는 핵연료의 가격은 채 10억 달러가 되지 않는다. 그것이 원자력이 국산에너지라고 부르는 이유이다. 에너지의 해외 의존도를 높이는 것은 결국 에너지 안보를 저해하는 것이다.

[그림 2]는 제8차 전력수급계획과 제7차 전력수급계획을 비교한 것이다. 신규 원전건설 6기를 백지화하고 계속운전을 포기하며 석탄발전소를 조기 폐쇄함으로써 2030년 기준 약 20 기가와트(GW)의 전

력량이 줄어들었다. 그 결과 113.2 GW의 시설용량 가운데 20 GW
가 빠지게 되자 정부는 재생에너지를 최대한 늘려서 100.5 GW라는
수치를 만들어 놓았다. 하지만 이 수치조차 허구라 할 수 있다. 제8차
전력수급계획에 증설될 재생에너지 발전소는 위치도 사업자도 명시
되지 않고 용량만 제시되어 있기 때문이다.

[그림 2] 제8차 전력수급계획

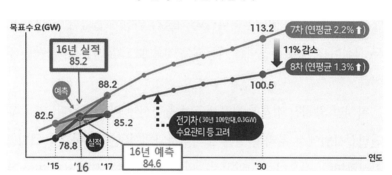

[그림 2]에서 제시한 바와 같이 정부는 2016년도 최대 전력치는
빼놓고 2015년도 실적치와 2017년도 예측치를 연결하고 그 연장선
으로 2030년 100.5 GW를 연결하여 제시한 바 있다. 2016년도 최
대 전력치를 넣고서는 설득력 있는 그림을 그리기 어려웠던 것이다.
그 결과 제8차 전력수급계획이 확정되고 불과 2개월만인 2018년 2
월 전력수요는 제8차 전력수급계획 예측치인 85.2 GW를 훌쩍 넘어
제7차 전력수급계획의 예측치인 88 GW에 이른다. 또 2018년 8월에
도 역시 92 GW를 달성하여 제8차 전력수급계획이 전력수요를 과소

예측함을 증명하고 있다. 이러한 전력수급의 불안요인은 당장은 크게 나타나지 않으나 5년이 경과한 후 다음 정권에서 전력부족 사태가 나타날 것이다.

(6) 원전수출의 적신호

2009년 요르단과 UAE에 각각 연구용 원자로와 상업용 원자로를 수출하였다. 세계가 우리나라의 기술적 위상에 놀랐다. 그리고 이 두 시설이 적기에 준공되어 가동되는 것을 보고 세상은 더 놀랐을 것이다.

하지만 탈원전 정책이 발표되고 수출전선에 이상이 왔다. 영국 원전건설사업에서 우리는 일본 도시바사와의 우선협상대상자 위치를 상실하였다. 사우디아라비아 신규원전 건설사업에 있어서도 미국 트럼프 대통령의 원전산업 부활 공약에 따른 웨스팅하우스 밀어주기에 밀려나고 있다. 체코 신규원전 건설사업에 있어서도 러시아 등의 추격을 허락하였다. 심지어 UAE원전 장기정비계약(LTMA)도 분할 발주되는 수모를 겪고 있다. 산업부 관계자와 한수원 관계자는 열심히 뛰어다니고 있지만 빈 가방으로 바삐 출장만 다니고 있다. 원전 수출협상에 제시할 카드가 없는 것이다.

원전 4기를 수출하고 관리운영을 맡게 되면 100조원에 가까운 수익이 되는 수출의 중요한 카드가 날아가고 있는 것이다. 적어도 1,000조 원 이상의 시장이 사라지고 있다.

(7) 정부신뢰도 추락

탈원전 정책의 추진과정은 한마디로 법치의 파괴이다. 문재인 대통령이 2017년 6월 19일 고리1호기 영구정지 선포식에서 탈원전을 선언할 때, 행정부와의 심도있는 정책적 검토가 없었다. 깜짝 쇼하듯이 일방적으로 선언된 것이다.

6기의 신규 원전건설이 백지화된 것도 일방적인 것이었다. 제8차 전력수급계획이 수립되기 이전이었던 것이다. 신고리5·6호기도 근거 없이 건설이 중지되었다. 사회적 반대에 이르자 공론화를 추진하겠다고 발표하였다. 공론화관련 규정이 없다고 하자 국무총리훈령 690호를 부랴부랴 만들었다.

김지형 신고리5·6호기 공론화위원장은 원전 확대여부를 묻는 3차례의 보조설문에서 경향성이 없는 단 한 번 나온 원전비중 축소라는 설문결과를 토대로 정부에 원전비중을 줄이는 방향으로 정책을 펼칠 것을 권고한다. 또한 총리훈령에서 공론화는 신고리5·6호기로 국한하였는데 그 결과를 잘 활용해서(?) 전체 원전에 대한 탈원전의 근거로 삼은 것도 대단한 완력이었다.

공론화의 결과는 2017년 10월 20일 금요일에 발표되었고 근무일로 불과 이틀 만에 초스피드로 국무회의의 보고안건으로 상정되어 5분 간 논의된 후 '에너지전환 로드맵'이라는 문서가 되며 이것이 제8차 전력수급계획과 제3차 에너지기본계획을 수립하는 주요 축으로 삼아진다.

이 과정에서 과거 수립하였던 에너지정책은 완전히 무시되었다. 이전 정권에서 에너지정책에 간여했던 전문가 가운데 현 정부와 코드가 맞거나 잘 맞출 수 있는 인사들만 대거 기용된다. 김진우 위원장이 그 대표적인 경우이다. 에너지경제연구원의 연구원으로 근무하다가 이명박 정부에서 원전비중을 70%까지 높일 수 있다는 정책보고서를 발간한 공로로 원장이 된 분인데 문재인 정권에 들어서는 탈원전 정책을 잘 비호하게 되었다.

산업부에서 원전정책을 추진하던 많은 현직의 공무원들은 탈원전으로 선회하였다. 공무원들로 하여금 평생 추진해온 원전정책에 대해 자기부정을 하게 한 것이다. 이와 같은 공무원과 전문가의 입장돌변을 목도한 국민의 시각은 어떨까? 이것은 현 정부 뿐만 아니라 미래정부도 국민이 믿을 수 없는 정부로 만들어버린 것이다. 대한민국 정부의 신뢰도는 앞으로 어떻게 될 것인가?

(8) 사용후 핵연료 재공론화

사용후 핵연료는 발생량이 많지 않다. 같은 양의 전기를 석탄발전으로 생산할 때, 석탄회의 1만5천분의 1에 불과하며, 지난 반세기 동안 원전부지내 수조에서 안전하게 보관되었다. 격리하여 두기만 하면 환경과 상호작용이 없이 자연물이 되어간다. 300년~1,000년의 기간이면 맨손으로 다룰 수 있는 우라늄 원광수준으로 방사능의 양이 줄어든다. 그 이후에는 매우 미약한 방사능을 방출하면서 오래간다. 그럼에도 불구하고 사용후 핵연료는 사회적 논의가 기술적 논의에 비해 얼마나 어려운지 알려주는 사례이다.

사용후 핵연료에 대한 공론화 결과는 이번 정권에서 무시되고 재공론화를 추진하고 있다. 이전 공론화의 문제가 무엇인지 공론화를 왜 다시 해야하는지 밝히지 않고 있다. 이에 대해 공론화를 한답시고 시간을 끌어서 사용후 핵연료 저장조가 포화되어서 더 이상 원자력발전을 하지 못하게 하려는 것이 아닌가 하는 의심을 하고 있다. 실제로 월성2~4호기의 경우 맥스터라는 건식저장장치를 빨리 건설하지 못하면 발전소 운전을 중지해야 한다.

공론화는 법적으로 반드시 필요한 행정행위가 아니다. 그러나 국민과의 공감대하에 사용후 핵연료 정책을 추진한다는 대원칙 하에 원자력과 무관한 사회각계의 인사가 참여하여 이 문제를 논의하도록 한 것이다. 일종의 권위를 부여하는 것이다. 그런데 이번 정권의 재공론화 시도는 이전에 세웠던 권위를 무너뜨리고 다시 시작하자는 것이다. 그것은 다음 정권에서 이를 번복할 수도 있음을 시사하는 것이다. 현 정권은 사용후 핵연료 공론화에 대한 권위를 실추시킴으로써 정부 정책의 지속성과 신뢰도를 추락시키고 있다.

(9) 인력의 파괴

원자력 산업은 기술집약적 산업이다. 즉 사람이 가진 기술에 의존하는 것이다. 공장이 있어도 사람이 없으면 공장을 돌릴 수 없게 된다. 그래서 인력이 중요한 것이다. 그런데 산업현장에서 사람이 떠나고 있다.

두산중공업에서 원자력발전소 주요기기를 만들던 사람들은 하나하나 떠나고 있다. 순환휴직을 감당하기 어려워진 것이다. 한국수력원자력에서 근무하다가 정년을 한두 해 남긴 직원들은 이들을 환영해주는 UAE의 Nawah라는 운영회사로 옮겨가고 있다. 인턴으로 갔던 졸업생들은 눌러앉는다. 외국으로 공부하러 갔던 학생도 학위를 마치면 돌아오지 않는다. 입학을 하고 2학년이 되어 전공을 선택하는 KAIST와 UNIST 원자력공학과에는 신입생이 없다. 1학년부터 전공이 정해지는 대학에는 그나마 원자력공학으로 입학하는 학생이 있으나 실력이 예년과 같지 않다.

원자력 부문에서 인력의 엑소더스가 이루어지고 있다. 역대 정권에서 지난 50년간 키워온 원자력 기술력이 이번 정권에서 공중분해되고 있는 것이다. 이들이 빠져나간 자리는 어떻게는 채워질 것이다. 그러나 인력의 질적 저하가 무엇을 의미하는 것인지는 명약관화하다. 과연 기존에 건설된 원전은 수명기간까지 안전하게 운영할 수 있는 것일까? 원전수출은 가능할까? 다른 산업에는 영향이 없을까?

3. 종합적 고찰

/

문재인 정권의 탈원전 정책은 원자력 과학에 심대한 손상을 입히고 있다. 대중의 막연한 공포감을 정책으로 입안하여 포퓰리즘에 성공하였고 우민화에도 성공하고 있는 것으로 보인다. 가치중립적 과학을 이념화하고 찬핵과 반핵을 편을 갈라서 정치적 이득을 취하는 과정에서 국가적 위상을 결정하는 국격기술인 원자력 과학을 희생시키고 있다. 이념화된 탈원전 세력은 원전산업 뿐만 아니라 원자력 기술개발에도 제한을 가하고 있다.

부존자원이 없는 나라에서 준국산 에너지인 원자력발전을 중단시킴으로써 에너지의 해외의존도를 높이고 있다. 태양광 발전 등 재생에너지와 LNG 발전에 대한 의존도를 높이면서 에너지 안보를 위협하고 있다. 중국, 일본과의 외교문제에도 불구하고 동북아 슈퍼그리드와 같이 중국과 일본을 전력망으로 연결하는 무모한 시도를 정책으로 제시하고 있다.

전력비중의 70%를 차지하는 원자력 발전과 석탄 발전을 대책 없이 폐지하고 재생에너지와 LNG 발전으로 이를 채우려는 무모한 시도를 하고 있다. 신규 원전 건설 백지화에 따라서 수조 원의 손실을 입히고 있으며 이미 성숙한 기술인 계속운전을 금지하면서 400조 원대의 국가손실을 입히고 있다.

지난 반세기 동안 키워온 원전생태계를 말살하고 있다. 두산중공업은 순환휴직을 하면서 8만2천 원까지 하던 주식가격이 5천 원대로 떨어졌다. 두산중공업의 460여 협력사가 원자력 사업을 포기할 상황으로 몰고 가고 있으며 2,000여 보조기기 업체도 생존의 위협을 경험하고 있다.

한국전력공사는 2년 연속으로 수조 원의 적자를 경험하고 있다. 3

년 연속 적자가 발생하는 경우 신용도의 하락에 따라 이자율이 올라갈 것이다. 이 경우 기존의 부채에 대한 이자가 증가하면서 한전은 이중고를 겪게 될 것이다.

UAE에서 4기의 원전건설과 장기운영을 통하여 100조 원대의 매출이 가능함을 목도한 바 있다. 세계적으로 160여기의 신규원전 건설시장에서 우리나라가 차지할 몫을 25%만 잡더라도 1000조원대의 수출 시장이 탈원전 정책으로 인하여 상실될 위기에 놓였다.

원자력 기술 인력과 전공 대학생이 이탈하고 있다. 이른 바 원자력 엑소더스를 경험하고 있다. 기술은 사람에 내재한다. 원전건설이 중단되면 조직기억의 상실(institutional memory loss)은 필연이다.

원자력 과학이 한 정권에 의하여 분서갱유되는 상황에서 다른 과학을 전공하는 학자가 이를 외면하고 있다. 이들이 과연 과학자이며 기술자가 맞는 것일까? 과학기술총연합회, 과학기술한림원, 공학한림원은 과연 학자들의 단체가 맞는 것일까? 한 정권의 원자력 과학의 핍박에 침묵하고 있다. 공적기금에 의존하는 전문가 시스템의 한계를 보여주고 있다. 정치가 한 학문과 과학을 사냥하고 다른 학문은 이를 외면하는 정글이 되었다.

공공부문에 정책을 전적으로 의지하던 산업의 몰락을 보여준다. 정부의 입장이 돌변하면서 원자력산업은 방향을 찾지 못하고 있다. 탈원전 인사를 원자력기관의 기관장, 이사, 감사로 임명하는 정부에 더 이상 선관주의의무(善管主意義務)를 기대하기 어렵다는 것을 국민 모두가 알게 된 것이다.

누가 물어보지 않았음에도 소통하겠다고 선언하며 출범했던 문재인 정권은 지난 2년간의 암흑기에도 불구하고 원자력계의 신음을 철저히 외면하고 있다. 신한울3·4호기 건설을 재개하게 해달라는 50만 명이 넘는 서명에도 묵묵부답이다. '이게 나라냐'고 하면서 출범했던 정권에게 묻고 싶다. 이건 나라인가?

경제: 성공 지우기와, 기반 파괴, 그리고 미래 허물기

양준모

1. 거짓의 부활

/

(1) 사회주의 경제정책의 먹구름

2017년 4월 12일 문재인 더불어민주당 후보는 '사람경제 2017'라는 선거 구호를 발표했다. 모호한 선거 구호에 대해 아무도 주목하지 않았다. 사람경제가 어떤 의미인지 설명도 없었다. 사람경제가 '홍익인간(弘益人間)'의 뜻인지 아니면 '사람중심철학'과 같은 주체사상의 뜻인지가 불분명했다. 사회주의 경제의 그림자가 보인다는 주장과 함께 근로자 중심의 경제란 주장도 있었다. 분명한 것은 기업과 사람을 이분법적으로 인식하고 있다는 점이다. 이러한 사고의 근저에는 자본과 노동의 대립적 사고가 어른거렸다.

기업은 언제나 도구이지 그 자체가 목적이 아니다. 기업의 이윤은 일자리를 만들고 다시 국민에게 환원된다. 자본과 노동이 어우러져 생산을 조직하고 생산에 기여한 만큼 각자의 몫을 가져간다. 기업의 이윤은 근로자의 소득을 착취해서 발생한 것이 아니다. 기업의 이윤이 없다면 자본을 조달할 수 없고 생산성이 떨어져 근로자의 삶은 더 어려워진다. 혹자들은 기업의 이윤과 피용자 보수를 대립적 시각에서 해석하고 기업의 이윤을 줄여야 한다는 어처구니없는 주장을 한다. 문재인 정권의 집권 이후, 사회주의자들의 선동에 불과한 주장들이 정부의 당국자들의 입을 통해 쏟아졌다. 다른 나라의 좌익 단체에서 나왔던 '사람이 먼저다(Prima le persone)'라는 구호도 등장했다.

사회주의적 경제 정책은 시장의 가격시스템을 부정하고 가격통제 등 정부 개입 정책으로 대표된다. 베네수엘라의 차베스(Hugo Rafael Chávez Frías)가 집권하면서 실시한 정책도 가격통제 정책이다. 사회주의자들의 단견에서 나온 가격통제 정책이 반드시 실패한다는 것은 이론적이나 역사적으로 이미 증명됐다. 최저임금을 근로자의 25%에 영향을 줄 정도로 인상했다. 이미 최저임금이 아니다. 통신요금을 통제하고 카드수수료를 통제하고, 집값을 통제하는 정책은 결코 성공할 수 없다. 차베스의 생필품 가격통제 정책도 생필품 부족 사태를 야기하고 산업을 파괴했다. 이러한 사회주의 정책들이 문재인 정권의 등장과 함께 쏟아져 나왔다.

사회주의자들이 정권을 잡으면 민간의 활력은 떨어지고 소득분배는 악화한다. 가격통제 정책은 공급 부족을 발생시키고, 기업은 몰락하며 국민은 저소득과 경기불황에 허덕이게 된다. 막대한 재정투입으

로 일시적인 성과를 보일 수는 있어도 재정이 무너지면서 국가 경제
는 활력을 잃는다.

위선으로 가득 찬 사회주의자들은 자원 배분의 권한을 이용하여
자기들의 욕심을 채운다. 문재인 정권이 집권한 이후 일부 공직자들
의 거짓과 위선은 이러한 사회주의자들의 이중성과 너무도 흡사하다.

(2) 히틀러의 후예

히틀러가 어떻게 민주적 절차를 통해 집권하게 되었는가. 민족 사
회주의 독일노동당(Nationalsozialistische Deutsche Arbeiterpartei; Nazi)
은 독일의 패전과 함께 찾아온 독일 국민의 실망감을 교묘하게 이용
했다. 민중을 선동하는 가장 좋은 방법은 민족주의와 반유대주의였
다. 사이비 이론으로 민족의 우수성을 강조하고 유대인에 대한 증
오를 이용하여 민중을 선동하면서 자신의 입지를 강화한다. 아렌트
(Hannah Arendt)는 히틀러의 통치를 과거의 독재와는 다른 전체주의
로 규정했다.

소비에트 공산주의와 독일 나치의 공통점은 계급을 민중으로 전환
하고, 민중을 동원하기 위한 기제를 사용한다. 일종의 민족주의인 종
족주의적(tribal nationalism)선동, 정적을 불법 행위로 처벌하는 법치주
의 왜곡, 그리고 이로부터 유발된 공포심이 민중을 동원하는 기제다.

히틀러는 선동을 위해 큰 거짓말을 반복하는 데에 조금도 주저하
지 않았다. 히틀러는 겉으로 대기업을 비난하면서 정치 선동에 대기

업을 이용했다. 공기업 민영화를 추진하면서도 규제를 강화하여 정권이 기업들을 통제할 수 있도록 했다. 히틀러는 민간 복지 센터를 폐쇄하고 국가가 복지를 장악해서 개인보다는 공동체를 우선하는 자신의 신념을 대변하도록 했다.

히틀러는 군사비 증액과 공공사업, 그리고 복지사업으로 막대한 재정을 지출하고 반유대주의 선동을 통해 민중을 장악했다. 이후에는 어떤 반대도 용인하지 않는 전체주의적 민족 사회주의 체제를 구축하고 인류에 용서받을 수 없는 비극을 만들어 냈다. 문재인 정권도 기본 구도에서 히틀러 전체주의를 닮아가고 있는것은 아닌가.

(3) 정체가 의심스러운 '사람중심의 경제'

문재인 정권은 사람 중심의 경제를 위해 소득주도성장 정책을 내놓았다. 소득주도성장 정책도 모호하기는 마찬가지였다. 성장은 소득이 증가하는 현상을 말한다. 소득주도성장 정책의 일환으로 최저임금을 인상했다. 최저임금의 과도한 인상정책에서 소득주도성장 정책의 이념적 편향성을 찾아볼 수 있다. 여기서도 기업의 소득과 근로자의 소득을 이분법적으로 구별하고 기업이 아니라 근로자의 소득을 끌어올려서 경제를 성장시킬 수 있다는 생각을 읽을 수 있다.

경제는 기본적으로 이윤 창출과 가계저축을 통한 자본 축적, 근로자의 생산성 향상, 각종 투입 요소들의 종합적 생산성 향상을 통해 성장한다. 근로자들의 근로시간이 증가해도 경제는 성장한다. 최저임금 인상이 경제를 성장시킬 수는 없다.

공공부문의 일자리를 81만 개를 만들겠다는 주장도 경제 성장과는 거리가 멀다. 경제 성장은 부가가치를 더 많이 만들어 내는 과정이다. 다른 사람에게서 100원어치 물건을 받아 100원어치 물건을 만든다면 부가가치는 조금도 만들어 내지 못한 것이다. 세금을 걷어 세금을 쓰는 일만 한다면 역시 부가가치는 창출되지 않는다. 물론 세금을 걷어 연구개발을 독려하고 사회간접자본을 확충한다면 성장이 가능하지만 공공부문 일자리 사업은 이러한 범주에 속하는 사업이 아니다. 공공부문 일자리 사업은 민간의 일자리를 몰아내는 부작용까지 있기 때문에 재고해야 할 사업이다. 그럼에도 불구하고 추진한다는 것은 국가개입주의적 사고에 기인한다는 추론이 가능하다.

국가개입주의는 청년고용비율을 의무화 정책에서부터, 희망퇴직이나 고용계약뿐만 아니라 경영권까지도 간섭하는 정책까지 일련의 정책에서 나타나고 있다. 공정한 경제를 주창하는 이면에서도 국가개입주의를 찾아볼 수 있다. 갑을 관계에 개입하는 것은 헌법이 보장한 사적 자치의 원리에 반하는 정책이다. 정부가 최저임금 인상으로 원가인상요인을 만들어 놓고 을을 위해 납품 단가를 인상시키겠다는 정책도 경제 운용의 원리에 대한 몰이해에서 나온 발상이다. 이러한 국가개입주의는 어려운 사람들을 더 어렵게 만들고 청년들의 기회를 박탈한다.

사회적 경제 활성화라는 국정과제는 정책의 이념적 편향성을 짐작하게 한다. 많은 부작용에도 불구하고 사회적 경제 지원사업은 확대

됐다. 사회적 경제 지원사업이 과연 어떤 성과를 냈는지에 대한 평가도 필요한 시점이다.

사회혁신기금 및 사회투자펀드 조성, 신용보증 심사기준 및 한도 완화 등 일반적 기업과 차별적 대우를 통해서 육성하겠다는 의지도 보였다. 불공정한 경제 운용의 전형이다. 사회적 기업이 본질적으로 특정 집단의 사적 이익을 추구하고 있음에도 불구하고 마치 공적인 이익을 추구하는 것으로 포장해서도 곤란하다. 사회적 기업이 사회적 서비스를 비효율적으로 제공한다면 오히려 공익이 침해된다. 사회적 기업들을 중소기업들과의 차별하여 혜택을 주는 것이 과연 공정한 일이다. 더욱이 사회적 기업들이 그동안 보여준 열악한 경영행태도 문제다. 사회적 기업에 대해 일방적으로 자금을 지원하고 신용이 없어도 보증해주는 정책을 쓰는 것은 사회적 부담만 증가시킨다. 이념적 관점이 아니고서는 이해할 수 없는 정책이다.

사람중심 경제 정책은 경제를 성장시키기 보다는 경제를 침체시키는 정책일 뿐이었다. 가격을 통제하고 공공부문을 확대하는 정책은 서민들의 기회를 박탈하고 민간의 창의를 위축시키면서 경제를 침체시킨다. 사람들이 저마다의 능력에 따라서 일하지 않고 정부의 보조금에 의지한다. 불공정한 개입으로 '경제하려는 의지'마저 꺾는 정책이다. 문재인 정권의 사람 중심 경제는 현재뿐만 아니라 미래의 경제에도 악영향을 준다. 사람 중심 경제 정책의 부작용은 향후에도 지속적으로 우리 경제의 발목을 잡을 것으로 보인다.

2. 대한민국의 성공 지우기

/

(1) 경제 성장의 주역

1948년 8월 15일 대한민국이 건국되면서 위대한 성공의 역사가 시작되었다. 이승만 대통령이 구축한 자유민주주의 기반과 박정희 대통령이 추진한 경제개발 정책에 힘입어 완성된 눈부신 경제 성장은 세계에서 유래를 찾을 수 없을 정도로 우리 사회를 발전시켰다. 문맹률은 경제 성장 초기에 빠르게 해소되어 이제 글자를 읽을 수 없는 사람은 찾아볼 수가 없다. 대한민국에서 절대적 빈곤층은 사라졌고, 고졸자의 대학진학률은 세계에서 상위권에 속할 정도로 높다.

박정희 정부가 구축한 과학기술혁신체제는 지금도 큰 틀에서 변함이 없다. 그 당시 수립된 국립대학특성화사업은 세월이 지나서도 다시 실시되고 있다. 경제발전에서 꼭 필요한 국가연구개발시스템을 구축했다. 경공업 체제에서 중화학공업 체제로의 전환도 성공하여 중화학공업은 지금까지도 대한민국 경제의 주역으로 역할을 하고 있다. 대한민국의 경제발전 경로에서 꼭 필요한 제도적 개혁을 통해서 오늘에 이르게 됐다. 경부고속도로 건설을 반대하던 세력, 민주화 운동을 빙자한 사회주의 세력, 종북적 사고로 북한 정권과 연계된 세력, 거짓과 위선으로 자본주의 체제에서 기생하고 있는 세력 등 다양한 세력들이 대한민국의 성공을 방해해 왔다.

향후 대한민국의 지속적인 발전을 위해서는 국민이 이러한 세력의 선동을 극복하고 시장경제를 강화하는 길밖에는 없다. 문재인 정권의 경제 개입을 통해 따뜻한 공동체를 만들 수 있다는 사고는 허구이다. 이러한 사고는 경제 관계가 정치 관계를 규율한다는 해묵은 마르크스적 사고이기도 하다. 경제적 개입은 갈등을 양산하고 경제를 파탄 낸다. 경제적 개입이 강화될수록 권력이 경제자원을 독점하면서, 사회는 권력 추구형 비리사회, 비민주적 전체주의 사회로 바뀐다. 성공한 과거의 부정은 거짓이다. 대한민국 성공의 역사 속에서 미래의 발전을 도모해야 한다.

(2) 성공의 기억 지우기

대한민국이 태어난 날에 대한민국을 부정한 사람들이 대한민국 성공의 역사를 지우기 시작했다. 반(反) 대한민국 세력들은 건국의 주역들을 폄훼하고 건국을 방해한 세력을 역사의 주역인양 이야기하면서 역사의 주인공처럼 거들먹거리기 시작했다. 경제 성장의 주역과 성과에 대한 기억 지우기는 심각한 상황이다.

원자력의 평화적 이용은 건국 이후 우리의 꿈이었다. 1957년 전쟁의 상처가 아물기도 전에 이승만 대통령은 원자력 연구를 독려하고 나섰다. 1958년 이승만 대통령은 '한미 원자력협정'을 체결하고, 원자력법을 만들고 정부 부처에 원자력과를 만들었다. 서울대 공대에 원자력공학과를 신설하고 원자력 연구를 위해 127명의 유학생을 미국으로 보냈다. 1959년에는 우리나라 최초의 원자력 연구소 착공식이 열렸다. 원자력 신화의 시작이었다. 박정희 대통령은 1971년 고리 1호기 건설 프로젝트를 시작했다. 원전건설에 경부고속도로 건설비(429억원)의 3배가 넘는 1560억 원이 투입됐다. 1977년 원전의 연료가 주입되고 1978년 4월 29일 상업 운전을 시작했다. 원전 강국으로 도약하는 계기가 마련됐다.

문재인 정권은 탈원전 선언을 통해 대한민국의 발전의 원동력이었던 원자력 산업을 파괴하기 시작했다. 설계수명 용어 왜곡, 원전 마피아 프레임, 핵폭발과 방사선 공포로 국민을 현혹한 세력들의 승리였다. 문재인 정권은 상징적 의미를 가지고 있었던 고리1호기의 영구정지를 선언한다. 문재인 정권의 탈원전 정책으로 대체 화석연료를 사용하게 됨에 따라 국민은 많은 경제적 부담을 져야 했다. 태양광으로 에너지를 전환한다는 계획도 국민부담을 늘리고 전력공급의 불안전성을 더 키웠다.

치수 사업은 숙원 사업이었다. 박정희 대통령은 1965년 〈수자원종합개발10년계획〉(1970~1980)을 수립하고, 홍수 및 가뭄 피해를 최소화하고 수자원을 개발하는 종합개발 사업을 시작했다. 오늘날 한강의 아름다움은 오랜 시간 국민의 노력으로 만들어진 것이다. 유속을 유지시키기 위해 밤섬을 폭파하고 제방을 설치하였다. 수중보를 쌓아 수량을 확보하여 아름다운 경관을 만들고 관광 자원화를 유도했다. 과거 홍수로 인해 한강 주변이 황폐화하는 현상은 이제는 찾아볼 수 없다. 제방은 상습 물난리를 방지했고 인공적인 펌프 시설은 저지대의 상습 내수 피해를 막았다. 치수 사업으로 인해 우리나라는 홍수 피해와 가뭄 피해를 막고 농업을 비롯한 관련 산업의 부가가치를 높이는 데에 일조했다. 4대강 사업은 이러한 치수 사업의 연장선에서 이루어졌다.

4대강 사업은 정치적 성공을 결정하는 핵심 사업이었기 때문에 처음부터 정치적 논란의 중심에 있었다. 4대강 사업을 반대하는 세력들은 환경, 부정부패 등 온갖 비판적 시각을 홍보했다. 사실관계에 대한 오해도 진실처럼 퍼졌다. 문재인 정권이 집권한 이후 4대강 보를 해체하려는 작업을 시작한 것도 사실오인에서 비롯된 측면도 있다. 4대강 사업의 긍정적인 효과가 존재하고 해체에 따른 주민들의 반발도 있어 문재인 정권이 보 해체 작업을 미루고 있다. 보 해체의 시도는 분명 성공한 사업의 기억 지우기의 일환이다.

(3) 사립학교의 역할 지우기

대한민국이 출범하면서 당면한 큰 문제는 높은 문맹률 해소였다. 1948년 8월 15일 광복 당시 문교부가 설립되었다. 문맹퇴치운동을 벌이고 1954년에는 '문맹퇴치 5개년 계획'을 계획하고 1958년까지 실시했다. 동시에 〈의무교육완성 6개년 계획〉(1954~1959)을 수립하고 추진했다. 1965년 통계에서 공교육비와 사립학교 교육비를 비교해 보면 사립학교 교육의 역할을 확인할 수 있다. 1965년 기준 전체 교육비 중 사립학교 교육비의 비중은 32.5%이었다. 공교육비의 64.7%가 초등학교 교육비로 사용됐다. 반면 사립학교 교육비는 유치원부터 대학교까지 각급 학교 운영에 사용됐다. 초등학교 교육비를 뺀 교육비 중 공립학교 교육비 비중은 42.8%이고 사립학교 교육비는 57.2%였다. 초등학교를 제외한 교육에서는 공립학교보다 사립학교의 역할이 더 컸다. 유아교육에서는 사립 교육기관이 절대적 역할을 했다. 2019년에서도 사립유치원생 수의 전체 비중은 72%로, 국공립 유치원생의 수의 2.6배이다. 1965년부터 지금까지 초등 교육에서는 국공립의 역할이 컸지만, 유아교육이나 고등학교부터 대학교육까지 사립학교의 역할이 컸다.

문재인 정권은 2018년 12월 18일 '유아교육법 시행령', '유아교육법 시행령 시행규칙', '사학기관 재무 회계규칙', '교원자격검정령' 법령 개정안에 대해 입법 예고를 했다. 법령 개정의 의도는 강력한 국가 개입 통로를 확보하기 위해 사립학교에 대한 규제를 강화하고 교육에 대한 정권의 장악력을 확보하는 것이다. 문재인 정권은 사립학교 운영자의 운영권을 최대한 제약하고 법령을 위반했을 때, 학교 운영이 어려워지도록 처벌을 지나치게 강화했다. 이에 따라 조금만 문제가 생겨도 학교 운영권을 회수하기가 쉽도록 개정했다. 정원감축, 모집 정지, 운영정지, 폐쇄 등의 징벌을 부과할 수 있도록 규정함으로써 자유로운 계약을 통한 사적 자치권, 경영권과 재산권을 침해했다.

헌법 31조 4항에서 보장되는 교육의 자주성·전문성·정치적 중립성 및 대학의 자율성이 훼손되고 있다. 공공성을 보장한다는 명분이지만 이 주장 자체가 언어도단이다. 공공성은 국공립으로 학교를 운영한다는 의미가 아니다. 공공성을 내세우면서 사립학교의 자주성을 침해하고 교육의 내용을 일률적으로 강제함으로써 공공성뿐만 아니라 전문성까지 침해하고 있다.

문재인 정권은 미래 지향적 인재양성 체제보다도 규제를 통해서 사립학교의 자주성을 침해하고 창의적 교육을 말살하는 교육체제를 지향하고 있다. 문재인 정권이 집권하면서 모든 학생들에게 적용하던 학업성취도평가를 표본집단에게만 실시했다. 학업성취도평가는 2001년 김대중 정부에서 표집 평가 방식으로 바뀌었다. 이후 이명박 정부는 전 학생 평가로 바꾸었다. 문재인 정권이 평가 방식을 다시 바꾼 것이다.

최근 기초학력이 부족한 학생들은 계속 늘고 있다. 일부 이념단체에 의해 교육계가 점령당하면서 인력 양성체제가 붕괴하고 있다는 주장도 나오고 있다. 수월성을 강조하던 때와 달리 이념을 강조하는 정책으로 인해 이념을 위해 교육이 이용되고 있다는 주장도 설득력을 얻고 있다.

인재양성만이 경제 성장의 유일한 길이었던 시절에는 온 국민이 인재양성에 매달렸다. 문재인 정권은 공정한 교육체제, 수월성을 추구했던 교육체제, 그리고 민간과 정부가 함께 참여했던 교육체제를 무너뜨리고 있다. 교육체제 개편에서 교육이 목적이 아니라 이념이 목적이어서는 안 된다. 지금 대한민국 성공의 열쇠였던 교육이 무너지고 있다.

(4) 시장경제 지우기

시장경제는 자율적인 경제 활동을 보장하는 체제다. 거래가 있다고, 마트나 백화점이 있다고 시장경제가 아니다. 정부가 시장에 개입해도 시장의 거래 원칙을 준수해야 시장경제로 인정될 수 있다. 시장경제의 기반을 흔드는 것은 가격통제다. 가격통제정책은 일부 전쟁이나 긴급한 상황에서는 한시적으로 사용돼야 한다. 사회주의 국가들은 이러한 가격통제를 상시적으로 사용함으로써 문제를 야기한다.

베네수엘라의 차베스(Hugo Chávez)가 집권하면서 실시한 정책도 가격통제 정책이다. 사회주의자들은 경제적 사고의 부족으로 가격통제정책을 선택한다. 최저임금의 수준을 근로자들의 25%가 영향을 받을 수 있는 수준으로 결정하는 것은 직접 임금을 통제하는 것과 같다. 문재인 정권은 근로자의 임금을 올려주고 실업 발생은 정부의 보조금으로 억제하는 정책을 사용했다. 근로자의 임금을 정부가 결정하겠다는 것인데 막대한 재정투입에도 불구하고 실업이 발생한는것을 정부가 막을 수 없었다. 2017~19년까지 일자리 사업에 대한 재정지출은 약 75조 원에 달한다는 주장도 있으나, 실업률은 오르고 취업의 질도 떨어졌다. 노동시장에서 정부의 개입은 자영업자들의 생존권을 위협했다.

가격통제는 경제에 부작용을 주었고 그 부작용을 감추기 위해 예산이 투입됐다. 재정은 악화하고 경제 성장은 둔화했다. 경제하려는 의지를 가지고 열심히 노력하는 것보다 예산을 더 많이 쓰는 것이 미덕인 것처럼 여겨지고 여기저기서 정부의 개입을 요구하는 상황이 벌어졌다. 시장경제의 기반인 자율적인 계약과 가격 결정이 정부의 개

입으로 흔들렸다. 경제하려는 의지가 사라지면 시장경제의 조정 능력
은 약해졌다.

3. 시장 경제의 기반 흔들기

/

(1) 거짓에 근거한 소득주도성장

소득주도성장 정책은 임금주도성장 정책의 변형으로 탄생했다. 우
리나라의 정책 입안 과정에서 정치권의 역할이 커지면서 이론적 기반
이 없는 정책들이 아무런 검증도 없이 추진되고 있다. 가장 심각한 악
영향을 준 정책은 소득주도성장 정책으로 이를 부정하는 사람들은 정
권의 적이라는 이분법적 생각으로 아무도 소득주도성장 정책을 반대
하지 못했다.

정책당국자들은 기업 이윤의 비중은 커지고 근로자 임금의 비중은
작아진다는 주장을 했다. 기업의 이윤 통계에는 자영업자의 이윤도
포함되어 있다. 기업의 이윤을 가져가는 사람은 부자고 근로자는 가
난하다는 사고는 틀렸다. 자영업자 중에서 면세점 이하의 비중이 임
금 근로자의 면세점 이하의 비중보다 더 높다. 기업의 이윤은 기업을
성장시키면서 다시 근로자에게 돌아간다. 일부는 배당으로 기업에 투
자한 투자자에게 돌아가고 주식시장에서는 주가의 상승으로 투자자
의 부를 증가시킨다. 주식시장에서 주식을 사는 사람들이 모두 부자
인 것이 아닌 만큼 기업의 이윤이 가진 자들의 배만 불리는 것이 아니

다. 만약 이윤이 없다면 근로자들이 더 행복해질까. 그렇지 않다. 기업의 이윤은 근로자의 행복으로 돌아온다. 소득주도성장 정책은 기업의 이윤과 근로자의 임금이 상호 배타적인 관계로 해석하고 근로자의 임금을 올리면 소비가 늘어 경제가 성장한다는 논리에 기반한다. 거짓이다.

통계에 의하면 근로자의 임금 비중이 떨어지지도 않았다. 경기에 따라서 비중이 달라지기는 하지만 현저하게 달라지지 않았다. 기업의 이윤이 감소한다고 근로자의 임금이 올라가지도 않는다. 소득주도성장 정책은 통계적 근거도 이론적 근거도 없는 정책이다. 소득주도성장 정책이 최저임금 상승, 통신비 인하, 카드수수료 인하 등의 가격통제를 수단으로 삼고 있다. 문재인 정권이 채택한 정책들은 대부분 문제를 만들었다. 실업률이 올라가고 주 18시간미만 취업자들의 수만 늘었다.

사회주의자들은 기본적으로 경제 관계와 사회 관계를 결합하여 생각한다. 경제 관계에 개입하면 사회가 나아진다는 거짓된 믿음에서 정책을 만든다. 최저임금을 올리는 것은 경제 관계에서 노동시장에 정부가 개입하는 일이다. 고용이 감소한다. 임금이 올라서 따뜻한 사회가 되었는지도 의문이다. 고용되지 못한 사람들은 경제적으로 더 어려워졌다. 소득주도성장 정책은 실패한 정책으로 전 세계의 사회주의자들에게 교훈을 주었다. 하지만 대한민국 국민은 고통받았다.

(2) 산업 기반 붕괴 저의가 담긴 에너지 정책

에너지는 산업의 기반을 형성한다. 박정희 정부가 제1차 경제개발 5개년 계획을 수립할 당시에도 에너지 공급은 기본과제였다. 에너지 수요는 파생수요다. 다른 일을 위해서 필요한 것이다. 에너지 자체에 가치가 있을 수는 있으나, 기본적으로 파생수요이기 때문에 환경을 고려하면서 에너지를 저렴하게 공급하는 것은 경제발전에 필수적인 요소다.

원자력발전은 미세먼지를 전혀 배출하지 않는다. 다른 유해물질도 나오지 않는다. 우리나라 원전의 안전성은 세계가 인정하고 있다. 원전은 우리의 수출산업으로서 자리매김하고 있다. 경제성, 환경성, 그리고 안전성을 고려해도 탈원전 정책은 이해하기 어려운 정책이다.

탈원전 정책으로 에너지 공급비용이 올라서 한국전력은 적자를 봤다. 전력요금 인상이 불가피한 상황이 됐다. 전력요금에 대해서는 아무런 대책이 없다. 원전 가동률이 떨어지면서 미세먼지 및 다른 유해물질이 나오는 화력발전의 의존도가 오히려 높아졌다. 태양광과 같은 재생에너지는 안정적으로 에너지를 공급하는 데에 한계를 보였다. 재생에너지를 수용할 수 있는 계통안정성과 전력거래시스템 등을 고려하지 않고 추진된 재생에너지 보급사업은 여기저기에서 문제를 만들어 내고 있다.

동일한 전력을 값비싸게 만들고 미세먼지 등의 환경도 악화시키면서 탈원전 정책과 태양광 보급사업을 급속히 추진하는 이유가 분명하지 않다. 기본적으로 원전산업과 원전 생태계를 파괴하여 원전기술까지 없애려는 것이 의도인지 의심하지 않을 수 없다. 의도가 어떠하든지 원전산업의 붕괴는 에너지 공급의 근간을 흔들고 우리나라의 선도 산업을 붕괴시키는 데에 일조한다. 어떤 변명도, 어떤 논리도 탈원전 정책을 정당화할 수 없다.

(3) 글로벌 가치 사슬의 붕괴 자초

종족주의(tribal nationalism)는 국민을 선동하여 전체주의적 주장을 정당화시키는 데에 자주 사용된다. 우리나라에서 반일감점은 식민지를 경험한 국가로서 불가피한 현상일 수 있다. 다만 올바른 역사 인식과 이에 따른 합리적인 대응보다는 감정적 대응을 한다는 것이 문제이다. 일본이 민족 통일의 반대 세력이니 한반도 평화를 음해하는 세력이니 하는 주장도 반일감정에 의존한 주장이다. 국제적 신뢰를 잃었거나 국내 정치의 국면 전환을 위해 반일감정을 이용한다면 큰 문제다.

일본이 우리나라를 백색국가 목록에서 제외한다고 발표했을 때, 정부는 이를 막기 위해 외교적 노력을 하는 것이 당연한데 문재인 정권은 외교적 노력보다는 일본과 싸우자는 식으로 국내 여론을 조성했다. 이길 수 있다는 주장과 함께, 우리나라도 일본을 백색국가 목록에서 제외했다. 경제에는 전혀 도움이 되지 않는다.

문재인 정권은 반일감정으로 일본과 교류하지 않는다는 소극적 차원을 넘어 한일군사정보보호협정을 폐기했다. 이는 일본과의 관계뿐만 아니라 미국과의 관계도 파괴하는 행위다. 이런 행위는 한미일 안보체제를 붕괴시킬 뿐만이 아니라 한미일 경제 관계까지도 파괴하게 된다.

글로벌 가치 사슬은 과거 일본의 핵심부품과 우리나라의 공정기술, 그리고 중국의 저임금을 바탕으로 최종재를 생산하고 이를 미국에 수출해서 부가가치를 창출하는 과정이었다. 중국은 기술 굴기를 통해 이 가치 사슬을 붕괴시키고 중국 중심의 국제 무역체제를 구축하려고 노력하고 있다.

우리나라의 제조업 붕괴는 중국의 이러한 노력으로 시작됐다. 현재 중국 중심의 무역체제에서는 우리나라는 설 자리가 없다. 우리나라가 중국 의존도를 줄이고 일본의 핵심기술을 이용하여 중국을 어떻게 제어하느냐가 향후 무역체제에서 우리나라가 살 수 있는 길이다.

인재 규모가 큰 나라는 다양한 인재양성을 통해 경쟁력 있는 제품군을 확대해 나갈 수 있다. 인재의 규모가 작은 나라는 경쟁력 있는 제품군이 제한될 수밖에 없다. 이 경우 다른 나라와의 수직적 협력을 통해서 경쟁력을 강화하면서 다른 나라와 경쟁한다. 글로벌 가치 사슬을 제대로 이해하지 못하면 모든 것을 잃게 된다. 한 나라가 모든 제품에서 비교우위가 없다는 점을 경제 정책 당국자들은 알아야 한다.

문재인 정권은 일본과의 갈등을 경제 갈등으로 전환함으로써 결국 우리나라의 무역 경쟁력에 심각한 위해를 가했다. 주식시장이 요동치고 국민은 하루하루 살얼음판을 걷고 있다. 하루라도 빨리 정책 수정이 필요하다.

(4) 혁신 체제의 파괴와 경제 의지 박탈

문재인 정권이 혁신을 이야기하는 것은 놀랄 일이 아니다. 사회주의자들은 시장경제 내에서의 내생적 혁신과정을 믿지 않는다. 자본주의를 폄훼하는 자들은 자본주의의 추세적 쇠퇴를 믿는다. 자본주의는 외생적 혁신이 없이는 지속 불가능하다는 생각을 하는 사람들이다. 포퓰리즘으로 정권 유지가 목적인 사람은 시장에서의 내생적 혁신과정을 막는다. 이런 사람들일수록 혁신을 이야기하지만 혁신을 실천하는 것은 주저한다. 포퓰리즘과 사회주의의 결합은 최악의 결과를 초래한다.

우버의 서비스는 국내에서 불가능했다. 택시업계의 반발은 극에 달했다. 택시업계는 면허 규제로 인해 발생한 지대(rent)를 누리고 있었다. 면허는 시장화되어 서로 사고 팔수도 있었다. 이러한 상황에서 택시와 유사한 업종을 새로운 방식으로 영위하면 기존의 지대가 없어지기 때문에 당장 손해를 볼 수밖에 없다.

지대가 없는 시장경제에서는 내생적으로 혁신이 발생한다. 과거의 다방은 새로운 커피숍으로 바뀌었다. 지대가 없었기 때문에 저항도 없이 순식간에 과거의 다방은 찾아볼 수가 없게 됐다. 규제 산업의 경우에는 반발도 클 수밖에 없다. 사회주의 경제가 망하는 이유도 바로 규제로 인해 구축된 지대 때문이다.

혁신을 이야기하면서 혁신적 파괴를 이해하지 못한 문재인 정권은 혁신적 파괴를 받아들이지 못하면서 우리나라에서는 우버 서비스를 경험할 수 없는 상황이 됐다. 파레토 개선의 개념도 없으니 대안도 제시하지 못했다. 쇼만 하는 혁신성장이 결국 아무런 성과를 내지 못하는 것은 당연하다.

삼성바이오의 수사는 원칙 중심의 회계 처리 방식을 무용지물로 만들었다. 새로운 사업에 투자하여 그 성과를 공유하려는 노력도 무산시키는 결과를 낳았다. 정권에 따라 감독 당국의 결정을 변경하는 일관성 없는 정책도 혁신을 방해했다.

혁신 체제의 파괴뿐만 아니라 경제 의지의 박탈도 심각한 문제를 야기했다. 어느 나라의 경제발전을 결정하는 것은 경제 주체의 경제하려는 의지다. 문재인 정권에서 일하지 않아도 주는 수당이 급증했다. 수당 공화국이라고 불러도 좋을 정도로 대가성이 없는 이전지출이 증가하고 있다. 어려운 사람들에게 지급하는 것이 아니라 정책 실패를 은폐하기 위해 예산이 투입됐다. 실업자들에게 지급하는 이전지출뿐만 아니라 지자체마다 도입한 청년수당, 아이돌봄서비스를 통한 재정 지출, 기초연금 확대 등 다양한 방법을 통해서 국민의 혈세를 지출했다. 실업이 증가하고, 일자리는 단기 일자리만이 창출되고, 유아교육이 왜곡되고, 노인들의 사전 증여가 증가하는 등의 사회경제적 왜곡만이 진행됐다. 경제하려는 의지는 약해지고 늘어나는 국가 빚으로 미래는 암울해졌다.

4. 길을 잃은 경제정책

/

(1) 집권 후 지속하는 경기 후퇴

경기를 종합적으로 알려주는 경기종합지수는 2019년 4월까지 올라가다가 5월에 횡보한 후 하락했다. 통계청은 최종발표는 유보했지만 2017년 9월이 경기정점이었다고 발표했다. 6월, 7월, 8월, 9월의 경기종합지수 수치는 이미 4월보다 낮았다. 2019년이 다 가도록 경기가 좋아지지 않고 있다.

통계청의 보도자료로 판단해도 문재인 정권이 집권한 이후 경기가 하락했다는 것은 명백해졌다. 문재인 정권 집권 직후부터 경기가 하락한 이유가 해외 요인이라는 주장도 근거가 희박하다. 그럼 무엇이 경기를 하락시켰는가. 2017년 집권하자마자 발표한 최저임금의 인상정책은 시행도 되기도 전에 문제를 야기했다. 부동산 대책도 건설 경기에 악영향을 미쳤다. 집권 초반기에 과격한 행보가 이후 고용시장에 큰 파장을 일으켰고 각종 재정지출로 부작용을 막으려 했지만 성공하지 못했다.

고용시장의 왜곡으로 우리나라 취업 구조가 왜곡됐다. 이윤을 창출하는 분야에서는 높은 세금 부담으로 일자리를 창출하지 못하고, 국제 경쟁력이 미약한 부문이나 농림어업 부문에서 단기 일자리 중심으로 취업자가 증가했다. 결과적으로 우리나라가 창출할 수 있는 부가가치가 증가하는 데에는 제한을 받을 수밖에 없었다.

문재인 정권이 추진한 공공부문 일자리 창출도 고용시장에 악영향을 주고 있다. 공공부문의 취업구조를 변화시켜 공공부문의 생산성을 제고함으로써 국민에게 기여하려는 노력은 전혀 없었다. 비정규직의 정규직 전환으로 공공부문의 일자리 만들기는 노동시장을 더 왜곡했다. 공공부문의 비대화로 인해 경제의 비용구조가 고비용구조로 전환됐다. 문재인 정권의 출범 이후 고용부문의 개입은 고용비용을 상승시킴으로써 경기를 하락시키는 요인으로 작용했다.

(2) 정책의 불협화음

문재인 정권의 공약은 그야말로 중구난방(衆口難防)이었다. 경제민주화의 공약은 이미 해묵은 공약이다. 갑의 불공정한 갑질을 끝내야 한다는 것은 공허한 말이다. 무엇이 불공정한지는 불분명하다. 갑은 을이 요구하는 납품단가를 수용하는 것이 공정한 것인가. 을이 요구하는 데로 갑이 들어주면 을이 좋아지는가. 그렇지 않다. 갑은 시장에서 최종 상품과 용역을 제공해서 수익을 내고 을에게 대가를 지급한다. 갑은 돈을 쓰는 사람이고 을은 돈을 버는 사람이다. 을에게 가격결정권을 준다면 갑은 수량을 조정한다. 결과적으로 최종 소비자에게 공급되는 양은 줄어들면서 총체적으로 경제 활동은 감소한다. 을의 매출도 따라서 감소한다. 이러한 경제민주화를 추진하면서 일자리 창출을 이야기한다면 제대로 된 정책당국자가 아니다.

복합쇼핑몰의 입지 제한을 공약하면서 소비자의 권익을 증진시킬 수 있겠는가. 복합쇼핑몰은 사람들의 관심을 유도하면서 입주상점 간의 시너지를 최대화하는 비즈니스모델이다. 입지를 제한하면 소비자도 입주상점도 모두가 피해를 볼 수밖에 없다. 일자리도 줄어든다.

국민연금의 지배구조는 개선의 여지가 있다. 전문성이 부족한 사람들이 국민연금기금운용위원회에서 국민의 노후를 결정한다는 것은 옳지 않다. 더욱이 스튜어드십을 도입하여 경영권에 개입한다면 국민 모두에게 재앙을 초래한다. 정부가 운영하는 기금을 이용하여 전문성이 없는 사람들이 고민도 하지 않고 개별 기업의 경영에 개입한다면 경영이 제대로 될 리가 없다. 기업이 성장할 수 없고 일자리가 늘어나지 않는다.

실노동시간을 단축해서 일자리를 늘리겠다는 공약도 현실에서는 재앙을 유발했다. 경제 관계를 고민하지 않고 내놓은 공약으로서 결국 고용시장의 왜곡을 유발하면서 경제를 침체시키고 있다. 노동 공급을 법적으로 제약하겠다는 정책은 임금을 올리겠다는 정책과 동일한 효과가 발생한다. 동일한 상품을 만들어내는 데에 더 많은 비용이 들고, 이에 따라 제품의 가격이 올라 판매량은 줄어든다. 결과적으로 일자리는 줄어들 수밖에 없다.

좋은 일자리를 창출하겠다고 약속했으나, 단기 일자리, 세금 일자리만을 만들어 냈다. 일자리가 줄어들 수밖에 없는 공약을 하고 일자리 정부가 되겠다고 선언했다. 정책의 불협화음으로 효과를 내는 정책을 찾을 수가 없다.

(3) 비효율적 재정지출로 저성장 고착

문재인 정권은 저출산 문제를 해결하겠다고 선언했다. 2019년 3월에는 역대 최저의 출생아 수를 기록했다. 아동수당을 지급하고 육아휴직을 확대하는 방안, 의료비를 정부가 부담하는 방안들을 마련했다. 경제 성장이 둔화되고 30~40대 일자리가 줄어들면서 출산환경은 더 악화했다.

　고가의 검사료, 간병 서비스 등을 의료보험이 피보험자들에게 지급하게 되면서 의료보험의 재정이 고갈되기 시작했다. 국민의 의료비를 절감한 것이 아니라 국민의 의료비를 오히려 증가시켰다. 국민의 의료비를 절감시키기 위해서는 의료시스템의 효율화, 의료 쇼핑 행위 개선 등의 문제를 해결해야 한다. 의료의 선택권을 제약하고 정부의 개입을 강화할수록 의료산업의 발전은 요원하다.

　문재인 정권은 아동수당의 대상을 확대하고 급여액 인상을 약속했다. 급여는 골목상권에서만 사용할 수 있는 상품권으로 한다. 모든 것이 그럴듯하지만 결과는 참담하다. 기존 골목상권의 활성화도 달성하지 못하고 아동수당을 받는 사람도 불편해하고, 경제도 활성화되지 못한다. 골목상권을 활성화하기 위해서는 골목상권의 경쟁력을 확보하는 정책을 써야 하고, 합리적인 아동수당정책을 위해서는 육아가 어려운 저소득층을 대상으로 충분한 급여를 지급해야 한다. 청년구직촉진수당은 고용보험에 가입되지 않은 청년들에게 지급한다. 결과적으로 구직활동을 촉진하는 것이 아니라 오히려 실업 상태의 장기화를 야기한다.

　세금은 경기를 후퇴시킨다. 세금을 걷어 지출할 때, 국민이 사용하는 것보다 더 효과적으로 지출해야 경제가 활성화된다. 세금 걷어 비효율적으로 사용하거나 비생산적인 곳에 사용하면 경제는 쇠락하게 된다. 꼭 필요한 곳에 필요한 만큼 사용하는 복지정책을 수립해야 경제도 살고 복지도 제대로 향유 할 수 있다. 비효율적 지출로 저성장만 고착되고 있다.

(4) 미래가 없는 정책

국민연금이 고갈되고 있다. 사학연금도 마찬가지의 길을 걷고 있다. 국가채무도 급증하고 있다. 이 모두 미래 세대의 자원을 미리 쓰고 있기 때문에 발생한 것이다. 국민 노후를 위해서 더 많이 연금을 지급해야 한다고 주장한다. 지금도 현재의 제도에 의해서 지급하는 돈이 걷을 수 있는 돈보다 더 많기 때문에 재정이 고갈되는 것이다.

국민연금이 고갈되면 다음 세대는 세금, 의료보험료, 국민연금보험료 등으로 소득의 대부분을 지출해야 한다. 사학연금도 현재 청년들이 부담해야 한다. 공무원연금과 군인연금의 적자를 보전하기 위해 국민이 세금으로 내야 하는 금액은 기하급수적으로 늘어난다. 의료비 증가도 마찬가지의 우려를 낳는다.

현재 재정지출이 급증해서 국가채무가 급증하고 있다. 문재인 정권이 마음껏 쓰고 그 책임은 다음 정권이 짊어져야 한다. 고령화로 인해 세수가 증가하지 않는다. 씀씀이를 줄여야 빚을 갚을 수 있다. 다음 정권은 국민의 부담을 늘려야 겨우 씀씀이를 유지할 수 있게 됐다.

미래 세대는 더 내고 덜 받게 되면서 우울한 세대가 될 것이다.

5. 종합적 고찰과 대책

(1) 국익보다 정권을, 국민보다 진영을, 미래보다 현재를, 불통과 무능의 정권

문재인 정권의 경제 정책에는 미래가 없다. 현재에 불필요한 부문에 선심성 지출을 증가시켰다. 아동수당으로 10만 원을 지출하는 것이 얼마나 도움이 될까. 어려운 사람들에게 더 많은 자녀양육비를 지급하는 것이 더 나은 방안은 아닐까. 사회주의자들의 복지정책은 보편적 복지정책이다. 의미 없는 지출을 통해 정권을 지지하는 지지층을 확보하려는 전략에 불과하다. 정말 어려운 사람에게는 도움을 주지 못하고, 여유 있는 사람들에게는 단순한 용돈에 불과한 지출이 어떤 정책적 효과를 내겠는가.

전체 국민에게 효과적인 정책보다 진영을 강화하는 정책을 사용한다. 사회적 기업 논의는 허탈하다. 똑같은 일을 하는 데 사회적 기업이라고 우대한다. 자생적인 역량을 발휘할지도 의문인 사회적 기업에 대해 정부의 지원이 증가한다. 이러한 비효율적인 지출로 국민은 동일한 서비스에 더 많은 비용을 지불해야 한다.

미래를 건설하는 작업보다는 이전지출로 재정을 낭비하고 있다. 최저임금을 낮추어 고용수요를 늘려 일자리를 만들 수 있는데, 최저임금을 올려서 고용을 줄이고 수당을 주는 것은 타당하지 않다. 일하지 않는 청년에게 수당을 주는 행위는 청년에게도 일할 기회를 박탈함으로써 비난받아야 할 일이다.

소득주도성장 정책이 재앙적 결과를 초래했음에도 불구하고 지속적으로 추진하고 있다. 2018년의 재앙적 고용결과에도 불구하고 소득주도성장 정책을 추진했다. 알맹이도 없는 정책이지만 최저임금에 집착했다. 경제 침체가 가속화되고 불황이 심해지면서도 경제 정책은 계속 국민을 불안하게 만들고 있다.

경제를 살리기 위해서는 문재인 정권은 경제 정책 기조부터 바꿔야 한다. 경제 대전환이 필요하다. 사회주의적 경제 정책으로 성공한 국가가 없다. 민간의 창의와 자유로운 계약이 존중받는 경제체제로의 전환이 필요하다.

(2) 국민의 자율과 창의로 풍요로운 대한민국 건설

경제 활성화와 풍요로운 대한민국을 건설하는 시작은 규제 완화이다. 과거 정부의 역할이 중요했던 시절이 있었다. 정부가 보증하지 않으면 빚을 얻을 수도 없던 시절이 있었다. 이제 대한민국은 세계 경제를 이끄는 한 축으로 성장하고 있다. 몇몇 산업은 세계 최고의 수준을 자랑한다. 정부보다 민간이 더 많은 인적자원과 물적자원을 가지고 있다. 이제 민간이 대한민국을 이끌도록 도와야 한다.

혁신은 기존 질서의 파괴 과정이다. 소비자가 원하는 방향으로 산업이 재탄생하는 과정이기도 한다. 혁신을 위한다면 기득권을 보호하는 규제는 폐기돼야 한다. 소비자 보호를 이유로 규제를 강화하는 것보다 소비자들이 선택하도록 하는 것이 소비자 보호의 출발이다.

재정지출에 의존해서 경제를 살릴 수가 없다. 재정은 단기간에 꼭 필요한 부분에 충분하게 지출해야 한다. 재정에 의존하는 산업생태계를 만드는 순간, 재정지출은 증가하고 경제는 침체한다. 사회주의자들의 백일몽을 버리고 포퓰리즘적 지출을 줄여야 한다.

경쟁은 성장의 동력이다. 정부가 계약에 개입하는 것이 공정 정책이 아니다. 경쟁을 촉진하는 것이 공정의 출발이다. 다른 사람을 옥죄어 특정한 사람들이 성장하도록 돕는 것이 아니라 스스로 더 나은 서비스를 제공할 수 있도록 하는 것이 경제 활성화 정책이다.

규제 완화에는 어떤 것들이 있는가. 우선 최저임금규제, 통신료 및 전기료 등의 가격 규제가 완화돼야 한다. 자유롭게 가격을 결정할 수 없다면 시장경제가 아니다. 노동시장의 규제가 완화돼야 한다. 일하는 시간에 대한 규제, 대체근로 사용에 대한 규제, 파견근로에 관한 규제 등 수많은 규제가 완화돼야 일자리가 늘어난다.

정부가 도와주어야 하는 분야는 환경 관련 투자, 화학물 관리 안전을 높이는 투자 등이다. 규제를 강화하고 그 부담은 기업이 하도록 해서는 문제가 더 악화된다. 탈원전 정책을 폐기하는 것도 경제 활성화의 기본적 정책이다.

금융산업의 규제도 완화돼야 한다. 규제가 아니라 경쟁이 금융산업도 발전시킨다. 은산분리에 대한 규제도 완화돼야 한다. 인터넷 은

행의 진입도 규제돼서는 안 된다. 일정한 조건만 맞으면 영업을 허용해야 한다.

전 분야에서의 규제 완화와 더불어 기업의 활동을 장려해야 한다. 사회적 기업이 아니라 어떠한 형태이든 기업활동이 활성화되도록 해야 한다. 법인세 완화도 경제 활성화의 기본적 환경을 제공한다. 투자촉진을 위한 회계 처리 방법의 개선도 고려해야 한다. 경제학적 이윤으로 과세하기 위해서는 투자액을 전액 공제할 필요도 있다.

문재인 정권의 정책 실패로 국민은 사회주의적 정책은 실패한다는 사실을 알았다. 시장경제에 입각한 정책이 절실한 상황이다. 이제 국민 함께 경제 활성화 정책을 만들어야 한다.

문재인 정권의 기업 파괴

김정호

1. 들어가는 글

2018년 7월 9일, 삼성전자에게는 경사가 난 날이다. 인도의 노이다에 스마트폰 제2공장 준공식이 열리기 때문이다. 이재용 부회장은 인도의 모디 총리와 함께 준공 테이프를 끊기 위해 현지에 도착했다. 그러나 정작 개막식 현장에서 이재용 부회장은 중앙에서 멀찌감치 밀려나 있었다. 중앙에 선 사람은 인도의 모디 총리와 문재인 대통령이었다. 이재용은 문재인의 바로 옆도 아니었다. 홍종학 중소벤처기업부장관, 강경화 외교장관이 이재용 앞자리를 차지했고 정작 기업의 주인인 이재용은 중앙에서 네 번째 자리에 서야 했다. 그것도 큰 죄나 지은 듯 공손하게 두 손을 모은 자세였다.

이 정부에 들어서 기업들은 적폐 세력이 되었다. 삼성의 이재용 부회장과 롯데의 신동빈 회장은 박근혜 대통령 탄핵사태에 같이 엮여서 범죄자의 신세로 전락했다. 대기업들의 모임인 전경련은 거의 해체에 버금할 정도가 되었고 경총 역시 아무 소리도 내지 못하는 처지가 되었다.

사실 문재인 세력은 처음부터 기업을 정권 장악의 수단으로 삼았다. 기업들이 정권의 요구로 돈을 내는 것은 오랜 관행이었다. 국가대표팀 선수들의 훈련을 기업들이 나눠서 맡아온 것도 그런 관행 가운데 하나였다. 박근혜 정권에서도 그런 요구가 있었고 기업들은 응하지 않을 수 없었다. 그런데 문재인 세력은 박근혜 대통령을 끌어내리기 위해 기업들이 대통령에게 뇌물을 준 것으로 엮어버렸다. 문재인 정권은 보수정권과 기업을 동시에 악마화해서 집권을 했다고 봐도 지나친 말은 아닐 것이다.

문재인 세력에게 기업은 정권 유지의 수단에 불과하다. 기업을 공격해서 국민의 지지를 얻고 노조와 국민연금, 시민단체 등으로 하여금 기업을 장악하게 해서 해방구로 만들려고 한다. 문재인 정권 출범 이후 이런 일들은 끊임없이 이어져 왔다. 이 글에서는 문재인 세력이 직접, 간접적으로 어떻게 기업을 파괴해왔는지를 기록하려고 한다.

2. 기업은 정권 유지 위한 소모품

/

문재인 정권은 대기업 총수의 악마화와 더불어 출범했다. 삼성그룹의 이재용 부회장은 문재인 정권 출범과 더불어 재판정에 서기 시작했고 대법원 판결에로 파기 환송되어 다시 고등법원에서의 판결을 앞두고 있다. 살얼음판을 걷는 느낌일 것이다. 설상가상 양승태 대법원장이 적폐로 몰려 죄인이 되면서 법원 내의 판도 역시 상당히 달라져 있을 가능성이 높다. 이는 문재인 세력의 생각에 따라 판결이 달라질 가능성을 배제할 수 없다는 말이기도 하다. 그러니 이재용의 입장에서 일거수일투족이 문재인 세력의 눈에 나지 않도록 조심스러울 수밖에 없다. 삼성그룹의 채용도, 투자도 정권의 눈치를 보면서 할 수밖에 없다.

문재인 정권은 기업을 정권의 도구 정도로 여기는 듯하다. 그 같은 태도는 일본의 화이트리스트 사태에 대응하는 과정에서도 드러났다. 2019년 7월 10일 문재인은 30대 대기업 총수와 CEO(최고경영자)를 청와대로 불러들였다. 일본의 경제보복 문제에 대한 대책을 논의한다는 명분이었다. 8월 8일에는 김상조 위원장이 또 5대그룹의 최고경영진을 호출했다. 그런 자리에 가면 분위기상 기업인들도 반일을 외치지 않을 수 없을 것이다. 그것은 일본과 비즈니스를 하는 기업의 입장에서는 위험한 일이다. 익명을 요구한 5대 그룹의 한 고위 임원은 조선일보와의 인터뷰에서 다음과 같이 말했다.

"이러한 정부의 쇼는 오히려 일본 기업에 악용될 수도 있다. … 일본 기업도 우리 언론 보도에 신경을 곤두세우고 있는데, 우리 회사가 소재 국산화에 나서겠다는 보도가 나오면 일본 거래처는 5년이나 10년 장기 계약을 맺자고 나올 수 있다… 이렇게 되면 소재를 국산화하더라도 쓸 수 없는 상황이 발생할 수 있다."

한국과 일본의 기업은 비즈니스를 함에 있어 서로 정경분리 원칙을 지키는 것이 중요하다. 양국 국민의 서로에 대한 감정이 그다지 좋지 않기 때문에 자칫 정치 문제가 개입되다 보면 비즈니스 관계도 파탄날 수 있다. 그러리라는 것을 모를 리 없는 문재인 세력이 기업인들을 호출하는 것은 정치적은 '쇼'를 하기 위함이다. 뭔가 하고 있음을 국민에게 보이기 위함이다. 정치가 쇼를 하는 것이야 나무랄 수 없다. 문제는 최대한 정치에서 분리되어야 할 기업들을 자신들의 정치에 끌어들여서 위험에 빠트린다는 것이다.

기업을 정권 유지의 도구 정도로만 취급하는 이 정권의 속성은 문재인이 북한의 김정은과 정상회담을 할 때도 어김없이 드러났다. 2018년 9월 남북 정상회담 시 문재인은 삼성의 이재용 부회장, LG 구광모 회장, SK 최태원 회장, 박용만 대한상의회장 김용환 현대자 부회장 등을 동반하고 갔다. 그들에게는 김정은을 만나는 것 외에 북한에서 별다른 일정도 없었다고 한다. 그런데도 문재인이 재계의 수장들을 동반한 것은 북한 측의 요청 때문이라고 한다. 김정은에게 불려갔다는 말이다. 제대로 된 국가원수라면 오히려 국민을 적국 수장의 그 같은 압력으로부터 보호해줘야 한다. 하지만 그는 기업총수들을 김정은과의 회담 성사를 위한 도구로 사용했던 셈이다.

만약 북한에 대한 지원이 이뤄진다면 이들 기업들도 꼼짝없이 끌려들어 갔어야 할 판이었다. 그러나 다행히도 북한에 대한 국제사회의 제재가 풀리지 않은 덕분에 아직 대북 지원은 불가능하다. 기업들도 일단은 총수가 북한에 끌려갔다는 온 정도로 '면피'를 할 수 있게 되었다.

하지만 뜻하지 않은 곳에서 북한 방문에 따른 정치적 위험이 현실화되었다. 미국정부가 북한을 방문한 이력이 있는 외국인에게 무비자 입국을 제한하겠다고 선언한 것이다. 문재인에 이끌려 김정은을 만나러 갔던 기업인들도 모두 그 범주에 포함되게 되었다. 미국 정부가 이런 조치를 취한 이유는 북한 정권에 동정심을 품는 사람들의 입국을 국가안보 상 이유로 조사하겠다는 것이다. 문재인과 그 측근이야 그런 의심을 받는 것이 당연하지만 기업인들은 마지못해 끌려갔으면서도 미국의 의심을 받는 처지가 되어 버렸다.

기업이 정치에 연루되면 비즈니스가 위험해진다. 기업의 존속 자체가 어려워진다. 그런데도 문재인은 한국 기업인들을 정치에 이용하려고 한다. 그런 일이 계속될수록 한국 기업들의 처지는 위험해질 것이다.

3. 삼성에 대한 집요한 공격

문재인 정권에서 유독 삼성은 집요한 공격의 대상이었다. 기업의 규모가 큰데다가 상징적인 의미가 있어서 그런 듯하다. 뇌물죄에 대한 형사재판, 순환출자 금지 등 지배구조에 대한 공격, 삼성바이오 분식회계라는 프레임의 경영권 승계 무효화 공격, 노조 설립방해 행위에 대한 공격 등 전방위적 공격이 가해지고 있다.

기실 문재인 정권은 삼성에 대한 공격과 더불어 잉태되었다. 박근혜 대통령에 대한 탄핵 이유 가운데에는 박 전 대통령과 최순실이 삼성으로부터 뇌물을 받은 대가로 경영권 승계 작업을 도와줬다는 것이 있었다. 탄핵이 이뤄진 뒤에도 박근혜 대통령은 이 죄로 형을 치르는 중이며 이재용 부회장은 뇌물을 준 죄로 파기환송심을 앞두고 있다. 만약 이 부회장의 유죄가 확정된다면 삼성의 경영권을 유지하기 어려울 것이다. 그 이후 삼성이 지배구조가 어찌될지는 예단하기 어렵다. 무엇이 되었든 삼성에 대한 정권과 정치권의 영향력이 커지는 쪽으로 흘러갈 듯하다.

삼성바이오로직스(이하 삼바) 사태 역시 삼성의 지배구조에 치명적 변화를 초래할 수 있다. 이 사건은 삼바의 콜옵션 처리가 분식회계라는 참여연대의 문제제기에서 출발했다. 하지만 그 칼끝은 삼바를 넘어 궁극적으로 삼성물산과 제일모직의 합병 무효화를 향하고 있다. 본래 삼바는 제일모직의 자회사였는데 제일모직이 삼성물산과 합병하면서 삼성물산의 자회사가 되었다. 참여연대가 문제 삼는 것은 삼바의 가치가 분식회계로 '뻥튀기'된 부분이다. 그 결과 모회사인 제일모직의 가치 역시 '뻥튀기'되었고 그 덕분에 제일모직-삼성물산 합병 시 합병비율이 제일모직의 대주주인 이재용에게 유리해졌다는 것이다.

참고로, 이재용은 합병 전 제일모직에 대해서는 23.2%를 가졌지만 삼성물산에는 지분을 소유하지 않았었다. 제일모직과 삼성물산은 1:0.35의 합병비율로 합병되었고 합병 후 (합병)삼성물산이 탄생했다. 합병 후 삼성물산에 대한 이재용의 지분은 17.8%가 되었다. 삼성물산은 삼성전자 지분 4.1%를 소유하는데 이것은 이재용 부회장이 삼성전자를 지배하기 위해 반드시 필요하다. 참여연대는 이재용의 삼성물산 지분 17.8%가 무효라며 공격을 가하고 있는 것이다. 그 공격이 성공하여 이 부회장의 삼성물산 지배권이 소멸된다면 삼성전자도 지배하기 어려워진다.

[그림 1] 삼성물산 제일모직 합병 전후 삼성그룹 지배구조

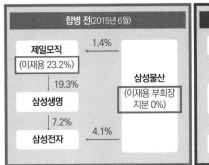
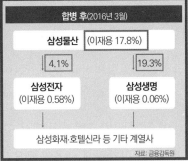

매우 복잡해 보이지만 사실 이 논란에 대한 답은 보기보다 단순하다. 삼성물산에 대한 이재용의 지분은 삼성바이오 분식회계를 했는지의 여부와는 무관하기 때문이다. 합병 후 이재용의 지분이 '뻥튀기'되려면 합병비율이 조작되어야 한다. 그런데 우리나라 상장기업들의 합병비율은 자본시장법 시행령(176조 5)에 의해서 이사회의 합병 결의일 이전 최근 1개월 합병대상 기업의 주식 종가의 가중평균으로 산정하게 되어 있다.

이것은 의무사항이기 때문에 주가 이외의 다른 사항이 개입될 여지가 없다. 제일모직과 삼성물산의 이사회에서 합병결의를 한 날짜는

2015년 5월 26일이었으며 1:0.35라는 합병비율은 4월 25일부터 5월 25일까지 각 회사 주식의 종가를 가중평균해서 나온 숫자다. 그런데 분식회계라며 공격받는 삼바 콜옵션의 회계처리가 이뤄진 시기는 2015년 11~12월이다. 삼바의 회계처리 문제는 합병비율이 결정되고 몇 달 후에 발생했다는 말이다. 따라서 삼바의 콜옵션 회계 처리 문제와 이재용의 삼성물산 합병 비율 결정은 서로 무관한 사건이 된다.

필자는 유튜브 등 여러 경로를 통해서 삼바의 회계처리가 분식이 아님을 주장해왔다. 하지만 설령 분식이 이뤄졌다고 하더라도 그것과 삼성물산의 합병비율 문제, 즉 이재용의 지분 문제는 무관한 사안인 것이다.

이 문제는 박근혜 정권에서 이미 결론이 났었다. 2016년 12월 참여연대가 금감원에 삼바의 콜옵션 회계처리 관련 질의를 했고 금감원은 문제없음으로 회신을 마쳤다.

문재인 정권이 출범하면서 상황이 급반전했다. 참여연대 출신으로서 새로 금감위원장이 된 김기식이 이 사건의 재감리에 착수한 것이다. 우여곡절을 거쳐 2018년 11월 14일 증선위의 2차감리에서 분식이 이뤄졌다는 것으로 결론이 내려졌다. 정부 기관이 스스로 입장을 뒤집은 것이다. 그리고 정식으로 재판이 청구되었다. 삼성물산 합병에 대해서는 별도의 검찰 수사도 진행 중이다.

문재인 세력은 합병비율이 조작된 것으로 몰아가고 있다. 여기에 대해서 법원이 어떻게 판결할지는 알 수 없다. 만약 유죄로 확정된다면 이재용 부회장이 삼성에 대한 지배권을 유지하기가 거의 불가능해진다. 제일모직과 삼성물산 간의 합병 자체가 무효가 될 가능성이 높고, 그렇게 된다면 이 부회장의 삼성물산에 대한 지배권도 무효화될 수 있다. 삼성물산이 가진 삼성전자 지분을 이재용이 지배할 수 없게 된다. 또한 이 부회장은 삼성물산의 구주주들과 엘리엇 등 외국인주주들로부터 천문학적 액수의 개인 손해배상 소송을 당하게 될 것이어서 개인적인 파산을 당하게 될 수도 있다.

지배구조에 대한 또 다른 공격은 삼성생명이 보유한 삼성전자 지분에 대해서 이뤄지고 있다. 삼성생명은 삼성전자 주식의 약 8%를 소유하고 있는데 이것은 이재용 일가가 삼성전자를 지배함에 있어 가장 중요한 고리 역할을 한다. 문제는 보험업법 상의 규제다. 보험업법은 보험사가 계열사 지분을 총 자산의 3% 이상 보유하지 못하도록 제한하고 있다. 삼성생명의 총자산이 270조원 정도이니까 8조원 이상은 삼성 계열사의 주식으로 보유해서는 안 된다는 말이다. 하지만 삼성생명이 보유하고 있는 삼성전자 주식 가치만 27조원에 달한다. 그런데도 삼성생명이 삼성전자 주식을 계속 보유할 수 있었던 것은 삼성전자 주식의 가치를 출자 당시의 장부가액, 5천억 원으로 산입하는 것이 허용되었기 때문이다.

더불어민주당 이종걸 의원은 2014년 6월, 그리고 2016년 6월 이런 상태가 부당하다며 장부가액 산입을 금하고 시가(공정가격)로 산정한다는 내용의 보험업법 개정안을 발의했다. 개정안이 통과되지는 않았지만 문재인 정권 출범 이후 최종구 금감원장 등이 지속적으로 삼성생명의 삼성전자 주식 매각을 요구하고 있다. 그 규정대로 한다면 삼성생명은 보유한 삼성전자 주식의 70% 정도를 매각해야 하며 그 후에 삼성전자에 대한 지분은 2.4% 정도로 떨어진다. 이런 상황에서 이재용 일가의 삼성전자에 대한 지배력은 흔들리게 된다. 다른 계열 사에 대한 지배권을 포기해야 할 수도 있다.

이밖에도 노조설립 방해 행위에 대한 수사 등 문재인 세력의 삼성에 대한 공격은 전방위적으로 이뤄져왔다. 이 공격들은 궁극적으로 삼성에 대한 이재용 일가의 지배권 무력화를 지향한다.

총수 지배력이 무력화 된 후에는 문재인 세력이 삼성을 장악할 가능성이 높다. 엘리엇 같은 월스트리트 자본이나 중국계 자본이 지배권을 탈취를 시도할 가능성을 배제할 수 없지만 그보다는 문재인 세력이 국민연금을 통해서 실질적으로 삼성의 지배권을 확보할 가능성이 더 높다. 그렇게 된다면 삼성은 민간 기업으로서의 야성을 잃고 코레일이나 한전처럼 공기업이 되어 버리는 것이다.

4. 기업을 국민연금의 점령지로 만들기

삼성에 대한 공격이 아니더라도 문재인 세력은 대기업들을 정권과 민노총 등 좌파세력의 점령지로 삼겠다는 목표를 가지고 있는 것으로 보인다. 그중 하나가 스튜어드십 코드에 대한 집착이다. 2019년 1월 23일 공정경제 추진전략회의에서 문재인이 스튜어드십 코드(수탁자책임원칙)에 대한 적극 행사 의지를 밝혔다.

"대기업 대주주의 중대한 탈법과 위법에 대해서는 국민연금의 스튜어드십 코드를 적극 행사하여 국민이 맡긴 주주의 소임을 충실하게 이행하겠습니다… 틀린 것을 바로잡고 반드시 그 책임을 물을 것입니다… 공정경제를 위해서는 대기업의 책임 있는 자세가 중요합니다."

문재인의 이 같은 발언은 그동안 공약만 해 놓은 채 지지부진한 상태로 머물러 있던 대기업 경영에 대한 정부 개입을 국민연금 등에 재촉한 것으로 보인다. 사실 스튜어드십 코드는 영국에서 출발한 것으로 민간 기관투자자들의 자율 준수 지침이 본질이다. 그런데 문재인 정권에서는 대통령이 직접 지시를 할 정도의 정권의 관심 사항으로 변질되었다.

그 효과는 2달 후 대한항공에서 나타났다. 대한항공은 3월 27일 주주총회를 열어 조양호 회장의 사내이사 연임안을 표결에 붙였다. 결과는 뜻밖에도 부결이었다. 소위 총수인 조양호 회장이 등기 이사의 지위를 상실하게 된 것이다. 그리고 조양호 회장의 사망 소식이 들려왔다.

조양호 회장의 사내이사 선임안 부결에 있어서 결정적 역할을 한 것은 11.56%의 지분으로 2대 주주인 국민연금이었다. 대한항공 정관에 의해 사내이사의 연임에는 2/3의 동의가 필요하다. 조양호와 특수관계인의 지분은 33.35%. 따라서 34% 이상의 반대가 있으면 의안을 부결된다. 2대주주인 국민연금이 나서서 반대를 하면 의안은 부결되기 쉬운 구조였는데 국민연금이 반대표를 던진 것이다. 이는 스튜어드십 코드라는 것이 우리나라 상장 대기업의 경영을 좌지우지할 수 있는 수단임을 잘 보여준 사건이다.

대항항공 총수 일가의 행동에 눈살이 찌푸려지는 것은 사실이지만 그것과 기업의 경영은 별개의 문제로 다뤄져야 한다. 그런데도 문재인 세력은 총수 일가의 개인적 흠을 빌미로 기업의 경영권을 박탈해 버린 것이다.

국민연금이 5% 이상 지분을 보유한 기업의 숫자가 300곳에 육박하고 있다. 우리나라 상장기업의 시가총액이 1,600조원 남짓인데 국민연금 기금 총액은 700조원을 넘어 섰다. 국민연금이 마음먹으면 웬만한 기업의 2대주주는 물론 1대 주주가 되는 것도 얼마든지 가능해졌다.

그런 상태에서 문재인은 국민연금의 주주권을 적극적으로 행사하겠다고 선언을 한 것이다. 문재인 세력의 통치가 계속된다면 대한항공에서처럼 대기업에서 총수를 축출하고 국민연금이 지배권을 행사하게 될 날이 머지않았다. 국민연금이 지배한다는 것은 정권이 지배한다는 것이고 노조와 좌파 시민단체가 지배한다는 것을 뜻한다.

사실 대한항공 사태는 문재인 세력이 하려는 일의 맛보기에 불과하다. 진짜 강력한 수단은 상법과 공정거래법 개정안이다. 상법개정안은 여러 가지의 안이 발의되어 있는데 주요내용은 집중투표제 의무화, 감사위원 분리선임 의무화, 근로이사제 도입, 다중대표소송 허용 등이다. 앞의 세 가지 즉 집중투표제와 감사위원 분리선임 근로이사제는 이사회에 외부주주와 노동자 대표를 참여시키고자 함이다. 다중대표소송은 계열사의 주주가 다른 계열사의 경영자를 대상으로 소송을 제기할 수 있게 하는 제도다. 공정거래법 개정안의 주요 내용은 공정위의 일감몰아주기 규제 강화, 지주회사의 자회사 손자회사 의무지분율 상향 강화 등이다.

이 양법의 개정안들은 재벌 총수의 소위 황제경영과 사익편취를 견제한다는 취지로 발의되어 있다. 우리나라의 재벌 총수들이 잘못을 저지르는 경우도 많은 것이 사실이다. 이런 제도들이 총수의 권력을 견제하게 될 것도 사실이다. 문제는 거기서 그치지 않을 것이라는 데에 있다.

이들 법률개정안은 양날의 칼이다. 이 제도들이 재벌 총수들의 권한 남용 견제를 넘어서, 문재인 세력과 노조와 좌파시민단체가 기업을 장악하는 수단이 될 수도 있다. 문재인 세력은 전자를 내세우지만 실제로는 후자, 즉 자신들이 기업을 장악하는 수단으로 악용될 가능성이 더 높아 보인다.

이 개정안들은 자유한국당의 저지 덕분에 통과되지 못한 채 국회에 계류 중이다. 다행이다. 이 법률안들이 통과된다면 문재인 세력은 빠른 시간 안에 우리나라 대기업들을 공기업화해 나갈 것이다.

5. 노동조합 세력에 의한 기업 파괴

성수동에는 제화거리가 있다. 영세한 구두 제조공장 400여 개가 모여 있던 곳이다. 이 제화골목에서 폐업이 급속히 늘고 있다. 지난 1월 29일 동아일보는 400여 곳 중 250여 곳이 남았다는 소식을 전했다. 짧은 시간에 150여 개소가 폐업을 한 것이다.

결정적 원인은 민노총이다. 제화공장에서 하청을 받아 납품을 하던 제화공들이 문재인 정부가 출범하면서 대거 민노총에 가입했다. 2017년 20여 명이던 민노총 제화지부 조합원이 2019년 700명까지 늘었다고 한다. 그 여세를 몰아 민노총 제화지부 조합원들은 공장 주인들에 납품단가 인상을 밀어붙였다. 그 결과 2018년 공임이 25% 상승했다. 안 그래도 영세한 제화공장 사장들이 이참에 아예 폐업을 해버렸다. 짧은 시간에 150여 개소나. 민노총이 제화공장들의 문을 닫게 한 셈이다. 물론 제화공장들의 폐업 사유에는 최저임금 인상 등 다른 요인들도 있을 것이다. 하지만 민노총이 힘으로 밀어붙인 공임의 급격한 인상이 큰 역할을 했음을 부인할 수 없다.

민노총은 전교조, 참여연대 등 좌파시민단체와 더불어 문재인 세력의 중요한 일부를 이루고 있다. 따라서 민노총이 기업에 대해서 위력을 휘두르는 것은 문재인 세력의 의지라고 봐도 크게 틀리지 않을 것이다. 최소한 문재인 세력의 묵인이나 방조가 작용하고 있다고 봐야 한다.

민노총 등에 의해서 영세기업만 파괴되고 있는 것이 아니다. 대기업 역시 민노총 등 노조세력에 의해 와해의 길로 들어선 곳이 늘고 있다. 민노총 금속노조 소속인 한국GM 노조는 9월 9일 총파업을 벌였다. 22년만의 첫 총파업이다. 한국 GM은 지난 5년간 연속 대규모의 적자를 기록해왔다. 회사가 이처럼 위기 상황인데도 무파업 관행을 깨고 파업을 강행했다. 민노총의 힘을 과시하기 위해 한 일일 수 있다. 하지만 이는 한국 GM의 존립 자체를 위태롭게 한다. 〈니케이 아시아 리뷰〉에 따르면 미국의 GM 본사는 이미 북미 공장 5개소를 폐쇄했고 한국GM의 처리 방안에 대해서도 고민 중이라고 한다. 민노총이 강경하게 나갈수록 한국GM 폐쇄의 날도 가까워질 것이다.

르노삼성 자동차 노조 역시 민노총과 손을 잡으면서 노사 갈등이 증폭되었다. 르노 본사가 주력 생산 차종인 로그의 물량을 언제든 중단할 수 있는 상황인데도 노조는 갈등을 계속 증폭시켜나간다. 이는 민노총을 비롯한 노조 세력이 자신들의 세력을 확대하기 위해 사측과의 갈등을 높여가고 있음을 보여준다. 그 결과 기업 자체가 파괴된다고 해도 그들은 개의치 않는 것이다.

완성차업체 내부 갈등의 여파는 내부에만 머물지 않는다. 완성차업체의 갈등이 심할수록 생산과 판매의 차질이 생기고 그 피해는 죄 없는 협력업체들이 뒤집어쓴다. 고래 싸움에 새우등이 터지는 격이다. 지난 4월 18일 한국자동차산업협동조합(부품업체들의 조합)이 르노삼성자동차의 노사에게 사태의 조속한 해결을 촉구했지만 효과는 없었다. 많은 자동차 부품업체들이 부도위기에 처해있다. 정부가 임시로 3조 5천억을 투입해서 일단 급한 불은 껐지만 미래는 여전히 어둡다. 문재인 정권의 위세를 업은 민노총이 완성차 업체의 작업장을 실질적으로 장악하고 있는 한 자동차 산업 몰락의 때는 더욱 빠르게 다가올 것이다.

자동차 산업은 총체적인 변화의 물결에 휩쓸려 있다. 전기차에 의한 내연기관차 대체는 이미 시작되었다. 구글은 이미 자율주행차의 운행을 시작했고 우버는 굳이 각자 차를 소유할 필요가 없는 시대를 열어가고 있다. 자동차 산업은 총체적 변화가 필요하다. 선제적인 구조조정 없다면 한국 자동차 산업은 한순간에 궤멸할 것이다. 이럴 때일수록 기업과 노동조직은 시장의 변화에 유연하게 적응해야 하는데 우리나라의 기업들은 정반대의 길로 들어섰다.

민노총 조합원은 2018년 말 100만 명을 돌파했다. 2016년 말 73만 명이었는데 2년 만에 37%가 증가했다. 문재인 정권 들어서 벌어진 일이다. 민노총 지도부는 내친 김에 200만 명 시대를 열겠다고 호언한다. 이 정권이 계속된다면 그렇게 되지 말라는 법도 없다. 그만큼 기업의 원가는 높아지고 생산성은 떨어질 것이다. 종말을 맞을 기업들도 늘어나고 있다.

6. 친노동정책으로 인한 중소기업, 자영업의 위기

문재인 정권은 친노동정책을 펼치면서 그 부담을 사용자들에게 지웠다. 급격히 최저임금을 올려서 노동자들에게 인심을 쓴 것은 문재인 정권이지만 그 돈을 부담한 주체는 기업이고 사용자들이다.

그 정책으로 가장 큰 타격을 받은 것은 영세 자영업자들이다. 대기업들의 경우 노동비용이 증가하더라도 매출액이 크기 때문에 다른 곳에서 어느 정도 충격을 흡수할 여지가 있다. 하지만 규모가 작은 중소기업이나 영세자영업자들은 그럴 여지가 크지 않다.

중소벤처기업부가 2019년 2월 발표한 '2018년 전국 소상공인 실태조사 시험조사' 결과가 그것을 말해준다. 전국 9,546곳의 소상공인들을 대상으로 조사한 결과에 따르면 조사 대상 업체 중 70.9%와 72.1%가 각각 매출액과 영업이익이 전년에 비해 줄었다고 응답했다. 그러다 보니 문을 닫는 업체의 숫자도 늘었다. 통계상 자영업자는 비임금근로자와 거의 동의어로 사용되는데 한국은행의 통계에 따르면 2017년 690만 명이던 비임금근로자의 숫자가 2018년 조사에서는 686만 명으로 4만 명이 감소했다. 2018년만 하더라도 정권 초창기였던 만큼 이익이 줄더라도 은행대출 등으로 버티고 있는 자영업자들이 많았을 것이다. 그러나 시간이 가면서 문을 닫는 곳이 늘어나고 있을 것이다. 2019년의 통계는 아마도 2018년보다 훨씬 더 많이 줄어 있을 것이 예상된다.

소상공인들은 상당수가 당초 문재인을 지지했던 것으로 추정된다. 그러나 막상 최저임금의 급격한 인상 등 이 정권의 정책이 본격적으로 시작되자 사태를 깨닫기 시작했다. 소상공인들은 문재인에게 도와달라고 읍소도 하고 거리로 나가서 항의 시위도 벌였다. 그러나 최저임금의 급격한 인상은 강행되었고 소상공인들은 막대한 피해를 감당해야 했다. 보완책이라면서 소상공인들에 대한 지원책을 내놨지만 근본적인 해결책이 될 수는 없다.

문재인 정권의 입장은 분명하다. 재벌 대기업과 소상공인이 부딪힐 때는 당연히 소상공인의 편이 된다. 하지만 소상공인과 노동자들의 이익이 부딪힐 때는 두말할 필요도 없이 소상공인을 버리고 노동자의 편이 된다. 노동자가 아니라 소상공인 편을 든다면 정권 탄생의 주역인 민노총이 가만히 있겠는가. 친노조 정책을 포기할 수 없는 문재인 정권은 그 대가로 소상공인 영세자영업자들을 파괴해가고 있다.

[그림 2] 비임금근로자수 추이

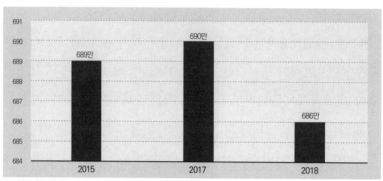

자료: 한국은행

7. 신산업의 싹 파괴

/

이미 살펴보았듯이 문재인 세력은 기존의 기업들을 파괴해 가고 있다. 더욱 안타깝고 두려운 것은 새로운 산업이 탄생할 기회조차 파괴해버렸다는 사실이다.

한 가지 예를 들자면 모빌리티 산업이다. 미국의 우버(Uber)나 중국의 디디추싱(滴滴出行, Didi Chuxing) 같은 기업들은 미래의 모빌리티 산업의 모습이 어떨지 그 단초를 보여준다. 자유로운 카풀, 운전자 없는 택시와 트럭, 차를 소유하지 않아도 불편하지 않은 세상 등 모빌리티 산업의 발전 가능성은 무궁무진하다. 그러나 우리나라에서는 그 신산업이 첫발조차 내디디기 힘든 상황에 처했다. 문재인 정부에 들어서 더욱 그렇게 되었다.

첫 번째 사례는 카카오의 승차공유 사업이다. 카카오 앱을 통해서 출퇴근 차량에 동승할 수 있게 해주는 서비스였다. 기술적으로 단순하지만 새로운 출발이라는 점에서 의미가 있었다. 그러나 곧 기존 택시업계의 저항에 부딪혔다. 문제는 정부의 태도다. 문재인 정권은 무책임하게도 새로 사업을 시작하는 카카오가 반발하는 택시업계와 합의를 해가지고 오라는 태도를 보였다.

카카오와 기존 택시업계는 일종의 경쟁자다. 새로 진입하는 사업자에게 경쟁관계의 기존 업자와 합의를 보라는 것은 경쟁을 하지 말라는 뜻이다. 사실 이런 때에는 공정거래위원회가 나서야 한다. 즉 경쟁자들끼리의 합의를 요구하는 국토부나 서울시에 대해서 공정거래위원회가 제동을 걸어야 하고 그래도 해결이 안 된다면 대통령이 나서서 해당 부처를 제어해야 한다. 그런데 문재인 세력은 누구도 그렇게 하지 않았다. 오히려 기득권인 택시업계의 편을 들었고 급기야 모빌리티 사업을 하려면 기존의 택시면허를 매입해야 한다는 황당한 조건을 내걸기에 이르렀다. 카카오는 사실상 승차공유 사업을 포기한 것으로 알려져 있다. 새로운 형태의 택시인 '타다' 역시 택시 면허를 받아야만 사업을 할 수 있게 되었다. 문재인 정권은 기득권을 가진 기존의 구 기업이 반대하는 한 새로운 기업은 사업도 시작할 수 없도록 싹을 잘라버린 것이다

모빌리티 사업만 그런 상황에 처한 것이 아니다. 많은 청년들이 관심을 갖던 암호화폐도 손해를 보는 사람들이 생기자 암호화폐의 거래

자체를 금지해 버렸다. 인터넷 전문은행도 요란하게 떠들기만 하더니 규제에 막혀서 지지부진함을 면치 못하고 있다. AI 산업은 개인정보 활용 규제에 막혀 있고, 의료의 산업화는 시민단체의 반대에 막혀 있다. 새로운 성장의 동력이 될 만한 것들은 모두 정권과 기득권, 시민단체의 반대에 막혀 있다고 보면 된다. 문재인 세력은 그것을 방조하거나 심지어 조장하고 있으니 신산업의 기회를 파괴하고 있는 셈이다.

혁신성장은 이 정권의 정책 중에서 그나마 희망을 걸어볼만한 아이템이었다. 그러나 구호의 호기로움과는 달리 어떤 혁신도 이루어지지 않았다. 오히려 기득권의 저항을 방조하고 조장해왔고 결국 거의 모든 신사업의 기회를 날려 버렸다. 신기술을 활용한 4차산업혁명, 새로운 도약은 이 정권에서 꿈도 꿀 수 없게 되었다.

8. 종합적 고찰과 대책

보통의 국민이라면 우리나라의 기업들이 파괴되어 가고 있음을 쉬이 알 수 있다. 주가가 떨어지고 부도기업, 좀비기업이 늘어나는 것이 징조다. 우리 경제가 지금 그렇다. 그래서 다가오는 미래가 두려워진다.

하지만 문재인 세력은 반대의 이유로 답답하고 짜증이 나 있을 것이다. 원래의 계획대로라면 지금쯤은 삼성을 비롯한 대기업들을 접수했어야 했다. 그들의 돈으로 북한에 경제지원을 하고 대동강의 기적을 만들고 있어야 한다. 그러기 위해 개헌을 준비했고 소위 개혁 법률안들을 애써 준비해 놓았다. 남북정상회담도 했다. 그러나 세상은 그들의 망상을 따라주지 않았다. 개헌이 좌절되고 소위 개혁법안이라는 것들도 국회를 통과하지 못한 채 먼지만 쌓여가고 있다. 이렇게 자기들 마음대로 할 수 없는 상황인데도 기업들은 심각하게 파괴되어 가고 경제는 추락을 면하지 못하고 있다. 그들 뜻대로 되었다면 그 결과가 어떠했을지 생각만 해도 아찔하다.

아무리 문재인 세력이라도 아직 중국 공산당 식으로 일당독재를 할 수는 없을 터이니 무슨 수를 써서라도 다음 총선에서 다수의석을 차지하려고 할 것이다. 그래야 헌법과 법률 개정을 할 수 있고 원래 꿈꾸어오던 바를 쟁취할 수 있을 터이다. 재벌 대기업들을 손아귀에 넣는 것은 포기할 수 없는 목표일 것이다. 권력 유지와 연방제 통일을 위한 돈은 기업에서 나와야 한다.

그 때문에 문재인 세력은 연동형 비례대표제라는 것에 그리도 집착을 한다. 그 제도 하에서는 문재인 세력과 정의당이 서로 권력을 나눠가져야 하겠지만 최소한 자신들이 원하는 방향의 개헌과 법률개정을 할 수 있을 것이다.

하지만 대한민국이 북한처럼 되는 것을 원치 않는다면 누구라도 문재인 세력의 재집권을 막아야 한다. 그들이 다시 다수 의석을 가지는 순간 자유대한민국을 지지하는 대다수의 국민에게는 지옥문이 열리는 셈이다. 사회주의화 연방제 통일로의 질주가 시작될 것이기 때문이다.

이제 자유민주주의 자유기업체제는 그것을 원하는 시민들의 힘만으로 지켜내야 한다. 누구도 도와주지 않기 때문이다.

대한민국의 국민들은 자유민주주의를 공짜로 누려온 셈이다. 우리의 이 자유민주주의 체제는 미국이 지켜줬고 군대가 지켜줬다. 노력으로 체제를 만들어낸 자들은 오히려 지금의 문제인 세력이다. 이들은 철저한 이념과 용기와 희생을 통해서 지금의 좌파 정권을 만들어냈다. 이제 자유민주주의와 자유경제를 누리고자 하는 시민들이 그렇게 할 차례다. 스스로 체제를 만드는 치열한 싸움에 나서야 한다.

전대미문의 재정파괴: 망국과 노예의 길

최 광

1. 문재인 정권의 재정 철학과 경제 파괴

／

문재인은 취임사에서 "한 번도 경험하지 못한 나라를 만들겠다"고 했다. 정치 외교 안보 국방 경제 사회 문화 등 모든 면에서 한 번도 경험하지 못한 상황에 직면한 국민은 당혹하기만 하다.

대한민국 경제는 중병에 걸린 지 오래이다. 집권 2년 반 문재인 정권이 받아든 경제 성적표는 참으로 참담하다. 고용·투자·수출·생산·소득·분배·성장 등 무엇 하나 온전한 게 없을 정도이다. 소득주도성장 경제정책, 민노총 우대의 노동정책, 규제 하나 제대로 풀지 못하는 혁신정책 등 문재인 정권의 핵심 경제정책은 국가경제를 파멸로 이끌고 있다. 블룸버그 통신의 아시아 경제 담당 칼럼니스트인 슐리 렌(Shuli Ren)은 문재인 정권의 경제정책의 실패를 도전적 기업가정신(animal spirit)을 꺾는 반시장적인 사회주의 정책들에 가장 큰 책임이 있다고 통렬하게 비판한 바 있다. 문재인이 내세우는 소득주도성장과 평화경제는 한 마디로 한국경제를 사회주의 경제로 전환시키는 사기 경제정책이다.

세상에는 용서받지 못할 죄(peccato mortale)가 두 가지 있다. 그 중의 하나가 공직자가 예산을 낭비하는 것이다. 예산을 흥청망청 낭비하면 국가가 망한다는 것이다. 국가예산의 낭비와 방만 운영이 국가를 파멸에 이르게 하니 이 죄 만큼 용서받지 못하는 죄가 어디에 있는가?

역대의 많은 왕조들이 무력이 약해 전쟁에 패배해 망하기 보다는 재정파탄에 의해 망했다. 근대 국가들도 재정파탄으로 고통을 당한 경우가 부지기수이다. 자크 아탈리의 조사에 따르면 1800년에서 2009년 사이에 대외 부채 파산이 250건, 대내 부채 파산이 68건 있었다. 극단적으로 국가 부채 위기로 말미암아 국가나 제국이 붕괴하기도 한다. 1490년경의 베네치아, 1555년경의 제노바, 1650년경의 스페인, 1770년경의 암스테르담 등이 그 예이다. 20세기 초반까지만 하여도 선망의 대상이었던 남미 국가들이 예산낭비로 나라가 거덜 났으며 우리보다 앞서 경제위기에 빠졌던 영국과 스웨덴 등 복지국가들 그리고 최근 경제위기를 겪은 이탈리아 포르투갈 그리스 모두 그 근원은 모두 예산의 낭비와 재정의 방만 운영이었다.

그동안 한국재정은 세계에서 모범적으로 운영되어 왔다. 그러나 문재인은 나라를 살리는 경제정책과 재정정책을 펼치기 보다는 경제와 재정이 거덜 나는 정책을 펴고 있다.

문재인 정권은 자신들의 이념에 충실하고자 처음부터 큰 정부를 내세워 집권했고 각종 정책이 실패하자 그 실패를 호도하거나 덮기 위해 그리고 돌아서는 민심을 잡기위해 재정에 더욱 의존하는 악순환을 되풀이하고 있다. 내년 총선을 겨냥해 집권세력이 총력을 쏟고 있는 선심성 재정사업은 그 규모에서 전무후무하고 그 내용에서 참으로 우려된다. 그 끝은 현재 2030대가 아주 노인이 되었을 때는 물론이지만 그 전에 4050세대가 되었을 때만 해도 나라가 빚더미에 올라앉게 된다. 전대미문의 포퓰리즘이 젊은 세대에 안겨 줄 미래는 암담하고 참담할 뿐이다.

2. 눈 먼 돈의 천국과 전대미문의 혈세 낭비

문 정권은 국가재정을 이용해 모든 것을 해결하려 한다. 단순히 복지정책을 적극적으로 펼치는 단계를 넘어 마구잡이식 예산 살포가 진행되어 왔다. 각종 정부정책의 실패로 국민들이 고통을 겪자 이를 극복한다는 명목으로 '병 주고 약 주기'식 지원은 물론이고 최근에는 내년 총선을 앞두고 '매표(買票)'용 예산 퍼주기가 도를 넘고 있다.

(1) 혈세에 의한 일자리 창출

소득주도성장으로 경제가 파괴되어 실업이 급증하자 정부는 혈세를 쏟아 고용참사에 대응하는데 그 하나가 정부의 공무원의 확대이고 다른 하나는 세금에 의한 민간부문 일자리 확대이다. 시장 활성화를 통한 자연스러운 일자리 확대와는 거리가 먼 혈세 퍼주기식 포퓰리즘 정책은 국가의 근간을 송두리째 흔드는 위험한 도박이다.

1) 일 안해도 세금으로 월급 주는 관제 일자리

과학기술정보통신부가 미(未)취업 이공계 대학 졸업생의 취업을 지원하겠다는 명분으로 작년 도입한 청년 TLO 사업이 파행하고 있다. 2018년에 468억 원을 지원해 이공계 졸업생 3,330명을 1기 청년 TLO로 6개월간 채용했고, 올해 548억 원을 투입해 2기 청년 TLO 4,000명을 채용하고 있다. 청년 TLO는 교수 연구 보조 등의 일을 하며 대학이 가진 기술을 전수받게 돼 있지만, 대상 청년과 학교는 이를 일 안 하고 돈 챙길 수 있는 '꿀 알바'로 여긴다. 졸업 후 온종일 도서관이나 카페에 앉아 토익 공부를 하면서 기업 채용 공고를 뒤져보는 게 일과이지만 통장에 매달 158만원이 '월급'으로 지급된다.

2) 예산 남아도는 청년구직지원금

청년구직활동지원금은 △만 18~34세 △기준 중위 소득 120% 이하 △졸업·중퇴 후 2년 이내인 미취업 청년들에게 취업 준비에 필요한 비용을 6개월 동안 월 50만원씩 지원하는 사업이다. 정부가 2019년에 이 사업에 배정한 예산은 약 8만 명 대상 1,582억 원이다.

문제는 지원금을 받은 청년들이 게임기를 사거나 대학 편입 학원에 다니는 등 다양한 부정 사례가 적발된 점에 있다. 엉뚱한 용도로 사용된 것이 드러나 문제가 됐음에도 "30만 원 이상 일시불 결제를 하지 않는 한 용처를 확인하지 않겠다"며 사실상 누수를 방치하면서 지원금의 수급 범위를 지금보다 넓히고 별도 선발 없이 기본 요건만 갖추면 누구나 받을 수 있도록 하겠단다.

3) 정부 일자리 사업은 천하제일 해 처먹기 대회

실직자인 동생이 해외에 머무는 동안 얼굴이 닮은 형이 8개월이나 실업급여를 대신 타가고, 한 회사 대표는 자녀 등 가족 6명을 '유령 직원'으로 두고 직원 더 뽑았다며 고용안정지원금, 육아휴직급여 등 무려 7종류의 지원금을 받아 챙겼다. '가짜 실직자' 수십 명에게 실업 급여를 타도록 해주고 수수료를 챙긴 '일자리자금 전문 브로커'까지 탄생했다.

(2) 예산 낭비의 압권 세 가지

문재인 정권은 포퓰리즘의 극치를 이룬다. 대표적 형태는 기초연 금의 무분별한 확대, 건강보험 보장성 강화로 대표되는 문재인 케어, 공공부문 비정규직 제로 선언 등이 세 가지 형태이다.

1) 신재생에너지사업 육성

정부는 2018년에 태양광 등 신재생에너지사업 육성을 위한 보조 금으로 2조 6,000억 원을 지급했다. 탈원전과 사드반대에 앞장섰던 친여인사들이 최대 수십 곳까지 운영하고 있는 것으로 알려지고 있다. 앞으로는 탈원전을 주장하면서 뒤로는 태양광사업에 뛰어들어 특혜를 받았다는 의혹이 제기되는 셈이다. 보조금의 불공정 집행도 문제이지만 2.6조 원이 세금이 투입되고도 태양광 발전효율이 후퇴했다는 점이 더 큰 문제이다.

에너지 경제연구원이 발표한 자료에 의하면 2014년 태양광 이용률이 전체 전체 에너지이용률 중 13.6%을 점했는데 지난해에는 그 이용률이 13.2%로 오히려 0.4% 감소한 것으로 나타나고 있다. 막대한 예산을 투입하고도 태양광 발전효율이 후퇴했다는 것은 문재인의 탈원전에 기초한 신생에너지 산업정책이 실패로 판명되고 있음을 의미한다. 신생에너지정책은 혈세를 낭비해 국민에게 부담을 지우면서 높은 에너지 비용으로 국민의 지갑을 턴다.

2) 문재인 케어

'문재인 케어'의 주요 내용은 환자가 비용 전액을 부담해야 했던 '비급여 진료를 급여화'하고, 노인·아동·여성·저소득층 등 취약계층의 의료비 부담을 대폭 줄여주겠다는 것이다. '문재인 케어'에 따라 선택진료비(특진) 폐지, 상급병실(2·3인실) 건강보험 적용, MRI(자기공명영상)·초음파 급여화 등이 순서대로 시행됐다. 문재인은 '문재인 케어' 시행 2주년 대(對)국민 성과보고대회에서 "2년간 3,600만 명이 의료비를 2조 2,000억 원 절감했다"고 말했다.

'문재인 케어'가 실상은 건보제도와 건보재정을 뿌리 채 흔들고 있다. 절감됐다는 '2조 2,000억 원 의료비'는 낭비 요인을 찾아내 절감한 것도 아니고 관련 기관의 생산성 증대에 따라 절감된 것도 아니다. 환자 부담만 그만큼 경감된 것이기에 건강보험공단의 부담이 커지고 건강보험재정의 수지가 적자로 돌아섰다. 건보재정의 붕괴는 외면한 채 환자 부담금의 절감만을 얘기하는 것은 무책임한 포퓰리즘에 불과하다.

3) 기초연금의 무분별한 확대

정부는 월 최대 30만원의 기초연금을 받는 만 65세 이상 노인을 현행 소득 하위 20%에서 내년에 하위 40%까지 확대할 계획이다. 관련 예산은 올해 11조 5,000억 원에서 내년에 13조 2,000억 원으로 늘어난다. 오는 2021년이면 소득 하위 70%까지로 확대할 예정이다. 국회 예산정책처에 따르면 연평균 1조 9,374억 원의 추가 재정소요가 예상된다.

저소득 노령자를 지원하는 제도에는 기초생활보호제도와 더불어 국민연금제도 속에 기초연금과 같은 성격의 A 값이 있으며 지자체가 지급하는 공로수당 등 다양한 제도가 중첩되고 있다. 이러한 구조적 문제가 종합적으로 정비된 이후에 기초연금의 강화 여부가 논의되어야 한다.

(3) 국민복지 가면 쓴 총선정국 현금살포

내년 총선을 앞두고 선심성 복지정책 줄줄이 등장하고 있다. 박근혜 정부는 고등학교 무상교육을 도입하려 했지만 재원마련 방안이 마땅치 않아 결국 뜻을 접었다. 문재인 정권은 출범 직후 2020년 고1부터 단계적으로 시작해 2022년 전 학년 무상교육 완성한다는 계획을 밝혔다. 이후 2018년에 기존 계획을 1년가량 앞당기는 파격적인 결정을 내렸다. 정부는 당장 올해 2학기부터 고3 무상교육을 실시하기로 했다. 소요 예산은 금년도에 3,856억 원, 내년에는 1조 3,882억 원, 2021년부터는 1조 9,951억 원이 소요된다.

정부와 여당이 발표한 '국민취업지원제도'에 따르면 내년부터 35만 명이 현금 복지수당을 받게 된다. 실업급여를 받지 못하는 사람들을 위해 실업급여를 준다는 것이다. 실업급여는 최대 9개월간 매달 최대 184만 4,000원을 지급하지만 구직촉진수당은 최대 6개월간 매달 50만 원을 지급한다. 여기에 드는 내년 예산은 5,000억 원이 넘는다. 수당 지급 대상자를 2022년까지 60만 명으로 늘린단다.

여당은 지난 2~4월 전국을 돌며 예산정책협의회를 진행하면서 각 시도의 134조원 규모 개발 사업에 대해 내년부터 예산을 지원하겠다고 약속했다. 정부는 지난 4월에는 2020년부터 2022년까지 세금 48조원을 풀어 도서관, 체육 시설 등 공공시설을 확충하겠다고 했다. 여당은 내년 총선에서 공공기관 지방 이전을 공약으로 내놓는 안도 검토하고 있다.

(4) 지방자치단체의 '헬리콥터' 현금복지

고용부의 청년구직활동지원금과 성격이 비슷한 현금 복지 사업이 지자체에도 많다. 취업 준비생 등 19~29세 청년에게 최대 6개월까지 매달 50만 원을 주는 서울시의 청년수당, 경기도에 거주하는 만 24세 청년들에게 총 100만 원을 지급하는 청년기본소득 등이 그것이다. 부산 사하구는 토익시험 응시료 지원까지 계획하고 있다. 문제는 지급대상자(구직자)가 아님에도 불구하고 학생신분(대학·대학원)의 청년들이 청년수당을 받고 있다는 점이다. 부정 수급자가 그대로 방치되는 것도 문제이지만 수당이 본래의 목적과 전혀 무관한 게임기 구입, 문신제거, 치아교정 비용 등으로 사용하거나 심지어 사용제한업종인 유흥에서도 지출되고 있다

재정 자립도 47.5%로 전국 평균 50.3%에도 못 미치는 경기도 안산시가 내년부터 대학생에게 등록금 절반을 대주기로 했다. 전국 지자체 중 처음으로, 안산시 거주 대학생 2만여 명에게 다 지급할 경우 연간 335억 원의 국민 세금이 필요하다. 재정 자립도 꼴찌(25.7%)인 전남도는 내년부터 농민 24만 명에게 연 60만 원의 '수당'을 지급하겠다고 했다. 농민수당은 전남 해남군이 처음 도입하자 한 달여 사이 전국 40여 개 기초단체로 확산된 데 이어 광역단체까지 가세한 것이다.

경북 영주시는 70세 이상 노인에게 연 6만 원을, 전북 임실군은 65세 이상에게 연 4만 5천 원의 목욕비를 지급한다. 서울시 중구는 65세 이상 기초생활수급자와 기초연금수령자에게 지역 화폐로 월 10만 원을 지급하는 '어르신 공로수당'을 도입했다. 전북 완주군에는 노인 이미용권 및 목욕권 지원사업이 있고 부산 동구에는 어르신 품위유지

수당이 있다.

(5) 국가재정법을 다반사로 위반하는 불법 예산지출

1) 한미훈련 예산까지 돌려쓴 군(軍)

국회 국방위원회가 한·미 연합훈련 축소로 남은 예산을 기획재정부의 승인 없이 다른 목적 사업에 전용해 국가재정법 위반 소지로 국방위 예산결산심사소위에서 감사원 감사 청구를 의결했다. 국군의 날 70주년 예산 중 일부를 군 사망 사고 진상규명위원회와 5·18 특별조사위원회 운영비로 바꿔 썼고, 키리졸브·독수리연습 목적으로 편성된 예산의 일부와 연합훈련 예산의 일부도 다른 용도로 전용(轉用)했다고 한다.

2) 단기일자리 창출

정부가 2~3개월짜리 단기일자리를 만들기 위해 국회 승인을 받지 않은 예산을 지출·배정했다. 일자리를 늘린다는 명목 아래 일자리 토론회 등 행사 개최에만 약 50억 원을 사용하기도 했다. 자유한국당 정책위원회가 '2018 회계연도 결산'을 분석해 발표한 '100대 문제사업' 보고서에 따르면 법무부, 경찰청, 중소벤처기업부 등 8개 부처·청, 정부기관이 국회 승인을 받지 않은 예비비 453억 원으로 단기일자리 사업을 추진했다.

3) 국가교육회의

국회 예산정책처의 '2018회계연도 결산 분석' 보고서에 따르면 대통령 직속 위원회인 국가교육회의가 법적 근거 없는 예산을 집행하고, 미승인 예비비를 사용하고, 예산을 부적절하게 배분한 것으로 나타났다. 국가교육회의는 지난해 운영 예산의 절반인 8억여 원을 2022년도 대학 입시제도 개편을 위한 '공론화위원회' 운영 등에 몰아서 사용하고, 예비비 18억 원까지 끌어다 썼다.

4) 맞춤형 일자리 사업의 국가재정법 위반

정부는 맞춤형 일자리 사업에 예비비 799억 원을 집행했다. 국가재정법에 따르면 예비비는 본예산 편성 당시 예측할 수 없었는지, 불가피한 상황으로 연도 중 시급하게 지출해야 할 필요성이 있는지 등의 요건이 충족돼야 한다. 하지만 국립공원 관리, 강의실 소등, 전통시장 배달 지원 등 사업 대부분이 이 요건에 해당하지 않는다. 이러한 예비비 사용은 국가재정법 규정을 정면으로 위반한 것이다.

(6) 예산 낭비를 부추기는 예비타당성조사 면제

재정 당국은 정치권의 압박에 못 이겨 결국 큰 사고를 쳤다. 지자체 사업에 대해 예비타당성조사를 면제해 줌으로써 예비타당성제도의 취지나 기본 골격을 송두리째 파괴해 버렸다. 예비타당성제도는 대규모 정부재정이 투입되는 사업에 대해 사전에 사업의 타당성을 조사하여 무분별한 사업 추진을 방지하고 예산 낭비를 막기 위해 외환위기 이후 김대중 정부에서 재정효율화의 일환으로 1999년에 도입된 제도이다. 총사업비가 500억 원 이상, 국가 재정지원 규모가 300억 원 이상인 사업에 대해서는 예비타당성조사가 의무화되어 있었다.

정부 자체의 평가에서도 예비타당성제도는 지난 20년 간 불요불급한 대형사업의 추진에 제동을 걸고 재정효율화에 기여한 것으로 나타났다. 2019년 1월에 정부는 시 도 지자체가 신청한 SOC사업 23건 24조 1,000억 원에 대해 예비타당성조사를 면제한다고 발표했다. 명분은 지역균형발전이다. 논란의 여지가 큰 사업이 다수 포함된 상태에서 한꺼번에 대규모로 모든 지자체에 선물을 주듯 예비타당성조사를 면제해 주는 조치는 국가재정법의 기본 취지를 근본적으로 위반하는 것인 동시에 명분도 매우 약하다. 이번 예타 면제 결정으로 분명히 재정 낭비가 초래될 것이기에 문재인 정권의 국가 파괴의 또 다른 사례이다.

3. 문재인 정권의 재정과 공공부문의 팽창

/

(1) 재정의 팽창

문재인 정권은 출범하자마자 정부 예산을 급팽창시켰다. 2017년 400조 원이던 예산은 2018년에는 429조 원으로 전년 대비 7.3% 증가했다. 2019년에는 470조 원으로 전년대비 9.7% 증가했다. 최근 5

조 8,300억 원의 추가경정 예산을 보탰다. 문재인 정권이 들어서기 전에 국회를 통과한 예산 증가율이 전년 대비 3.7%에 불과했던 것과 대비된다. 정부는 2020년 예산액을 2019년보다 9.3% 증가된 513조 5,000억 원으로 확정했다. 2019년 예산액이 전년대비 9.7% 인상되었기에 2년째 9.5%대 증가했는데 이는 실질경제성장률의 4배 경상 경제성장률의 2배나 증가한 것이다.

[표 1] 문재인 정권의 재정확장

연도	기준	규모(조원)	증가율(규모)	특징
2017	추경	410.1	2.9%(11.6조)	일자리 창출
2018	본예산	428.8	7.1%(28.3조)	일자리·복지·산업↑·SOC↓
	추경	432.7	5.5%(22.6조)	청년일자리 창출+지역경제 활성화
2019	본예산	469.6	9.5%(40.8조)	일자리·복지·R&D↑
	추경	475.4	9.9%(42.7조)	미세먼지+경기+일본 수출 규제 대응

주: 중앙정부 총지출 규모: 각 연도 본예산 기준
본예산 증가율: 전년 본예산 대비(추경 포함 예산은 전년 추경 예산 대비)
자료: 국회예산정책처

국회예산정책처와 기획재정부 등에 따르면 문재인 정권이 들어선 후 늘어난 본예산(중앙정부의 총지출) 규모는 약 69조1,000억 원이다. 세 차례 편성한 추가경정예산까지 고려하면 총 74조 9,000억 원이 불어났다. 문재인 정권의 예산 증가율은 연평균 8.6%로 박근혜 정부 예산의 연평균 증가율 4.4%의 두 배에 이른다. 2018~2019년 연평균 예산 증가율 8.6%를 고려하면 문재인 정부가 임기를 마치는 2022년 에는 예산 규모가 572조 7,000억 원에 이를 전망이다. 관례처럼 굳어진 추경이 이어진다면 임기 내 예산 600조 원 시대도 맞을 수 있다.

(2) 공무원 정원의 확대

정부는 '일자리 5년 로드맵'에 따라 문재인의 임기가 끝나는 2022년까지 공무원을 17만 4,000명 증원할 계획이다. 정부는 2017년 1만 2,700명, 작년 2만 9,700명의 공무원을 뽑았다. 올해부터 2022년까지는 총 13만 1,600명을 채용할 예정이다. 공무원을 뽑으면 60년간 임금과 연금을 줘야 하는데 여기에 들어가는 막대한 돈은 결국 세금으로 충당할 수밖에 없다.

공무원 증원의 경우도 규제관련 공무원이 계속 늘어나고 있다. 문재인 정부 출범 이후 공정거래위원회 환경부 고용노동부 등 기업규제·감독부처 공무원이 대폭 늘어났다. 지난 2년간 증가한 규제·감독부처 공무원은 박근혜 정부 4년간 증원 인원의 두 배가 넘는 것으로 조사됐다. 인사혁신처에 따르면 2018년 말 기준 공정위 직원은 694명으로 2016년 말의 588명보다 18.0% 늘었다. 같은 기간 환경부는 2,070명에서 2,424명으로 17.1%, 금융위원회는 293명에서 327명으로 11.6%, 고용노동부 6,365명에서 7,055명으로 10.8%, 관세청은 4,926명에서 346명으로 8.5%, 대검찰청은 1만 300에서 1만 9,26명으로 6.0%, 국세청 2만 1,549명에서 2만 2,490명으로 4.3% 증대하였는바 전체 국가공무원 증가율 2.9%(65만 149명에서 66만 9,077명으로)를 크게 웃돌았다.

4. 재정건전성 파괴: 확대된 재정적자와 국가채무의 팽창

/

(1) 재정적자와 국가채무

문재인 정권은 반듯하고 현실적인 정책을 통해 경제를 개선시킬 생각보다는 당장의 성장률 방어만을 위해 재정 풀기에 집착하고 있다. 일단 급하게 재정을 큰 규모로 투입하려 하다 보니 특히 재정건전성이 크게 위협받고 있다.

2019년 상반기에는 사상최대의 재정적자가 기록되었다. 총수입이 2.3조 원 늘어날 때 총지출이 37.2조 원 늘어나 재정건전성이 크게 악화되었다. 2019년 상반기 정부의 재정건전성 지표가 역대 최악으로 치달은 원인은 경기부양을 위해 예산을 상반기에 집중 투입했지만, 거둬들인 세수는 그에 비해 턱없이 적었기 때문이다.

내년 통합재정수지는 2015년의 2,000억 원 적자 이후 5년 만에 처음으로 적자로 돌아설 것으로 전망된다. 지난해 만든 2018~2022년 국가재정운용계획'에서는 내년 5,000억 원 적자를 예상했지만, 금년 2019~2023년 국가재정운용계획'에서는 내년 31조 5,000억 원 적자로 그 규모가 크게 늘어났다. 통합재정수지는 매년 적자를 기록할 터인데 그 규모는 2021년 41조 3,000억 원, 2022년 46조 1,000억 원, 2023년 49조 6,000억 원으로 계속 확대된다고 한다.

재정건전성의 주요 지표인 GDP 대비 국가채무 비율은 급격히 증대할 것이 확실시 된다. 국가채무가 내년에 65조원 늘어나 805조

5,000억 원에 달하기에 국가채무 비율은 37.1%에서 내년엔 39.8%로 2.7%포인트나 급등한다. 정부는 그동안 국가채무 비율의 마지노선을 40%로 정했지만 마지노선이 무너지고 있다. 국가채무 비율은 2021년에 42.1%로 40%를 돌파한 뒤, 2022년 44.2%, 2023년 46.4% 등으로 급격히 상승할 것으로 보인다. 2022년 GDP가 기재부 최근 전망대로 2,126조원이고, 국가 채무 비율이 45%로 뛰면 국가 채무 규모는 956조 원에 이르게 된다. 작년 말 현재 680조 원인 국가채무를 4년 만에 277조원 늘리겠다는 것이다.

문재인은 2019년 5월 16일 국가재정전략회의에서 "우리 국가 재정은 매우 건전한 편"이라며 "국가 채무 비율을 40%로 삼는 근거가 무엇이냐"고 했다. 문재인의 이 한마디로 인해 오랫동안 유지해온 건전재정원칙이 모래성처럼 허물어질 위기에 처했다. 국가채무 비율 40% 마지노선은 정작 4년 전 문재인이 야당 대표 시절 박근혜 정부를 비판하며 쓴 개념이다. 당시 문 대표는 "박근혜 정부 3년 만에 나라 곳간이 바닥나서 GDP 대비 40%에 달하는 국가채무를 국민과 다음 정부에 떠넘기게 됐다"며 "재정건전성 회복 없는 예산안은 결코 받아들일 수 없다"고 주장했다. 2016년 국가채무 비율은 최종 38.2%였다.

과거 정부에서는 보수와 진보를 막론하고 나라 살림을 최대한 균형 있게 유지하고, 후대의 부담을 줄이기 위해 국 채무 증가를 최소화한다는 공감대가 형성돼 있었다. 국가채무 비율의 마지노선이 40%라는 불문율도 이런 공감대에서 나왔다. 그러나 "국가채무비율 40%의 근거가 무엇인가"는 문재인의 한마디로 인해 오랫동안 유지해온 건전 재정 원칙이 모래성처럼 허물어질 위기에 처했다.

(2) 공기업 채무

특히 우리나라 국가 채무에는 수백조 원에 달하는 공기업 부채가 빠져 있다. 선진국들은 공기업이 일찍이 민영화돼 공기업 부채가 재정에 부담을 주지 않는다. 우리의 경우 김영삼 정부 이후 공기업 민영화가 전혀 추진되지 않았고 자체의 방만 운영과 정부 정책을 뒷받침하느라 공기업의 부채가 막대하다.

[표 2] 공공기관 부채 증가 전망

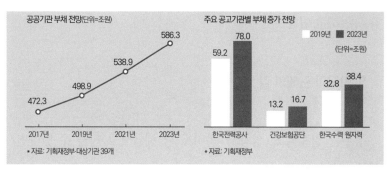

[표 2]에서 보듯 499조 원에 달하는 공공기관의 부채가 2023년에 586조 원으로 확대될 것으로 예측된다. 2022년의 공공기관 부채 566조 원과 국가채무 956조 원을 합치면 공공채무 비율은 GDP의

70%에 이른다. 기존의 그리고 앞으로 추진될 추가 복지지출 증대를 감안하지 하고 통일 관련 비용을 GDP의 20%로만 추정해도 우리의 공공채무 비율은 90%가 되며 이는 현재 알려진 국가채무 비율 40%의 2배롤 넘는 수준이다.

우리나라에 수많은 공대가 있는데도 문재인은 대선공약으로 한국 전력에 '한전공대' 설립을 주창했다. 이미 59조 원의 부채에 시달리고 문재인의 탈원전 정책으로 앞으로 막대한 적자에 시달릴 한전에게 1조 6,000억여 원이 소요되는 공대 개교를 강요하는 것은 죄악이다. 한전공대의 다음 대선 전 개교를 위해 엄청난 불법과 편법이 동원되고 있다고 한다. 학교를 설립하려면 기본계획 수립에서 설계 시공 설립인가 개교까지 통상 82개월이 걸리기에 2026년에야 가능한 개교를 2022년 5월 대선 직전 3월에 개교하려 정부가 온갖 불법과 편법을 동원하고 있다.

5. 망국과 노예의 길

정부는 일자리도, 성장도, 복지도 다 세금으로 만들 수 있다면서 세금 퍼붓기에 열성이다. 나라 돈으로 먹고사는 인구가 벌써 1천만 명이라고 한다. 사실상 생산적인 일을 하지 않고 그냥 누군가가 생산한 것을 국가의 이름, 복지의 이름, 정의의 이름으로 뜯어먹으며, 피빨며 사는 사람들이 그만큼 많아졌다는 얘기이다.

예산의 낭비가 국가의 자원을 무분별하게 긴요하지 않은 곳에 사용해 '악의 꽃'에 거름을 주는 것도 문제지만 그보다 더 심각한 문제는 사회의 정의와 공정성을 해치는 것이다. 말 그대로 전 국민에게 뇌물과 마약을 먹여서 회복되기 어려운 중독자와 장애인을 만드는 것이 문재인의 포퓰리즘이 가는 길이다.

플루타르코스 영웅전에 "민중을 거스르면 민중의 손에 망하고, 민중을 따르면 민중과 함께 망한다"고 했다. 재정규모가 한정돼 있는데 당장 복지의 몫을 늘리면 다음에는 그 몫을 유지할 수 없음은 고등수학도 아닌 산수다. 공짜를 두고 한국인은 '공짜라면 양잿물도 마신다'고 하는데 일본인은 '공짜보다 비싼 것은 없다'고 인식한단다. 사실 정권도 정권이지만 우리국민도 각성해야 한다.

(1) 포퓰리즘은 도적질

어떤 점에서 포퓰리즘은 민주주의에 내재돼 있는 약점의 발현이다. 독일을 파탄으로 끌고 간 히틀러도 바이마르공화국 민주주의의 합법적 절차를 거쳐 등장했다. 포퓰리즘적 파탄의 대표적 본보기는 베네수엘라의 차베스와 아르헨티나의 페론이다. 차베스의 퍼주기로 최근 베네수엘라 국민은 고통을 겪고 있으며, 페론도 그렇게 하여 한때 1인당 국민소득 세계 6위, 총교역량 세계 10위권이던 아르헨티나를 완전히 망가뜨려 만성적 국가부도 상태로 전락시켜 버렸다. 남의 나라 얘기만이 아니다. 문재인 정권의 행태는 예의 포퓰리즘의 경우를 빼다 박았다. '한국이 스스로 국가 자살로 향하고 있다'는 말까지 나오고 있다.

도둑질하는 사람이 가장 나쁘지만, 도둑질할 마음이 생기도록 부추기는 제도도 문제다. 일자리를 세금으로 만들겠다고 수십조 원을 쏟아 부으니 벌어지는 일이다. 부정수급 적발 베테랑으로 통하는 고용부 조사관에게 "도대체 뭐가 문제냐"고 물었을 때 "부정수급 잡아내는 인력과 시스템이 부족해 지능범죄 수준으로 빠르게 진화하는 민간의 수법을 따라가지 못하고 있는 것이 제일 큰 문제"라고 한탄했단다. 부정한 방법을 동원해서라도 욕심을 낼 만큼 정부 지원금이 커졌다는 것이 문제이다. 현금성 복지가 많아 부정수급 가능성이 큰 고용부의 재정 지원 일자리사업은 2017년 11조 9,000억 원, 2018년 13조 2,699억 원, 올해 16조 413억 원으로 그 규모가 방대하고 매년 크게 늘어나고 있다.

이러다 보니 노무법인들이 '노다지'를 만났다는 얘기가 돈다. 청년추가고용장려금, 일자리안정자금 등 문재인 정부에서 새로 생기거나 규모가 급격히 늘어난 지원금을 어떻게 하면 많이, 오래 받을 수 있느냐는 문의가 쏟아진다고 한다. 정부의 각종 현금 지원 사업이 많다 보니 기업들 사이엔 "정부 돈은 못 받아먹으면 바보"라는 말이 돈다고 한다. 세금 꼬박꼬박 내고, 열심히 일하는 국민들 복장 터지게 하는 소리다.

(2) 용서받지 못할 죄: 예산 낭비는 망국의 길

국가와 기업은 조직이기 때문에 경영의 기본원리는 다를 수 없다. 피터 드러커의 '효과성'과 '효율성' 조건을 충족해야 한다. 효과성은 '해야 할 일을 하는 것(doing the right thing)'이고, 효율성은 '일을 제대로 하는 것(doing things right)'이다. 효과적이지 못하고 효율적이지 못한 기업은 궁극적으로 시장에서 도태된다. 하지만 정부는 도산하지도 도태되지도 않는다.

정부 정책에서 최악의 조합은 '하지 말아야 할 일을 거침없이 하는 것'이다. 비효과적인 것을 앞장서 수행하는 것이다. 인구절벽 상황에서 출산을 위한 '인프라 구축'을 외면한 채 아동수당 등 현금살포형 정책을 대단한 시혜인 양 추진하고 있다. 정부는 청년구직활동지원비를 청년수당으로 인식하고 있다.

'페카토 모르탈레(Peccato Mortale)'는 이탈리아말로 '용서받지 못할 죄'라는 뜻이다. 기업가들이 이윤을 남기지 못하는 것과 공직자가 국가 예산을 낭비하는 것은 죄다. 우리나라 정치권은 2중으로 죄를 짓고 있다. 국가예산을 방만하게 운영하고, 기업이 이윤을 내기 어려운 척박한 규제환경을 만들었기 때문이다. 인기에 영합하는 포퓰리즘에의 함몰이 가장 큰 죄다. "국가가 최대의 고용주, 국민의 삶을 책임지는 국가"라는 정치구호는 듣기에는 달콤할 수 있어도 그 자체가 사회적 뇌물이다. 역사의 뒤안길로 사라진 '국가개입주의와 설계주의'를 붙들고 있는 것 자체가 시대착오적이다. 국가에 의존하게 하는 것, 국가에 의존하도록 국민을 타성화시키는 것만큼 인간의 존엄을 해치는 것은 없다.

(3) 재정팽창은 자유의 제한에 의한 노예의 길

대한민국의 정체성인 자유민주주의와 자유시장경제에 모두 '자유'가 들어있다. 치명적 문제로서 문재인 정권이 역사적으로 짓는 가장 큰 죄는 자유의 길(Road to Liberty)을 버리고 노예의 길(Road to Serfdom)로 대한민국을 이끌고 있는데 있다. 자유를 통상 이념과 연관지어 생각하나 자유는 결코 이념적이고 추상적인 것이 아니고 실질적이고 구체적인 것이다. '자유 아니면 죽음을 달라'는 주장에서 보듯 모든 사람에게 자유는 천부(天賦)의 권리로 생명만큼 소중하다. 민주화의 긴 여정도 결국 자유의 증대를 위한 국민적 노력이 아니었던가?

명분이 무엇이든 정부에 의한 시장에의 개입과 간섭의 증대 그리고 정부 재정의 팽창은 사회구성원의 자유의 감소와 속박의 증대로 귀결된다. 특히 큰 정부는 작은 정부에 비해 자유를 상대적으로 크게 제한하고 그 결과 국민을 예종의 길로 인도한다. A나라는 복지구가로 예산(조세)규모가 GDP의 60%이고 B국가는 20%라 가정해 보자. A나라 국민은 소득의 60%를 국가에 바치고 나머지 40%만 자기 마음대로 소비하지만 B국가 국민은 20%를 국가에 바치고 80%나 스스로 소비한다. B국가 국민이 A나라 국민보다 훨씬 더 많은 자유를 향유하며 살고 A나라 국민은 국가가 많은 일상에 간섭하는 자유롭지 못한 삶을 살아간다.

6. 정책과제와 정책대안

/

우리나라의 재정은 매우 보수적으로 운영되어 왔다. 균형예산이 불문율에 가까웠고 퍼주기식 복지는 최근의 현상이다. 불황기에도 재정확대는 늘 한시적이었다. 그러던 것이 문재인 정권이라는 좌파정권의 등장은 철학 제도 내용 방법 모두에서 큰 지각변동이 초래되었다.

(1) 재정 운용과 대통령과 국무회의

어느 나라든 재정운용의 핵은 대통령과 국무회의이다. 그런데 사실 국무위원은 물론 그 회의의 사회를 보는 대통령도 재정의 중요성 그리고 그 본질을 이해하는 경우가 드물다. 국무위원 개개인이 재정에 대해 개념이 없고 자신이 책임지고 있는 부처의 예산에 대해서도 사실 잘 모른다. 부처 예산을 담당하는 기획관리실장 더러 부처의 예산을 더 많이 확보하라는 정도의 주문이 태반이다.

국가재정운용계획, 예산총액배분·자율편성제도, 성과관리제도 등은 법에 제도를 규정하는 것이 물론 중요하고 필요하지만 실제의 운영이 더 중요하다. 이 과정에서 대통령과 개별부처 장관의 예산에 대한 인식과 의사결정이 중요하다. 정착되어 간다고 판단하고 있을지 모르는 국가재정운용계획제도와 총액예산자율편성(top-down)예산제도는 지금과 같은 인식과 운용방식으로는 곤란하다.

대통령 기록관 예산과 관련한 최근의 문재인의 무책임한 처신은 참으로 하나의 희극이다. 국가 예산이 172억 원이나 소요되는 자신의 기록관을 건설을 자신이 직접 주제한 국무회의에서 의결해 놓고도 관련 보도가 나왔을 때 문재인은 "내 뜻이 아니다"라며 백지화를 지시했다. 청와대 대변인은 "대통령이 불같이 화를 냈다"고까지 했다.

기록관이 문제가 아니라 대통령의 예산에 대한 인식이 이 정도이니 퍼주기식 예산편성이 일쑤이다. 대통령과 참모들이 사실을 파악한 이후에도 문재인은 사과는커녕 일체의 말 한마디도 하지 않았다. 세종시의 통합 대통령 기록관도 공간이 부족했다는 당초의 설명도 부풀린 것이고 현직 대통령이 자신의 기록관을 자신의 재임 중에 짓는 지도자는 왕조의 황제나 공산주의 국가의 독재자를 제외하고는 역사상 없다.

(2) 예산 주기와 담당 주체들의 각성

예산의 운영은 사람이 한다. 예산의 낭비 여부는 사람과 제도에 달려있다. 예산은 편성 심의 집행 결산이라는 예산주기(budget cycles)를 거친다. 예산 낭비를 막는 첫 방안은 대통령이라는 정책 결정의 최고 책임자를 포함 예산주기의 각 주기에서의 해당 주체가 예산낭비의 문제점을 정확히 인식하고 사명감을 가지고 업무에 임하는 것이다.

문재인 정권 들어 정부와 공공기관의 물적 인적 관리에서 낭비와 비효율이 참으로 크다. 대통령부터도 예산의 중요성에 대해 전혀 인식이 없다. 행정부와 국회가 비효율을 초래하는 주체인데 이에 대한

제동을 걸 실질적 기관이 없다. 기재부 예산실이 중심이 되고 각 부처와 조율하여 편성되는 예산은 편성 단계에서 그 규모와 내용에서 심각성이 결여되어 있다. 국회는 각 상임위와 예결위가 정부안을 심의하는데 대부분의 국회의원이 예산에 대해 전문성이 없을뿐더러 정보도 부족하고 자기 지역구 사업의 증액에 중점을 둔다. 3부에서 예산을 집행하는 단계에서 모두가 예산은 '남의 돈'이기에 절약하고 효율적으로 집행해야 한다는 인식이 거의 없다.

(3) 감사원의 재탄생과 기능의 재정립

예산의 편성 제출, 심의 의결, 집행 과정 후에 집행된 실적을 심사하는 것이 결산이다. 결산은 사후에 예산의 실제 사용 실태를 정확히 파악하는 과정으로서 결산 분석을 잘하면 어떤 사업이 필요한 사업인지, 기대한 성과를 내는지, 성과가 부진한 이유는 무엇인지 등을 알 수 있다. 결산은 감사원이 담당하고 있다. 감사원은 청와대, 검찰, 지자체, 공기업 등 모든 공공기관의 활동을 결산을 통해 심사 분석하는 유일한 기관이다. 감사원은 정부 활동과 관련된 모든 정보를 수집 분석할 뿐만 아니라 필요하면 관련 공직자 징계까지 요구할 수 있는, 정부의 생산성과 관련해 가장 중요한 기관이다.

감사원법에 따르면 감사원 주된 직무는 국가 세입·세출에 대한 회계검사와 공무원에 대한 직무감찰이다. 더도 덜도 없이 본연의 임무인 회계검사와 직무감찰에 충실하기만 하면 된다. 정책 평가에 감사원이 종종 나서고 있는데 이는 월권행위이다. 예산집행과 관련하여 감사원이 동원되어 조기 집행을 독려하는 것은 참으로 잘못된 발상이다. 감사원은 국민의 세금이 돈 가치가 높은 곳에 낭비 없이 그리고 우선순위가 제대로 책정되어 집행되는 지를 감찰하는 곳이지 예산지출의 시간적 완급을 감찰하는 기관이 아니다.

우리나라에서 감사원은 사정기관으로 인식되고 있다. 이는 잘못된 인식이고 운영이다. 앞으로 감사원 기능의 중점은 법규위반 단속 등 사정 기능에서 재정 활동의 효율성 평가분석 기능으로 바뀌어야 한다. 공무원의 위법 부당한 업무를 감시할 기관은 많지만, 재정 운용의 효율성을 평가할 기관은 감사원뿐이다. 따라서 감사원은 맥킨지 같은 컨설팅 회사가 기업 경영의 비효율성을 지적하듯이 재정 활동의 비효율성을 찾는 데 중점을 둬야 한다.

우리나라 감사원의 영문 명칭은 Board of Audit and Inspection(회계감사 및 검사원)이다. 제헌헌법부터 제5차 개헌 이전까지 오늘의 감사원은 심계원이라 불렀다. 우리나라 감사원에 해당하는 미국의 조직 이름은 이전에 Government Accounting Office(정부회계처)였는데 수년 전 Government Accountability Office(정부책임처)로 바뀌었다. 우리나라 감사원장의 임기는 4년이고 통상 법조인이 감사원장을 역임했는데 반해 미국의 GAO의 장은 임기 15년에 재정운용 효율성에 이해도가 높은 경제 경영인 회계사 출신이었다.

(4) 총량적 재정규율제도의 도입

우리나라를 포함하여 거의 모든 나라에서 재정이 당면하는 가장 큰 문제는 재정 규모의 지속적 확대와 적자 예산의 편성에 따른 국가 채무의 지속적 증대이다. 재정 규모의 확대 억제와 재정 적자의 축소를 위해 각 국은 재정 규모와 재정 적자에 대해 묵시적 또는 명시적 '규율(rule)'의 도입을 시도해 왔다.

　지금까지 채택되거나 논의된 재정 규율은 그 내용 상 크게 네 가지로 구분되는바 세출 규율(expenditure rules), 재정적자 규율(deficit rules), 국가채무 규율(debt rules), 차입 규율(borrowing rules) 등이다. 이들 규율들은 내부 규정, 법안 규정, 헌법 규정 등 그 강제성에 있어서 다양하며 각기 장·단점을 가지고 있다.

　현실에서 재정지출의 확대와 재정적자의 증대를 막을 수 있는 가장 확실한 방법은 재정운영에 관계하는 사람들로 하여금 특별한 규칙에 따라 행동하게끔 제도적 장치를 마련하는 것이다. 균형예산의 달성을 위해서는 세출증가의 억제가 최선의 정책방향이다. 세출증가의 억제가 아닌 세입확대를 통해 균형재정을 달성해야 한다는 주장도 있으나 탄지와 슉내흐트(Vito Tanzi, and Ludger Schuknecht)의 조사에 따르면 균형재정의 달성에 성공한 나라들의 경험에서 볼 때 세출의 억제가 재정적자 해소의 최선의 방법인 것으로 밝혀지고 있다.

　총량적 재정규율은 앞으로의 헌법 개정 과정에서 헌법의 조항으로 포함되는 것이 바람직하다. 2001년에 시도되었던 '재정건전화특별법' 같은 법률의 제정, '국가채무관리위원회'의 설치, 국가재정법에 '특정 조항의 삽입' 등과 같은 미봉적 접근으로는 재정건전화가 도모

될 수 없고 그런 성격도 아니다. 재정건전성을 강화하는 방안으로 준칙 또는 규율의 도입 이외에 최근 국제기구나 선진국들에서는 '재정전문기구' 또는 '재정위원회' 도입 논의가 활발하나 우리나라의 경우 옥상옥(屋上屋)이거나 의미가 낮다고 보며 선진국들에서 다양한 형태로 시행 중인 총량적 재정규율제도의 도입을 우선 고려하는 것이 순서라 판단된다.

(5) 초당적 장기재정정책위원회의 국회 내 설치

우리의 국가채무 수준이 선진국은 물론이고 우리의 경쟁국과 비교하여도 현재로서는 높지 않은 것은 분명한 사실이다. 이와 관련하여 세 가지 사실이 지적되어야 하겠다. 첫째 우리의 국가채무 증가 속도가 전 세계적으로 전무후무하게 높다는 점이다. 둘째 현재의 복지제도와 재정제도를 그대로 유지하더라도 국가채무 수준이 크게 확대될 내용이 들어 있어 각 제도의 지속가능성과 재정 건전성이 크게 위협받을 것이라는 점이다. 셋째 심각한 저출산과 급격한 고령화 그리고 남북통일로 국민 부담이 크게 증대되리라는 점이다.

위의 세 가지 요인이 정책의 장에서 논의될 때는 심각성이 부각되나 정책을 최종 결정하는 정치의 장에 오면 당리당략, 무책임, 인기영합주의로 점철되어 문제가 개선되기는커녕 개악되고 있다. 이 문제를 극복하기 위하여 국회 예산결산위원회 내에 '장기재정정책위원회'를 초당적으로 설치할 것을 건의한다. 이 위원회는 국회의원과 외부

전문가로 구성되고 국회예산정책처의 사무적 지원을 받는다. 이 위원회는 재정의 장기적 건전성과 관련한 제도와 정책을 연구하여 국민과 국회에 제시하는 것을 주된 임무로 한다.

주사파의 대한민국 접수와 자유대한민국 수호의 길

죽느냐? 사느냐? 이것이 문제입니다

김문수

1. 개인적 삶의 궤적

/

저는 학생운동, 노동운동, 좌익정당을 하면서, 대학교에서 2번 제적되고 25년 만에 대학 졸업장을 받았습니다. 7년 동안 공장생활하면서 노동조합 위원장을 2년 동안 했습니다. 감옥에 두 번 가서 2년 5개월 동안 살았습니다.

감옥에서 김일성주의자와 주사파 학생들 수백 명과 만나서 토론도 많이 하고 함께 생활도 했습니다. 광주교도소에서 남파간첩, 공작원, 국내간첩, 재일교포 간첩 100여명과 함께 1년 동안 살았습니다.

저는 마르크스 레닌주의와 모택동주의에 심취하여 공부하고, 공산혁명을 꿈꾸기도 했습니다. 저는 공산혁명을 꿈꾸는 선배들의 지도를 받으면서, 비밀지하혁명조직 생활도 10여년 했습니다.

저는 지금 집권하고 있는 문재인 대통령과 민주당 이해찬 대표, 이

인영 원내대표, 심상정 정의당 대표 등 운동권 출신 대부분과 함께 활동하고 같은 시대를 꿈꾸고 투쟁해왔습니다.

제가 50년 간 겪어왔던 경험에 비추어 볼 때, 대한민국은 이미 종북 주사파와 좌파 연합에 넘어 갔다고 판단됩니다.

2. 주사파의 집권

/

지금은 주사파가 대한민국의 권력을 잡았고 대한민국을 파괴하고 있습니다.

(1) 체험적 반공

6·25전쟁 휴전 이후 우리 국민 대부분은 반공 자유민주주의를 신봉해 왔습니다. 이는 해방 직후부터 공산치하에서 살아봤던 이북 피난민의 쓰라린 체험과 해방 이후 빨갱이들의 폭동과 6·25전쟁기의 만행이 너무 끔찍했기 때문에 가능했습니다. 그러나 가족이나 친지 가운데 해방 직후 좌익 경험이 있었던 경우도 많습니다. 대한민국 하늘 아래서 통혁당, 인혁당, 남민전 등 김일성의 남조선혁명노선을 따르는 지하혁명당의 대한민국 전복활동은 끊임없이 계속 시도되어 왔습니다.

(2) 반미 친북운동의 확산

실패를 반복하던 중, 1980년 광주사태를 겪으며, 학생운동과 민주화를 열망하던 시민들은 피의 학살과 전두환의 집권이 미국의 묵인 아래 자행됐다며, 미국문화원에 방화하는 사건이 터지기도 하며, 급속히 반미 친북운동이 확산되기 시작했습니다. 북한의 대남방송을 들으며 정리한 김영환의 "강철서신"이 대표적인 주사파 운동권 문건입니다. 신군부의 12·12쿠데타와 광주사태, 그리고 민주화의 좌절을 겪으며 종북 주사파는 대학가로 급속하게 확산됐습니다.

(3) 종북주사파 학생운동

종북 주사파가 학생운동을 급속하게 장악하게 된 원인은

첫째, 전두환의 12·12쿠데타와 광주학살로 민주화의 꿈이 갑자기 사라지게 되었기 때문입니다.

둘째, 김일성의 주체사상 혁명론은 체계적이고 쉽고, 대한민국 현실에 잘 맞기 때문입니다. 마르크스·레닌주의 혁명론보다 한국적이며 쉽습니다. 북한이라는 조선공산혁명기지에서 권력을 가진 김일성 집단에 의해 체계적으로 정리되고, 매일매일 대남방송으로 전파되기 때문에 대중성, 민족성, 적합성, 신속성은 기존 마르크스·레닌 공산혁명이론 보다 우리나라 현실에 맞아서 급속히 확산됐습니다.

(4) 전대협·한총련 20년

전대협(1987~1992), 한총련(1992~2007)이 20년간 전국의 대학 학생회 조직과 학생운동을 신속하고 완벽하게 장악하였습니다. 이들은 표면 대중조직인 전대협, 한총련과 지하비밀 지도조직인 혁명정당을 나누어서 조직·운용합니다.

학생운동을 마친 운동권은 사회로 나와서, 사회대중운동으로 투신하지 않을 수 없습니다.

해마다 수십만의 학생운동권 출신들이 자연스럽고도 필연적으로 사회 각계각층으로 투신합니다.

공장으로, 직장으로 들어갑니다.

이들이 민주노총입니다.

정계로 진출합니다.

민주당, 정의당, 민중당은 물론이고, 바른미래당, 자유한국당에까지 미치지 않은 곳이 없습니다.

언론계로 들어간 기자들도 학생운동의 경험으로 민주화를 계속한다며, 언론노조를 결성하여, 지금 KBS, MBC, SBS, 한겨레신문, 경향신문을 붉게 물들였습니다.

고시에 합격하여 민변, 우리법연구회, 국제인권법연구회를 결성하여, 대법원장과 헌법재판소와 법원, 검찰, 청와대, 서울시와 각급 지방자치단체까지 모두 장악했습니다.

운동권 학생들이 교사가 되어 전교조를 결성하여, 어린 학생들을 붉게 물들이고 있습니다.

영화계로 진출하여 운동권 영화를 만들어 천만 관객을 울립니다.

문화 예술계를 석권했습니다.

사업에도 투신하여 사업가로 성공하여 부르주아가 되었지만, 그의 사상은 여전히 종북 주사파로 남아있습니다.

입법, 사법, 행정, 교육, 문화, 방송, 예술, 경제계, 기업, 동네 구멍 가게까지 완벽하게 붉은 혁명사상으로 물들였습니다.

(5) 주체사상의 힘

주체사상은 강력한 힘이 있습니다.

첫째, 체계적입니다.

둘째, 성경보다 쉽습니다.

셋째, 살아있는 권력 김정은은 움직이는 사상이요 이론일 뿐만 아니라, 조선민주주의인민공화국이라는 국가권력입니다.

넷째, 젊은 대학생시절, 조국을 위해, 민주화를 위해, 자주통일을 위해, 최루탄을 마시며 싸우다가, 도망 다니고, 잡혀서 고문당하고, 감옥을 들락거리며, 청춘을 바치며, 헌신했던 자부심을 가지고 있습니다.

다섯째, 사회인이 되어서도 운동권의 동지적 인간관계는 끊을 수 없습니다.

운동권 출신들이 서로 짝을 이뤄서 부부가 된 경우에는 혁명가정이 됩니다.

자녀까지 대를 이어 사상이 이어집니다.

무섭습니다. 그래서 저는 사상을 바꾸는 것은 담배 끊기보다 더 어렵다고 생각합니다. 이런 종북 주사파들이 수백만 배출되었고, 지금 마침내 청와대부터 대한민국의 국가권력 뿐만 아니라 사회 각계각층을 완벽하게 장악했습니다. 제가 아는 한 세계 어떤 공산혁명 때 보다 더 완벽하게 국가권력을 장악했습니다.

(6) 자유주의 배격 11훈

공산주의자들의 신조는 자유주의의 배격입니다.

공산주의자들은 철저하게 자유주의를 부르주아 사상이라며 배격하고 있습니다.

공산주의의 적은 "자유주의", "자유민주주의"입니다.

모든 공산주의자들은 언제나 "민주주의"를 내세웁니다.

"인민민주주의", "민중민주주의", "진보적 민주주의", 그냥 "민주주의"입니다.

좌익들은 자기들만이 "진정한 민주주의"이고, 자유민주주의는 "부르주아 독재"를 예쁘게 포장한 "가짜 민주주의"라고 비난합니다.

좌익들은 어떤 경우에도 스스로를 "자유민주주의"라고 하지 않습니다.

"자유민주주의", "자유주의"는 공산주의의 배격 대상일 뿐입니다.

대한민국의 자유민주주의 헌법을 지키는 것이 지금 우리 국민의 첫 번째 임무입니다.

제가 운동권에서 혁명을 꿈꿀 때, 회합 전에 암송하던 〈자유주의 배격 11훈〉은 모든 학생운동권이 다 암송하는 것이 아니라, 엄선된 소수 혁명가들이 암송하던 것입니다. 남로당과 빨치산 대원, 남한 혁명조직원들이 사상 강화의 방법으로 모택동의 〈자유주의 배격 11훈〉을 당 생활의 기준과 지침으로 삼았습니다.

〈자유주의 배격 11훈〉은 다음과 같습니다.

"우리는 사상투쟁을 적극적으로 주장한다. 그것은 당과 혁명단체의 단결을 가져오게 하며, 싸움의 무기를 더욱 날카롭게 하기 때문이다. 자유주의와의 사상투쟁을 거부하게 되면, 무원칙한 화평을 가져오게 되고, 그 결과 썩어빠진 작풍이 생겨서, 혁명단체의 어떤 개인은 정치적으로 부패하기 시작한다."

1. 극히 다정하고 친밀한 동창 혹은 고향의 친지, 친구 또한 오랫동안 같은 직장에서 일했다고 하여, 원칙상의 논쟁을 피하며, 화평의 수단으로 가벼이 되는대로 방임함은 곧 자유주의 표현의 첫 번째 유형이다.

2. 책임 없이 뒤에서 비판하고, 적극적으로 조직기관에 제의하지 않으며, 앞에서 말하지 않고, 뒤에서 비방하며, 회의 때는 말하지 않고, 회의 후에 떠들며, 집중생활의 원칙이 마음속에 없고, 자유로이 방관함은 곧 자유주의 표현의 두 번째 유형이다.

3. 일에 대하여 관심이 없고, 다만 벽에 걸린 사진을 대하듯이, 남을 책하지 않고 말하지 않음이 명석한 보신술이라면서, 엎드려 침묵함이 곧 자유주의 표현의 세 번째 유형이다.

4. 명령에 복종하지 않고, 조직규율을 돌보지 않으며, 간부라는 구실로 자기 의견만 고집함은 곧 자유주의 표현의 네 번째 유형이다.

5. 단결과 진보를 위하거나, 부정확한 의견을 고치려는 것보다, 개인공격을 주로 삼아, 분하게 생각하고 보복하려 함은 자유주의 표현의 다섯 번째 유형이다.

6. 부정확한 의견을 듣고도 항변하지 않고, 반혁명분자의 말을 듣고도 보고하지 않으며, 무사태평하게 지내는 것은 자유주의 표현의 여섯 번째 유형이다.

7. 군중에 대하여 선전하지 않고 선동하지 않으며, 연설하지 않고 조사하지 않으며, 묻지도 않고, 그 고통까지도 관심을 가지지 않으며, 무조건 지지하여, 당원임에도 불구하고 당원의 의무를 망각한 한사람의 백성처럼 되는대로 지냄은 자유주의 표현의 일곱 번째 유형이다.

8. 군중이익을 해치는 행동을 보고도 격분하지 않고, 경고하지 않으며, 관심을 가지지도 않고, 해결하지도 않고 내버려두는 것은 자유주의표현의 여덟 번째 유형이다.

9. 일에 충실하지 않고, 일정한 목적 없이 하루를 되는 대로 지내며, 마치 스님들이 목탁을 두드리듯이 하는 것은 자유주의 표현의 아홉 번째 유형이다.

10. 자존심만 높아서 혁명의 공이 가장 많은 것 같이 노선을 거스르며, 큰일은 할 능력이 없고, 작은 일은 하기 싫어하며, 학습에 노력하지 않고 태만함은 자유주의 표현의 열 번째 유형이다.

11. 자기의 잘못을 알면서도 고치지 않고, 자기비판을 하되 비관실

망에 그치고 마는 것은 자유주의 표현의 열한 번째 유형이다.

3. 우리나라 자유민주주의자의 특성

/

(1) 자유민주주의자의 특성

PD운동권 출신인 제가 볼 때 우리나라 자유민주주의자들의 특성은 다음과 같다고 생각합니다.

첫째, 소수를 제외하고는 자유민주주의나 공산주의 또는 김일성주의, 주체사상에 대해 체계적인 사상학습을 해본 적이 없습니다.

둘째, 자유민주주의자들은 운동권이라고 할 정도로 조직화·체계화되지도 않고, 태극기집회가 처음으로 실행된 자발적 애국 대중운동이 아닌가 합니다.

셋째, 태극기집회는 사분오열되어 서로 단합되지 못하고 있습니다.

넷째, 고관대작이나 대기업가, 세계적 전문가도 많지만 지킬 것이 너무 많아서인지, 앞장서서 솔선수범하며 희생하는 사람이 드뭅니다.

다섯째, 최근 전대협, 새벽당, 트루스포럼 등 젊은 자유주의운동이 시작되고 있습니다. 아직은 미약하지만 희망의 새싹들입니다.

여섯째, 자유한국당이 자유파의 중심정당인데 너무 기득권화 되어, 강한 목표의식과 전략전술이 취약하고, 투쟁성·헌신성이 약합니다.

일곱 번째, 새누리당 국회의원 가운데 60여명은 자기가 만들고 당선시켰던 박근혜 대통령을 탄핵시키고, 감옥에 갇혀 재판을 받는데도, 방청, 면회, 석방운동조차 한 번도 하지 않는 기괴한 모습을 보이면서도, 부끄러움을 모릅니다.

(2) 자유파

자유주의자, 자유파란 자유민주주의 대한민국헌법체제를 김일성주의 주사파로부터 지키려는 집단을 말합니다. 주사파는 김일성주의자들로서 자유주의자의 적입니다. 주사파는 대한민국을 부정하고, 조선민주주의인민공화국이 한반도에서 정통성이 있는 국가로 생각합니다.

(3) 친미 사대주의자 이승만과 친일 쿠데타세력 박정희

주사파가 대한민국의 정통성을 부정하는 까닭은 이승만과 박정희의 정통성을 인정하지 않기 때문입니다.

첫째, 이승만은 미국의 앞잡이로서, 친일파와 손을 잡고 민족의 자주성을 팔아먹고, 자신의 사리사욕을 채우기 위해서 미국이 원하는 반쪽 나라 대한민국을 세웠다고 합니다.

둘째, 박정희는 만주군관학교와 일본육사를 졸업하고, 천황의 장교가 되어 만주에서 독립군을 토벌하다가, 해방 후에는 남로당 군사총책으로서, 비밀지하 혁명동지를 팔아먹고, 목숨을 건졌다가, 다시 쿠데타를 통해 권력을 잡아서 반민중 반민족 반민주 친일 친미 사대주의 정권을 운영했다는 것입니다.

(4) 세계적 영웅 이승만과 박정희

자유파는 이승만 대통령은 대한민국 건국의 아버지이고, 박정희 대통령은 한강의 기적을 만든 영웅이라고 생각합니다. 자유파는 이승만이 없었다면 대한민국 건국 자체가 어려웠다고 생각합니다. 자유파는 박정희가 이끈 한강의 기적이 우리나라의 오늘을 만들었고, 중국, 베트남 등 세계 여러 나라에 "하면 된다"는 희망과 방법을 알려 주었다고 생각합니다.

4. 주사파의 승리

(1) 문재인·김정은 주사파의 집권

좌우 대립의 역사란 바로 주사파와 자유파 사이의 체제전쟁을 말합니다. 먼저 현재의 정세는 문재인+김정은 주사파 공동체가 사상이념·권력의 고지를 점령했습니다.

자유대한민국은 주사파의 수십 년 전복 전략에 의해 점령됐습니다. 자유파와 주사파는 적대적 관계로서, 박근혜 대통령 탄핵 이후, 지금은 사상이념 체제투쟁에서 주사파가 승리하여 집권하고 있습니다.

주사파는 군사력과 무력을 쓰지 않고 촛불집회와 박근혜 대통령 탄핵·구속으로 승기를 잡았습니다. 2016년 10월부터 전개된 반체제 세력의 촛불집회와 체제수호세력인 태극기집회의 대결은 일단 반체제세력인 촛불집회가 승리했습니다. 그리고 2017년 5월 9일 대통령 선거에서 촛불 대통령 문재인이 당선됨으로써, 대통령중심제에서 대권을 장악했습니다.

비록 거짓과 사기 탄핵이라 하더라도, 박근혜 대통령을 탄핵으로 끌어내리는데 성공했습니다. 그리고 곧 박근혜 대통령과 이명박 대통령을 구속시킴으로써, 자유파의 10년 체제를 완전히 허물어뜨리는데 성공했습니다.

(2) 국정과제 1호 적폐청산

종북 주사파 집단이 추대한 문재인이 집권한 이후, 촛불혁명정부는 대한민국 자유민주주의세력을 적폐세력으로 몰아서 마구잡이 구속하고 있습니다. 문재인 정권은 자유민주주의 정권이 아니며, 그동안 사람중심의 민중민주주의 개헌을 하려다가 저지됐습니다. 문재인 정권은 종북 주사파 정권이며, 김정은과 연방제 통일을 하는 것이 1차 목표입니다.

(3) 존경하는 사상가 신영복

문재인이 신영복을 사상가로서 존경한다고 평창올림픽 개막 리셉

션에서 커밍아웃한 것은 이미 주사파들이 사상이념·권력의 고지를 점령했기 때문에 과감하게 세계만방에 선포한 것입니다. 이 자리에는 미국 펜스 부통령, 아베 일본 수상, 북한 김영남·김여정 등 세계 여러 나라 지도자들이 참석한 올림픽 개막 리셉션 자리였습니다.

(4) 빨갱이·기생충 조국의 법무장관 임명과 사퇴

노무현 정권 민정수석을 두 번이나 역임했던 문재인은 조국을 민정수석으로 임명하여 2년 2개월 근무하게 한 후, 법무부장관 후보자로 지명, 인사 청문회 보고서 채택도 되지 않은 상태에서, 무리하게 법무부장관으로 임명했습니다. 조국은 국회청문회에서 스스로 사회주의자며, 전향은 쓰기도 싫은 단어라고 당당히 밝혔습니다.

문재인은 스스로 사회주의자라고 국회 청문회에서 밝힌 국가보안법 유죄 수형자 조국을 법무부 장관으로 임명했습니다. 조국의 부모, 형제, 아내, 아들·딸까지 위조, 사기, 횡령, 배임, 위장이혼, 증거인멸 등 온갖 범죄를 다 저질렀음을 알고도, 문재인 대통령은 사회주의 혁명동지 조국을 감싸고돌았습니다.

67일 간이나 계속된 조국의 추악한 '기생충' 가족 모습과 그 뻔뻔함을 보고 젊은이들까지 눈을 뜨기 시작했습니다. 대통령과 집권 민주당의 지지율이 급락을 거듭하면서, 조국은 결국 사퇴했습니다.

5. 반문재인·반주사파 기독교세력의 급부상

/

(1) 태극기 세력의 분열

태극기 세력은 박근혜 탄핵 반대세력으로서 3년 동안 매주 토요일마다 줄기차게 투쟁해왔습니다. 친박 우리공화당, 군출신단체, 자유시민단체, 고교연합 등입니다. 그러나 태극기세력은 우리공화당, 시청 앞 국본, 고교연합, 일파만파 등으로 나뉘어져 통합되지 못하고 있습니다.

(2) 자유한국당 내의 분열

자유한국당 내에서도 탄핵 찬성과 반대, 수당파와 복당파로 나뉘어져 있습니다. 탄핵에 대한 입장정리조차 3년 동안 못하고 있습니다.

(3) 친박 투쟁파 우리공화당

우리공화당은 친박 태극기투쟁으로 잘 단련된 정당이지만, 국회의석이 2석 뿐입니다.

(4) 탄핵 탈당파 바른미래당

자유한국당 내 탄핵 복당파와 가장 가까우며, 중도우파라고 할 수 있습니다.

(5) 한기총의 청와대 앞 농성·시위

한국기독교총연합회 전광훈 목사가 2019년 6월 8일부터 "미친 자에게 운전대를 맡길 수 없다"며, 청와대 앞에 천막을 치고, 오전 11시, 오후 4시 하루 두 번씩 문재인 하야를 요구하고 나섰습니다.

8·15광복절, 10.3 개천절, 10.9 한글날 잇달아 수백만 명이 참석하는 〈문재인 하야 범국민대회〉를 성공적으로 주최하고, 〈문재인 하야 1천만 명 서명운동〉을 성공시킴으로써 한기총 전광훈 목사는 일약 문재인 퇴진의 중심세력으로 부상하였습니다.

6. 자유한국당의 당면 과제

(1) 구속자 석방투쟁

집권 주사파에 의해 감옥에 갇혀 있는 박근혜·이명박 대통령과 자유민주세력의 주역들을 구출하는 석방투쟁이 중요합니다. 그럼에도 불구하고, 자유한국당은 "박근혜를 석방하라"고 외치면 "몇 표를 더 받을 수 있을까?", "지지율이 몇 % 영향을 받을까?" 등의 이런 생각을 먼저 하고 있습니다.

정치공학입니다.

정치상술입니다.

이건 나라를 구하는 참 정치가 아닙니다.

이건 기본적으로 인륜을 지키는 인간의 기본도리가 아닙니다.

애국심과 동지애와 진실성이 빠진 정치는 이제 심판 받아야 합니다.

(2) 대한민국수호투쟁 국민연대의 중심

자유한국당을 혁신하여, 자유 대한민국을 지키는 구국투쟁연대의 중심으로 세워야 합니다. 나라를 통째로 김정은에게 바치고 있는 문재인을 끌어내리지 않고서 어떻게 자유대한민국을 구할 수 있습니까?

내가 국회의원 되고, 대통령 되면 나라를 구할 수 있다고요?

모두들 이런 자기중심적 생각만 하다가 결국 나라가 이렇게 기울어지지 않았습니까?

지금은 투쟁해야 이길 수 있습니다.

뭉쳐야 이길 수 있습니다.

전략전술이 있어야 이길 수 있습니다.

자유한국당 대표가 앞장서서 사상이념전쟁·주사파 척결투쟁·자유민주세력 대동단결투쟁·민생투쟁·한미동맹 강화를 이끌 〈자유대한민국수호 비상국민회의〉를 구성하여 문재인 주사파 정권과 원내외에서 목숨 걸고 싸워야 합니다.

〈자유대한민국수호 비상국민회의〉는 국회를 기반으로 자유한국당, 우리공화당, 바른미래당 국회의원 모임을 구성하고, 기독교세력, 태극기세력 등 반문재인·반주사파 세력과 빅텐트를 치고, 문재인 주사파 집권세력과 맞서 싸워 이겨서 자유민주주의 대한민국을 지켜야 합니다.

(3) 4.15총선 승리

4.15총선이 앞으로 6개월이면 치러집니다. 과감한 물갈이와 인재영입 그리고 이길 수 있는 전략전술을 수립하여 신속하게 집행해야 합니다. 주사파들이 집권하고 있는 지금은 과거 어느 때의 야당이 싸우던 것보다 어려운 총선입니다.

지금의 정세가 얼마나 어려운지에 대해 우리는 냉정해야 합니다. 자기 앞만 보고 싸운다고 이길 수 없습니다. 우리나라를 둘러싸고 있는 국제정세와 각 정치세력의 현황, 그리고 무엇 보다 우리 자신의 역량에 대해 냉정하게 분석·판단하고 싸워야 합니다.

어떤 영웅도 혼자서는 이길 수 없습니다. 자유파에는 이승만·박정희 같은 영웅도 지금 없습니다. 모여야 합니다. 밤을 새워서라도 토론해야 합니다. 전략전술을 세워야 합니다. 힘을 합쳐야 합니다.

7. 문재인 주사파정권의 4.15총선 5대 카드

문재인 주사파 정권은 통상적인 자유민주주의 정권이 아닙니다. 주사파의 특징은 대한민국 전복의 전략전술이 혁명교과서에 이미 정립되어, 주사파 운동가들이 달달 외워서 조직적으로 실행하고 있다는 점입니다.

지금은 특히 김정은만 집권하고 있을 뿐만 아니라, 남한에서도 종북 주사파 문재인이 집권하고 있어, 남과 북이 "우리민족끼리" 내놓고 서로 협력하고 있습니다.

문재인이 김정은의 수석대변인이라고 외국에서 먼저 말하고 있습니다. 따라서 자유한국당과 자유파는 이렇게 불리한 정세에서도 싸워 이기기 위해서는 특별한 집중과 단결, 연대를 해야 하지 않겠습니까? 주사파들은 촛불혁명으로 자유 대한민국을 거의 무너뜨렸습니다.

마지막으로 내년 4.15총선에서 2/3의석을 확보하여 1948년 7월 17일 제정된 자유민주주의 대한민국 헌법을 연방제 통일헌법으로 고치려고 합니다. 종북 주사파들이 100년 집권하겠다는 말이 공연한 헛소리가 아닙니다.

(1) 연동형비례대표제 선거법 개정

연동형 비례대표제 선거법이 통과되어 지금까지의 양당제가 다당제로 바뀔 경우에 대비해야 합니다. 연동형 비례대표제 선거법은 국회에서 민주당과 정의당, 민주평화당, 바른미래당 4당이 단합하여, 자유한국당만 빼놓고, 날치기로 60%의 득표로 이미 패스트 트랙을

태워서 카운트다운 중입니다.

이제 법안 최종 통과에는 본회의에서 50% 찬성만 받으면 됩니다. 망치까지 동원되고 자유한국당 국회의원만 59명이나 고발되면서 육탄으로 막았는데도, 60% 찬성으로 통과시켰기 때문에, 이제 본회의 통과에 필요한 50% 받는 건 그렇게 어렵지 않을 수 있습니다.

연동형 비례대표제는 절대적으로 정의당, 바른미래당, 우리공화당 같은 소수정당이 유리합니다. 이번 연동형 비례대표제 선거법 개정안에는 권역별 석패율제까지 포함되어 있어서, 작은 정당 여러 개로 난립될 수밖에 없습니다.

(2) 박근혜 석방

박근혜 대통령은 마녀사냥으로 구속되었으므로, 당연히 석방되어야 마땅합니다. 문재인 정권은 박근혜 대통령을 적절한 시점에 석방시킴으로써 자유한국당을 분당시키는 효과를 노리고 있습니다. 박근혜 대통령은 벌써 석방됐어야 하지만, 내년 4.15 총선 직전에 석방함으로써, 자유한국당과 특히 대구경북지역을 중심으로 자유파 내부에 엄청난 혼란과 분열을 가져올 수 있습니다.

우리는 주사파들의 간교한 분열공작에 대비해야 합니다. 서로 만나지도 않으면서, 오해하고 비난하지 말아야 합니다. 서로 만나고 토론하며 함께 뭉쳐서 문재인·김정은과 싸워야 합니다.

(3) 선심성 세금 퍼주기

문재인 정권은 내년 예산을 최대한 팽창시켜서, 세금으로 선심을 써서, 표를 얻으려고 할 것입니다. 특히 노인층, 취약층, 취약지역에 대해 집중적으로 예산을 퍼부으면 무시 못 할 득표력이 생길 것입니다.

시도지사, 시장·군수·구청장 등 지방까지 완벽하게 민주당이 장악했기 때문에 선심성예산 집행의 효과가 더욱 극대화 될 수 있습니다.

(4) 남북 평화통일카드

문재인 주사파 정권은 북한 핵미사일 폐기와 남북 평화통일 카드를 쓸 것입니다. 작년 6.13 지방선거에서 하루 전인 6.12 트럼프·김정은 싱가포르 회담으로 자유한국당은 완전히 망했습니다. 트럼프·김정은 회담으로 자유한국당이 입은 피해는 거의 쓰나미 수준입니다.

내년 4.15 총선 전에도 김정은이 트럼프를 만나서 핵미사일 폐기나 종전선언·평화선언을 하거나, 평양에 미국대표부를 개설하고 트럼프가 평양을 방문하거나, 김정은이 백악관을 방문한다면, 싱가포르회담 이상으로 엄청난 태풍으로 자유한국당이 피해를 입게 될 것입니다.

자유한국당은 대비를 해야 합니다. 자유한국당 혼자서는 어렵습니다. 자유파 애국단체와 손을 잡고, 미국과도 다양한 협력을 해야 합니다.

(5) 반일 카드

문재인 우리민족끼리 항일선동정부는 내년 4.15까지 반일선동을 써먹을 것입니다. 일본제품 불매운동이나 어용방송과 짜고, 토착왜구 가짜뉴스를 만들어 자유한국당 후보를 아무 근거도 없이 친일파로 매도하는 선제공격을 하면서, 해명할 시간도 주지 않을 것입니다. 반일 카드는 반일 민족주의에 익숙한 우리 국민의 투표에서는 언제나 과반수를 차지하여 왔습니다.

우리 경제가 어려운 까닭이 문재인의 반대기업 친민노총 정책 때문이 아니라, 나쁜 아베의 심술과 친일파 때문이라고 대통령, 민주당, 언론, 민노총, 시민단체 모두 나서서 총력 홍보한다면, 만만찮은 광풍이 될 것입니다. 우리는 반일카드에 대해서도 집중적으로 대비하지 않으면 안 됩니다.

8. 4.15 국회의원선거 예상과 대책

(1) 주사파 대청소 선거

4.15 선거는 대한민국을 김정은에게 갖다 바치는 집권 주사파에 대한 사상이념투쟁장입니다. 따라서 통상의 선거운동으로는 이미 권력을 잡고 있는 주사파를 이길 수 없습니다. 자유한국당은 사상이념성과 연대성, 투쟁성을 강화해야 합니다.

(2) 민생투쟁 격화

문재인의 반대기업 친민노총 정책으로 경제가 파탄 나고, 민생투쟁이 더욱 격화될 것입니다. 사상이념과 권력의 고지를 점령한 문재인 주사파 세력은 권력을 유지·연장하기 위해서라면 수단방법을 가리지 않고 댓글조작, 부정선거, 선심성 공짜약속을 남발할 것입니다.

따라서 자유민주주의 세력이 순진하게, 선거법을 지키면서 막말하지 않고 착실하게 바닥을 누비며, 정책선거운동을 하면, 이길 수 있을 것이라는 생각은 비현실적입니다. 선거공학, 정책위주 선거전략 만으로는, 온갖 불법비리 전략과 조작 전술을 능수능란하게 구사하는 문재인 주사파를 이길 수 없습니다.

(3) 남북 주사파 연대와 한미 자유민주세력의 혈전

4.15선거와 다음 대선은 문재인·김정은 남북 주사파 집권연대 세력과 한미동맹 자유민주주의 세력간의 혈전이 불가피합니다. 자유한국당은 내년 4.15선거에 몰입되어, 국회의원선거중심 선거공학과 여론조사만으로는 4.15선거 승리도 기대할 수 없습니다.

9. 대동단결만이 승리의 길

(1) 정당의 통합·연대·후보단일화

정당의 통합이나 연대는 제1야당이며, 종갓집인 자유한국당이 먼저 적극적으로 나서야 합니다. 다양한 모색과 만남을 주선해야 합니다. 바른미래당, 우리공화당, 기독자유당과 통합하거나, 최소한 지역구별 후보단일화를 해야 이길 수 있습니다. 뭉치면 살고 흩어지면 죽습니다.

(2) 태극기와 십자가의 단결

기독교·불교·천주교 등 종교 세력과 태극기 세력이 모두 힘을 합해야 합니다. "주사파 척결 애국 국민운동"의 깃발 아래 뭉쳐서 싸워야 합니다. 싸우면서 뭉치고, 뭉쳐서 싸워야 합니다.

(3) 정당과 국민운동의 역할분담과 협력

선거전문조직으로서 정당이 뭉쳐서 의석확보와 원내 활동을 성공적으로 해야 합니다. 국민운동조직은 기독교, 불교, 천주교 등 종교조직과 태극기세력의 조직이 모두 뭉쳐서, 주사파 후보와 주사파 정당을 가려내어 낙선운동을 벌이고, 애국후보를 당선시켜야 합니다.

국민운동에 대해 정당이 적극 협력하고, 정당의 선거운동을 국민운동이 적극 도와야 합니다. 서로 다른 위치에서 동지적 신의로 협력하는 유무형의 협의체를 만들고, 새로운 모범을 만들어 나가야 합니다.

이제까지 대통령이나 국회의원, 시장·도지사·구청장·군수가 당선되고 나면 모른 체 하는 일이 반복돼서는 안 됩니다. 좌파들이 하는 것 이상으로 서로 협력하고, 상설협의체를 구성해서 함께 종북 주사파를 끝까지 척결해 나가야 합니다.

2부

이건 나라냐

문재인 정권의 아마추어 외교정책   전창렬

문제 있는 문재인 정권의 교육 정책   강하린

한 번도 경험해보지 못한 경제   박종선

사회를 장악한 신적폐의 탄생   조주영

문재인 정권의 아마추어 외교정책

전창렬

1. 연구의 필요성과 목적

/

국가의 운영은 지도자에 따라 달라진다. 개인의 특성, 신념, 고정관념, 역사 이미지 등 정책 결정자의 수준은 국가 정책 결정에 큰 영향을 미친다. 혹자는 오랫동안 내려온 제도와 절차, 조직 원리 등으로 인하여 지도자의 능력, 리더십, 사상 등이 국가 운영에 큰 영향을 끼치지 못한다고 주장한다. 그러나 이러한 제도와 절차에도 불구하고 지도자는 국가를 부강하게 할 수도 한순간에 망하게 할 수도 있으며 다양한 국가의 사례를 살펴볼 때 이는 자명한 사실이다.

2017년 5월 대통령 보궐선거로 더불어민주당 문재인 후보가 19대 대한민국 대통령에 당선되었다. 문재인 정권은 '국민의 나라, 정의로운 대한민국'을 표방하였으며 청와대는 국정과제 보고대회를 통해 '100대 국정과제'를 발표하였다.

문재인 정권의 100대 국정과제는 국민이 주인인 정부, 더불어 잘 사는 경제, 내 삶을 책임지는 국가, 고르게 발전하는 지역, 평화와 번영의 한반도 등 5개 분야로 나누어져 있다. 특히 평화와 번영의 한반도 부문은 강한 안보와 책임국방, 남북 간 화해협력과 한반도 비핵화, 국제협력을 주도하는 당당한 외교, 크게 3가지 전략으로 구성되어 있다. 이 가운데 문재인 정권은 국민외교 및 공공외교를 통한 국익 증진, 주변 4국과의 당당한 협력외교 추진, 동북아플러스 책임공동체 형성, 국익을 증진하는 경제외교 및 개발협력 강화, 보호무역주의 대응 및 전략적 경제협력 강화를 외교부문 목표로 설정하였다. 문재인은 본인의 신념하에 이러한 국정과제를 해결하려 하였다. 그러나 지도자와 참모의 무능, 무지 등으로 인하여 문제는 전혀 해결되지 않았으며 국내·외 각종 악재들로 인하여 오히려 대한민국은 위기상황에 직면하였다.

그럼에도 불구하고 문재인 정권은 언론을 통해 국민들을 현혹시키고 이명박, 박근혜 정부를 들먹이며 소위 '물타기'를 하고 있다. 실정에 실정을 거듭하고 있는 문재인 정권의 폭주를 막을 수 있는 힘은 주인-대리인 관계에서 주인의 위치에 있는 유권자에게 있다. 그러나 정보의 불균형으로 인하여 주인들은 문재인 정권의 문제점에 대해 알지 못한다. 따라서 유권자들에게 문재인 정권의 실정을 알릴 수 있는 종합 자료가 필요하다.

외교는 국가운영에 있어서 중요한 부문 가운데 하나이다. 세계가 하나로 연결되어 있는 상황에서 고립된 국가는 살아남을 수 없으며 이는 북한의 사례를 통해 알 수 있다.

외교는 우선 경제적 중요성을 띤다. 국가는 외교를 통해 자국이 최대한의 경제적 이득을 얻을 수 있도록 한다. 자원, 내수시장 등 어떤 것도 풍부하지 않은 대한민국은 수출을 통하여 경제를 성장시켜야 한다. 국제무역에서 자국 기업이 문제없이 기업활동을 하고 자국 물품이 많은 나라에서 많이 판매되도록 돕는 것은 외교의 역할이다.

외교는 또한 지정학적 중요성을 띤다. 대한민국은 중국, 러시아, 일본 등 강대국과 인접하고 있다. 이러한 상황에서 상대적 약소국인 대한민국이 살아남기 위해서는 외교의 역할이 필수적이다.

개인적 차원에서도 외교는 중요하다. 자국 국민이 타국에서 문제를 겪고 있을 때 국가는 외교적 방법을 통해 문제를 해결한다. 그렇기에 외교적 역량은 그 나라의 힘과 상관관계를 지니고 있다.

이러한 외교의 중요성에도 불구하고 문재인 정권은 아마추어적인 행태를 보이며 잘못된 외교를 진행하고 있다. 본 연구는 문재인 정권의 외교실정을 유권자들에게 알리고 향후 한국의 외교정책이 나아가야 하는 방향을 제시하는 데 목적이 있다.

본인은 국내·외에서 발간된 보고서, 참고서적, 신문기사 등을 바탕으로 관련 내용을 수집하고 이명박, 박근혜 정권의 외교 정책과 문재인 정권의 외교정책을 비교분석하는 방법을 채택하였다.

2. 대(對) 미국 외교

/

(1) 문재인 정권의 대(對)미국 외교 정책 및 현황

2017년 5월 19대 대통령 보궐선거에서 문재인 당시 더불어민주당 후보가 당선이 된 직후 외신을 통해 한국의 좌익 정권이 트럼프 행정부와 충돌할 것이라는 많은 우려가 제기되었다. '워싱턴 포스트' 조쉬 로긴 칼럼니스트는 문재인 후보의 당선이 확정된 후 자신의 트위터에 '대한민국은 반미 대통령을 뽑았다(South Korea just elected an anti-American president)'고 썼다.

문재인은 본인의 저서 '운명'의 132면에 "베트남전에 미국의 패배와 월남의 패망을 보면서, 진실의 승리에 희열을 느꼈다"고 저술하였으며 같은 서적 131면에는 "나의 사회의식에 가장 큰 영향을 미친 분은 '리영희'선생"이라고 서술하였다. 리영희는 "한국은 철저히 미국의 속국", "주한미군을 철수하고 한미동맹 해소하자"라고 주장하는 반미주의자로 리영희의 영향을 받은 문재인 또한 반미주의자라고 이해할 수 있다. 문 대통령은 또한 과거 본인이 발간한 대담집 "대한민국이 묻는다" 342쪽에서 "나도 친미(親美)지만 이제는 미국의 요구에 대해서도 협상하고 'No'를 할 줄 아는 외교가 필요하다"고 하였다. 문재인의 반미(反美) 행보는 어제 오늘의 일이 아니며 외신의 우려가 막연한 것 또한 아니다.

문재인은 대통령 후보 시절 고고도미사일방어체계(THAAD, 이하 사드) 배치는 국회의 비준을 거쳐야 한다고 주장하며 사드 배치에 부정적 입장을 밝혔다. 당선 이후 문재인은 4기의 사드 배치에 대해 환경영향평가를 지시하며 사드 배치 완료를 방해하였다. '군사작전의 긴급한 수행을 위해 필요한 경우 환경영향평가를 면제할 수 있다'고 명시한 환경평가법 제10조에 의거하여 사드의 조기 배치가 가능함에도 불구하고 절차적 정당성을 운운하며 사드 배치를 지연시켰다. 이후 방한한 딕 더빈 민주당 상원의원은 청와대에 "한국이 사드 배치를 원치 않으면 관련 예산을 다른 곳에 쓸 수 있다"며 사드 문제에 관하여 우려를 표명하였다. 청와대는 브리핑에 이와 같은 내용을 발표하지 않았으며 논란이 지속되자 청와대 관계자는 중요한 내용인지 인지하지 못하였으며 미국 시민으로서 국익차원에서 평범한 질문을 한다고 받아들였다며 변명하였다.

　문재인 정권의 반미 성향은 문정인 통일외교안보 대통령특보의 망언을 통해 명확히 드러난다. 문정인 특보는 2017년 6월 16일 미국 워싱턴에서 북한이 핵과 미사일 활동을 중단하면 한미 합동 군사훈련과 한국 내 전략무기 자산을 축소하는 방안을 미국과 상의하겠다고 밝혔다. 청와대는 문 특보의 발언이 청와대의 공식적인 입장이 아니라 학자 개인의 견해임을 밝혔으나 문정인 특보가 문재인 정권 통일·외교·안보 라인의 실질적 책임자라는 점, 이 제안이 문재인에게서 직접 나온 것이라는 문 특보의 발언 등을 고려할 때 문재인의 실질적인 희망사항을 문정인 특보의 입을 빌려 이야기하였을 것이라는 합리적인 의심을 하게 된다. 문정인 특보의 망언 논란에도 불구하고 문재인 정권은 2019년 8월 문정인 특보를 주미대사에 임명하려 하였다. 이후 정부 관계자는 문 특보가 사임하겠다는 뜻을 밝혔다고 말하였으나 존

허드슨 워싱턴 포스트 외교담당 기자는 미국이 비공식적으로 문 특보
의 주미대사 부임에 반대하여 무산되었다는 내용을 트위터에 게재하
여 논란이 지속되었다.

(2) 이명박 정부와의 비교

반미 행보, 아마추어적인 외교행태를 보이는 문재인 정권과는 달
리 이명박 정부 당시 한·미관계는 역대 정권 가운데 가장 좋은 관계
를 유지하였다. 2008년 2월 7일 미 상·하원은 '이명박 대통령 당선인
축하 결의안'을 만장일치로 채택하였다. 이는 김대중-노무현 정권 10
년 동안 순탄치 않았던 한·미 관계를 시급히 복원하고자 하는 미국의
의지였다. 2008년 4월 이명박 대통령은 한·미 정상회담을 위해 방미
하였다. 당시 부시 대통령은 미국 대통령 전용 별장인 캠프 데이비드
로 이명박 대통령을 초대하였는데 이는 한국 대통령으로서는 처음 있
는 일이었다. 통상 캠프 데이비드 회담은 하루 일정이 관례였으나 부
시 대통령은 이틀 동안 이명박 대통령과 캠프 데이비드에 머물렀으며
이후 이명박 대통령이 고마움을 표하자 부시는 친구로서 당연한 일이
라며 이명박 대통령을 '친구'라 칭하였다. 'this man', 'easy man'으
로 부르며 김대중, 노무현을 홀대하던 부시 대통령은 이명박 대통령
만큼은 'my friend'라고 부르며 매우 가깝게 지냈다. 캠프 데이비드
회담에서 한국은 미 정보기관의 정보를 받고 대외군사판매(FMS) 지위
격상, 미국비자 면제 프로그램(VWP)가입 등 실익을 얻었다.

이명박 정부와 부시 정부 당시 돈독한 한·미관계는 오바마 정부로까지 이어졌다. 오바마의 당선이 후 미국은 9개국을 당선 축하 통화 대상국으로 선정하였으며 이 일환으로 2008년 11월 7일 오바마 대통령 당선인과 이명박 대통령의 전화통화가 이루어졌다. 2009년 11월 19일 오바마 대통령이 처음으로 방한하였다. 당시 한·미간에는 FTA라는 중요한 의제가 있었다. 오바마 대통령은 자동차노조의 전폭적인 지지로 대통령직에 당선될 수 있었다. 전미자동차노조는 FTA 채결 후 한국 자동차가 무관세로 미국 시장에 수출될 경우 미국 자동차 산업에 심각한 타격을 가할 것이고 자신들 또한 일자리를 잃게 될 것이라 주장하였다. 오바마도 선거운동 기간 한·미 FTA를 반대하였다. 이에 이명박 대통령은 중국과의 교역량이 증가하는 동아시아 국가들의 사례를 통해 미국이 동아시아 내에서 영향력을 유지하기 위해서는 교역량 격차를 줄여나가야 하며 이를 해결할 수 있는 방안이 FTA 채결임을 강조하였다. 오바마 대통령은 이명박 대통령의 주장에 공감하였으며 오바마 대통령의 미 의회 설득으로 한·미 FTA가 보다 쉽게 채결될 수 있었다.

(3) 문재인 정권의 대(對) 미국 외교의 문제점

문재인은 당선 후 7월 방미, 한·미 정상회담을 진행하였다. 이날 정상회담에서 양국 정상은 "한·미동맹, 더욱 위대한 동맹으로"라는 내용의 공동 성명을 채택하여 발표하였다. 그러나 집권 3년차 문재인 정권의 대 미국 외교는 사실상 실패하였다고 볼 수 있다. 문재인 정권의 아마추어적인 외교 행태는 오히려 한·미동맹을 파탄내고 있다.

지속적으로 문정인 특보, 정부 장차관, 정부기관 전문가 등의 입을 빌리거나 "누구도 대한민국 동의 없이 군사행동을 결정할 수 없다.", "정부는 모든 것을 걸고 전쟁만을 막을 것이다.", "어떤 우여곡절을 겪더라도 북핵 문제는 반드시 평화적으로 해결해야한다"며 문재인이 직접적으로 북핵문제에 대한 한·미 공조에 균열을 일으키는 발언을 하며 국제사회에서 대한민국을 고립시키고 있다.

문재인 정권은 100대 국정과제에서 정상 방미 등 활발한 고위급 외교 전개를 통해 한·미동맹을 호혜적 책임동맹관계로 지속적으로 심화하고 발전해야 한다고 대미관계를 설정하였다. 그러나 북핵문제 등을 둘러싸고 한·미간에는 불협화음이 지속되고 있으며 일각에서는 양국 정상간 갈등이 발생하고 있다는 의혹도 제기하였다. 실제로 일본 산케이 신문 헤드라인 기사에 따르면 현지 시간 24일 프랑스에서 열린 G7 정상회담 첫날 만찬에서 트럼프 대통령이 "문 대통령은 믿을 수 없는 사람"이라고 말했다고 보도하였다.

한·미동맹은 대한민국 안보의 핵심이며 강력한 전쟁억제력을 지니고 있다. 대한민국이 지난 반세기 한강의 기적이라 불릴 만큼 눈부신 성장을 이루어 낼 수 있었던 이유는 미국이 대한민국 안보를 보장하였기 때문이다. 지난 60여 년 이상 한·미동맹은 대한민국의 안보와 발전의 핵심이었으며 여전히 대한민국에 가장 중요한 동맹관계이다. 피로 맺어진 혈맹에 균열을 일으키고 한·미동맹에 불협화음을 만드는 것이 문재인 정권 대미 외교의 가장 큰 문제점이다.

3. 대(對) 중국 외교

/

(1) 문재인 정권의 대(對) 중국 외교 정책 및 현황

　문재인 집권 이후 한·중 관계에서 가장 중요한 문제는 사드였다. 문재인은 집권 이전부터 지속적으로 사드 배치에 반대하는 입장을 표명하였다. 문재인 정권은 출범 직후 사드배치와 관련된 질책성 조사를 지시하였다. 사드와 관련된 문재인의 태도가 발표되자, 중국은 한국과 미국의 관계를 이간질시키려하였다. 2017년 6월 14일자 조선일보 보도에 따르면 중국은 사드의 X밴드 레이더가 중국 본토까지 탐지하는지 여부를 직접 확인하고 싶다며 사드 기지를 현장 시찰하게 해달라며 우리 정부에 요구하였다. 중국 정부는 문재인 정권이 사드를 철수시킬 것이라 기대하였으나 오히려 문재인이 사드를 추가배치하자 중국은 문재인 정권에 배신감을 느꼈으며 한국에 대한 보복을 더욱 강화하였다. 2017년 5월 19일 이해찬 특사가 중국을 방문하였을 때 중국 당국은 특사를 하석에 배치하는 등 노골적으로 문재인 정권을 무시하였다.

　중국의 경제보복으로 한국경제는 심각한 손상을 입었다. 현대 한국경제원은 한국이 2017년도에만 약 8조 5천억 원의 손실을 입었다고 분석하였다. 2017년 10월 31일 양국은 협상을 통해 한국은 사드

배치를 인정받고 사드와 관련된 보복조치를 해제 받는 대신 중국은 한국이 미국 MD 시스템에 편입되지 않고 사드를 추가배치하지 않으며 한·미·일 군사협력을 진행하지 않는다는 약속을 받았다. 이른바 3불(不)노선이라 불리는 이 합의의 결과 미국 정부는 문재인 정권의 친중적인 태도에 불만을 가졌으며 미국 내에서는 문재인 정권이 주권에 관한 문제들을 중국 측에 지나치게 양보하였다며 비판의 목소리가 나왔다. 외교부의 공식 발표인 "한·중 관계 개선 관련 양국간 협의 결과"에 따르면, 중국의 경제보복 조치 해제 관련 내용은 문서화하지 못하였으나 중국의 요구사항만 명문화되어 있다. 이는 중국 측의 요구를 문재인 정권이 무조건적으로 수용한 것처럼 보이며 미국 내의 불만과 우려는 당연한 것이었다.

2017년 12월 한·중 정상회담을 위해 방중한 문재인은 중국의 홀대를 받았다. KBS의 보도에 따르면 시진핑 주석과의 정상회담에서 양국 관계 정상화 방안을 논의하였으나 사드에 대한 입장차로 공동성명을 채택하지 않았으며 중국 측은 일방적으로 리커창 총리와 문재인의 오찬일정을 취소하였다. 또한 방중 당일 시진핑 주석은 베이징에서 문재인을 맞이하지 않고 난징대학살 추모행사를 위해 난징으로 떠났다. 조선일보에 따르면 방중 이튿날이 돼서야 양국정상이 만나는 건 김대중 대통령 때인 1998년 이후 19년만의 일로 노무현, 이명박, 박근혜 대통령은 모두 방중 첫날 정상회담을 가졌다고 한다. 문재인의 한·중 경제무역 파트너십 개막식 참석을 취재하기 위한 기자들을 중국 경호원들이 집단폭행하는 일도 일어났다. 한국 측은 엄중한 조사를 요청하였으나 중국 외교부는 "한국이 주최한 자체 행사에서 일어난 일"이라며 '유감'이 아닌 '관심'을 표하는 적반하장의 태도를 보였다.

한·중 정상회담 일정 중, 문재인은 베이징대학을 방문하여 "중국은 높은 산봉우리와 같은 나라", "한국은 작은 나라, 중국몽을 함께 하겠다"고 연설하였다. 중국몽은 봉건왕조 시기 조공질서를 통해 세계의 중심 역할을 했던 전통 중국의 영광을 21세기에 되살리겠다는 의미로 시진핑 주석의 신시대 중국 특색 사회주의의 핵심내용이다. 중국몽에는 국가 부강, 민족 진흥, 인민 행복이라는 세 가지 목표를 실현하겠다는 의미가 담겨있다. 문재인의 베이징대학 연설은 중국몽의 목표 중 하나인 인민 행복을 염두하고 한 발언이나 시진핑 주석이 트럼프 대통령에게 "한국은 예전에 중국의 일부였다"라고 궤변을 늘어놓았던 것을 감안하면 문재인의 발언은 지속적으로 외교적 문제가 될 수 있다.

(2) 박근혜 정부와의 비교

문재인 정권 시기의 한·중관계는 사드 배치 이후 역대 최악의 상태로 빠진 2016년 하반기와 동일하다. 박근혜 대통령 집권 시기는 2008년 금융위기의 해결사로 국제사회에 데뷔한 중국이 굴기 시대를 표방한 시기와 겹친다. 세종대학교 이문기 교수는 '박근혜 정부 시기 한중관계 평가와 바람직한 균형외교 전략의 모색'이라는 논문에서 "박근혜 정부 시기는 중국의 부상 이후 한국이 직면한 기회와 도전, 그리고 외교안보적 딜레마 상황을 가장 응축적이고 극적으로 보여준 시기였다. 이 시기 한중관계에 대한 평가는 향후 한국외교의 도전과 딜레마 상황을 타개하는 데 많은 시사점을 줄 것이다"라고 평가하였다.

박근혜 정부는 북한핵 문제 해결, 거대 수출시장의 확보 그리고 일본의 우경화 견제를 위하여 중국을 활용하려 하였다. 박근혜 대통령은 역대 대통령들이 취임 첫해 미국, 일본, 중국 그리고 러시아 순으로 방문하였던 관례를 깨고 2013년 5월 방미에 이어 6월 중국을 두 번째로 국빈 방문하였다. 시진핑 주석 또한 이에 응하여 역대 중국 지도자 중 최초로 북한보다 한국을 먼저 방문하였는데 이례적으로 부인인 펑리위안(彭麗媛) 여사와 한국만을 단독 방문하였다. 이후 박근혜 정부는 미국의 반대에도 불구하고 중국이 주도하는 아시아인프라투자은행(이하 AIIB)에 가입 신청서를 제출하였다. 또한 2015년 6월 1일 양국은 FTA 협상을 타결하였으며, 그 해 12월 한·중 FTA가 정식으로 발표되었다. 박근혜 대통령은 이에 그치지 않고 2015년 9월 4일 베이징 천안문 광장에서 열린 전승절 기념 열병식에 참석하였다. 당시 중국은 전승절 참석 30개국 정상급 인사를 발표하면서 미국과 동맹국인 대한민국 정상의 열병식 참석을 강조하였으며 박근혜 대통령의 좌석을 시진핑 주석의 좌측, 푸틴 대통령의 좌석을 우측에 배치하며 최고의 대우를 하였다.

박근혜 대통령은 우호적인 한·중 관계를 통해 중국이 국제공조를 통한 대북제재와 압박에 동참하기를 강조하였지만 중국은 여전히 제재와 대화병행 전략을 유지하며 6자 회담의 조속한 재개를 주장하였다. 결국 한·중간의 공조체계는 북한의 4차 핵실험과 사드배치 문제가 가중되며 붕괴하였다.

시진핑 주석을 굴기 시대를 표방하며 미국과 패권경쟁을 시작하였으며 대한민국을 미국을 필두로 하는 태평양 세력에서 이탈하도록 유도하려 하였으며 이를 위해 시진핑 정부는 박근혜 정부와 우호적인 관계를 지속하였다. 그러나 대한민국의 사드 배치로 인하여 중국의 계획이 틀어지며 중국은 한국에 경제보복을 가하였다. 박근혜 정부는 미국과 중국 사이에서 균형외교를 표방하였으나 결과적으로 실패하였다.

문재인은 박근혜 정부의 실패한 대 중국 외교를 반면교사로 삼아야 하였다. 그러나 한·중 관계 회복이라는 목적의 달성만을 위하여 중국에 끌려 다니는 듯한 행동을 취하였으며 결국 3불 정책을 명문화하는 악수를 두었다.

(3) 문재인 정권의 대(對) 중국 외교의 문제점

문재인 정권은 100대 국정과제에서 양국 정상 및 고위급 간 활발한 교류·대화와 사드 문제 관련 소통 강화로 신뢰를 회복하고 이를 통해 실질적 한·중 전략적 협력 동반자 관계를 내실화를 한·중 관계의 목표로 설정하였다. 그러나 현재까지 문재인 정권이 100대 국정과제에서 설정한 한·중 관계 회복은 실패하였다.

문재인 정권의 대 중국 외교의 문제점을 가장 잘 설명한 것은 충남

대학교 신진 교수의 대한정치학회보 분석문이다. 신진 교수는 Levy의 전망이론(prospect theory)을 통해 문재인 정권의 대 중국 외교의 문제점을 지적하였다.

Levy의 전망이론에 의하면, 인간은 자신이 인식하는 준거점을 기준으로 현 상태를 이익을 추구할 수 있는 상황(gains frame)과 손실을 축소하여야 하는 상황(loss frame)으로 사태를 구분하며, 각각의 상황에서는 판단의 기준과 선택하는 전략이 달라진다고 한다. 이익을 추구할 수 있는 상황에서는 보다 안전한 전략을 추구하지만, 어떻게 해도 이미 손실이 발생하는 상황에서는 오히려 위험을 감수하면서도 손실을 더욱 축소해보고자 하는 위험감수전략(risk-taking strategy)을 추구한다는 것이다.

문재인 정권은 한·중 관계를 회복하고 사드 문제를 해결하기 위하여 이해찬 특사를 파견하고 문재인이 방중하였으나 실질적인 성과는 미미하였다. 결국 문재인 정권은 사드로 인한 중국의 경제보복조치에서 한시라도 빨리 벗어나고 현재 상황의 손실을 더욱 축소하고자 중국 측의 요구를 대부분 수용하는 악수를 두었다.

외교는 기본적으로 상호교환 체계이다. 상대방이 필요한 것을 내어주고 내가 필요한 것을 취하는 것이 바로 외교의 기본이다. 문재인 정권이 미국과의 우호적인 관계를 형성하여 미국의 신뢰를 얻고 미·중간의 패권 경쟁이라는 국제정세의 흐름을 읽은 후 미·중 무역 분쟁의 상황에서 중국이 필요한 것을 내어주고 중국으로부터 경제보복조치 해제를 받아내고 미국에게는 필요한 것을 내어주었다면 3불 정책

명시화처럼 미국과의 관계를 훼손하는 일까지 번지지는 않았을 것이다. 그러나 문재인의 무능으로 인하여 실질적인 한·중 관계 회복이라는 최선의 결과를 얻지 못하고 오히려 한·미 관계까지 악화되는 상황을 초래하였으며 이는 문재인 정권의 대 중국 외교의 실질적인 문제점이다.

4. 대(對) 일본 외교

/

(1) 문재인 정권의 대(對) 일본 외교 정책 및 현황

문재인은 집권 초기부터 본인의 반(反)일 감정을 적극적으로 드러냈다. 문재인은 지속적으로 공산주의자이자 훗날 한국전쟁에서 대한민국을 공격했던 김원봉을 독립운동가로 치켜세웠으며 국가의 3요소조차 갖추지 못하였던 임시정부의 수립일을 대한민국 건국일이라고 주장하였다.

문재인 정권의 대일 외교의 핵심은 한·일 위안부 합의였다. 문재인은 집권 이전부터 한·일 위안부 합의에 적극 반대하며 대통령이 될 시에는 합의를 파기하고 재협상할 것을 시사하기도 하였다. 당선 이후 문재인은 외교부 장관 직속의 태스크포스(TF)를 구성하여 위안부 합의의 경과와 내용을 검토하도록 지시하였으며 TF는 한·일 간의 공개 합의 내용 및 비공개 합의 내용 모두를 공개하였다. 이후 문재인 정권은 한·일 위안부 합의와 관련해 일본에 재협상을 요구하지 않는

한편 일본의 출연금 10억 엔은 모두 정부 예산으로 충당하겠다고 밝혔다. 이는 한·일 위안부 합의는 외교적 실체로 인정하겠으나 이행하지 않고 사실상 무시하겠다는 의미였다.

문재인은 국제정치에서도 본인의 반일 감정을 여과 없이 드러냈다. 2017년 9월 21일 유엔총회 기간 뉴욕에서 열린 한·미·일 정상 업무오찬 때 아베 총리의 면전에서 "미국은 우리의 동맹이지만 일본은 동맹이 아니다"라는 입장을 밝혔으며 2018년 5월 9일 도쿄 총리 공관에서 열린 한·일 정상 오찬에서 문재인의 취임 1주년 축하의 의미로 아베 신조 총리가 케이크를 전달하였는데 "단 것을 잘 먹지 못한다"며 사양하였다.

이후에도 문재인 정권은 한·일 관계를 개선시키지 못하였으며 일본의 대(對) 한국 경제제재 조치가 발동이 되면서 한·일 관계는 파국으로 치달았다. 2019년 7월 1일 일본 정부는 반도체와 OLED 생산에 필요한 핵심 소재인 플루오린 폴리이미드, 포토레지스트, 고순도 불화수소의 대한민국 수출을 기존 포괄 수출허가에서 개별 수출허가로 바꾸며 사실상 수출을 금지하는 조치를 취하였다. 또한 8월에는 대한민국을 화이트리스트 국가에서 배제하였다. 이전까지는 대한민국을 우방국으로 분류하여 무기 개발 등에 사용될 수 있는 전략물자를 수출할 때 관련 절차를 간소화해 주었으나 화이트리스트에서 배제된 이후부터 대한민국은 동남아시아 여타 국가들과 같이 일본 국내 절차를 통하여 전략물자를 수입하여야 한다.

이에 문재인 정권은 8월 22일 한·일간 군사비밀정보의 보호에 관한 협정(이하 GSOMIA)를 연장하지 않는 외교적 자충수를 두었다. 청와대는 김유근 국가안보실 제1차장의 발표를 통해 "일본 정부가 명확한 근거를 제시하지 않고, 한·일간 신뢰훼손으로 안보상의 문제가 발생하였다는 이유를 들어 수출무역관리령 별표 제3의 국가군(일명 백색국가 리스트)에서 우리나라를 제외함으로써 양국 간 안보협력환경에 중대한 변화를 초래한 것으로 평가하였다"라며 GSOMIA의 종료 책임을 일본에 떠넘겼다. 이에 일본 나카타니 전 방위상은 산케이 신문과의 인터뷰에서 한국의 결정이 "북한만 이롭게 만들 뿐이며 안전보장을 한다는 입장으로서 한국 정부의 판단력을 이해할 수 없다"고 주장하였으며 일본 내 대표적 좌파 언론인 아사히신문 또한 정치 문제를 경제와 안보의 영역에 연관시킨 문재인을 비판하였다.

(2) 이명박, 박근혜 정부와의 비교

1965년 한·일 협정 이후 대한민국은 일본과 동맹관계를 유지하고 있으나 식민 지배로 인한 한국 국민의 반일감정과 일본 우익 정치인의 망언, 독도 등 영토 문제로 인하여 갈등 또한 빚고 있다. 이명박, 박근혜 정부 시기 또한 마찬가지였다. 일본과 역사, 영토 문제 등으로 갈등을 겪었으나 문재인 정권과는 사뭇 다른 양상을 보였다.

2008년 4월 정상회담을 위해 방일한 이명박 대통령은 일본 민영방송사 TBS의 '100인과의 대화'에 출연하여 "가해자는 잊어도, 피해자는 잊지 못한다"며 과거사 청산 문제를 언급하였고 2011년 12월

교토에서 열린 한·일 정상회담에서 주한 일본 대사관 위안부 소녀상 철거를 요청한 노다 요시히코(野田佳彦) 일본 총리에게 위안부 문제 해결의 중요성을 피력하기도 하였다. 또한 2012년 8월 10일 역대 대통령 가운데 최초로 독도를 방문하여 한·일 관계가 악화되기도 하였다. 이명박 정부에 이어 박근혜 정부 시기에도 한·일 관계는 좋지 않았다. 일본의 우익 정당 자유민주당이 집권하게 되면서 자민당 총재 아베신조(安倍晋三)가 총리 자리에 올랐으며 일본의 우경화는 빠르게 진행되었다. 박근혜 대통령은 2013년 취임 직후 아베 총리의 야스쿠니 신사 참배, 일본 역사 교과서 왜곡, 독도 소유권 주장, 위안부 문제 등으로 인하여 한·일 정상회담을 진행하지 못하였다. 박근혜 대통령은 "위안부 문제 해결이 한·일 정상회담의 전제 조건"이라며 일본 측에 과거사 문제 해결을 촉구하였으며 이로 인하여 취임 후 2년 8개월 동안 한·일 정상회담을 갖지 못하였다.

역사, 영토 등 갈등에도 불구하고 이명박 정부는 300억 달러 규모의 한·일 통화스와프를 채결하여 2008년 글로벌 금융위기를 극복할 수 있었다. 또한 2010년 8월에는 식민지 지배가 가져온 손해와 고통에 대해 반성과 사죄를 표명하는 간 나오토 총리의 담화문이 발표되었으며 일본정부는 조선왕조의궤를 반환하였다. 2011년 3월 동일본 지역에 대규모 지진과 쓰나미로 인하여 후쿠시마 지역 원전이 폭발하는 사고가 발생하자 원전 사고 피해 지역인 나토리시(市) 유리아게 주민회관을 방문하여 재난 피해자들을 위로하기도 하였다. 박근혜 정부는 2015년 12월 28일 일본군 위안부 문제를 일본과 협상하여 최종 타결하였으며 아베 신조 총리는 총리 자격으로 위안부 피해자들에게 서면으로 사죄와 반성을 표하였다. 한·일 기본조약에 근거하여 한국에 대한 보상을 끝낸 일본정부에게 10억 엔을 추가로 받아 위안부 피해자들의 존엄성을 회복하고 상처를 치유할 수 있는 사업을 진행할 수 있도록 한 점은 분명 높이 평가하여야 한다. 한·일 위안부 협상을 통해 채결당시 생존해 있던 위안부 피해자 47명 중 77%가량인 36명과 사망 피해자 199명의 유가족 68명이 피해자 지원을 위한 '화해·치유'재단을 통해 치유금을 수령했다. 또한 2016년 11월 23일 한·일간 군사비밀정보의 보호에 관한 협정을 채결하였다. 대한민국은 일본과의 군사정보 공유를 통해 일본이 보유한 정찰위성을 통해 북한 미사일에 대한 정보를 더욱 신속하고 정확하게 습득할 수 있었다.

이명박, 박근혜 정부는 과거사와 독도 문제에 대해서는 원칙을 지키며 경제·문화·안보 등 다양한 분야에서 협력을 강화해 나감으로 한·일 관계를 지속하였다. 특히 대북, 안보와 관련해서는 보다 긴밀한 한·미·일 삼각 공조를 통해 문제를 해결하려 하였으며 이는 문재인 정권과의 가장 큰 차이점이다.

(3) 문재인 정권의 대(對) 일본 외교의 문제점

문재인 정권은 취임 초 100대 국정과제에서 독도 및 역사 왜곡에는 단호히 대응하는 등 역사를 직시하면서 한·일 간 미래지향적 성숙한 협력동반자 관계로 발전하겠다는 국정과제를 설정하였으며 이를 위해 과거사와 북한 핵·미사일 대응을 양국 간 실질협력과는 분리 대응하며 위안부 문제는 피해자와 국민들이 동의할 수 있는 해결방안을 도출하려 하였다. 그러나 집권 3년차인 지금 문재인 정권의 대일 외교는 사실상 실패하였다.

특히 문재인 정권의 한·일 위안부 합의의 비공개 합의 내용 공개는 마땅히 비판받아야 한다. 비공개로 합의된 국가 간의 합의 내용을 공개하는 행위는 외교적 결례이며 이는 한·일 관계뿐만 아니라 대한민국 외교에 부정적인 영향을 끼칠 수 있다. 대한민국과 외교관계를 맺는 국가들은 더 이상 한국을 신뢰할 수 없으며 이는 대한민국을 국제사회에서 고립시키는 부정적인 결과를 초래할 것이다. 또한 일본에 위안부합의 재협상을 요구하지 않고 실체는 인정하되 무시하겠다는 문재인 정권의 행태는 어불성설이다. 문재인 정권은 "일본이 스스로 국제보편 기준에 따라 진실을 있는 그대로 인정하고, 피해자들의 명예·존엄 회복과 마음의 상처 치유를 위한 노력을 계속해 줄 것을 기대한다"고 주장하며 기존의 합의를 무효화하고 일본에 진정한 사과를 요구하였는데 이러한 문재인 정권의 주장은 기존 한·일 위안부 합의에 명시된 '최종적, 불가역적 합의'를 벗어나지 않고는 불가능하다. 결국 문재인 정권의 행위는 일본과 위안부 피해자 양측 모두에게 환영받지 못하는 결과를 초래하였다.

문재인 정권의 무능한 대 일본 외교는 지난 7월 발생한 일본의 대(對) 한국 경제 제재 조치에서도 명확하게 드러난다. 2018년 대법원은 전원합의체 판결을 통해 (주)일본제철(현 신일본제철)에게 일제강제 징용피해자들의 배상을 명령하였다. 일본 정부는 신일본제철 자산 압류를 피하기 위해 한일기본조약에 의거하여 문재인 정권에 중재위원회 설치를 요구하였으나 문재인 정권은 무시하였다. 많은 전문가들은 이 것이 일본의 경제 제재 조치에 영향을 미쳤다고 주장하고 있다.

국가 간의 외교관계는 국익이 최우선이다. 냉정하고 이성적인 판단이 요구된다. 그러나 정상 간에 다져진 신뢰와 우정은 어려운 일도 쉽게 풀 수 있는 실마리가 된다. 아베 총리는 한국과의 관계 회복을 위하여 문재인의 취임 1주년을 축하하는 케이크를 전달하는 등의 노력을 하였으나 문재인은 일본이 대한민국의 동맹이 아니라는 등 외교적 결례를 저지르면서 작금의 한·일 관계를 형성하였으며 문재인 정권의 이러한 아마추어적인 외교 행태는 향후 한·일 관계에도 악영향을 끼칠 가능성이 높다.

5. 종합적 고찰 및 대책

/

본 연구에서는 문재인 정권이 외교부문에서 과거 대한민국이 일구어낸 외교적 위상을 파괴하고 있다는 것에 주목하여, 문재인 정권이 아마추어적인 외교 행태로 무엇을, 어떻게, 얼마나 파괴하였는지를 고찰하였다. 대한민국이 가장 집중하여야 할 대 미국, 대 중국 대일본 외교 분야에 대한 문재인 정권의 정책 및 현황과 이명박, 박근혜 정부와의 비교·분석을 통해 문재인 정권 외교부문의 문제점을 지적하고 비판하였다.

과거 수천 년 전부터 지금까지 외교는 한 국가의 존망에 큰 영향을 끼쳤다. 우리는 역사를 통해 제아무리 부강한 국가라도 외교부문에서 작은 실책 하나만으로도 패망의 길을 걸을 수 있다는 사실을 알고 있다. 앞서 서론에서 언급하였듯이 외교는 경제적, 지정학적, 개인적으로 많은 중요성을 띤다. 특히 대한민국과 같이 자원이 풍부하지 않고 강대국과 인접한 국가일수록 외교는 더욱 중요하다.

그럼에도 불구하고 문재인 정권은 대통령 본인과 참모진의 무능으로 인하여 국제정세에 대한 인식이 미흡하며 국내 정치의 문제를 외교 무대에 개입시키고 국익을 우선시 하는 외교가 아닌 본인의 지지율과 인기를 위한 근시안적인 외교를 자행하고 있다.

문재인 정권은 집권 직후부터 사드 문제를 둘러싸고 미국과 불협화음을 겪었으며 문정인 및 다른 이들의 입을 빌려 노골적으로 대통령 본인의 반미 성향을 드러냈다. 또한 최근에는 일개 외교부 차관이 태평양군사령부 사령관을 지낸 4성 장군 출신 해리 해리스 주한미국대사를 외교부 청사로 불러 한·일 군사정보보호협정(GSOMIA) 종료 결정과 관련된 미 행정부의 대외적 불만표출의 자제를 요구하는 일도 발생하였다. 문재인 정권은 미국과 협의조차 하지 않고 한·일군사정보보호협정(GSOMIA)를 파기하였는데 이에 미 행정부가 해리스 대사를 통해 불만을 표시하자 불만을 표시하지 말라고 주장한 것이다. 가히 뻔뻔한 태도라고 할 수 있다.

대 미국 외교뿐만 아니라 대 중국 외교에서도 문재인 정권은 실패하였다. 사드 배치에 대한 문재인 정권의 오락가락하는 태도는 결국 미국의 신뢰도 잃고 중국의 경제보복 조치를 해제하지도 못하는 상황에 이르렀다. 문재인은 방중 당일 시진핑 주석을 만나지도 못하고 리커창 총리와의 만찬일정 또한 취소되었으며 혼자 밥을 먹는 '혼밥'을 하며 중국 측에 노골적으로 무시를 당하였다. 문재인을 취재하던 한국 기자는 중국 측 경호원들에게 집단 폭행을 당하였으나 한국 정부는 이에 대한 사과조차 받지 못하였고 특사로 파견된 이해찬은 시진핑에게 하대 당하였다. 문재인 정권은 아무 것도 하지 못하였으며 경제보복조치 해제 조치는 빠지고 중국의 요구인 3불 조치만 명문화 된 굴욕적인 협약을 맺었다.

마지막으로 문재인 정권은 대 일본 외교에서도 실패하였다. 국가 간의 협약의 비공개 내용까지 모두 공개하여 일본뿐만 아니라 국제사회 모든 국가들에게 신뢰를 잃으며 양국 정상이 마주한 자리에서 "일본은 우리의 우방이 아니다"라는 발언을 하며 한·미·일 삼각 동맹을 균열시키고 아베 총리가 건넨 케이크를 단 것을 좋아하지 않는 다는 이유로 거절하며 외교적인 결례를 저질렀다. 일본이 동맹이 아니라던 문재인 정권은 일본이 우방국에 제공하던 경제적 혜택에서 대한민국을 제외하자 동맹국에 대한 외교적 결례라고 주장하는 등 실로 아이러니한 행태를 보이고 있다. 문재인 정권은 이를 외교적으로 해결할 생각을 하지 않고 국내 반일 감정을 조장하여 본인들의 지지율과 집권을 위한 행동만 하였으며 한·일 군사정보보호협정을 연장하지 않는 악수를 두며 한·일 관계뿐만 아니라 한·미 관계까지 악화시켰다.

대한민국을 파괴하고 병들게 하는 문재인 정권의 아마추어 외교는 앞으로도 지속될 것이며 그 피해는 고스란히 국민들의 몫이다. 문재인 정권의 외교적 악행의 결과는 문재인 정권이 끝난 뒤에도 지속될 가능성이 높다. 문재인 정권의 악행을 저지하기 위해서는 국민들이 나서야 한다. 문재인 정권의 잘못된 행태를 끊임없이 감시하고 지적하고 비판하여야 한다. 또한 선거를 통해 국민들의 힘을 보여 주어야 한다. 다음 총선에서 더불어민주당이 승리하게 된다면 문재인 정권은 더욱 빠르게 대한민국을 파괴하고 사회주의화할 것이다.

GDP 기준 세계 12위 경제대국인 지금의 대한민국은 하루아침에 만들어진 것이 아니다. 대한민국의 자유를 수호하고, 대한민국의 경제를 성장시키고, 대한민국의 국제적 지위를 향상시키기 위해 지난 70여 년 동안 우리의 아버지, 어머니들이 피와 땀을 흘리며 이루어 낸 산물이 바로 지금의 대한민국이다. 그리고 대한민국이 앞으로도 우리의 자부심이 되기 위해서 우리는 지속적으로 문재인 정권의 잘못된 행태를 막아야 할 것이다.

문제(問題)있는 문재(文在)인의 교육정책

강하린

1. 그들이 원하는 세상

/

(1) 19대 정부 교육신화의 내막

신화란 고대인의 생각이나 표상이 반영된 신비로운 이야기다. 우리는 고대가 아닌 현대에 살고 있다. 아직까지 고대에 머무르며 신비로운 이야기만 하고 있는 '그 세계' 사람들의 이야기를 시작한다.

2019년 8월 23일 갤럽 조사에 따르면 한국의 19대 대통령 문재인(文在寅)을 지지하는 층이 45%, 반대 층이 49%로 데드크로스 현상이 발생했다. 이는 민정수석인 조국 장녀 교육문제 논란이 큰 파동을 일으킨 결과이다. 우리는 언제까지 이 '내로남불식'의 정치의 질을 봐주고 있을 셈인가.

필자는 자유인의 공화국인 대한민국에 살고 있음이 자랑스럽다.

헌법에는 '대한민국의 주권은 국민에게 있고 모든 권력은 국민으로부터 나온다'라고 명시되어 있다. 가슴을 울렁거리게 하는 뜻을 가진 이 문장이 어째서 지켜지지 않고 있을까? 우리는 나라사랑에 대해 감각하며 인지하지 않는다. 애국 안에 있는 것들에 대해 겉만 핥으며 당장의 듣기 좋은 말, 당장의 보기 좋은 것들에만 휩쓸린다. 이제 그만. 지금은 감각이 아닌 인지가 필요한 시점이다.

그들이 진정 원하는 세상은 무엇인가. 더불어민주당의 당대표 이해찬의 인사말을 인용해보자. 지난 1년간 오직 국민들의 명령만을 따랐다고 자랑스럽게 말한다. 우리국민은 그런 내로남불식의 정치를 명령한 적 없다. 9월 6일 법무부장관 후보자 조국의 인사청문회가 있었다. 필자는 그곳에서 청문회의 정의를 다시 내렸다. 청문회란 후보자가 그 자리에 오를만한 사람인지를 '비판적'으로 검토하는 자리라 생각하였다. 그러나 이 청문회에서는 편이하게 자신이 지지하는 후보자에 대해서는 한없이 관대해지는 상황이 연출되었다. 국민이 쥐어준 자리에서 사실에 입각한 현 상황은 읽지 않고, 기만당한 국민의 의문은 외면하는 청문회를 보며 한 국민으로써 괘씸했다. 아직도 우리가 속길 바라는가? 검찰에 제출하였다는 이유만으로 국민의 궁금증은 풀어주지 않은 채 묶어두고 썩혀둔 조작 없는 표창장과 논문목록을 제출하길 바란다. 더불어 '기회의 평등, 과정의 공정, 결과의 정의'에게 조의를 표한다. 자유민주주의를 따르는 대한민국의 헌법은 존중하나 사회주의 정책을 들여올 수 있다는 법무부장관후보자의 말은 그 사람이 어떤 사람인지를 떠나 그 사람에게 자격을 운운할 수 있는지 묻고 싶다.

　이 책의 구성이 우리가 당장 직면하는 결정에 초점을 맞추기 때문에 올 수 있는 반론에 대해서 수용하나 이것이 결코 정당화된다고 생각하지 않는다. 이 책에서 제기하는 많은 물음들이 우리에게 애국을 인지하게 할 것이며 우리 자신과 다가올 세대와 함께 옳고 그름의 판단기준을 이성과 반성에 의해 바람직하게 도출할 것이다.

　문재인 정권의 100대 국정과제 중 교육부문에 해당하는 것은 6가지이다. '교육의 공공성 강화, 교실혁명을 통한 공교육 혁신, 교육의 희망사다리 복원, 고등교육 질 제고 및 평생직업교육 혁신, 미래교육 환경 조성 및 안전한 학교 구현, 교육민주주의 회복 및 교육자치 강화'이다. 이 신화들을 비판적으로 검토해보자. '교육의 공공성, 무상교육' 듣기만 해도 가슴 설레는 단어인가? 교육부장관 유은혜의 인사말에서 '부모의 소득격차가 교육기회의 격차로 이어지지 않는, 국가가 책임지는, 국민의 삶에 실질적인 도움이 되는' 교육을 실현하겠다고 말한다.

　'실질적인 도움'을 '국가가 책임진다'는 말은 마치 국가가 부모인 양 기대고 싶게 한다. 허나 국가는 부모가 아니다. 국민은 세금을 내고, 그 세금을 합당한 곳에 투자할 지위에 맞는 사람을 뽑는다. 이러한 과정이 원활하게 돌아가는 과정이 바로 국가이다. 그러니 저런 자극적인 말은 마치 더치페이로 돈 다 걷어간 친구가 "오늘은 내가 밥 살게" 하는 거랑 같은 말이다. 교육의 공공성을 강화하는 것이 어떤 문제가 있는지 모르는 사람들이 많이 있다. 국정교과서를 기억하는

가? 한국사 교과서 체제 하나를 바꾼다 할 때도 그토록 많은 반대를 했던 국민들은 다 어디로 사라졌단 말인가. 교육의 공공성을 찬성하는 입장은 교육을 받는 학생들의 선택권을 없애며, 당연한 결과로 올 수 있는 교육의 질 하향에 대해 고민하는 바가 없다는 것이다.

아직도 지금 당장의 무상교육, 실질적인 도움에 눈이 가는가? 이야기 중 원숭이와 오소리의 꽃신이야기를 떠올려보자. 처음에는 공짜로 받던 꽃신 때문에 발에 굳은살이 사라진 원숭이는 이제 꽃신이 없으면 걸어 다닐 수조차 없게 되었다. 우리 교육도 마찬가지이다. 당장에 편한 무상교육에 눈이 멀면 교육의 자생력이 떨어지는 것은 물론 교육의 질이 떨어지는 것을 인식하지 못하고 결국 우리 교육은 정부가 개입되지 않으면 돌아가지 않는 자유시장 원리에 위배되는 결과를 가져오게 될 것이다. 아직 추측일 뿐 해봐야 안다고 생각하는가. 왜 김이 나고 있는 다리미에 손을 대봐야 뜨거운지 아는가. 그렇다면 실행하여 피를 본 많은 사례를 알아보자.

(2) 평등하지 못한 평등

교육의 공공성을 강화하기 위해 지난 2018년 10월 25일 교육부장관은 '유치원 대책'을 발표했다. 유치원 대책이란 사립유치원 비리와 관련하여 유치원의 공공성을 강화하기 위한 제도로써 국공립유치원을 대폭적으로 확충하는 것을 말한다. 구체적으로 500곳에서 1,000곳으로 확충하겠다는 것이었다. 이로써 전체 원생의 40%가 국공립

유치원을 다닐 수 있도록 하는 것을 목표하던 사업이다. 하지만 단설 유치원을 설립하기 위해서는 한 곳당 100억 원의 비용이 필요했고, 하루아침에 유치원 교사를 양립하기도 어려웠다.

당일 jtbc의 교육부장관 인터뷰에 따르면 현재 특별교부금을 5,000억 원을 확보했다고 말했으나 그 돈으로는 500곳은 턱없이 부족한 비용이었다. 즉, 그때 당시에도, 지금도 현실성도 없고, 재미도 없고, 감동도 없는 대책이었던 것이다. 더군다나 사립유치원에게 당장 2019년부터 국가회계시스템 '에듀파인'을 적용하고, 사유재산 사용료를 보장해 달라는 사립유치원 단체의 요구에는 선을 그었다. 그 결과로 많은 사립유치원이 폐업하였고, 정부만을 믿어왔던 학부모와 어린아이는 사기 치는 정부를 뒤로한 채 거리로 나앉게 되었다. 실제 이 인터뷰에서 했던 교육부 장관의 말을 인용해보자면 "유치원이 어떤 개인 사업자이거나 사익을, 영리 목적의 어떤 사익을 추구하는 곳이 아니기 때문에 교육기관, 학교로서의 분명한 자기 정체성을 출발선으로 해야 된다"고 말했다.

유치원이나 학교 모두 사익을 추구하는 곳이다. 사익 없이 공익을 추구하는 곳은 없다. 사익추구조차 인정하지 않는 무능한 정부에게 우리 아이들의 미래를 쥐어 줄 수는 없다. 말도 안 되는 말은 하지 않았으면, 말을 했으면 지켰으면 좋겠다. 이게 무리한 부탁이라니. 이래도 역사적 흐름을 운운하며 교육의 공공성을 추구할 것인가.

그들이 말하는 평등은 누구를 위한 평등인가. 평등은 세 가지 종류로 정의된다. 기회의 평등, 조건의 평등, 결과의 평등. 이 세 가지의 평등 앞에 있는 것은 바로 자유이다. 대학에 성별, 사회계층, 연령, 인종에 관계없이 입학할 수 있는 기회의 평등이든 불우한 집안에 주는 장학금이든 앞에는 대학에 가고 싶다는 개인의 자유와 선택이 선행되어야하며 이를 부정할 사람은 없을 것이다. 평등 앞에 선행되어야할 자유를 침해하는 평등은 평등이라 칭할 수 없다.

(3) 공산주의 서막

공산주의는 사유재산제도의 부정과 공유재산제도의 실현으로 빈부의 차를 없애려는 사상이다. 두렵지 않은가? 나의 노력으로 번 모든 재산이 다 정부의 소유가 된다. 눈치를 보며, 다리가 퉁퉁 부어가며, 피눈물 흘려가며 일군 나의 모든 경력이 집에서 노는 사람들과 똑같은 대우를 받는다는 것이다, 이것을 인정할 수 있는가. 이것을 다르게 말하면 이런 것이다. '국가가 책임진다'는 말은 '너의 노력은 믿지 않겠다'는 말이며 '빈부의 격차를 줄인다'는 말은 '능력을 인정하지 않겠다'는 말이다. 저것이 문재인이 꿈꾸는 세상이다.

롤스의 정의론에는 원초적 입장이 갖는 매우 중요한 조건인 '무지의 베일'이라는 개념이 있다. 이 개념은 문재인이 추구하는 분배의 근본원리와 닮아있다. 무지의 베일이란 합의 당사자들의 특수한 사정을 모르게 함으로써 사회적, 자연적 여건들을 자신에게 유리하게 하지 못하게 하는 것이다. 이 무지의 베일을 쓰면 자신이 최악의 상황이 될 수도 최선의 상황이 될 수도 있다. 인간의 본능으로 최선의 상황의 기대감보다 최악의 상황이 될 두려움이 앞서게 되고 최악의 상황이 될 수도 있는 나를 위해 하류층이나 상류층에게, 그 누구에게도 불리하지 않는, 또 득 되지 않는, 선택을 할 수 있는 것이다. 그러나 아주 다행히도 이 무지의 베일은 실제에서는 일어날리 없는 가상의 상황이다. 우리 모두는 각자의 입장과 소속이 있다. 우리 모두는 성별, 소득분위, 종교에 따라 각자 자신의 입장이 있고, 그걸 인정하고 각자의 입장을 변호할 수 있는 자유가 있기에 무지의 베일 속 득도 실도 없는 신화가 아닌 실제 정책이 나오는 것이다. 이렇듯 각자의 입장을 대표하는 당연한 과정에 왜 문재인의 정부는 약자의 눈물과 강자의 조롱이라는 프레임을 씌우는가.

이어서 모든 국민에게 이익이 된다면 불평등을 인정한 롤스의 입장에서의 자본주의란 무엇인지 살펴보자. 만약 다섯 사람에게 정해진 시간 안에 1만큼의 양을 끝내면 100만 원을 주겠다고 한다면 합쳐서 5만큼을 해낼 것이다. 여기서 소비된 비용은 500만 원이다. 그러나 일을 가장 많이 한 사람에게는 500만 원을 주겠다고 한다면 똑같은 500만 원을 쓰더라도 반드시 이 다섯 사람이 합하여 5이상의 일을 해낼 것이다. 후자가 우리가 다행히 택한 방법인 자본주의이다. 따라서 이 시대에 경쟁은 필연적이다. 다 비슷하게 생긴 사람들이 자신은 남들과 다르다는 것을 증명하는 것은 사람이 살아가는 이유, 더 나아가 목적이 될 수 있다.

공산주의와 같은 멋진 거짓말은 뭔가를 덧붙여 설명할 필요가 없다. 하지만 우리의 현실은 이 거짓말처럼 멋있지 않다. 거짓말이 부족한 우리는 그들에게 포착된 먹잇감에 불과하다. 우리가 절망 속에서도 내일을 꿈꾸고 오늘을 살아갈 힘을 만드는 이유는 끝자락에 있는 '희망' 때문이다. 저 세상 속에는 그 희망조차 없다. 저 정부의 무능함에 닿아 묻지 않으려면 우리는 저들을 막아야 한다.

2. 차이도 차별로 받아들이는 국가

(1) 자본주의의 당연한 결과, 고교서열화

프레이밍(framing)은 뉴스 미디어가 어떤 사건이나 이슈를 보도할 때 특정한 프레임을 이용해 보도하는 것이다.

고교 서열화가 나쁜 것인가? 우리는 무의식적으로 많은 정보에 노출되어 있다. 대중매체는 국민들 스스로가 생각하고 그것을 나누는 공간이 아닌 일방적으로 무차별적인 정보를 쏟아내는 공간으로 변질되고 있다. 선동의 선두 주자는 역시 '언론'이다. '재벌', '자본주의', '차이', '계층', '빈부격차', '서열', '계급' 이것들의 공통점은 부정적 프레임이 박혀있다는 것이다. 국내 대표 5개 언론사의 조사결과에 따르면 고교 서열화에 대한 기사를 쓴 사례는 다음과 같다.

[표 1] 고교 서열화에 관한 기사 수(건)

조선일보	중앙일보	국민일보	한겨레	경향신문
562(117)	832(120)	38(24)	482(111)	48(24)

주: 각 신문의 기사 건수가 수집된 기간은 신문사 별로 다르나 대체로 2004년 이후부터이며 ( )안의 수치는 문재인 집권 2017년 6월 이후 2019년 9월까지 수치임.

흔히 박힌 이 프레임은 언론에서부터 폭포에서 물 흐르듯 자연스럽게 사람들의 일상에 깊이 박힌다. 애초부터 고교서열화란 만들어진 단어로써 상황 그대로 해석하면 '질서 있는 줄서기'이다. 아침 일찍 일어난 사람은 맨 앞에 서고, 늦잠자고 늦게 출발한 사람은 뒤에 서는 것, 이 줄서기에 부당함을 느끼는 사람은 없다. 고교서열화도 마찬가지이다. 학생들 중에 더 많이 노력하고, 시간이나 비용을 교육에 더 많이 투자한 학생은 자신들과 비슷한 학생들이 모인 곳에 가고 싶고, 더 차별화된 질 좋은 교육을 받고 싶어서 '선택'하는 것이며, 그렇지 않은 학생들은 일반적인 학교를 '선택'하는 것이다. 이 당연한 줄서기에 왜 새치기하려 하는가? 이 줄서기에서 똑같이 일찍 일어났으나 다른 이들은 차를 타고 갈 때, 누군가는 걸어가야만 한다면 국가가 할 수 있는 것은 차를 가진 사람에게 도로를 빼앗는 것이 아닌 대중교통을 제공하는 것이다. 그것이 노력한 자 모두를 올릴 수 있는 진정한 의미의 공정한 경쟁이다.

평범한 투자와는 다르게 국가에 하는 투자는 '강제성'이 부과된다. 또 그 투자가 다시 돌아오는 것은 안보상 불투명하며, 투자비용에 상관없이 투자자에게 모두 똑같은 혜택이 돌아온다. 당신이 기업의 투자자라고 보았을 때 이곳에 투자하고 싶은가?

국민은 소비자이다. 이 시각으로 보면 문재인 정권의 '국가가 책임지는', '내 삶을 책임지는'이라는 말이 얼마나 어처구니없는 말인지 인지하게 될 것이다. 여기서 다시 한 번 진짜 평등이란 무엇인지 짚고 넘어가고 싶다. 늘 우리는 혜택을 받는 입장에서 생각하고, 돈 많은 사람들의 돈은 빼앗아도 된다고 생각하지만 사실 그 말은 우리보다 가난한 사람들에게 당연히 내 돈을 나눠주어도 된다는 말과 같다. 우리가 당연시하는 통념의 위치를 조금만 바꾸어보면 그 말에 정부가 숨긴 진정한 의미를 알게 될 것이다.

마찬가지로 '무상교육'에 숨긴 말은 국민에게 주는 선택의 자유를 국가라는 이름을 가진 투자대상자가 빼앗은 것이다. 우리가 투자한 기업이 자유를 하나 둘씩 빼앗아 가고 그것을 평등이라고 말하고 있는데 무엇을 믿고 이 기업에 투자해야한다는 말인가. 당장 투자한 돈을 회수하거나, 지금부터라도 투자를 중지하고 싶지만 그럴 수는 없으니 우리가 할 수 있는 건 자신이 찾을 수 있는 자유를 찾고, 이들에게 진짜 평등이란 무엇인지 알려주며, 내 자유와 평등을 빼앗으려할 때 어떻게든 잡고 놔주지 말아야한다. 우리의 자유는 얼마 남지 않았다.

(2) 자율형사립고의 목적성과 결과

선택의 자유 중 하나인 이 자율형 사립고를 문재인 정권은 마치 사회의 악인 양 당장 치워 버려야하는 것처럼 굴지만, 실제 설립목적과 선택의 결과는 그렇지 않다. 자율형 사립고등학교(일명 자사고)란 사립학교가 건학이념에 따라 교육과정·학사운영 등을 자율적으로 운영하는 고등학교를 말한다. 교육과학기술부에 따르면 '고교다양화 300 프로젝트'에 근거하여 세계화 시대가 요구하는 창의적 인재육성과 학생·학부모의 다양한 교육욕구를 충족시키기 위해 정부가 추진하는 학교 형태이다. 이 자율형 사립고등학교는 학생의 학교선택권과 사립학교 본연의 자율성을 바탕으로 한다. 이를 위해 건학이념에 따른 교육과정 운영, 수업일수 증감 등의 학사운영을 탄력적으로 할 수 있으며, 기존 전국 여섯 개의 자립형 사립 고등학교 시범운영 과정에서 나타난 학생선택권 확대, 학생·학부모 만족도 증가 등의 성과는 확대시키고, 사교육비 유발 등 문제점은 최소화하는 고등학교 모형을 추구한다. 이런 자사고를 폐지하고자 하는 반대의 의견은 이렇다.

2017년 7월 18일 교육계 한 시민단체는 "이명박 정부에서 추진한 '자사고 등 고교 다양화 300프로젝트'는 실패한 정책"이라며 정부에 자율형사립고(자사고) 폐지를 촉구하였다. 사교육걱정없는세상(사교육걱정)은 오영훈 국회의원(더불어민주당 의원)과 함께 서울 종로구 정부서울청사 앞에서 '이명박 정부의 고교 다양화 300 프로젝트 자사고 정책 실패 입증' 기자회견을 열고 이 같이 밝혔다.(출처: 천지일보) 기자회견의 내용은 자사고와 일반고의 중학교 내신 성적을 비교했더니 자사고의 상위권 학생 비율이 더 높고, 자사고에 입학하고자한 중학교 학생들의 사교육비가 늘고 있다는 것이었다.

우리나라는 자유 시장 경제체제를 택한 나라 아니었나? 당연히 학교도 돈을 벌기위한 시장경제에 속한다. 자유시장에서 경쟁력 있는 학교의 수요는 늘고 그로 인해 시장이 합리적으로 운영되고 있다. 나라에서 운영하는 일반고의 교육과정과 교육의 질이 믿을만하다면 자사고를 필요로 하는 학생이 생겨나지 않았을 것이다. 자사고를 찾는 인원이 늘어나고 상위권학생들의 비율이 늘어나는 것이 싫다면 자사

고를 없애는 것이 아닌 일반고의 교육과정과 교육의 질을 검토하고
자유시장 속 경쟁력 있는 학교가 되기 위해 노력해야하는 것 아닌가.

(3) 무료 체험 분 교육, 단 반품은 불가

모든 사람이 이성적일 필요는 없다. 자신이 자라온 환경, 받아온
교육, 만나는 친구들에 의해 현실보다는 이상을 좇을 수도, 이상보다
상상을 중요하게 여길 수도 있다. 그러나 이 모든 가정에는 단서가 필
요하다. "되돌릴 수 있는 일일 때만."

정책은 되돌릴 수 없다. 정책이란 누군가의 미래를 바꾸고 현재를
만들고 과거를 규정짓는 일이기 때문이다. 특히 정책 중, 교육부문은
무엇보다 가장 신경 써야하는 부분이다. 아무것도 칠해져있지 않는
흰 도화지에 한 글자를 쓴 것과 아무것도 쓰지 않은 것은 완전히 다
르다. 그 글자가 흑인지 백인지 또한 명백히 다르다. 그 도화지에 무
언가를 칠할지 말지. 또는 무엇을 칠할지. 그것을 결정하는 일은 아주
중요하다. 그렇기 때문에 자식을 키우는 부모들은 아이들의 '교육'에
자신의 급여 중 가장 많은 투자를 한다. '학교가 끝나면 학원으로 보
내 교육시킨다'라는 이 심리가 공교육을 무상화 시킨다고 없어지지
않는다. 따라서 '문재인 정부가 외쳐대는 교육의 평등'이 고교 무상화
를 통해 실현 될 것이라 보지 않을뿐더러 그의 평등이라는 개념과 무
상이라는 폐해가 가져올 문제점이 벌써부터 두렵다. 문재인의 사비로
저 신화를 이루지 않는 이상 고교무상화의 모든 비용은 국민들이 지

불하여야 한다. 이번 정권이 끝나도 다시 고등학교를 유상으로 전환하는 것은 불가능할 것이다.

지금의 우리가 중학교의 무상교육이 당연하다고 여기는 것처럼 고교 무상교육도 자연스러운 일로 여겨질 것이다. 그럼 계속 우리의 세금은 고등학교 무상교육에 쓰일 것이며 이 말은 꼭 필요한 다른 곳에 쓰일 세금이 없어진다는 것이다. 손 베인 사람 때문에 심장마비 온 사람한테 못가는 소방차는 말이 안 되지 않은가. 이것이 우리가 공교육 무상화를 막아야하는 첫 번째 이유이다.

둘째, 무료 체험분인 이 교육은 '반품'이 안 된다. 학교를 구성하기 위해 존재해야하는 필수적인 세 가지 요소는 학생, 학부모, 교사이다. 교사가 아무리 좋은 내용을 가져오더라도 듣는 학생의 마음가짐이 제대로 잡혀있지 않다면 무슨 의미가 있을까. 학교에서 발생하는 문제들을 제어하기 위해 우리는 징계를 한다. 학교 선에서 할 수 있는 징계의 최대치는 '퇴학'이다. 재학 중인 학생을 제적하는 징계로써 재학생이 심하거나 상습적인 학교폭력 등의 범법행위를 저지르거나 이유 없는 결석이 많은 등 교육상 퇴학조치가 필요하다고 판단될 경우, 학교장은 해당 학생에게 퇴학조치를 취할 수 있다. 그러나 의무교육기관은 이에 해당되지 않는다.

즉, 학교를 어떤 모습으로 어떻게 다니든 졸업장을 받을 수 있으며, 공권력에 역으로 당한 교사들은 더 커버린 학생들을 제어하기는 몇 배로 더 힘들어질 것이다. 문제 학생뿐만 아니라 피해를 보는 많은 학생이 있을 것임을 확신한다. 고교시절을 자의로 낭비하는 아이든

타의로 피해를 보는 아이든 그 시간은 반품할 수 없다. 의무교육이 고등학생까지 확대된다면 대학교 졸업장은 차별화된 사람을 원하는 기업에서는 당연한 것이 될 것이며, 지금의 '중졸'처럼 미래의 '고졸'은 당연한 것으로 의미가 없어질 것이다. 현 정부가 바라는 것이 학벌철폐라 말하지만 이건 오히려 더 공고히 만들기 위한 것으로 밖에 보이지 않는다.

3. 교육의 정석

/

(1) 공교육, 중도주의 뒤에 숨은 방관자 양성소

이때까지 내용을 정리하여 보면 현 정부는 고등학교 입학 전반에 강제성을 부여하고자한다. 학생은 고등학교를 갈 것인지 말 것인지도 선택할 수 없고, 무슨 교육을 받을지도, 어떤 학교를 갈지도 선택할 수 없다. 우리 학생들의 교육권을 억압하고자 하는 것이다. 그들의 숨은 속셈은 무엇일까?

역사 교과서 국정화 제도가 폐기되고, 역사과 교육과정 개정과 새로운 검정교과서 개발이 시작되었다. 그 성과로 '2015 개정 교육과정에 따른 중학교 역사, 고등학교 한국사 교육과정 및 집필기준 시안'이 나왔다.

[그림 1] 새 역사 교과서 집필기준 시안

대한민국 '한반도의 유일한 합법정부'라는 표현이 빠짐
→ 남북한이 1991년 유엔에 동시 가입했으므로 '한반도 유일 합법정부'라는 표현이 적절하지 않음

'자유민주주의' → '민주주의'
→ 사회과 교육과정에 대부분 '민주주의'라는 표현을 썼고, 역대 역사과 교과서에도 자유민주주의와 민주주의를 혼용했음

'대한민국 수립' → '대한민국 정부 수립'
→ 현재 교과서도 1948년 8월 15일을 '대한민국 정부 수립'으로 표현했고 임시정부의 법통과 독립운동 역사를 존중한다는 의미

'남침' 표현은 집필기준 아닌 교육과정에 추가
→ 6·25전쟁이(북한의) 남침이라는 것을 학계의 정설. 집필기준보다 상위 기준인 교육과정에 '남침' 표현을 넣음

동북공정과 새마을 운동, 북한의 도발·인권 문제 빠짐
→ 현행 교과서 집필기준에도 이런 내용이 없지만 각 출판사가 집필진 판단에 따라 연평도.천안함 사건이나 북한 핵 개발 등 내용을 넣었으므로 큰 문제 없음

주요일정

2015.11	중학교 역사 및 고등학교 한국사 국정화 발표	2018.03	교육과정 확정 고지
2017.05	국정 역사교과서 최종적으로 폐지	2018.07	집필기준을 포함한 역사과 교육과정 고시
2017.07	교육부, 대체할 새 검정교과서 2020학년부터 사용 발표	2018.03 ~12	검정도서 개발
2017.09	역사교과서 국정화 진상조사위원회 출범	2018.12 ~ 2019.09	검정 심사
2017.08 ~ 2018.02	교육과정 및 집필기준 개발	2020.03	신간본 학교에 적용

자료: 교육부

학생들이 대한민국의 역사를 바라보는 시각의 토대가 될 이 교과서에는 좌파적 시각이 가득하다. 국정교과서만 만들지 않으면 정치색이 드러나지 않을 것이라 생각하는가? 명분만 변할 뿐이다. 이미 좌파적인 시각이 가득한 역사교과서로 아이들은 교육을 받고 있으며 아이들은 '교육적 중립'이라는 단어로 묶인 채 중도주의 뒤에 숨어 사실은 공교육으로 조립된 방관자가 될 뿐이다.

학생들이 자신이 받을 역사교육을 선택할 자유가 없다는 작금의 사태에 대해서 아무도 문제를 제기하지 않으며, 자신이 받은 교육이 중도주의 뒤에 숨어 정치적 색깔이 입어진 것이라는 사실조차 모르고 있다는 사실은 매우 안타깝다. 역사란 '어느 부분을 강조'하고 '어떤 부분을 덮냐'에 따라 그 사건의 흥망성쇠가 달라진다. 역사적 거품을 걷고 학생들에게 깔끔한 교육을 해주기를 바란다. 5·18민주화 운동, 6월 민주항쟁은 역사적으로 길이 남을 만한 명장면이며 새마을 운동은 교과서에 넣을 가치도 없는 운동인가? 답은 그 시대를 살아본 사람이라면 자신에게서, 그렇지 않은 사람이라면 경제성장의 결과에게서 찾길 바란다.

(2) 능력에 따라 교육을 받을 수 있는 권리, 교육권

헌법 제31조에는 '모든 국민은 능력에 따라 균등하게 교육을 받을 권리를 가진다'고 명시되어 있다. 이 문장이 뜻하는 바가 개인의 근본적 자유를 찾기에 매우 적절한 논증이라 생각한다. 헌법 제31조는 개인의 능력에 따른 원초적 차등을 인정한다. 공부를 계급으로 분류하였을 때 상류층이라고 당연히 하류층의 사람을 위해 희생해야한다는 사고 따위를 섞지 않았다. 흔히 요즘 사람들이 하는 말로 '그들만의 리그'라는 말이 있다. 비슷한 계층의 사람들이 다른 계층의 사람들은 끼워주지 않은 채 자기들끼리만 어울리는 것을 말하는 관용어구이다. 문재인 정권이 한마디로 이 관용 어구를 인정하지 않기 때문에 앞에서 말한 많은 문제들이 발생한다고 생각한다.

그러나 더 분노할만한 것은 이 세상이 옳지 못해서 마치 당장이라도 모든 계층을 타파해야 할 것처럼 말하던 '주의자'들이 자신들은 이미 이 그들만의 리그 속 가장 안정적인 자리를 차지하고 있다는 것이었다. 문재인의 딸은 부산외고 출신이고, 법무부장관 조국은 말할 것도 없으며, 서울시 교육감 조희연, 전북교육감, 외교부 장관 등의 자제들은 모두 자사고 출신이거나 외국에서 학교를 졸업한 수제들이다. 이들도 인정하는 것이다. '그들만의 리그'의 존재와 필요성을. 그들도 우리도 모두가 아는 것처럼 그들만의 리그는 필요하다. 나 자신이 낄 수 없는 리그가 있다는 사실은 불편하고 씁쓸하다. 그러나 이 불편하고 씁쓸한 것이 우리에게 더 나은 내일을 꿈꾸고, 오늘을 계획하며, 어제를 반성하게 하지 않는가? 또한 그런 우리 역시 누군가에게는 낄수 없는 '그들만의 리그' 속에 살고 있지 않은가. 이 리그 존재를 인정해야 올라가고 싶다는 욕망이 있고 노력이 있고, 또 그 노력에 대한 대가와 안정감이 있는 것 아닌가.

이 당연한 이치가 당연한 것임을 이미 알고 있는 그들이 더 이상 외면하는 '척' 인정하지 않는 '척'하며 국민을 기만하지 않았으면 한다. 또 국민은 이제 문재인에게 속지 않았으면 한다.

(3) 고입 재수 우리가 지켜낸 아이들의 시간

고등학교를 가기 위해 재수를 한다. 아무리 100세 시대라도 이건 좀 아니지 않은가. 2015년 12월 실시된 2016 후기고 입시에서부터 수험생들은 고입재수를 각오해야 했다. 12월 초 공개된 17개 시/도의 '고교 입학전형 기본계획'을 살펴보면 공주한일고와 공주사대부고에 지원하는 경우 경북, 울산, 전북, 제주, 부산 등 5개 지역 학생과 학교들의 소재지인 충남지역 학생까지 고입 재수의 위험이 있었다. 두 학교의 합격자 발표(12월 11일) 이전에 후기고 원서접수를 모두 마감했기 때문이다.

자사고 중복지원 논란은 2017년 5월 출범한 현 정부가 '자사고/외고 폐지' 대선공약의 일환으로 '고교체제개편'에 나서면서 시작됐다. 현 정부는 고교서열화를 없앤다는 명분으로 자사고 외고 국제고 지원자가 일반고에 함께 지원하는 '이중지원'을 금지하고, 자사고 외고 국제고의 선발시기를 일반고와 같이 '후기'로 변경해 '동시선발'하는 초중등교육법 시행령 개정안을 2017년 12월 내놓았다. 하지만 자사고 측이 2월 당장 고입을 앞둔 학생들의 피해가 우려된다며 초중등교육법 시행령의 효력을 정지해 달라는 가처분 신청을 내면서 지난해 고입에서 실제 '중복지원금지'가 적용되지는 않았다(출처: 베리타스알파)

대한민국은 아직 헌법이 살아있는 곳이었다. 2019년 4월 11일 헌법재판소는 "자사고에 지원했다가 불합격한 평준화지역 소재 학생들은 중복지원금지 조항으로 인해 원칙적으로 평준화지역 일반고에 지원할 기회를 상실하게 된다"며 "학생들이 거주한 지역의 학교 군에서 일반고에 진학할 수 없게 된다는 의미이며, 통학이 힘든 먼 거리의 비평준화지역의 고교나 학교장이 입학전형을 실시하는 고교에 정원미달이 발생할 경우 추가선발에 지원할 수밖에 없다. 고교 진학 자체가 불투명해져 재수를 해야 하는 경우까지 발생할 수 있다. 고교 교육의 의미, 현재 우리나라의 고교 진학률에 비춰볼 때 자사고에 지원했다는 이유로 이러한 불이익을 주는 것이 적절한 조치인지 의문"이라며 '이중지원 금지 조항'에 위헌을 결정했다.

우리는 아이들의 시간을 지켜냈다. 문재인이 추진하려다 실패 한 이중지원금지조항은 마치 자사고를 지원한 사람에게 협박을 하는 형상을 보이고 있었다. 자사고나 외고를 지원하려면 고입재수를 감수하든가 그런 감수 없이 일반고를 가든가 결정하라는 식이다. 이것이 바로 국가나 공공단체가 우월한 의사의 주체로서 국민에게 명령하거나 강제하는 공권력 아닌가. 그들은 마치 부드럽고 뭐든 받아주는 정부인 척 말한다. 그러나 말이 심한 사람보다 행동이 심한 사람을 용서하기 힘들다.

4. 게이트키핑, 사실이해의 오류

/

(1) 자유주의에 대한 관념

자유주의에 대한 관념은 사람마다 다르다. 각자가 자유주의를 들여다보게 된 계기 역시 다를 것이다. 관념이 어떻든 계기가 어떻든 우리가 숨을 쉬고 살아가는 이곳 대한민국이 자유민주주의 국가라는 사실은 변하지 않는다. 부정하든 싫든 외면하든 이미 우린 자유주의에 자본주의, 그 안에 살고 있다.

'자유주의란?' 이 물음에 모든 국민이 답을 달아봤으면 한다. SNS에 태그하듯이 말이다. 예전부터 대한민국의 대다수는 휩쓸려가는 경향이 강해왔다.

최근의 사건 중에 일본 불매운동이 있다. 이 사건 역시 일본과의 협력이 우리나라에 가져오는 경제적 이득, 시장경제체제에서 주고받는 당연한 것들을 외면한 채 일본을 마치 당장 몰아내지 못해 안달난, 싸워서 이겨야 하는 '왜놈들'로 평가하는 것이 안타까웠다.

왜 인식은 시대의 변화에 따라가지 못하는가? 언론에서 걸러져 나온 흐름대로 판이 짜이고 그 속에서만 생각하고 반론하는 것에 대한 어떠한 의문도 품지 않은 채 왜 그들이 우리를 이용하게 하고 있는가.

문재인이 원하는 평등이란 계층이 사라지고, 자유를 억압하는 것이 당연하며, 정부를 믿고 막대한 힘을 쥐어주어 우리의 존재 이유까지 부여할 권한을 갖게 하는 것이다. 이를 참아낼 수 있겠는가. 게다가 그들은 우리가 부여해 준 권한에 우리가 낸 세금으로 '내 삶을 책임지는 국가'라며 위선을 떨고 있다. 이 위선가득한 정치질을 아이들의 교육에까지 질척하게 적시려 하고 있는 것을 보고만 있을 수는 없다.

(2) 상식이 통하는 시대가 되려면

이 장의 제목에서 언급된 게이트키핑은 언론에서 자주 사용하나 일반적인 용례로는 어떤 메시지가 선택 또는 거부되는 현상을 말한다. 자신의 가치관과 조금만 어긋나면 색안경부터 끼고 자신이 가진 생각의 오류를 잡고 생각의 폭을 넓히는 게 아니라 보고 싶은 것만 보고 듣고 싶은 것만 듣는 것이다. 사람에게 발전을 가져다주는 것, 또는 맞는 말은 듣기 역겨운 경우가 있다. 불편하여 귀를 닫고 싶다는 생각을 열어야 비로소 상식이 통하는 시대가 오는 것이다.

정치적 중립의 입장. 이 말 속에는 어떠한 객관성도 담보할 수 없다. 언제부터인가 사람들은 자신이 갖고 있는 생각들을 다른 이들에게 말하는 것을 꺼려한다. "저는 보수입니다." "저는 이 대통령을 지지합니다"에서부터 "그런 농담은 차별적인 발언입니다." "저는 속이 아파 이번 회식은 빠지겠습니다"에서 까지. 내 생각과 어긋나도 참고, 불편해도 괜찮은 척 자기위로를 하고, 누가 세웠는지도 모를 '보통'의 기준에 맞게 자신의 가면을 만든다. 이렇게 만들어진 가면으로 세상은 떠들썩하게 큰일이 나왔었다. 가면 속 대표적인 말 중 하나가 바로 '정치적 중립'이다.

전국의 대학교수, 시간강사 연구자들이 모여 9월 26일 검찰개혁과 공수처 설치를 요구하는 자리에서 시국선언을 하던 김호범 부산대 교수는 모두발언 중 이탈리아의 대문호 단테(Dante degli Alighieri·1265~1321)의 대표 서사시인 '신곡(La Divina Commedia)'의 일부를 이용했다. "도덕적 위기시기에 적당히 중립을 지키는 자들은 가장 뜨거운 지옥에 떨어질 것이다."(물론 실제 신곡에 나온 말은 이것과 다른 천국과 지옥의 중간 부분인 연옥을 말한 것이다.) 자기가 가져야 할 입장을 중립이라는 이름으로 외면하고 언론이나 무능한 현 집권세력의 우민화 정책에 넘어가서 자신의 입장을 쉬이 결정하려 한다면 여태껏 우리 국민이 만들어 온 개혁과 새 역사를 지키지 못하게 될 것이다.

문재인의 교육 파괴 글을 마치며 필자는 생각한다. 주장들이 당신의 머리 깊은 곳에 박혀있는 생각을 모두 바꿀 수는 없을 것이다. 주장에 대한 숱한 반박이 분명히 존재할 것이다. 하지만 필자가 원하는 것은 당신의 주장에도 필자의 글을 읽고 생각해볼 여지, 즉 오류가 발견될 수 있음과 당연히 필자의 주장에도 오류가 발견될 수 있는 가능성을 생각하며 생각에도 숨구멍을 뚫어놓길 바란다는 것이다. 그래서 본인이 지지하는 누군가가 명백히 틀린 말을 할 때는 그리고 결과가 뻔히 보이는 정책을 시행하려 할 때는 인지부조화의 자기합리화에서 벗어나 '선천적인 종합판단'을 했으면 한다. 그게 진정 21세기에 울컥 쏟아져 나온 식재료 같은 데이터를 비로소 완성형의 음식으로 만드는 방법이 아닐까? 필자가 던진 많은 질문들이 당신의 머리와 심장에 가 닿길 바라며 마지막도 역시 물음으로 끝을 맺는다. "당신에게 자유주의란?"

한 번도 경험해보지 못한 경제

박종선

1. 문재인의 경제 철학과 비전

/

문재인의 경제 철학은 한마디로 사회주의 경제의 실현이다. 사회주의 경제는 특정한 사회적 가치의 실현을 명분으로 사유재산권에 제약을 가하는, 즉 국민의 자발적인 경제 활동에 더욱 개입하고 제약하는 경제체제이다. 20세기 초에 사회주의(공산주의) 경제가 지구상에 나타난 이래 사회주의 경제는 결국 국민 모두가 가난하게 만들고 종국적으로 국가 자체의 멸망까지 초래함을 역사가 보여주고 있다.

문재인은 취임사에서 '평등', '공정', '정의'를 외쳤고 이것의 실현을 위해 100대 국정과제로 소득 주도 성장, 공정 경제를 언급하며 다양한 시장 개입을 목표로 했다. 평등, 공정, 정의라는 가치에 대해 반대할 사람은 없다. 다만 그것의 실현을 위해 정부가 시장에 개입하는 정책들이 진정으로 그 가치들을 실현할 수 있는지는 완전히 다른 문제이다.

정부의 많은 시장 개입적 정책으로 인해 결국 정부는 커지고 국민은 작아졌다. 실제로 그 가치들은 정부가 개인의 자유를 더욱 확대할 때에 실현할 수 있기 때문이다. 본 글에서는 문재인 정권의 주요 정책 네 가지에 대해 알아보고 부작용을 논하고 그 대안을 제시하려 한다.

2. 최저임금제

/

(1) 최저임금 담론

대한민국에서 최저임금제에 관한 담론은 종교 국가에서의 국교 수준으로 일방적이었다. 최저임금제 담론은 문재인 정권이 집권 이후 16.4%, 두 번째 해에서 10.9%를 인상하면서 달라지기 시작했는데 이전엔 대부분의 사람은 최저임금 인상에 찬성해왔다. 대선 후보들의 공약이 상당한 부분 인기영합적인 내용을 포함한다는 것을 고려하더라도 19대 대선 후보들 전부가 최저임금의 인상에 대해서 찬성해왔고 공약으로 내걸었다. 인상 속도에 이견이 있을 뿐이었다. 사람들도 마찬가지였다.

경제 활동을 하더라도 저임금 노동자의 경우 생활이 어려워질 수 있기에 노동자가 최소한의 생활수준을 유지할 수 있게 정부가 최소한의 노동 가격을 설정해야 한다고 생각했고 최저임금제의 취지가 그렇기에 복지제도로서 필수적이라 생각했다. 특정 제도의 취지가 그렇다

하더라도 실제로 그 취지를 달성하는 데에서 얼마만큼 제도가 기여할 수 있는지는 완전히 다른 문제이지만 취지에 공감하는 정도로 최저임금제를 지지했다. 최저임금제가 없는 시장은 상상하기 어려웠고 대기업에 가고 싶어 하는, 일하고 싶어 하는 실업자가 많은 대한민국에서 최저임금이 만약 없다면 기업은 자유롭게 가격을 설정할 것이며 그로 인해 노동의 가격이 매우 내려가고 기업들은 노동의 가치가 반영되지 않은 낮은 가격으로 사람을 고용할 것이며 결국 사람들의 소득은 줄어들어 심지어는 그만큼 다른 복지비용이 추가로 들게 될 것을 염려했다.

문재인 정권이 최저임금을 급격히 인상한 이후, 최저임금의 부작용이 점점 드러나기 시작했고, 여러 경제 연구소들에서 그 영향을 평가, 정책을 비판하기 시작하면서 최저임금제에 대한 인식이 점점 달라졌다. 아직도 최저임금제의 필요성과 인상을 주장하는 사람도 많지만, 확실히 이전과 비교하면 최저임금제에 대해 비판적인 시각을 갖는 사람들이 늘었다.

(2) 문재인 정권에서의 최저임금제

문재인은 선거 당시 2020년까지 최저임금 1만 원 달성을 공약으로 언급했고 이를 목표로 달려왔다. 2009년부터 각각 6.1%(230원), 2.75%(110원), 5.1%(210원), 6.0%(260원), 6.1%(280원)를 인상한 이명박 정부, 2014년부터 7.2%(350원), 7.1%(370원), 8.1%(450원),

7.3%(440원)를 인상한 박근혜 정부와 비교했을 때 상당히 높은 수준으로 인상하였는데 인상률 기준으론 16.4%로서 2001년 김대중 정권의 16.6%(265원) 이후 최대를 기록하였고 인상액 기준으론 1,060원으로 역대 최대를 기록하였다. 그다음 해인 2019년 올해의 최저임금은 10.9% 상승하였으며 인상액은 820원이었다.

고용노동부에서 조사한 '최저임금 적용 효과에 관한 실태조사'에 따르면 2018년의 최저임금에 대해 68.8%가 높은 수준이라고 응답했고 낮은 수준이라 응답한 사람은 3.9%밖에 되지 않았다. 2019년에 추가로 820원을 인상한 이후엔 74.4%가 높은 수준이라고 응답했고, 낮은 수준이라 응답한 사람은 2.4%로 최저임금이 높다고 느끼는 사람들이 더욱 많아졌다는 것을 알 수 있다.

각 나라의 최저임금 수준을 비교할 때 고려하는 지표 중에 '최저임금 영향률'과 '미만율'이 있다. 최저임금 영향률이란 최저임금 이하를 받을 것으로 예상하는 근로자의 비율이다. 즉 최저임금을 받거나 그 밑으로 임금을 받을 것으로 예상하는 임금근로자 비율인데 이는 2017년 17.4%에서 2018년엔 23.6%, 2019년엔 25%를 보인다. 이는 세계 최고 수준으로 경총에 따르면 2016년 기준으로 미국은 3.9%, 영국은 5.2%, 네덜란드는 6.4% 캐나다는 6.7%, 일본은 7.3%이다.

최저임금 미만율은 임금근로자 중 최저임금보다 낮은 임금을 받는 근로자의 비율을 뜻하며 한국노동연구원에서 분석한 결과 2019년 8월 기준으로 전년 대비 45만 명 증가한 311만 1,000명이며 임금 근로자 중 전년 대비 2.2%포인트 증가한 15.5%에 해당한다.

(3) 최저임금제의 부작용

최저임금제를 분석하기 위해선 우리는 최저임금제의 본질에 대해서 생각해보아야 한다. 최저임금제는 설정한 임금 이상으로만 사용자 측에서 지급할 수 있게 법적으로 강제하는 것이다. 다시 말하면 특정 임금 밑으로는 줄 수 없게 법적으로 금지하는 것이며 이는 노동시장에서의 가격인 임금에 최저가격제를 두는 것이다. 최저가격제는 거래할 수 있는 가격 범위의 하한선을 정해 놓아 그 밑으로 가격이 내려가지 않게 만드는 제도다.

최저가격제가 경제에 악영향을 주는 것과 마찬가지로 최저임금제 또한 악영향을 끼친다. 자연적으로 임금이 형성되는 경우가 아닌 정부가 개입하여 특정 임금 밑으로는 가격 합의가 불가능해진다면 자연적으로 형성된 임금일 때에 비해 가격이 높을 것이고 그것은 그 가격에 일하려고 하는 사람들은 더욱 많아지나 고용하려는 사람들은 더욱 적어질 것을 의미한다. 이는 경제학적으로 표현하자면 노동 수요량과 공급량의 불일치고 우리가 알고 있는 '실업'이다. 경제학은 구조적 실업의 원인으로서 최저임금제를 꼽는다. 물론 악영향은 설정된 최저가격 수준과 그 나라 경제 상황에 따라서 정도의 차이가 있겠지만, 근본적으로 악영향이라는 점이 변하진 않는다.

최저임금의 향상을 긍정적으로 바라보는 사람이 많다. 노동자의 최저 생계를 보장하기 위한 목적도 담고 있어서 더욱 그렇다. 우린 시장경제체제에서 이루어지는 고용에 대해서 다시 한 번 생각해볼 필요성이 있다. 일반적으로 고용에서 사용자 측이 노동자의 신체의 자유를 침해하거나 협박하는 등을 통하여 일하도록 강제하는 경우를 생각하지 않는다. 노동자도 일할지 말지 선택할 자유가 있으며 사용자 측도 일을 시킬지 말지 선택할 자유가 있음이 고용에 깔린 시각이다.

임금이란 노동 가격이고 노동자는 노동 가격을 마음대로 높일 수 없기에 임금을 선택하지 못한다는 생각이 만연하지만, 노동자 입장에서 언제든지 그만둘 수 있다는 점에서 거래가 이루어졌을 때의 노동 가격은 그 가격으로 일하겠다는 것을 노동자가 선택한 것임이 분명하다. 최저임금제란 합의된 노동 가격에 정부가 개입하여 특정 계약을 금지하는 것이다. 노동자도 합의했고, 사용자도 합의한 결과를 정부가 개입하여 금지한다는 것은 정부 개입으로 인해 다른 대안을 서로가 찾아야 한다는 것이고 심지어는 못 찾을 수도 있다.

기업, 사용자들이 '갑'의 위치에서 더욱 영향력을 발휘하여 '을'의 위치에 있는 노동자들에게 반강제적으로 낮은 임금을 강요하는 등으로 압력을 행사한다고 생각하지만, 오히려 그런 압력 행사가 가능해지려면 임금, 근로조건 등이 실제로 타 직종보다 상대적으로 매우 우월한 경우일 수밖에 없다. 그렇지 않다면 일하려는 사람들이 없거나 짧은 고용 기간으로 오히려 고용주, 기업들이 손해를 더욱 많이 보게 되기 때문이다. 매우 우월한 경우라면 애초에 많은 사람이 노동시장에 대해서 많이 걱정하는 부분인 기업이 '갑'의 입장에서 노동 가격을 매우 낮게 유지할 것이라는 판단은 오류가 있다. 동시에 최저임금을 지급하는 일자리들이 상대적인 관점에서 매우 우월하다고 보긴 어렵기에 해당하지 않는다.

최저임금 영향률은 2019년 기준 25%였다. 전체 임금 근로자 중 1/4이 최저임금을 받거나 그 밑으로 임금을 받는 것이다. 최저임금의 수준을 다른 나라와 액수로 비교하기엔 많이 무리가 있는데 각 나라의 노동 시장이 매우 다르기 때문이다. 각 나라의 평균 임금이 다르듯 노동 시장이 다르기에 그 나라의 경제 상황에서 최저임금의 수준이 어느 정도인지 비교하기 위해 최저임금 영향률을 보는데 이는 세계 최고 수준으로 우리나라의 최저임금의 수준이 경제 상황과 비교하면 현재 매우 높다는 것을 알 수 있다. 이는 자영업자들이 많은 우리나라에선 자연스러운 일인데 오히려 이런 상황이기 때문에 최저임금제로 인한 부작용이 매우 클 것을 짐작해볼 수 있다.

통계청 자료에 의하면 고용원이 있는 자영업자 부분에서의 취업자 수가 계속해서 감소하고 있는 것을 확인할 수 있는데 2019년도의 전년 동기대비 증감률을 보면 - 2.9%(1월), -3.0%(2월), -4.2%(3월), -4.3%(4월), -3.6%(5월), -7.6%(6월), -8.4%(7월), -7.0%(8월)로 계속 감소하고 있는 현실을 통계적으로 확인할 수 있다. 이 모든 것이 전부 최저임금의 영향이라고 보긴 어렵겠지만 상당 부분 차지하는 것으로 예상할 수 있다.

또한 '2019 경제학 공동학술대회'에서 김대일·이정민 서울대 경제학부 교수는 '2018년 최저임금 인상의 고용효과'를 발표하여 고용 감소에서의 최저임금의 영향을 분석하였다. 2018년 일용직, 임시직, 상용직 등에서 고용 증가율이 감소했는데 이 부분에서 최저임금의 인상이 각각 75.5%, 62.3%, 57.8%로 큰 영향을 끼쳤다는 분석이었다.

(4) 대안

최저임금제의 대안은 최저임금제의 폐지다. 노동자가 특정 임금 밑으로는 일할 수 없게 강제하는 것은 노동자들이 일정 금액 이상으로 일할 수 있는 사회의 실현이라는 어떤 추상적인 가치를 실현하기 위한 도구로 쓰일 수는 있겠지만, 그것이 전부이다. 그로 인한 실업, 생산의 축소 등의 부작용은 직접 눈에 보이는 악영향이다.

최저임금제가 없어진 상황을 우리는 쉽게 상상하지 못한다. 일하고자 하는 사람들이 많고 일자리는 적은 상황에서 최저임금제가 사라진다면 임금이 기업들의 담합 혹은 압력에 의해 끝도 없이 매우 낮아져 대부분이 생계를 유지하기 어려운 상황이 초래될 것이라 짐작하는 사람이 많다. 하지만 만약 최저임금제가 없어졌을 때 그런 상황이 초래된다면 왜 현재 최저임금제도가 존재하는 상황에선 대부분의 기업이 최저임금을 주지 않는가? 그런 상황이 가능했다면 이미 삼성 또한 최저임금을 주고 있어야 했을 것이다.

노동시장에서의 가격인 임금은 노동자 측과 사용자 측이 합의해야 결정된다. 가격은 합의로 결정되기에 이익을 생각한다면 일방적으로 정하기가 불가능하다. 삼성에서 이익을 하나도 신경 쓰지 않는 상황을 많은 사람은 가정하고 있는 것이다. 만약 삼성 임원 중에 직원 임금을 전부 최저임금으로 줘야 한다고 주장하는 사람이 있다면 그 사람은 무능력함을 넘어서 바로 임원직을 내려놓게 될 것을 확신한다. 그렇게 임금을 결정한다면 아무도 삼성에 남아 있으려 하는 사람은 없을 것이고 삼성이 필요로 하는 인재들은 다른 회사에 고용될 것이다. 우리나라에서는 최저임금 영향률이 많이 높지만, 이는 최저임금 수준이 경제 상황과 비교하면 매우 높기 때문이지 기업들이 담합 혹은 압력을 행사해서 그런 것이 아니다.

최저임금제로 인해 누군가는 임금이 오를 수 있겠지만, 이는 근본적으로 파이가 한정된 상황에서는 누군가의 임금을 낮추지 않는 이상 지속 가능성을 담보하기는 어려워진다. 이는 결국 누군가의 해고로 드러나게 된다. 간단히 예를 들어 인건비로 지출할 수 있는 여력이 1,000원이라고 가정하고 최저임금의 향상으로 인해 인건비가 기존 100원에서 200원으로 올랐다면 10명을 고용하던 상황에서 5명은 임금 상승을 겪겠지만, 나머지 5명은 해고하는 것이 불가피해진다.

최저임금제는 생산성을 향상시키는 제도가 아니다. 단순화한다면 제로섬 게임 하에서 임금을 나누는 방식에 개입하는 것이고 이는 결국 누군가 일자리를 잃게 되는 것을 의미한다. 누군가 소득이 존재하였다가 제로가 되는 상황을 복지라고 말할 수 있는 사람은 어디에도 없을 것이다. 하지만 직접 보이는 건 임금이 오르는 사람들이 있다는 것이지 해고되는 사람들까지 고려하는 사람들은 대부분 없기에 정당화된다. 이런 상황이 된다면 평균임금은 노동자들을 기준으로 계산하기에 평균임금은 100원에서 200원으로 오르게 된다.

이로 인해 일자리의 수준이 질적으로 향상되는 것처럼 보이는 통계적 착시 현상이 생기게 된다. 이는 통계적 자위행위일 뿐이다. 1인당 GDP는 결국 그대로일 것이기 때문이다. 이러한 해석이 문재인 정권에 의해 지속적으로 이루어지고 있다. 더군다나 이 과정에서 고용주가 부담을 극복하지 못하고 사업을 접는 경우도 발생한다. 그리고 이를 포함하여 계산한다면 오히려 GDP는 줄어들 것이다. KDI의 연구에 따르면 최저임금을 받는 계층 중 빈곤층은 30%에 불과하다. 최저임금 향상으로 인해 혜택을 받는 사람들은 빈곤층이 아닌 70%에 속하는 사람들일 수도 있다. 동시에 최저임금 향상으로 인해 해고되는 사람들은 70%에 속하는 사람이 아닌 30%에 속하는 빈곤층일 수도 있다.

최저임금은 우리나라에서 헌법으로 보호하고 있다. 가치를 담고 있는 헌법에 구체적인 정책인 최저임금제가 들어가 있는 경우는 다른 나라들에서 찾아보기 힘든데 이로 인해 대한민국에서의 최저임금제 폐지는 개헌을 해야만 가능하다. 따라서 개헌하지 않은 상태에서의 대안은 최저임금을 현실화하는 것이다. 이때 현실화란 부작용을 최소화하기 위해 실행되어야 할 몇 가지 정책들을 포함한다.

첫 번째는 당연히 최저임금을 최대한 낮추는 것이다. 인상률을 최대한 낮추거나 당분간 동결하는 것도 방법이 될 수 있다. 아예 인하할 수 있다면 경제 전체적으로는 더 나을 것이다. 최저임금을 0원으로 낮추면 최저임금제의 폐지나 다름이 없어지기 때문이다.

두 번째는 최저임금 산입 범위의 조정이다. 여기엔 상당히 많은 문제가 있는데 일단 가장 먼저 언급되는 것은 주휴수당이다. 근로기준법은 일주일 동안 15시간 이상 일을 하면 1회 이상 유급휴가를 보장하게 되어 있다. 이로 인해 사용자는 주휴수당을 지급해야 하는데 이는 산정된 최저임금보다 훨씬 많은 부담을 불러온다. OECD 회원국 중 주휴수당을 법제화하는 나라는 터키와 한국이 유일하다. 현실적으로 맞지 않는 규정 하에 사용자는 회피하려 하고 노동자는 있는 법인지도 몰라 계약의 혼란을 부추긴다. 법적 주휴수당은 폐지하고 노동자와 사용자 간에 자율화해야 노동자와 사용자 간의 계약도 신뢰성을 회복할 수 있을 것이다.

문재인 정권은 최저임금의 급격한 인상으로 인한 부작용을 줄이기 위해 최저임금 산입 범위를 약간 확대하였는데 부족한 부분이 많다. 지금도 그렇지만 기존 산입 범위는 글로벌 기준과 매우 다르게 설정되어있었다. 특정 업종 특성상 임금에서 상여금과 성과급의 비중이 높을 수 있는데 전부를 포함하면 연봉이 4,000만 원 이상이 될 때에도 최저임금을 받는 노동자로 분류되어 연봉이 오르는 아이러니한 사태가 벌어질 정도였다. 이는 기존 산입 범위가 상여금, 숙식비를 제외한 기본급에만 해당하기 때문이다.

이러한 비정상적인 산입 범위로 인해 최저임금의 향상은 대기업 정규직 노동자들이 자신들의 임금을 더욱더 올릴 수 있는 정책이 되었다. 받은 돈 전체가 최저임금에 해당하는 건지 아닌지를 따지는 것이 아니었다. 여러 노조가 최저임금의 향상을 주장하는 이유를 다시

한 번 생각해볼 수 있다. 그로 인한 피해는 특히 자영업 업계 종사자들과 해고되는 사람들이 상당 부분 받을 것이다.

3. 비정규직 정규직화

(1) 비정규직 정규직화 담론

비정규직 일자리는 일반적으로 정규직 일자리와 비교하면 임금이 낮다. 많은 사람은 정규직이 올바른 근로 형태이며 열악한 환경에 있는 비정규직 일자리는 없어져야 한다고 생각한다. IMF 외환위기 이후 비정규직 일자리가 많이 생겼는데 이를 자주 언급하며 IMF 외환위기 이후 경제 체제가 무언가 잘못 흘러가서 생긴 것처럼 생각한다. 비정규직 노동자들이 열악한 환경에 있는 원인이 이윤만을 추구하는 기업의 탐욕에 있다고 생각한다.

정규직과 비정규직의 차이들을 많은 사람은 줄여야 할 문제라고 생각하고 이로 인한 해결책이 바로 비정규직 정규직화에 있다고 생각한다. 비정규직 정규직화 담론에서 우리가 알아야 할 중요한 부분이 있다. 이는 우리나라에서는 근로 형태를 정규직과 비정규직으로 나누지만, 이는 OECD에서 일반적으로 사용하는 용어와는 크게 차이가 난다는 것이다. 정규직, 비정규직의 개념은 용어에서도 알 수 있다시피 일반적인 근무형태를 당연하게 정규직으로 규정한다. 그렇기에 비정규직은 정규직이 아닌 일자리이며 예외적이고 더 나아가서는 부정적으로 생각하게 될 여지가 있다.

OECD에서는 일자리를 정규직, 비정규직으로 구분하는 것이 아닌 전일제 근로자, 임시직 근로자, 파트타임 근로자로 나누어 구분한다. 대략 임시직 근로자와 파트타임 근로자가 우리나라에 해당하는 비정규직에 해당한다. 선진국의 기준은 그저 근로 시간과 형태의 차이일 뿐이며 어떤 것을 기준으로 삼아 다른 형태를 분류하지 않는다.

(2) 문재인 정권에서의 비정규직 정규직화

문재인은 취임 이후 인천국제공항공사를 직접 방문하여 '비정규직 제로'를 선언하였고 이를 필두로 공공부문에서 비정규직을 정규직화하기 시작했다. 문재인 정권이 '비정규직 제로'를 선언한 이후 많은 노사, 노노 갈등이 있었는데 근본적으로는 한정된 파이를 정규직과 비정규직 근로자 간에 나누는 문제이기 때문이다.

비정규직 정규직화에 대한 근본적인 문제점을 차치하고서도 기존 비정규직을 그대로 정규직화할 때 해당 정규직 일자리를 두고 새롭게 경쟁 채용을 하기 어렵다는 점은 큰 문제가 된다. 이는 너무나 비합리적인데 실제로 2019년 1월 고용노동부에 따르면 그 전까지의 정규직화에서의 전환 채용 비율은 84.3%였고 경쟁 채용 비율은 15.7%에 그쳤다. 이는 고용노동부가 지침에 전환 채용을 원칙으로 제시했기 때문이고 동시에 공공부문 비정규직 노동조합의 반대가 컸기 때문이다.

기관마다 사정이 다르기에 전환 채용을 할 것인지, 경쟁 채용을 할 것인지도 일괄 적용하기 매우 어려운 점에도 불구하고 정부는 전환 채용을 원칙으로 명시했다.

물론 예외도 있다. 정부는 '청년 선호 일자리'인 때에만 경쟁 채용을 가능하게 했지만 이에 대한 개념은 모호하여 많은 경우 실제로 적용하는 데에 어려움을 겪고 있다. '청년 선호 일자리'에 한해서 경쟁 채용을 허용한다는 것은 사실상 해당 업계의 평균적인 대우보다 더 낮다면 비정규직 일자리를 정규직화한다고 하더라도 기존의 비정규직들을 그대로 채용하는 것이 아닌 청년들도 새롭게 경쟁할 수 있게 기회를 열어두어 경쟁 채용을 가능하게 하는 것이 옳을 것이다. 더 나아가 평소 새로운 채용에서 청년의 비중이 높은 곳이라면 어디든지 '청년 선호 일자리'라는 명분으로 경쟁 채용을 할 수 있어야 한다.

문재인이 비정규직 제로를 선언한 그 시점에서의 비정규직을 정규직으로 채용한다 하더라도 그 시점 이후에 채용한 비정규직들까지 정규직으로 채용해야 하는가에 대한 문제도 존재한다. 정규직들과 비교하면 비정규직 채용의 문턱은 낮은 것이 현실이기에 정규직화 선언 이후에 정규직 채용을 목적으로 비정규직에 들어오는 경우가 발생하기 때문이다. 이는 많은 부분 악용되어 정규직 전환자 중 친인척의 비율이 일반적인 정규직들과 비교했을 때 과하게 높아 친인척 채용비리 건으로 한동안 이슈화되었다.

(3) 비정규직 정규직화의 부작용

비정규직과 정규직 일자리는 근로조건이 매우 다르다. 따라서 만약 비정규직을 정규직화해야 한다면, 즉 비정규직 일자리의 열악한 환경을 개선하고 고용을 보장해야 한다면 근로조건이 변경되었으므로 정규직에 적합한 인재를 기업이나 공공기관에서 선별하여 채용할 수 있어야 한다. 이것은 다시 말해 경쟁 채용이 가능해야 한다는 것이다. 기존의 비정규직 일자리로 채용했던 노동자들을 아무런 선별 없이 정부의 강요로 그대로 근로조건만 바꾼다면 이것은 기존 정규직 노동자들에 대한 기만이며, 해당 근로조건에서 일하고 싶어 하는 취업 준비생들에 대한 기만이다. 기존의 비정규직 일자리가 또 다른 특권으로 변질하는 순간이다.

기본적으로 회사 입장에서는 비정규직이 정규직이 된다면 엄청난 비용이 발생한다. 전일제 근무자들로 고용하는 것이 필요한 부분이 있고 시간제나 단기 근로자 등으로 고용하는 것이 더 나은 때도 있을 것이다. 회사의 기밀이나 중요한 상품의 개발을 담당하는 역할을 파트타임 근로자에게 맡기는 회사는 금방 경쟁력을 잃게 될 것이다. 회사 내부에 수많은 역할이 있는 것처럼 여러 가지 근무 형태가 존재할 수 있고 이를 일괄적으로 고용을 보장하는 것은 기업의 부담이 더욱 커지는 것이다. 그 부담은 심지어는 기존의 비정규직을 정규직으로 전환하는 것이 아닌 기존에 일하던 비정규직을 해고하고 그저 기존의 정규직들에 과거 비정규직들이 하는 업무를 할당하는 방법으로 나타나는 경우도 많다. 비정규직 정규직화로 인해 누군가는 비정규직 자리를 잃게 되는 것이다.

현재 기간제법상 비정규직 고용은 2년을 초과할 수 없다. 이 경우도 마찬가지다. 2년을 초과하게 되면 자동으로 정규직이 되는데 이는 비정규직 고용 2년 이후엔 정규직으로 전환하는 것이 바람직하다는 것이고 이를 정부가 강제하는 것이다. 과연 그 결과 나타나는 현상은 어떻게 될까? 실제 기업 현장에서는 비정규직을 23개월 고용한 이후 해고하고 다시 채용하는 형태가 반복되었다. 심지어 이것은 정부 기관에서도 마찬가지였다. 이 부분은 기업의 문제로 책임을 묻기 매우 어렵다. 기업의 경쟁력, 더 나아가서는 생존이 달린 문제이기 때문이다.

기업은 이윤을 창출하는 집단이고 이는 기업의 존재 이유며 근본적으로는 사람들의 자연스러운 행동의 결과다. 이윤 창출을 목적으로 하여 재화와 서비스를 생산하는 기업은 시장경제체제에서 부를 창출하여 국민을 더욱 잘살게 하는 중요한 주체이다. 이를 부정하려 하는 것이 아니라면 탐욕이 잘못이라며 기업을 탄압하는 것이 아닌 제도적인 개선을 통하여 문제를 해결해야 한다.

(4) 대안

비정규직 정규직화의 대안은 비정규직 정규직화 정책의 폐지다. 비정규직 일자리는 잘못된 것이 아니다. 비정규직 근로자들의 근로 환경이 열악한 경우는 많지만, 이는 근본적으로 정규직화를 강제해서 해결되는 것이 아니다. 동시에 기업의 파이가 정해져 있는 이상 기업에 정부가 강제로 부담을 증가시키는 것은 다른 피해자를 만들 뿐이다. 여러 산업 규제들을 철폐하여 더 다양한 혁신을 가능하게 하여 기업의 파이를 키우는 것은 국민의 삶을 더욱 풍요롭게 하고 동시에 많은 근로자의 임금, 근로조건을 개선하는 결과를 낳는 근본적인 방법이다. 국민을 더욱 부유하게 하는 것은 정부의 강제가 아닌 생산의 확대로써 가능하다.

비정규직과 정규직의 임금 격차가 많이 나는 것에는 정규직의 과보호로 인한 부분이 있다. 우리나라에서 정규직은 한번 채용이 되면 해고가 어렵다. 따라서 정규직 고용에 대한 부담이 비정규직, 하청업체 등에 전가되는 상황이 발생하여 임금 격차가 더욱 벌어지는 것이다. 근로기준법상 정규직의 과보호를 해결하고 노동 유연성을 높여 노동시장을 더욱 유연하게 만들면 인위적으로 부담을 전가해야 하는 상황이 줄어들어 비정규직과 정규직 격차가 줄어들 것이다.

정규직과 비정규직에 대한 용어를 OECD 기준에 맞게 재정립하는 것도 필요하다. 정규직과 비정규직이 아닌 전일제, 임시직, 파트타임 근로자로서 구분하여 일자리에 대한 편견을 없애 다양한 근로 환경에서 일하는 근로자들을 존중하며 인식을 재고할 수 있다.

4. 주 52시간 근로제

/

(1) 주 52시간 근로제 담론

대한민국 노동자들의 평균 노동시간은 긴 편이다. 야근은 열정페

이와 맞물려 사람들이 가진 큰 불만사항 중 한 가지가 되었다. 이로 인해 노동 시간을 제한하자는 의견이 나왔다. 주 52시간 근로제로 많은 사람은 야근에서 해방될 것을 꿈꾸었고 평균 노동시간이 OECD에서 긴 편이라는 자료를 근거로 삼았다. 일을 너무 많이 하며 제대로 쉬지 못하여 과로사하는 사례를 들어 긴 노동시간을 국가가 개입하여 해결해야 할 사회적 문제로 생각했고 이에 노동시간을 제약하는 법은 쉽게 통과됐다.

(2) 문재인 정권에서의 주 52시간 근로제

주당 근로시간을 52시간으로 단축하는 것은 공공기관을 포함한 300인 이상 규모의 사업장은 2018년 7월 1일부터 적용되었고 50~299인 규모의 사업장은 2020년 1월 1일부터, 5~49인 규모의 사업장은 2021년 7월 1일부터 시행될 예정이다. 이에 중소기업계는 대내외 경제가 어려운 상황에서 인력부족으로 인해 생산량을 맞추기 어려워 중소기업을 대상으로 주 52시간 근로제가 시작되는 시점을 1년 미뤄달라고 국회에 요청하기도 하였다. 19년 6월 골드만삭스는 2020년 경제 성장률 전망치를 0.3%포인트 하향 조정해야 한다고 밝혔다. 그 이유로 주 52시간 근로제 도입으로 기업 생산성 저하가 예상되기 때문이라고 언급했다. 2021년엔 0.6%포인트 하락 가능성을 언급했다.

(3) 주 52시간 근로제의 부작용

노동계약이라는 것은 노동을 수요자인 사용자와 공급자인 노동자가 교환하는 것이며 그 계약은 자발적 선택의 결과다. 노동자는 언제든지 노동을 그만두는 선택할 자유가 있으므로 그 계약은 근본적으로는 합의로 이루어졌다고 봐야 한다. 당사자가 실제로 선택한 부분에서 제삼자가 자신의 기준으로 합의가 아니라고 판단할 자격은 누군가 신체의 자유를 침해받거나 하는 상황 등이 아니라면 없기 때문이다. 이는 노동시간에서도 마찬가지다. 따라서 이에 국가가 개입할 시 많은 부작용을 초래한다.

첫 번째, 근로시간 단축은 임금의 감소와 마찬가지다. 누군가는 현재 상황에서 덜 일하고 임금을 덜 받는 것에 동의할지 모르지만 노동계약은 근본적으로 자발적이라는 점에서 대부분은 특정 근로조건 하에서 일하여 특정 임금을 받는 것에 동의한 사람들이다. 정부 정책에 따라 계약을 금지하여 노동시간을 강제로 줄인다면 당연히 임금은 줄어들 것이고 누군가에겐 당장 자녀의 학원비로 나가던 지출을 줄여야 할 문제가 될 수 있다.

두 번째, 노동시간이 분명하지 않은 경우도 많다. 정해진 시간만 근무하고 일을 마치는 것이 아닌 정해진 기한 내에 일을 책임지는 경우가 많다. 예를 들면 기자의 경우는 기사를 내는 것이 일이며 이때 근무시간이 단축된다 해서 기사를 덜 낼 수도 없는 일이다. 그렇기에 주 노동시간을 규제하는 것은 기존에 야근으로 인정되어 야근 수당을 추가로 받던 상황에서 야근으로 인정되지 않아 일은 기존 그대로 하지만 오히려 임금이 줄어드는 경우가 발생한다. 이 경우는 심지어 일을 덜 하지도 못하는 상황이다. 통계적으로는 노동시간을 줄일 수 있을지는 몰라도 실제로는 더욱 국민을 고통 받게 하는 제도임이 분명하다.

세 번째, 노동시장이 유연하지 못한 나라일수록 근로시간을 강제로 단축한다면 기업의 생산성 하락이 불가피하다. 대한민국의 노동시장은 유연하지 못한 편에 속한다. 미국의 싱크탱크인 헤리티지 재단의 발표에 따르면 대한민국의 경제적 자유도를 측정한 경제자유지수는 2018년 기준 27위인데 반해 노동자유도는 97위를 기록했다. 2019년엔 노동자유도가 그보다 떨어진 것으로 확인됐다. 한국과 비슷한 점수를 받은 나라들로는 요르단, 수단, 시리아 등이 있다. 노동시장이 원활하게 작동하지 못하는 상황에서 근로시간을 단축한다면 문제는 더욱 커진다. 신규 인원을 채용하여 비용이 증가하는 부분도 있고 심지어는 그에 실패할 수도 있다. 이로 인해 기업은 생산성을 잃고 결국 경쟁력, 지속가능성도 잃게 되는 것이다.

네 번째, 다양한 업종, 다양한 기업에서, 더군다나 같은 기업 안에서도 일자리의 종류는 매우 다양하다. 실제 산업 현장에서는 정말 다양한 사정들이 있다. 노동시간을 정부 규제로서 단축하는 것에 대한 근본적인 문제를 차치하고서도 수많은 일자리에 대해 획일적으로 정부가 특정 시간을 규제하는 것은 상당한 문제가 된다. 미국은 화이트칼라 예외 적용 제도를 도입하여 연 소득이 일정 수준 이상인 관리,

행정직, 전문직 등은 법정 근로시간을 규정한 공정근로기준법을 적용 받지 않도록 했고 이에 해당하는 근로자는 전체 임금근로자의 14.5% 에 달한다고 한다.

(4) 대안

주 52시간 근로제에 대안은 규제의 폐지다. 그렇다면 우리나라 노동자들의 평균 근로시간이 긴 부분에 대해서는 어떻게 바라봐야 할까.

먼저 긴 노동시간 자체에 근본적으로 문제가 있다고 말하긴 어렵다는 것을 인지해야 한다. 문제인 부분은 근로기준법상 각종 고용보호 규제들로 인해 노동시간에서 더 나아가선 근로조건에 있어서 사용자 측과 노동자 측이 긴밀하게, 자유롭게 협상, 변경이 어렵다는 점이다. 노동시장이 유연하다면 다양한 근로조건 하에 계약할 수 있으므로 노동자 측도 다양한 협상이 가능해진다.

근로기준법은 노동자와 사용자의 계약을 근본적으로 양측이 합의로서 존중하되 예외적인 특수한 상황을 막기 위해 존재해야 하는 것이다. 제삼자의 자의적 기준으로 특정 근로 방식이 아니라면 임의로 '착취'라고 규정지어 법적으로 금지하려는 것은 노동자들을 존중하지 않고 어리석어서 그런 선택을 했다는 판단이 근간에 깔렸기에 그들의 선택을 제약하려는 것으로서 지독한 오만의 결과일 뿐이다.

대한민국 노동자들의 노동시간이 긴 것은 노동시장의 구조적인 문제점에서 기인하는 부분도 크다. 우리나라 사람들은 비정규직을 올바르지 못한 고용 형태로서 부정적으로 바라보기에 이를 제약하려는 각종 제도가 생겨났다. 이로 인해 우리나라는 비정규직 비율이 매우 낮은 편이다. 우리나라에서만 사용하는 비정규직이란 용어는 간단히 말하면 임시직 근로자와 파트타임 근로자를 포함하는 개념으로서 비정규직 비율이 낮다면 당연히 일하는 사람들을 기준으로 하는 근로자당 평균 노동시간은 상대적으로 길게 보일 수밖에 없다. 다양한 근무형태에 대해 존중하며 부정적으로 바라보는 편견이 없어지고 다양한 선택을 할 수 있는 환경이 관련 규제 철폐로써 마련된다면 한국인들의 평균 노동시간은 감소할 것으로 충분히 예상할 수 있다.

5. 소득주도성장론

/

(1) 소득주도성장론 담론과 정책

대한민국의 잠재성장률은 계속해서 떨어지고 있다. 고도성장의 기간이 끝나고 성장이 둔화되는 현실 속에서 어차피 성장에는 한계가 있으니 심화되는 빈부 격차로 인한 갈등을 줄이기 위해 정부가 개입하여 재분배를 위해 노력해야 한다는 주장이 만연했다. 많은 복지 제도들과 규제들은 이를 근거로 탄생했는데 이는 동시에 성장을 해치는 부분이 있기에 조율되는 점이 있었다.

하지만 문재인 정권은 기존의 관점과 다르게 생각했다. 이제는 정부 개입으로서 분배 구조를 개선해야 성장할 수 있다는 주장까지 하게 된 것이다. 경제학 용어로 한계소비성향은 소득이 늘 때 그중 소비에 사용하는 비중을 말하는데 저소득층의 한계소비성향이 일반적으로 크다. 자본주의 사회가 고도화되면서 빈부 격차가 점점 커져 소득이 적은 사람들이 늘어나 결국 소비가 줄어들고 돈이 순환되지 못하는 점을 경제 성장 둔화의 원인으로 꼽았다. 이를 정부가 개입하여 고소득층에게서 돈을 걷어 한계소비성향이 큰 저소득층에 나누어주어 소비를 늘려야 성장할 수 있다고 믿었다.

문재인 정권은 소득주도성장론의 수단으로 최저임금의 급격한 인상과 공공부문에서의 일자리 창출 등을 시행했다.

(2) 소득주도성장론의 부작용

소득주도성장론으로 대표되는 구체적인 정책을 논하기 앞서서 소득주도성장론의 개념에 대해서 먼저 바라보자. 성장이란 일반적으로 GDP의 증가를 말한다. GDP는 국내총생산이며 따라서 생산이 늘어야 경제가 성장한다고 말할 수 있다. 생산이 는다는 것은 결국 자유로운 교환들이 확대되어야 가능하다. 정부의 잘못된 시장 개입으로 인해 자발적인 교환들이 위축되는 상황이 많다. 실제 산업 현장의 상황을 전혀 반영하지 못하는, 현실을 고려하지 않은 잘못된 규제들이 생산을 위축시키는 사례는 셀 수 없이 많다. 진입장벽을 세우면 덜 경쟁할 수 있기에 신규 시장 진입자들을 막아 기득권을 유지하기 위해 규제들이 유지되는 경우도 상당히 많다.

현재의 정부가 개입하여 분배 상태를 개선하여 소비자가 늘고 성장에까지 기여할 수 있다는 생각은 정부의 인위적인 재분배 정책으로 인한 구체적이고 직접적인 부작용에 눈을 감게 한다. 저소득층의 한계소비성향이 높은 것은 사실이다. 하지만 저소득층의 소득이 일부 증가한다고 해서 성장을 이끌게 될 정도로 전체 소비가 느는 것은 아니다. 저소득층의 소비 규모가 전체에서 차지하는 비중은 애초에 얼마 안 되기 때문이다.

정부의 인위적인 시장 개입을 통한 재분배정책들은 상당히 많은 문제점을 갖고 있다. 인위적인 분배 정책을 통과시키는 정치인들은 경제학자가 아니기에 깊게 알지 못하며 사람들이 얼마나 더 풍요로워질 수 있을까를 고민하는 것보다 해당 정책을 사람들이 얼마나 지지하고 자신의 지지율이 얼마나 오를까를 더욱 신경 쓰기 때문이다. 정부의 인위적인 재분배 정책이란 결국 자유로운 경제활동의 결과로 얻는 소득이 아닌 누군가의 몫을 정부가 강제로 빼앗아 누군가에게 주는 것을 의미한다. 이는 빼앗기는 사람은 자신의 몫이 줄어들기에 경제활동의 유인이 감소하고 받는 사람은 더욱 일하지 않아도 소득이 늘어나므로 일할 유인을 감소시킨다는 근본적인 문제가 있다.

정부가 누군가의 소득을 100% 걷어간다면 정부는 국민을 노예화하는 것이나 다름없으며 이는 자유의 침해이다. 마찬가지로 세금도 근본적으로는 정도의 차이일 뿐 강제를 동반한 자유의 침해이다. 국가의 유지를 위해 불가피하게 자유를 침해하는 부분이 있을 수는 있지만, 특정 정책으로 인한 자유의 침해가 정말 필요한지는 완전히 다른 문제다. 모든 세금과 규제가 없는 상황이 불가능하다는 근거는 비효율적인 특정 제도를 정당화시킬 수 없다. 소득주도성장론이란 용어가 퍼짐으로써 그런 제도들이 성장을 해치는 것을 부정하는 수준에 이르렀다는 것은 정말 큰 문제점이다. 소득주도성장론으로 대표되는 정책들은 기존보다 더욱 정부의 인위적 개입을 늘리는 방향으로 나아가는데 이는 더욱 경제활동의 유인을 감소시키는 결과를 낳는다.

공공부문 일자리 확대를 보자. 시장경제체제에서 생산의 주체는 정부가 아닌 기업이다. 정부가 생산을 담당하는 공기업의 경우도 존재하지만, 근본적으로는 민간 기업들이 담당하고 그로 인해 경제가 돌아가는 시스템이다. 삼성을 공무원들이 경영할 수는 없다. 만약 모든 생산수단을 국유화한다면 그 나라는 상당히 빠른 속도로 망할 것이다. 근본적으로 정부는 생산의 주체가 아니라는 점을 인식해야 한다. 공공부문의 확대는 다시 말해 생산에 기여하지 않는 사람들이 늘어나는 것이다. 즉, 노동 시장에서의 공급의 감소로 생산이 줄어들기에 결국 우리 모두가 가난해지게 된다.

더군다나 원활한 행정 서비스를 공급하기 위한 차원에서 꼭 필요해서 채용하는 것이 아닌 소득 재분배를 위해서 공공부문 일자리를 늘려 정부의 세금으로 누군가의 소득을 인위적으로 늘리자는 발상은 앞으로의 생산이 위축된다는 점에서 문제가 발생하고 결국 세금이기에 미래 세대가 갚아야 할 돈이라는 점에서도 문제가 발생한다. 이는 정부가 완전히 비효율적인 어떤 정책을 계속해서 추진하는 것과 다름이 없다. 대한민국 정부가 사람들을 고용하여 어떤 거대한 피라미드를 만들고 그것을 다시 부수는 과정을 반복하는 것과 다름이 없다. 이로 인한 재정적 부담은 결국 국민 모두가 짊어지게 된다.

(3) 대안

잠재성장률이 계속해서 떨어지는 것은 국가가 경제 주체들의 자발적인 거래를 지속해서 억압하고 개입하는 것이 근본적인 원인이며 이를 해결해야 다시 성장세를 회복할 수 있다. 이는 자본주의의 현실을 무시한 몽상적인 대안이 아닌 지극히 현실적인 대안이다. 여러 경제 전문가들은 구체적으로 드러나는 정책의 부작용에 대해서는 고려하지 않은 채 현실에서 천국을 만들기 위한 따뜻한 정부의 시장 개입에 대해 경고해왔다. 이를 인정하고 문재인 정권은 소득주도성장론을 폐기해야 한다.

대신 기존에 문재인 정권이 소득주도성장론만으로는 문제가 발생할 것 같기에 같이 언급했지만, 추진이 지지부진했던 혁신성장에 대해 초점을 두어야 한다. 정부의 통제와 개입을 줄이는 방법은 규제 개혁이다. 따뜻한 목적 없는 규제는 없다. 그 목적만으로 때로는 누군가에겐 달콤한 속삭임으로 다가올 수 있다. 하지만 규제가 그 목적을 얼마만큼 달성할 수 있는지, 혹은 오히려 부작용이 더 큰지 따져보는 것은 완전히 별개의 문제이며 꼭 필요하다. 산업 활동을 제약하여 혁신을 방해하는 규제들은 철저하게 검증하여 없애야 할 것이다. 심지어 상당수의 규제는 외국계 기업에는 적용하기 힘들고 국내 기업에만 적용되어 오히려 국내 기업의 활동만 억압되는 역차별이 발생하는 예도 있다.

한국개발연구원(KDI)은 이대로 규제개혁 없이 재정만 확장하면 2020년부터 성장률이 1%대로 떨어질 수도 있다고 경고했다. 2011년부터 2019년까지의 연평균 성장률은 3%였던 것을 고려하면 이는 상당히 큰 폭의 감소이다. 또한, 노동 계약에서도 정부는 상호 계약을 우선으로 존중하는 자세를 갖고 규제 타파로 노동 유연성을 높여 기존 노동시장의 만성적 문제를 개선해야 한다.

근본적인 규제 방식도 바꿔야 한다. 우리나라는 허용되는 것들을 언급하고 그 외의 것들은 전부 불법으로 하는 포지티브(positive) 규제 방식이 대부분이다. 이것은 한국에서 새로운 산업이 탄생하는 것을 막는데 아주 큰 영향을 끼친다. 이렇다 보니 정부가 허가를 내주지 않아 새로운 사업을 못 하는 경우가 상당히 많다. 새로운 혁신적인 사업이라면 기존 사업에 해당하지 않는 경우가 있어 허가를 내주기 위해선 관련법을 계속해서 바꿔야 하기 때문이다. 산업 생태계는 빠른 속도로 바뀌는데 정부의 규제 제어는 이를 따라잡지 못하기에 문제가 발생한다. 이를 금지하는 것을 언급하고 그 외에는 기본적으로 허용하는 네거티브(nagative) 규제로 바꿔야 한다. 그래야 항상 새로운 혁신으로 기업들이 창의성을 갖고 도전할 길이 열린다.

대기업과 중소기업으로 나누어 마치 대기업은 악하기에 억압해야하며 중소기업은 선하기에 지원해야 한다는 언더도그마도 위험하다. 대기업은 마치 더욱 탐욕적이기에 제재해야 한다는 편견에 힘입어 대기업에만 해당하는 차별적 규제가 한국경제연구원에 따르면 188개에 달한다고 한다. 실제로 선진국에서는 우리나라의 대규모 기업집단 지정제도처럼 기업을 규모별로 차별하여 규제를 가하는 경우가 매우 드물다.

누군가가 해도 된다면 그것은 모두가 해도 되는 것이고 누군가가 하면 안 된다면 그것은 모두가 해서는 안 되는 일일 것이다. 어떤 일을 대기업은 해서는 안 되고 중소기업은 해도 됐을 때 기존에 하던 중소기업들이 성장하여 대기업이 된다면 이로 인해 새로운 부담이 생겨나는 것이기에 대기업이 되려는 것을 오히려 기피하게 될 것이다. 이는 실제 경제 현실에서 기업들이 성장을 기피하는 피터팬 증후군으로 드러난다.

6. 맺음말

/

최저임금제든 비정규직의 정규직화든 주 52시간 근로제든 소득주도성장이든 이들 정책의 목적은 훌륭하고 따뜻한 가슴의 발현으로 볼수 있다. 특정 집단이나 특정 계층의 삶을 보장하기 위해, 더 나아가서 여러 가지 사회 문제를 해결하기 위해 타겟팅한 정책으로 이해될수 있다.

하지만 의도와 목적이 아무리 훌륭하다 해도 그것이 올바른 결과를 낳는다는 것이 항상 보장되는 것은 아니다. 올바른 정책이 올바른 결과를 낳는다. 잘못된 정책은 문제를 해결하여 올바른 결과를 낳기는커녕 사태를 더 개악시킨다. 문재인 정권은 잘못된 이념에 경사되어 반시장적 경제정책을 펼친 결과로 역대 최악의 한 번도 경험하자 못한 성장 파괴를 겪었고 문재인 정권이 중요시하던 분배적 관점에서도 더욱 심하게 악화되었다.

사회를 장악한 신적폐의 탄생

조주영

1. 서론

/

'문제는 문재인이다'라는 소리가 사회에서 끊임없이 들려오고 있다. 탄핵정국을 통해 최초로 국가원수가 탄핵당한 상황에서 많은 국민들의 신임과 기대를 얻어 새롭게 정권이 탄생했건만, 임기의 절반 가량이 지난 지금 현 정권은 전임자보다 더한 무능과 위선, 악행을 보여주고 있다. 사회는 급속도로 파괴되고 분열되고 있다.

2017년 5월 대통령 선거로 당선된 문재인은 그해 8월 '100대 국정과제'를 통해 자신의 주된 국정과제를 밝혔다. 본문에서 평가한 내용을 열거해보자면 '적폐의 철저하고 완전한 청산', '표현의 자유와 언론의 독립성 신장', '노동존중 사회 실현', '실질적 성평등 사회 실현'을 들 수 있을 것이다.

그러나 현재 상황은 상당히 암울하게 돌아가고 있다. 정수라가 부른 노랫말의 내용처럼, 한때 '원하는 것은 무엇이든 얻을 수 있고 뜻하는 것은 무엇이든 될 수가 있었던' 대한민국의 모습은 점차 변해가고 있다. '거짓말은 하지 않았다'는 말처럼, 정책 자체는 충실히 시행했지만 각종 부작용을 고려하지 못한 정권의 무능함으로 인해 사회가 파괴된 경우도 존재하며, '전임자 때는 더 심했다'라는 식으로 자신의 행위를 정당화하는 이중적인 태도로 일관한 결과 사회가 파괴된 측면도 존재한다.

본 글은 19대 대선을 전후하여 현재 집권세력인 문재인과 민주당의 행보를 분석하고, 문재인 정권 출범 이후의 사회현상을 파악하는 것을 첫 번째 목표로 두고 있다. 아울러, 이들이 사회를 어떻게, 얼마나 파괴했는지를 살펴보는 것 또한 목표로 두고 있다.

2. 갈등조정자인가, 갈등조장자인가?

(1) 시민단체와 지지자들을 동원한 적폐몰이

문재인 정권 집권 이후에 사회적 갈등이 심화되었다고 생각하는 사람들은 단언컨대 적지 않을 것이다. 2019년 1월 발표된 '2018 한국인의 공공갈등 인식조사'에 근거하면, 응답자의 90%가 사회적 갈등이 심각하다고 응답했으며, 52.4%의 응답자는 사회적 갈등이 문재인 정권 들어서 더 증가했다고 응답했다.

실제로 '적폐청산'을 기조로 내건 문재인 정권에서 반대파들은 끊임없이 공격받아 왔다. 정권 시작 직후 한동안 국무위원들의 인사청문회가 있을 때마다 비판적인 질의를 한 야당 의원들은 '문자폭탄'에 시달렸다. 자유한국당 경대수 의원의 경우 이낙연 국무총리 청문회 때 '네 아들은 군대 다녀왔냐'라는 집요한 여권 지지자들의 공격을 받은 끝에 아들이 간질질환으로 군대를 면제받았다는 병명을 공개해야만 했다. 뿐만 아니라, 사법부에서 여권 인사들에게 불리한 판결이 나오거나 반대파들에게 유리한 판결이 나올 경우에는 청와대 사이트를 이용해 담당 판사들을 해임해달라는 국민청원을 올리기도 했다. 2심에서 이재용 삼성 부회장에게 집행유예를 선고한 정형식 부장판사의 경우가 대표적인 사례이다. 문재인 지지자들은 정 부장판사를 해임해달라는 국민청원을 집단으로 올렸을 뿐만 아니라, 판사의 개인 신상정보를 유출했고, '삼성장학생'이라는 누명을 씌웠다. 비판적 언론에 대한 적대적인 태도도 자주 보인다. 2017년 12월 문재인 방중 당시에는 중국 측 경호원으로부터 기자들이 집단폭행을 당하는 일이 벌어졌는데, 문재인 지지자들은 이들이 평소 정부에 대해 비판적인 보도를 일삼아왔다며 '기레기들이 맞을 짓을 했다'라는 몰상식한 태도를 보였다. 기자회견 자리에서 청와대를 상대로 비판적인 질문을 했던 기자들은 신상정보가 유출되며 온갖 비난에 시달려야 했다. 비단 '조중동'으로 대표되는 반정부 언론뿐만이 아니라, 상대적으로 여권에 우호적인 목소리를 내왔던 KBS 송현정 기자의 경우도 그들의 비난을 피해갈 수는 없었다.

시민단체는 철저하게 청와대의 칼춤에 장단을 맞춰왔다. 문재인은 집권 이후 청와대에 '적폐청산 TF'를 설치하며, 정적에 대한 수사를 지속적으로 요구해왔었다. 이런 청와대의 공식적인 입장이 발표된 직후에는 언제나 친여 성향의 시민단체가 '적폐'들을 검찰에 대리고발하고, 다시 검찰이 청와대가 주었던 가이드라인을 바탕으로 수사에 나서는 일이 반복되어 왔다. 문재인 정권의 가장 큰 정적이었던 MB의 수사과정을 복기해보자. 친여 성향 시민단체는 정권이 교체된 이후 '사자방' 비리를 척결할 것을 요구하며 4대강, 자원외교, 방산비리 의혹에 대해 고발을 일삼았고, 검찰은 이를 충실하게 수사했다. 그러나 몇 개월간 지속된 수사에도 불구하고 MB를 기소할 핵심증거를 찾지 못하자 참여연대는 곧바로 2017년 12월, 다스 관련 의혹을 수사해달라며 MB를 고발했다. 거의 공소시효가 다 끝나갔던 만큼 검찰은 인력을 총동원해 이 문제를 수사했으며, 고발이 이뤄진지 약 3개월 만에 MB에게는 구속영장이 청구되었다.

　지지자들과 친여 성향의 시민단체가 때로는 인신공격에 가까울 정도의 '적폐몰이'나 '하청고발'을 할 수 있는 원인에는 청와대의 방조가 한몫했다. 2017년 4월 3일, 대선 경선 후보로 확정된 문재인은 친문 극성 지지자들이 자행한 '18원 후원금' '문자폭탄' 등을 놓고 '우리의 경쟁을 흥미롭게 만들어주는 양념과 같은 것이라고 생각한다'며 사실상 이들의 행위에 면죄부를 주었다. 2018년 1월 10일 신년 기자회견에서 '정부에 대한 비판기사를 쓰면 격한 표현에 시달려야 한다'는 기자의 지적에는 '유권자의 의사표시이다. 나처럼 담담하게 생각하면 된다'고 가볍게 넘겼다. 과도한 '적폐 수사'를 그만두고 화합으로 나아가자는 원로들의 요청은 '정부가 통제할 수 없는 일'이라며 사실상 대립과 분열에 기반한 통치행위를 지속하겠다는 뜻을 밝혔다.

국가원수로서 분열되는 대한민국 사회를 막고 화합의 길로 이끌어야 하는 것이 지도자의 의무임에도 불구하고, 문재인 정권은 끊임없이 청산대상을 만들어내고, 지지자들에게 분노를 선동하여 사회적 갈등을 더욱 심화시키고 있다.

(2) 젠더갈등 방조/묵인

현재 대한민국 사회에서 남녀 간의 젠더갈등은 심각한 수준이다. 남성 쪽에서는 '페미니즘'을 양성평등보다는 여성 우월주의로 인식하거나 '김치녀'라는 표현을 통해 여성에 대한 적대감을 드러내고 있으며, 반대로 여성 쪽에서는 '한남충'이라며 남성에 대해 적대감을 드러내고 있다. 국가미래연구원이 2017년 7월부터 2018년 12월까지 약 1억 2천만건의 빅데이터를 분석한 결과에 따르면, 전체 사회 갈등 주제 가운데 남녀갈등 비율이 차지하는 비율은 70%를 훌쩍 넘었다. 2015년 1월부터 2016년 6월까지 진행된 빅데이터 분석결과와 비교해보면 남녀갈등을 언급한 글도 385만여 건에서 2409만여 건으로, 6배 가까이 증가했다.

문재인은 후보시절부터 지속적으로 '페미니스트 대통령이 되겠다'고 선언해왔다. 그러나 친여성 정책을 펼치며 인위적 평등을 추구하는 과정에서 벌어지는 역차별 문제에 대해서는 그다지 관심을 기울이지 않았다. 대표적인 예시로 문재인은 대통령 후보시절부터 군 가산점제를 일관되게 반대해온 반면, 여성할당제에 대해서는 상당히 적극적인 태도를 보였다. 이는 민간기업에도 임원 여성할당제를 도입하거나, 여성 임원이 많은 민간기업에 국민연금 투자를 확대하겠다는 진선미 여성가족부 장관의 정책관에서도 확인된다. 같은 맥락에서 경찰청에서 여경 선발비율을 기존 10%에서 25%까지 보장하겠다는 지침을 내놓은 것을 들 수 있다.

이 점은 필연적으로 20대 남성들에게 소외감을 가져왔다. 특히, 저성장 시대가 장기적으로 지속되면서 점차 젊은 세대에 사회적, 경제적 박탈감이 확대된 점을 고려해야 한다. 때문에 이들은 '촛불정신'을 내세우는 문재인 정권에게 크나큰 기대를 걸었다. 그러나 문재인 정권이 이러한 점을 해결하기는커녕 오히려 상태를 더 악화시킨 것은 잘 알 것이다. 이런 상황 속에서, 자신들이 노력한 만큼 기회를 얻지 못하는 절박함에 빠져 있는데 대통령이 여성만 챙긴다는 의식이 확대되자 이들은 문재인 정권에게 하나둘씩 등을 돌리게 된 것이다.

그러나 문재인 정권과 집권여당 인사들은 상대적으로 소외감을 느끼는 20대 남성을 감싸 안으려 노력하기보다는 선민의식에 빠져 그들의 감정을 폄하하기에 바빴다. 민주당의 설훈 의원은 '지금의 20대 남성들이 분노하는 이유를 따져보자. 이명박, 박근혜 정권에서 교육을 받았는데 그때의 잘못된 교육 탓'이라며 이들이 전임 정권에 의해 세뇌되었다는 취지의 발언을 했다. 유시민 노무현 재단 이사장의 경우, 20대 남성이 분노하는 이유에 대해 '자기들은 축구도 보고 게임도 해야 하는데 여자들은 공부만 하지 않느냐'라는 발언을 하며 청년 들의 소외감을 어리광거리로 치부했다는 비판을 들어야 했다. 청와대 의 인식도 크게 다르지는 않다. 2019년 1월 10일 열린 신년 기자회 견에서 20대 남성들이 소외감을 느끼며 지지층에서 이탈하고 있다는 질문에 대해서 청와대는 '그런 갈등이 있다는 건 잘 알고 있다. 그러 나 특별한 문제라고는 생각하지 않는다'라고 답변했을 뿐이다.

민주당과 집권세력은 이처럼 젠더갈등이 심각해진 상황 속에서도 문제 해결을 위한 적극적인 의지를 보이지 않았으며, 오히려 20대 남 성의 분노에 부채질을 해버리는 일만을 반복하고 있다. 어쩌면, 정권 의 입장에서는 비트코인 규제논란, 평창올림픽 남북 단일팀 논란 때 보았듯 20대 남성이 그렇게 충성심이 강한 지지층이 아니니 배제의 대상으로 여기고 이들의 소외감을 해결할 생각이 전혀 존재하지 않 는 것일 수도 있다. 19대 대선 유세 당시 '보수를 불태우자'라며, 특정 이념을 가진 사람들에게 노골적인 적대감을 표현한 전적이 있었던 만 큼, 확실한 지지층만 챙기자는 현 정권의 국정철학을 감안하자면 이 들은 전혀 정권의 고려대상이 아닐 것이다. 자신의 집권에 큰 기여를 하지 못하는 세력들의 문제는 해결하려 하지 않는 문재인 정권의 무 심함 아래서, 젠더 갈등은 점차 심화되어가고만 있다.

(3) 귀족노조에게 지속적으로 면죄부 지급

문재인 정부는 집권 시작부터 '노동존중 사회'를 표방하고 당선된 정부이다. 그러나 노동자들을 배려하겠다는 발상 속에 정작 일자리를 만드는 주체인 기업은 철저히 외면하고 노동편향적인 정책으로 일관했다는 비판이 지속적으로 쏟아지고 있다.

2017년 5월 26일, 경영자총협회(경총)는 문재인 정권의 비정규직을 정규직으로 전면 전환하는 조치가 적절하지 못했다는 입장을 밝혔다. 바로 다음날, 청와대는 공식입장을 통해 경총을 정면으로 겨냥했다. '비정규직으로 인한 사회적 양극화를 만든 주요 당사자로서, 경총은 책임감을 갖고 진지한 성찰과 반성이 있어야 한다'라고 한 것이다. 기업이 양극화를 초래했으니 규제받아 마땅하다는, 노동편향적인 인식이 드러난 직접적인 사례이다. 이러한 국가원수의 비호 아래, 민노총은 같은 해 6월 30일 총파업을 결행하며 최저임금 1만원 보장, 전교조 법외노조 해제 등의 극단적인 구호를 요구했다. 이러한 정권의 친노조 정책으로 인해 기업은 그 손실을 고스란히 떠안아야 했다. 2017년 11월, 매일경제는 문재인 정권이 그동안 추진한 최저임금 인상, 통상임금 확대, 근로시간 단축 등이 실시될 경우 산업계가 최소 50조 원 가량의 추가 인건비를 부담해야 한다는 조사결과를 내놓은 바 있다.

각종 공공기관에도 노조 편향적인 인사가 이어졌다. 한국산업인력공단의 이사장을 맡고 있는 김동만은 전직 한노총 위원장 출신이며, 폴리텍대학 총장으로 임명된 이석행은 전직 민노총 위원장이며 문재인 대선캠프에 합류한 전력이 있다. 2017년 11월에는 국민연금공단 임원추진위원회에 민주노총 출신 인사 2명이 포함되었으며, 2018년

2월 코레일 신임사장으로 취임한 오영식은 전대협 의장 출신이다. 오영식 전 사장은 취임 직후 98명의 전원해고자를 즉각 복직할 것을 약속했으며, 2개월 만에 65명을 그대로 복직시켰다.

정권은 '촛불청구서'를 내놓으라는 민노총의 생떼에도 눈을 감기에 바빴다. 문재인 정권이 탄생한 직후 2017년 5월부터 2018년 11월까지 민노총이 신고한 집회는 9,421건에 달했으며, 2018년 8월부터 11월까지 7차례에 거친 불법점거에서 처벌받은 당사자는 전무하다.

올해 4월에는 국회에서 폭력시위를 벌이다 연행된 민노총 조합원 33명이 전원 석방되었으며, 5월에는 현대중공업 서울사무소에서 인수합병을 반대하는 12명의 조합원들이 36명의 경찰을 폭행했음에도 불구하고 아무도 구속되지 않았다.

2018년 6월 지방선거 당시 민노총이 민주당 선거 유세에 난입해 '개가 주인을 무느냐'라고 말한 점은 민노총과 이들과의 권력관계를 잘 보여준다. 그동안 정권이 탄생할 때까지 뒤를 봐준 것이 누구인데 이제 와서 '주인들에게 감히 기어 오르냐'는 것이다. 일자리를 제공하는 당사자들인 기업을 폄하하고, 각종 규제지옥을 형성하지만 정작 사회를 파괴하는 민노총에게는 자신들의 핵심지지층이라는 이유만으로 한없이 관대한 청와대의 정책기조가 계속 이어질 경우, 경제적 전망은 암울하기만 할 것이다.

3. 오만과 독선에 가득 찬 신적폐

/

(1) 조국과 그 호위무사들

2019년 9월 9일, 문재인 정권은 조국 법무부장관 임명을 강행했다. 국회 청문보고서를 거치지 않고 임명된 장관급 인사로서는 역대 22번째이다. 그동안 청문보고서가 채택되지 않는다면 야당의 요구를 묵살하고 임명강행을 일삼아온 청와대였기에 조국 임명은 어쩌면 당연한 수순이었다.

지금까지 조국에 대한 논란거리는 수도 없이 많이 터져 나왔다. 법무부장관이 되겠다면서 이적단체 사노맹에 동조했던 과거를 미화하기에 바빴고, 그의 동생이 조국이 이사로 있는 사학재단 측에 터무니없는 조건으로 소송을 제기했을 때 재단이 단 한 차례도 변론에 나서지 않아 패소한 사실이 밝혀졌다. 결정적으로 그의 딸이 수많은 연구진들의 노력을 도둑질해가며 논문 제1저자로 등재되었고 그걸 대학입시에 활용했던 사실, 그리고 대학원 시절 벌어진 의문스러운 장학금 수령 과정은 정치에 관심이 없는 일반 시민들조차도 분노하게 만들었다. 청문회가 개최되는 동안에는 배우자가 딸의 가짜 스펙을 위해 사문서를 위조한 혐의로 기소되면서 조국은 개혁가가 아니라 개혁 대상이라는 비판도 쏟아졌다. 그럼에도 불구하고 문재인 정권은 조국이 사법개혁의 적임자라는 소리만 반복하며 국민들의 뜻을 철저하게 외면했다. 문재인 정권이 취임 직후부터 약속해 온 공정사회 건설은 거짓말에 불과했으며, 그저 자신들을 정의롭게 보이도록 포장하는 수단이었음이 명백하게 밝혀지는 순간이었다. 사회는 자기가 나름대로의 방식으로 알아서 개혁할 테니 주권자들의 의견은 가볍게 무시해도 된다는, '도덕적 우월주의자'들이라고 이들을 칭할 수 있을 것이다.

조국을 억지로 비호하는 지지자들의 행태도 이어졌다. 그들은 상식과 정의라는 측면에서 이 문제를 접근하기보다는, 조국을 지키고 더 나아가 대통령을 지켜야 한다는 맹목적인 충성심에 사로잡혀 수단과 방법을 가리지 않고 정권을 비호했다. TBS에서 '뉴스공장'을 진행하고 있는 김어준은 공영방송에 소속된 언론인의 입장에서 공정한 보도를 진행해야 함에도 불구하고, 조국과 그의 딸을 옹호하는 방송만을 진행했다는 지적을 받았다. 문재인 정권 출범 직후 '어용 지식인'이 되겠다고 스스로 말한 유시민 이사장은 대학가에서 벌어지는 조국 반대집회에 '자유한국당 패거리들의 손길이 어른어른한다'며 학생들의 분노를 폄하했고, 왜 굳이 마스크를 써가며 얼굴을 가리려고 하는지 모르겠다며 시위에 나선 이들을 조롱했다. 청문회 자리에서 민주당 의원들은 조국을 검증하려고 나서기보다는 '온갖 모욕을 당하는 것도 시대적 사명'이라며 그를 위로하기에 바빴다.

공인이 아닌 일반 지지자들은 더욱 과격한 모습을 보였다. 인터넷 커뮤니티 '클리앙'에서는 서울대 집회 참가자의 발언을 짜깁기해 '시위대가 박근혜 옹호발언을 하고 있다'는 가짜뉴스를 퍼뜨리는 일도 일어났으며, 총학생회장의 개인 신상을 털어 '그의 논문 역시 문제가 많다', '바른미래당과 커넥션이 있다'는 누명을 씌우는 일도 발생했다. 총학 페이스북 페이지에 '왜구들의 씨를 말려버려야 한다'라는 모욕적인 댓글이 이어진 것은 물론이다. 금태섭 의원처럼 평소에 같은 이념을 공유했더라도 조국의 편을 들지 않았다는 이유만으로 공격받은 사람도 있다.

검찰이 본격적으로 조국 일가에 대해 수사에 착수하자 이들은 '정치검찰 규탄'에 나섰다. 문재인은 '검찰이 아무런 간섭도 받지 않고 있다. 검찰개혁을 요구하는 목소리가 높아지고 있는 걸 성찰해 달라'는 입장을 직접 내놓았고, 범여권 인사들은 '검찰 쿠데타'라며 격앙된 반응을 보였다. 일반 지지자들은 조국이 케이크를 사들고 귀가하는 장면이 포착된 것을 활용해 동정론을 펼치는 식으로 여론전에 나섰으며, 검찰총장에 대한 저주인형을 만들기도 하였다.

아이러니한 것은, 조국과 현 정권의 호위무사를 자임하는 사람들의 태도가 이전과는 너무나도 차이가 난다는 것이다. 대표적으로는 김제동을 들 수 있다. 그는 정유라 입시비리가 터졌을 당시 광화문 광장에서 '열심히 공부하는 청소년들의 의지를 꺾었으며, 이 땅의 아빠 엄마들에게 열패감을 안겼다면 그것이 헌법 제34조 위반이고, 그것이 내란이다'라는 열변을 토한 바 있다. 그러나 그는 조국 사태에 관해서는 철저하게 침묵하고 있다. 윤석열 검찰총장에 대한 태도 역시 마찬가지이다. 문재인 정권과 그 지지자들은 과거 윤 총장이 보수 인사들을 집중적으로 수사했을 때는 적폐청산의 적임자라며 그를 칭송했으나, 이제는 기득권을 내려놓길 거부하는 정치검찰로 그를 매도하고 있다.

현 정권과 그 열성 지지자들의 이중적 태도는 과연 그들이 박근혜 퇴진 운동에 나섰을 당시 수많은 시민들이 그리하였듯 헌법적 질서를 생각하는 마음에서 일어난 것인지, 아니면 단순히 자기 진영에 유리하다는 진영논리적인 시각에서 일어난 것인지 그 동기 자체를 의심하게 만든다.

(2) 환경부 블랙리스트

환경부 블랙리스트 의혹은 김태우 전 청와대 특별감찰반 수사관이 2018년 12월 당시 특감반의 비위 사실을 폭로하는 과정에서 밝혀졌다. 같은 달 26일 자유한국당은 환경부에서 발행된 '환경부 산하기관 임원들의 사퇴 등 관련 동향'이라는 제목의 문건을 입수해 발표했는데, 이 문건에는 한국환경공단을 포함해 8개 기관의 임원 24명의 신상과 임기 등을 정리했으며, 사퇴에 반발하는 이들의 관련동향을 정리한 내용이 담겨있다. 2019년 2월에는 검찰이 환경부 압수수색을 진행했는데, 이 과정에서 사표 제출에 반발한 임원들을 고발하거나 아예 표적감사를 진행하겠다는 '조치 계획'이 발견되었다. 해당 문건에서는 사표제출을 거부하는 두 명의 인사를 언급하며, 인사에 대한 내부 감사가 '사표를 제출할 때까지 무기한 이어질 것'이라는 내용이 담겨있다. 정황상 블랙리스트로 보이는 이 문건은 김은경 당시 환경부장관에게 최소 5차례 이상 보고된 것으로 알려졌고, 검찰은 이 표적감사가 장관의 지시에 의해 진행되었다는 진술을 확보했다.

이 과정에서 청와대가 블랙리스트 작성에 연루되어 있는 것이 아니냐는 논란이 제기되었다. 임원들의 사표제출 현황은 고스란히 인사수석실로 보고되었으며, 표적감사로 찍어낸 임원들의 후임을 임명하는 과정에서도 석연찮은 사실이 발견되었다. 2018년 6월, 환경부는 산하기관인 환경공단 상임감사 공모를 진행하였다. 16명이 지원하였고, 그 중 7명이 서류심사에 합격해 면접을 진행했지만 공단 측은 적격자가 없다며 면접대상자들을 전원 탈락시켰다. 그런데 검찰 조사에 따르면, 환경부 측에서 특정 지원자에게 업무계획서와 면접질문을 미리 보내주었고, 이 지원자가 서류 심사에서 점수 미달로 탈락하자 신미숙 청와대 인사수석실 비서관이 환경부 인사를 청와대로 불러 질책한 점이 밝혀졌다. 이후 환경부 측은 '이런 사태가 재발할 경우 어떠한 처벌도 감수하겠다'는 경위서를 청와대에 제출했고, 결국 환경부에서 인사를 담당했던 운영지원과장이 좌천되고 차관은 경질 당했다.

박근혜 정부 당시 행해졌던 소위 '문체부 블랙리스트' 사건을 비교하면 놀랄 정도로 흡사하다. 이 사건은 청와대 차원에서 문화계 블랙리스트 작성에 소극적이었거나 정유라의 승마대회 관련 민원을 들어주지 않았던 공무원들의 사직을 종용했던 건인데, 법원은 지위를 이용해 공무원들의 사직을 압박한 청와대 인사들이 '의사결정의 자유를 침해했으며, 묵시적으로 해악의 고지를 한 것으로 보기에 충분하다'며 직권남용 유죄를 선고했다.

상황이 이런데도 불구하고, 문재인 정권은 언론을 향해 해당 문건이 '통상적인 체크리스트에 불과하다'라고 하며, 함부로 블랙리스트라는 표현을 쓰지 말 것을 요구하며 적반하장적인 태도를 보였다. 범여권 인사들 역시 '새 정부 국정철학을 반영하기 위해 장관으로서 당연한 일을 한 것이다. 제대로 하지 않았다면 그것은 직무유기에 해당한다'며 무조건적으로 감싸는 태도를 보인 것은 물론이다.

(3) 신재민, 너무나 순진했던 내부 고발자

2018년 12월, 기획재정부 사무관 출신의 신재민이 유튜브에 올린 폭로영상은 정치권에 큰 파장을 가져왔다. 그의 폭로내용을 두 가지로 요약하자면 다음과 같다. 첫째로, 청와대 차원에서 민간기업인 KT&G 사장 임명과 관련해 압력을 행사했다는 것이 그것이고, 두 번째로는 기재부가 '정무적 판단'을 해야 한다는 이유로 적자국채 발행을 강요했다는 것이다.

청와대의 KT&G 사장 교체 외압 정황은 이미 그해 5월에 MBC 방송에서 보도된 내용이다. 2018년 3월 KT&G는 백복인 사장의 연임과 관련해서 주주총회를 열었는데, 이때 제2주주였던 IBK 기업은행은 사장의 경영비리 의혹이 있다며 연임을 공개적으로 반대하고 나섰다. 또한 경영진을 견제하겠다며 사외 이사 수를 2명 추가로 늘리는 안건을 상정하였으나, 백 사장은 압도적 지지를 얻어 연임에 성공했고 기업은행의 안건도 부결되었다. 문제는 이 과정에서 정부의 개입을 지시하는 문건이 발견되었다는 것이다. 문건에는 기업은행이 주주총회 당시 펼쳤던 행위를 그대로 지시하는 계획이 담겨있었다. 정부가 기업은행의 지분 절반 이상을 차지한 만큼 기업은행을 동원해 경영비리 의혹, 외국인 주주 설득, 이사진 증가 이후 기업은행이 추천한 인사를 앉히도록 하며 KT&G에 영향력을 행사하려 한 것이다. 청와대 감찰반은 이 문건 작성에 제2차관을 포함해 고위급 간부들이 문서 작성에 연루되었음을 밝혀낸 바 있다. 박근혜 정권 당시에 청와대가 CJ 이미경 부회장과 세계일보 조한규 전 사장 축출을 시도했다는 혐의가 연상되는 대목이다.

적자국채에 관련해서도 신재민은 목소리를 높였다. 2017년 11월경, 그와 다른 국고국 소속 공무원들은 세수의 증가로 애초 예상했던 액수보다 15조 원 가량 더 걷힐 것으로 전망하고, 불필요한 비용을 줄이기 위해 적자국채를 8조 7천억 원 덜 발행하기로 계획했다. 그러나 신재민에 따르면, 김동연 경제부총리는 이와 같은 계획에 격분하며 '정무적 판단'을 요구할 것을 기재부 차관보에게 강력히 요구했다고 한다. 그 정무적 판단은 국채를 추가발행 해 박근혜 정권의 교체기인 2017년의 GDP 대비 채무비율이 최대한 높아보이도록 조정하는 것이었다. 연말까지 최대한 국채를 발행하기 위해 결국 기재부는 극약처방을 내리는데, 그것은 바로 1조 원 가량의 국채를 조기상환하려던 계획을 하루 전날 취소해버린 일이다. 나라의 경제를 책임져야 할 관료들이 '정무적 판단'을 우선시해 시장교란에 앞장선 것이다. 비록 적자국채 계획은 기재부 내부의 극심한 반대로 백지화되었지만, 청와대는 적자국채를 추가로 발행하지 않는다는 기사가 나가자 기재부 간부에게 보도 자료를 취소할 것을 요구하기도 했다.

탄핵 정국 당시 그 누구보다도 정의롭다는 듯 목소리를 높였던 범여권에서는 신재민을 스타강사가 되기 위해 의도적으로 노이즈마케팅을 하는 관심병 환자로 몰고 갔다. 홍익표 더불어민주당 수석대변인은 자신의 페이스북에서 '꼴뚜기(김태우)가 뛰니 망둥이(신재민)도 뛴다'라고 몰아붙였다. 같은 당의 김종민 의원은 '폭로영상을 찍은 이유는 신재민이 먹고 살기 위해서이다'며 발언을 곡해했다. 그러나 아마 '신재민 바보 만들기 프로젝트'의 정점에 선 의원은 단언컨대 손혜원 의원일 것이다. 그는 신재민이 대학에 입학한 이후 공무원이 되기까지 10년이나 걸렸다는 식으로 말했으며, 신재민의 입장에서 봤을 땐 공무원의 봉급으로는 큰돈을 만들기에는 어림도 없을 테니 단기간에 일확천금을 얻기 위해 가증스러운 사기 행각을 벌였다는 상식 이하의 폭언을 퍼부었다. 일반 지지자들 역시 그가 대학 시절 뉴라이트 계열 동아리에 가입했었다는 가짜뉴스를 퍼뜨리는 식으로 지원사격에 나섰다.

진보 성향의 시민단체도 역시 그를 철저하게 외면했다. 처음에 기재부가 신재민을 고발한 것에 대해 비판적 논평을 내놓았던 참여연대는 돌연 입장을 바꾸어 '논평의 취지는 고발조치가 잠재적 내부 고발자를 가로막을 수 있기 때문에 지양되어야 한다는 것일 뿐이다. 신재민은 내부고발자로 전혀 보고 있지 않다'라고 말했다. 그가 믿었던 민변 소속 변호사들은 모두 그를 위해 나서주기를 거부했다.

결국 신재민은 유서를 남기고 극단적인 선택을 시도했다 미수에 그치고, 병원에 장기간 입원하였다 퇴원하였고 이후로는 언론을 철저히 피하며 살아가고 있다. 폭로 당시에는 한때 추가 폭로할 내용을 더 예고했었으나 더 이상 관련 폭로도 나오고 있지 않은 상태다. 친문 계열의 집요한 공격, 그리고 국민들의 무관심 속에서 이렇게 한 내부고발자의 증언은 잊혀지고 말았다.

(4) 공영방송에 가득 찬 친정부 편향 인사들

문재인 정권은 집권 이후부터 '방송적폐'를 청산하겠다는 허울 좋은 구실을 내걸고 언론노조와 시민단체를 동원해 경영진 교체를 압박하는 등 노골적으로 방송장악을 시도해왔다. 4절에서는 문재인 정권이 탄생한 이후 공영방송에 포진한 친정부 편향 인사들과 그들이 어떻게 방송의 중립성을 파괴했는지를 중심으로 살펴볼 것이다.

과거 이명박 정부 시절부터 집요하게 보수진영을 공격하고 민주당의 든든한 아군 역할을 해준 세력은 '나꼼수'로 대표된다 할 수 있을 것이다. 김어준, 김용민, 정봉주 등의 출연진들은 끊임없이 MB 정부에 대해 의혹을 생산해내기에 바빴다. 문제는, 팟캐스트 진행 등 과거 한쪽으로 편향된 의견을 보인 인물들이 '공영방송의 정상화'라는 이름으로 공영방송의 인사로 등용되며 정권이 호위무사 역할을 자처했다는 것이다. 대표적으로는 김어준을 들 수 있다. 그는 2016년 9월부터 서울시 산하 공영방송인 TBS에서 '김어준의 뉴스공장'을 맡고 있다. 문재인 집권 이후 '비판적인 사회언론인'을 자처했던 그는 180도 변한 모습을 보여 후술할 '드루킹 사태' 때 김경수 경남지사가 구속되자 양승태 전 대법원장을 구속한 것을 두고 '양승태 키즈'들이 집단반발에 나서고 있다는 일방적인 주장을 내세웠고, 조국 법무부장관의 딸 입시비리 의혹, 그리고 검찰의 압수수색과 관련해 민주당의 스피커 역할을 톡톡히 했다. 한때 SBS에서 '김어준의 블랙하우스'를 진행했을 당시에는 성추행 의혹에 연루된 정봉주 전 의원을 일방적으로 옹호하다 빈축을 사기도 했다.

김어준 뿐만이 아니다. 나꼼수에서 김어준과 호흡을 맞췄던 주진우는 2018년 2월부터 '탐사기획 스트레이트'를 맡게 되었는데, 정권의 코드를 맞춰 철저하게 MB를 공격하는데 초점을 두었다. 실제로 프로그램이 시작한 직후 1년 동안 MB의 비자금, 자원외교와 관련된 의혹은 9차례나 보도됐으며, 이 과정에서 MB의 해외계좌를 찾아냈다며 취재에 나서다 허탕을 치기도 했다.

시사 프로그램의 특성상 청취자들이 진행자가 사안을 어떻게 바라보는지에 따라 영향을 받기 쉬운 것은 분명한 사실이다. 따라서 공영방송에 소속된 시사 프로그램 진행자에게는 더욱더 중립이 요구된다. 그러나 이들은 끊임없이 사실만을 전달하기보다는 자신의 주관적인 입장을 방송에 고스란히 반영하고 있다. 2018년 6월, MBC '에헤 라디오'의 진행자 최욱이 초등학생에게 전화를 연결해 '박근혜와 이명박 중 누가 더 나쁘다고 생각하느냐'라는 질문을 건 낸 것이 대표적인 사례이다. 또한, 이들은 주요 사건이 터질 때마다 친문 스피커들을 대거 초청해 사실상 정부의 대변인 노릇을 하고 있다. 조선일보는 올해 2월 보도에서 1월 달에 KBS, MBC, CBS, TBS 아침 시사 라디오에 출연한 정치인들의 출연 횟수를 조사했는데, 총 116회 중 민주당 소속의 출연자는 55회였으며, 범여권으로 분류되는 인사까지 포함하면 그들의 출연횟수는 전체의 70%에 해당했다는 것을 밝혀냈다. 정부를 비판하는 창이 아니라 정부 비판 세력을 찌르는 창 역할을 톡톡히 하고 있는 것이다.

공영방송에 포진한 친정부 편향 인사들의 문제는 그뿐만이 아니다. 과거 도가 지나친 정치편향성 발언을 일삼아 사회적으로 외면당한 인사들이 다시금 '전임 정권의 정치보복 피해자'라는 타이틀을 달고 요직을 맡고 있다는 것이다. 이것은 엄연한 보은성 인사고, 화이트리스트 의혹으로 이어져도 할 말이 없는 것이다. 19대 총선 당시 막말을 퍼부었던 과거가 밝혀져 물의를 샀던 김용민은 KBS 라디오에서 '김용민 라이브'를 맡고 있고, 광우병 파동 시절 '미국산 소고기를 먹느니 청산가리를 내 입에 털어넣겠다'라고 말했던 배우 김규리는 TBS에서 '김규리의 퐁당퐁당'을 진행하고 있다. 김제동의 경우 탄핵시위 당시 얻은 인기를 바탕으로 한때 KBS에서 '오늘밤 김제동', MBC에서 '굿모닝fm 김제동입니다'를 진행했다.

주목할 만한 점은, 이런 편향적인 보도를 일삼는 친정부 인사들에게 막대한 출연료가 지급되었다는 것이다. MBC는 주진우가 한번 출연할 때마다 600만 원 가량의 출연료를 지급했고, KBS는 김제동에게 회당 350만 원 가량의 출연료를 지급했다. 이런 프로그램의 시청률은 2~3%에 불과했으나, 이들의 출연료를 연봉으로 환산했을 시 거의 임원진에 맞먹을 정도의 금액이 나온다. 결국 이들의 존재가 시청률 자체를 기여하지도 못하고, 방송국은 적자 위기에 놓여 있는데도 불구하고, 정권 코드에 맞는 방송을 한다는 이유만으로 이들은 높은 금액을 챙겨갔다. 공영방송의 손실은 결국 국민들이 메꿀 몫이라는 점에서, 이들의 보은성 인사는 정당하지 않으며 즉각 중단되어야 할 것이다.

(5) 원세훈은 부정선거 공범, 김경수는 대권주자?

제18대 대선에서 새누리당의 박근혜 후보가 당선된 직후 당시 야권에서는 선거결과에 대해 조직적으로 불복하는 움직임이 터져 나왔다. '선거가 조작되었으니 수 개표를 실시해야 한다'는 음모론이 퍼져나간 것이 대표적인 사례이다. 때마침 터진 국정원의 대선 개입 논란은 이들에게 하나의 동아줄을 내려주었다.

2013년 10월 23일, 문재인 당시 민주당 의원은 '지난 대선은 불공정했으며, 박근혜 대통령은 알았든 몰랐든 부정선거의 수혜자이다'라는 표현을 쓰며 당시 청와대를 공격했다. 그로부터 약 2개월 뒤, 2013년 12월 8일, 장하나 당시 민주당 의원은 '부정선거 대선결과 불복을 선언한다'며, 2014년 재보궐선거에 맞춰 대통령 재선거를 실시할 것을 요구했다. '단군 이래 희대의 부정선거'라는 표현도 등장했으며, 민주당은 전력을 동원해 '원김판세'(원세훈, 김무성, 김용판, 권영세)가 불공정 선거에 연루되어 있다며 공세를 퍼부었다.

2018년 3월 25일, 대중들에게 이후 '드루킹'이라고 알려지는 김동원 씨가 문재인 정부를 비방하는 댓글의 추천수를 조작해 구속되는 일이 발생했다. 그런데, 조사 결과 놀라운 사실이 알려졌다. 지난 대선에서 드루킹과 그의 측근들이 과거부터 불법적인 매크로 방식을 동원해 민주당에게 유리한 방향으로 여론을 조작했다는 사실이 밝혀진 것이다. 대선에 가장 영향을 미친 대표적 예시로는 반기문 퇴주잔 논란, '안철수는 갑철수이고 MB 아바타이다'라는 내용의 공격문을 집중 유포한 것이다. 실제로 비방공세를 견디지 못한 반기문 전 사무총장은 결국 대선 출마를 포기하고 말았고, 안철수 당시 대선후보는 토론에서 '갑철수, MB 아바타'를 공개적으로 언급하는 자충수를 두었다 몰락하고 말았다.

이 과정에서 문재인의 최측근 중 한 사람인 김경수 당시 의원이 언급되어 있다는 사실이 밝혀졌다. 그러나 민주당의 태도는 과거 '부정선거'를 규탄하던 모습과는 너무나도 달랐다. 의혹에 연루되자 경남도지사 선거 출마를 포기할 생각까지 했었던 김경수를 민주당은 추미애 대표를 필두로 적극 엄호했다. 홍준표 당시 자유한국당 대표가 김경수 후보의 여론조작 연루 의혹을 맹비난하자 '홍 대표 덕분에 내 체급이 올라갔다'라며 김경수 측에서 뻔뻔스런 태도를 보인 건 덤이다. 범죄행위 연루 혐의에도 불구하고 김경수는 여유롭게 경남도지사 직에 당선되었다.

민주당의 '김경수 일병 구하기' 프로젝트는 김경수가 경남도지사로 당선된 이후에도 계속되었다. 국회에서 '드루킹 특검'이 통과되자 민주당은 매일같이 정치특검을 규탄한다는 논평을 내놓기에 바빴고,

8월에 열린 전당대회에서 당 후보들은 하나같이 김경수를 옹호했다. 1심에서 김 지사가 법정 구속되자 민주당은 판결을 내린 성창호 판사에 대해 '양승태 키즈'라며 인신공격을 퍼부었고, 올해 3월에는 '부당하게 재판받는 김 지사의 재판비용을 마련하자'며 그의 자서전을 조직적으로 구매하기도 하였다.

현재 2심이 진행 중인 상태이지만, 김경수 지사의 범죄행위 연루 의혹을 비판하는 목소리는 민주당에서 전무하다. 오히려, 그의 지지자들과 친문 핵심들은 여전히 김경수가 정치적으로 보복당하고 있다는 주장만을 앵무새처럼 반복할 뿐이고, 그는 대권주자 지지율 목록에도 빠짐없이 등장하고 있다.

4. 통계마사지 공화국의 탄생

/

(1) 통계청장의 경질, 그리고 후임자의 '좋은 통계' 발언

문재인 정권은 2018년 8월 26일, 황수경 통계청장을 임명 13개월 만에 전격 교체하고 후임자로 강신욱 한국보건사회연구원 연구위원을 지명했다. 문제는, 통계청장의 교체 배경이 석연찮다는 비판이 제기되었다는 것이다.

통상적으로 통계청장의 임기가 2년 정도 보장되었던 점, 황 전 청장이 이임식 자리에서 '내가 윗선의 말을 듣지 않는 편이었다'고 눈물을 보였던 점, 그리고 결정적으로 후임자로 임명된 강신욱 청장이 경제관계 장관 회의에서 '장관님들의 정책에 좋은 통계를 만드는 것으로 보답하겠다'라고 말한 것은 해당 인사조치가 정권에게 불리한 통계가 계속해서 터져 나오자 이를 무마하고 통계를 조작하기 위한 목적으로 단행되었음을 사실상 고백한 것이다.

황 전 통계청장이 경질된 직접적인 배경으로 뽑히는 것은 바로 8월 23일 통계청에서 발표한 상반기 가계동향조사이다. 조사 결과에 따르면 상위 20% 가구의 월평균 가처분소득을 하위 20%의 가처분소득으로 나눈 '소득 5분위 배율'이 5.23배를 기록했는데, 이는 금융위기가 있었던 2008년 2분기의 5.24배에 거의 맞먹는 수치이다. 즉, 금융위기를 겪은 이후 10년 만에 가장 크게 소득 불평등 정도가 악화되었다는 것이다.

당초 통계청은 가계동향조사의 낮은 응답률 등을 이유로 들어 이를 없앨 계획에 있었으나, 청와대와 집권여당은 소득주도성장의 정책효과를 선전하기 위한 목적으로 관련 예산까지 늘려가며 조사 유지를 고집하였다. 그러나 5월 달에 발표한 1분기 조사가 별다른 성과를 보이지 않은 데 이어 7월 달에는 취업자 수가 전년 동월 대비 5,000명밖에 증가하지 않았다는 결과가 발표되었다. 결정적으로 2분기의 처참한 조사결과는 정부정책이 성공했다고 말해주기는 커녕 완벽히 실패했음을 보여주었고, 정권의 입맛을 맞추지 못한 황 전 청장은 결국 해임되어야 했다.

후임자인 강신욱 청장은 '좋은 통계' 발언을 제외하고도 청장 임기를 시작하기 전부터 수많은 편향된 조사를 진행해왔다. 과거 청와대는 '최저임금의 긍정적 효과가 90%'라는 통계를 들이밀었으나, 이는 최저임금의 급격한 인상으로 인해 직업을 잃은 실직자, 그리고 기업 활동의 위축으로 인한 구직 실패자를 제외하고 근로소득자만을 기준으로 발표한 편향된 자료였다. 문제는 청와대에 이 조사결과를 제출한 당사자가 바로 강신욱 청장이었다는 것이다. 또한, 강신욱 청장은 연구위원 시절이던 2018년 5월 가계동향 조사를 진행할 때 퇴직금이나 자녀가 지급하는 용돈 같은 비경상 소득을 제외하고 조사하자는 보고서를 제출했는데, 그 방식을 따르면 1분기 당시 하위계층의 소득 감소 폭은 전년 대비 12.8%에서 2.3%로 대폭 줄어든다.

문재인이 황수경 전 청장을 임명했을 당시 '소득주도성장을 지원할 적임자'라며 말했던 사실, 그리고 과거부터 통계마사지를 자행해 온 인사를 청장으로 지명했다는 사실은 이 정권이 통계를 단순히 현상을 반영하는 수치가 아니라, 자신의 입맛대로 맞게 이용할 수 있는 도구로 바라본다는 것을 의미한다.

(2) 주요 통계 왜곡사례 분석

그동안 문재인 정권 아래서 자행되어 왔던 대표적인 통계 왜곡사례를 중심으로 분석을 해보자.

2018년 9월 14일, 기획재정부는 360여개의 공공기관에 'BH관련 단기일자리 현황파악 요청'이라는 제목의 공문을 발송했다. 이러한 단기 일자리 현황 조사는 9월 말까지 계속되었으며, 급기야 10월부터는 '금년 내 확충할 수 있는 일자리를 적극 조사해 달라'는 공문이 나오기 시작하더니 '체험형 인턴 채용 확대 실적'을 공공기관 경영평가에 반영하겠다고 밝혔다. 10월 24일, 청와대는 5.9만개의 공공기관 '맞춤형 일자리'를 지원하겠다는 공식 입장을 내놓았다. 이 '맞춤형 일자리'의 실상을 들여다보면 처참할 지경이다. 국립대에서 불 켜진 빈 강의실을 찾아다니며 소등을 하는 '에너지 절약도우미', 기차역에서 승객들의 무거운 짐을 들어주거나 역을 안내해주는 '대학생 도우미', 이틀 동안 회사와 사업소개를 듣는 '직장 체험형 단기인턴' 등의 질도 좋지 못한 일자리를 맞춤형 일자리라는 이름으로 내놓은 것이다. 납세자들의 세금을 낭비하거나 안 그래도 방만한 공공기관의 부채를 더 늘리면서까지 고용지표를 조작하려는 청와대의 민낯이 드러난 사례이다.

'좋은 통계'는 여기서 그치지 않는다. 2019년 3월, 통계청은 '국민 삶의 질 지표' 개선률 추이를 발표했다. 통계에 따르면 삶의 질 지표는 지난 조사와 비교했을 때 71개 중 54개가 개선된 것으로 나타난다. 그러나 이 발표 역시 통계마사지 논란을 피할 수 없다. 직전에 발표되었던 17개의 지표는 삭제되었고 8개의 지표가 신설되었다. 사라진 17개의 지표는 대부분 그동안 실적이 좋지 않다고 평가되어왔던 지표였다. 지니계수, 학업 중단률, 주거비용, 한부모 가구 비율 등이 바로 그것이다. 신설된 8개의 지표 중 5개에는 직전 통계와 비교했을 때 눈에 띄게 개선된 통계 내용이 담겼다.

통계은폐 의혹 역시 제기되었다. 중소벤처기업부 산하의 소상공인

진흥공단은 2014년부터 2018년까지 소상공인상권분석시스템을 통해 8개 업종의 창·폐업률 자료 등을 제공했으나 현재는 더 이상 제공하지 않고 있다. 2017년부터 소상공인 폐업률은 창업률보다 높은 수치를 기록하였는데, 갑작스런 통계자료 중단이 이와 무관하지 않다는 지적이다. 아파트 분양가 중 땅값 비중이 높은 것이 아니냐는 지적이 제기되자 아예 관련 통계 자체를 없애버린 주택도시보증공사(HUG), '문재인 케어 싱크탱크'를 자임하던 건강보험심사평가원이 갑작스럽게 진료비 통계지표 발표를 중단한 것을 두고 '문재인 케어 이후 정책 추진에 불리한 통계결과 때문이 아니냐'는 비판이 쏟아진 것도 비슷한 맥락일 것이다.

5. 문재인 정부의 '착한 검열'

(1) 반정부 언론인 통제 및 방심위의 보도지침 배부

2018년 4월 26일, 방송통신심의위원회(방심위)는 남북정상회담을 하루 앞둔 시점에서 '남북정상회담 취재보도 유의사항'을 발표한 바 있다. 방심위의 자료에 따르면 '방송사별로 남북정상회담 취재열기가 가열되고 있다. 최근 드루킹 사건에서 오보 논란이 많이 터져 나왔는데, 남북정상회담도 역시 우려되는 바이다'라며, '객관적 보도'를 위해서 국가기관의 공식발표를 토대로 한 보도를 지향하라는 말이 포함되어 있다.

방심위의 이런 태도는 전형적인 보도지침을 배부했다는 비판을 피할 수 없다. 정권에게 불리한 이슈였던 드루킹 사건을 콕 찝어 언급한 것도 그렇지만, 보도와 관련해서 '객관성, 출처 명시, 오보 정정'에 대한 특별 모니터링을 실시하겠다는 문건의 내용이 그들의 의중을 잘 보여준다. 방심위의 심의 및 제재가 3~5년마다 방송사의 재허가 승인여부에 막대한 영향을 미친다는 사실을 고려하면, 정상회담과 관련해서 비판적인 보도를 내놓는 언론들에게 재갈을 물리겠다는 의중으로도 해석될 수 있다. 이는 '방송적폐'를 언급하며 공정방송을 실현해 나갈 것을 공언한 문재인 정부의 입장과는 너무나도 다른 처사이다.

문재인 정부의 반정부 언론인 통제는 여기서 그치지 않았다. 그해 10월 15일 열린 판문점 남북고위급회담에서는 탈북자 출신의 김명성 조선일보 기자가 배제되었다. 범여권 지지자들은 이를 두고 남북관계의 특수성을 고려한 조치라며 이를 옹호했으나, 탈북자의 정착을 지원해야 할 통일부가 오히려 탈북민의 직업활동의 자유를 침해한 것이라는 비판을 피할 수 없다. 통일부의 이러한 조치는 북한 측에서 사전에 김 기자의 참석에 대해 아무런 의사표시를 하지 않았다는 점에서 볼 때, 대북 유화정책을 펼치는 현 정권이 지나치게 평화무드를 의식하다 저자세 외교를 펼친 것이라고 볼 수 있다. 국제언론인협회는 김 기자의 배제를 두고 '언론의 자유에 대한 중대한 위반'이라고 비판하며, '우리는 한국 정부가 새로운 선례를 세워 앞으로 북한이나 남북대화에 대해 비판적인 언론인들을 조용하게 만들려 시도할지를 우려하고 있다'는 논평을 내놓았다.

탈북기자 배제가 논란이 되자 통일부는 같은 달 24일 4개의 탈북민 단체와의 오찬간담회를 가졌지만, 간담회에 참석한 탈북민 단체 명단은 공개되지 않았고, 면담도 비공개로 진행된다는 방침을 밝혔다. 특히, 박상학 북한인권단체총연합 대표에 따르면 간담회에 탈북기자 배제와 관련해서 조명균 통일부장관의 사퇴를 요구한 기자회견을 진행한 탈북 단체장들은 전부 초청장을 받지 못했다고 밝혔는데, 이는 정부에게 우호적인 단체만 선별적으로 초청했다는 비판을 피할 수 없다.

문재인 정권과 집권여당의 언론압박은 여기서 그치지 않는다. 2019년 3월, 나경원 자유한국당 원내대표는 교섭단체 대표연설에서 '문재인 대통령이 김정은의 수석대변인 노릇을 하고 있다는 말을 듣지 않게 해달라'는 연설을 진행했다. '국가원수모독죄'라는 표현을 써가며 격앙된 반응을 보였던 민주당은 표현의 출처가 블룸버그 통신의 한국기자였음을 발견하고 곧바로 해당 기자 공격을 실시했다. 이해식 대변인은 '검은 머리 외신기자', '미국 국적의 외피를 쓰고 국가원수를 모욕한 매국노'라는 격한 반응을 써가며 해당 기자에 대해 인종차별적, 국수주의적 인신공격을 퍼부었다. 일반 지지자들이 해당 기자의 SNS를 찾아내 악플을 단 것은 물론이다.

서울외신기자클럽, 그리고 아시안-아메리칸 기자협회 서울지부는 언론의 표현자유가 중대하게 침해되었다며 민주당의 '검은머리 외신기자' 논평과 관련해 철회를 요구했다. 기자에 대한 공격을 방조한 청와대는 논란이 커지자 이와 관련해서 '기자 개인의 신변에 위해가 가해진 걸 동의할 수 없다'는 짤막한 입장을 발표했을 뿐이다.

(2) 유튜브 규제 시도

문재인 정권의 집권 이후 기존의 방송이 친정부 편향적이라고 인식한 상당수의 보수층은 정치방송을 진행하는 유튜브로 집결했다. 이는 과거 MB, 박근혜 정부에게 불만을 품은 진보층이 팟캐스트 정치방송을 대안언론이라 인식하고 집결한 것과 유사한 흐름이다.

이 과정에서 민주당과 청와대는 '일부 유튜브 방송에서 문재인 와병설, 5·18 북한군 침투설 등 가짜뉴스를 조직적으로 유통하고 있다'며, 유튜브 규제 시도에 착수한다. 2018년 8월 24일, 민주당과 정의당 의원들의 모임으로 구성된 '국회 언론공정성실현모임'은 인터넷 1인방송까지 방송법 적용에 포함시키는 방송법 개정안을 공개했고, 뒤이어 '가짜뉴스를 뿌리뽑겠다'며 유튜브, 페이스북 등 글로벌 기업들을 국내법으로 규제하는 법까지 발의했다.

유튜브를 통해 명백한 허위사실이 보도되는 것을 바로잡겠다는 주장은 얼핏 들으면 상당히 좋아보일지 모르나, 이는 전형적인 국가주의적 발상이다. 국가인권위원회는 2010년부터 '통신심의권 및 시정요구권을 민간자율심의기구에 이양하라'는 권고사항을 발표한 바 있는데, 근본적으로 통신물인 유튜브 영상물을 국가주도로 규제하겠다는 청와대와 집권여당의 발상은 시대에 역행하는 것으로밖에 보이지 않는다. 또한 개인이 '사상의 자유시장' 속에서 사실을 구분해나가는 식으로 문제를 해결하게 두지 않고 정부가 이를 직접 규제하겠다는 것은 상당한 반자유주의적 발상이다.

'가짜뉴스'라는 개념의 정의가 모호하다는 것도 이 규제법안이 악용될 수 있는 소지가 상당함을 보여준다. 조맹기 서강대 명예교수는 모호한 '가짜뉴스'를 규제하는 법안이 통과될 경우 필연적으로 국가기관에 해석의 권한을 부여하게 될 것이고, 결국 국가권력이 나중에 자의적으로 반정부적인 의견에 재갈을 물리는 방식으로 악용될 수 있다며 우려를 표한 바 있다.

무엇보다, 정부의 이러한 유튜브 규제 방침이 편파적이지 않느냐는 비판을 피할 수 없다. 현재의 집권여당 세력은 과거 '나꼼수'를 포함해 팟캐스트 방송을 지지자 결집용으로 활용한 바 있고, 실제로 팟캐스트를 통한 가짜뉴스가 상당히 유포된 것도 사실이다. 그때 당시 민주당이 팟캐스트를 규제하자는 정책을 추진했던 것은 찾아볼 수 없다. 앞서 서술한 바와 같이 현 정권의 태도에 불만을 가진 보수세력들이 유튜브로 결집하자 이제 와서 유튜브를 규제하겠다는 비판을 피할 수 없다. 실제로 2019년 5월 와이즈앱의 조사결과에 따르면, 모바일 동영상 플레이어/편집기 앱 사용시간에서 유튜브는 88%의 비율을 차지했으며, 유튜브의 정치진영을 분석해보면 '신의한수', '팬앤드마이크' 등 정치문제를 다루는 채널의 70%가 보수우파 성향이고, 진보좌파 성향의 방송은 '알릴레오', '김어준의 다스뵈이다' 등의 큰 채널을 제외하고는 상대적으로 저조하다. 정권의 입맛에 맞지 않는다는 이유로 가짜뉴스를 규제하겠다는 명분으로 유튜브에 재갈을 물리는 시도는 문재인 정권의 '착한 검열' 중 대표적 사례일 것이다.

(3) 연예인 방송출연 외모규제 논란

2019년 2월, 여성가족부는 '성평등 방송 프로그램 안내서'를 개정하며 해당 안내서를 방송국과 프로그램 제작사에게 전달했다. 이 과정에서 규제 수위가 너무나도 지나치다는 비판이 일었다.

여성가족부의 안내서를 살펴보면, '바람직한 외모 기준을 획일적으로 제시하지 말아야 한다'라며 방송에 비슷한 외모의 출연자가 과도한 비율로 출연하지 않도록 해야 한다는 내용이 담겨있다. 여가부는 아이돌 그룹을 겨냥해 '마른 몸매, 하얀 피부, 비슷한 헤어스타일, 몸매가 드러나는 복장을 하고 있어 출연자 외모가 다양하지 못하다'라는 지적을 이어갔다.

여성가족부의 이러한 행태를 보고 있노라면 과거 군부 독재 시절 행해졌던 '풍기문란 단속'이 생각난다. 단속반들은 긴 자를 들고 다니며 여성의 미니스커트 길이를 쟀고, 바리캉으로 남성들의 긴 머리를 잘랐다. 통계에 따르면 1971년 10월부터 1년간 8만 3천명이 머리를 강제로 잘라야 했고, 1만 2천여 명이 즉결심판에 회부되었다.

오늘날 우리 사회는 군부정권의 이러한 외모규제가 모두 잘못되었다는 것을 알고 있고, 그들의 '퇴폐적 문화 규제시도'가 얼마나 터무니없는 것인지 잘 인지하고 있을 것이다. 이런 점을 감안해본다면, 여성가족부의 가이드라인을 단순히 법적 구속력이 없다는 이유만으로 가볍게 여길 것이 아니라, 현 정권이 얼마나 공공선을 명분으로 각종 검열조치를 정당화할 수 있다고 생각하는지 잘 보여준 사례라 할 수 있을 것이다. 성평등 사회 확립, 그리고 외모지상주의를 근절하겠다는 허울 좋은 구실 아래 개인의 프라이버시를 규제하겠다는 발상을 21세기에도 계속하는 것이다.

개인의 자율성을 존중하는 자유주의적인 관점에서 볼 때, 여성가족부의 소위 '성평등 가이드라인'은 절대로 정당화될 수 없을 것이다. 국민을 올바른 길로 이끌겠다며 하나부터 열까지 지침을 배부하는 문재인 정부의 국정철학은 국가주의 그 자체이다.

6. 결론

/

지금까지 문재인 정부의 실정을 살펴보며, 어떻게 문재인 정권이 사회적인 갈등을 조장해왔는지, 사회에 쌓여온 폐단인 '적폐'를 청산할 것을 약속했으면서 정작 그들이 얼마나 이중적인 모습을 보여 왔는지 파악해보았다.

특히, 정적들을 몰락시킬 때는 그 누구보다도 정의를 외쳐왔으면서 자신들의 악행이 드러날 때는 집단으로 달려들어 메신저를 공격하는 방식을 채택해왔던 점은 주목할 만하다. 이 점은 그들이 적폐청산을 주도할 자격이 없으며, 오히려 이들은 한 번도 경험해보지 못한 방식으로 사회를 파괴하는 '신적폐'임을 잘 보여준다.

진영논리 속에서 일가족이 검찰에게 조사를 받고 자신도 곧 피의자가 될 위기에 몰린 사람은 검찰개혁의 적임자가 되었고, 내부 고발자는 탐욕스러운 관심병 환자가 되어버렸으며, 사람들은 더 이상 통계를 신뢰하지 않게 되었다. 사회 면에서도 이들은 전혀 자유의 원칙을 존중하지 않았다. 대통령을 비난하면 매국노가 되었고 TV에 출연하는 이들은 외모에 대해 일일이 지침을 받아 생활해야 했다. 국가 지도자는 정치적인 이득을 목적으로 사회적 갈등을 조장하고 있으며, 집권에 도움이 되지 않는다면 해결을 시도하지 않고 철저하게 외면하고 있다.

정권의 선해 보이는 이미지에 속아 그들의 민낯을 파악하지 못한다면 대한민국의 미래 역시 암울할 것이다. 문재인은 대통령 취임사에서 '한 번도 경험해보지 못한 나라'를 만들겠다고 공언했는데, 그들의 사회파괴를 막지 못한다면 오랜 시간이 흐른 후에는 나라 자체가 없어진다는 말도 과언은 아닐 것이다. 이제는 더 늦기 전에 주권자인 국민이 문재인 정권의 실체를 깨닫고, 폭주하는 이들을 저지하기 위해 단결해야 할 때이다.

■ 이 책의 저자(가나다 順)

김경회(金京會)

저자 김경회는 서울대학교 사회교육과 졸업, 미국 아이오아(Iowa)대학교 교육학 박사. 한국교육학회 부회장, 전국사립사범대학장 협의회 회장, 교육부 정책홍보관리실장, 서울시 부교육감(교육감 권한대행) 역임. 현재 성신여자대학교 교육학과 교수, 학교안전연구소 소장, 사학분쟁조정위원회 위원임. 주요 저서로는 『한국의 평생직업교육』, 『사립대학 폐교에 관련된 입법과제 분석』(논문) 등이 있음.

김문수(金文洙)

저자 김문수는 서울대학교 경영학과 졸업. 대학생 때부터 노동운동에 뛰어들어 금속노동조합 한일금속분회장, 서울 노동운동연합 등에 활동하고 2년 6개월 징역형을 받음. 정당 활동으로는 민중당 노동위원장, 한나라당 공천심사위원장 인재영입위원장, 새누리당 보수혁신위원장 등을 역임. 선출직으로 국회의원 3선 경기도 도지사 2선을 하였음. 저서로는 『아직도 나는 넥타이가 어색하다』, 『나의 길 나의 꿈』, 『나는 자유를 꿈꾼다』, 『나는 일류국가에 목마르다』, 『통일을 앞당겨 주소서』 등이 있음.

김정호(金正浩)

저자 김정호는 연세대학교 경제학과 졸업, 미국 일리노이대 경제학 박사, 숭실대 법학박사. 한국경제연구원 연구위원, 자유기업원장, 연세대 경제대학원 특임교수 등 역임. 주요 저서로 『대한민국 기업의 탄생』, 『땅은 사유재산이다』, 『왜 우리는 비싼 땅에서 비좁게 살까』, 『사유재산권과 토지공개념』, 『다시 경제를 생각한다』, 『짝퉁 시장경제는 가라』, 『법, 경제를 만나다』, 『K-POP, 세계를 춤추게 하다』, 『통하는 시장경제』, 『자유민주주의와 시장경제』(공저), 『블라디보스토크의 해운대행 버스』, 『누가 소비자를 가두는가』 등이 있음.

김태우(金太宇)

저자 김태우는 영남대학교 경영학과 졸업하고 대우 사원, 전경련 과장, 금성사 부장 등을 역임. 외대 통역대학원과 몬트레이 통역대학원을 거쳐 뉴욕주립대에서 핵문제 전공으로 정치학 박사를 취득하고 안보전문가로 활동. 한국국방연구원(KIDA)에서 책임연구위원으로 정년퇴임하기까지 대통령 자문교수, 정부업무평가위원, 국방선진화추진위원 등을 거침. 제11대 통일연구원 원장, 동국대 석좌교수, 건양대 초빙교수 등을 역임. 저서로 『북핵을 바라보며 박정희를 회상한다』, 『북핵을 넘어 통일로』, 『미국 핵전략 우리도 알아야 한다』 등과 역서로 『핵테러리즘』이 있음.

박석순(朴錫淳)

저자 박석순은 서울대학교 동물학과 졸업, 미국 럿거스대 환경과학 석사 및 박사, 럿거스대 환경과학과 박사후 연구원. 프린스턴대 토목환경공학과 객원교수, 국립환경과학원 원장, 한국환경교육학회 회장, 국가교육과학기술자문위원 등 역임. 현재 이화여대 환경공학과 교수. 주요 저서로 『부국환경론』, 『환경재난과 인류의 생존전략』, 『환경정책법규 원론』, 『수질관리학 원론』, 『MT 환경공학』, 역서로 『시스템 생태학 I, II』, 『환경과 빈부의 두 세계』, 『전자파 침묵의 봄』, 『전자파 환경성 질환과 예방법』, 『꿈의 섬: 일본의 환경비극』 등이 있음.

박인환(朴仁煥)

저자 박인환은 성균관대학교 법학과 졸업, 성균관대학교 대학원 법학석사. 1984년 사법시험 합격 후 서울중앙지검, 인천지검, 대구지검 등 검사 역임. 법률신문 논설위원, 건국대학교 법학전문대학원 교수, 대일항쟁기 강제동원피해조사 및 피해자지원위원회 위원장(차관급) 등 역임. 현재 바른사회시민회의 공동대표(변호사). 주요 저서로『권력형 비리 척결을 위한 제도개선 방안 연구』,『공익신고자보호법 강의』,『부패의 벽을 넘어 투명사회로』(공저),『법의 이해-절차법 편』(공저) 등이 있음.

성창경(成昌慶)

저자 성창경은 부산대학교 정치외교학과 졸업, 연세대학교 언론홍보대학원 및 백석신학대학원 졸업. KBS 보도국 경제부 차장, 라디오 뉴스 부장, 디지털뉴스국장, KBS울산방송국장, KBS해설위원 역임. 현재 KBS 기자로 32년째 재직중이면서 KBS공영노동조합위원장을 맡고 있음. 저서로는『미친언론』이 있음.

신원식(申源湜)

저자 신원식은 육군사관학교 37로 졸업. 경남대학교 경영학 석사, 국민대학교 경영학 박사. 예비역 육군 중장으로서 국방부 정책기획관, 수도방위사령관, 합동참모본부 작전본부장과 합동참모차장을 역임. 현재 고려대학교 연구교수 및 아세아문제 연구소 연구위원으로 있으면서 조선일보 필진으로 매달 칼럼을 게재.

양준모(梁峻模)

저자 양준모는 서울대학교 사회과학대학 경제학과 졸업, UCLA 경제학박사. 현재 연세대학교 미래캠퍼스 정경대학 경제학전공 교수. 한국지급결제학회 회장, 한국연금학회 수석부회장. 지역발전연구소 소장, 산업에너지환경연구소 이사장 등 역임. 주요 저서로『시장경제의 이해』,『연금개혁』,『적합업종』,『최저임금제』 등이 있음.

윤덕민(尹德敏)

저자 윤덕민은 한국외국어대 정치외교학과 졸업, 미위스콘신 메디슨교 정치학 석사, 일본 게이오대 법학박사. 현재 한국외국어대 LD학부 석좌교수로 재임중이며 국립외교원장, 외교안보연구원 교수, 일본게이오대 초빙교수 등 역임. 주요 저서로『대북 핵협상의 전말』,『북한 인권개선을 위한 합리적 접근』(공저),『위기의 한국안보』(공저) 등이 있음.

정규재(鄭奎載)

저자 정규재는 고려대학에서 철학을, 동대학원에서 재무학을 전공. 한국경제신문에서 기자, 경제부장, 논설실장, 주필을 역임. 2012년 교양채널 '정규재 tv'를 만들어 국내에서 유튜브 운동의 새 장을 열었음. 고교생 교양신문인『생글생글』을 창간하였고 펜앤드마이크를 설립하여 대표 겸 주필을 맡고 있음. 저서로는『실록 외환대란』,『국가의 자격』,『닥치고 진실 』,『세상의 거짓말에 웃으며 답하다』 등이 있음.

정범진(鄭釩津)

저자 정범진은 서울대학교 원자핵공학과 졸업, 동 대학원 석사와 박사. 영국 맨체스터대학에서 박사후연수. 과학기술부 사무관, 제주대학교 교수 역임 후 현재 경희대학교 원자력공학과 교수. 한국연구재단 원자력단 단장, 한국원자력학회 부회장, 산업부 전력정책심의위원, 국무총리실 원자력이용개발전문위원 등 역임. 세부전공은 열수력학에 기반한 원자력 안전성으로, 원전 중대사고, 피동안전계통 설계, 액체금속로(SFR), 수소생산용원자로(VHTR) 혼합대류 현상론에 대한 연구로 200여편의 논문을 발표. 다양한 원자력정책자문 활동도 수행하고 있음.

조갑제(趙甲濟)

저자 조갑제는 부산수산대학(현재의 釜慶大) 2학년 수료 후 부산 〈국제신보〉에서 언론인 생활 시작. 월간잡지 〈마당〉 편집장, 〈월간조선〉편집장·대표이사 역임. 현재 〈조갑제닷컴〉〈조갑제TV〉 대표. 제7회 한국기자상(취재보도부문·한국기자협회 제정) 수상. 주요저서로 『김대중의 정체(正體)』, 『사형수 오휘웅 이야기』, 『有故』, 『국가안전기획부』, 『軍部』, 『朴正熙(전 13권)』 등이 있음.

조희문(趙熙文)

저자 조희문은 한양대학교 영화과 졸업, 중앙대 대학원 영화학박사. 상명대, 인하대 교수, 영화진흥위원회 위원장, 한국영화학회 회장 등 역임. 현재 조희문영화아카이브 대표. 주요 저서로는 『위대한 한국인 나운규』, 『차플린』, 『한국영화쟁점 1』, 『조희문영화평론집 1권-자유부인보다 뜨거운 한국영화』, 『조희문영화평론집 2권-문화와 운동, 정치의 경계 한국영화』 등이 있음.

최 광(崔洸)

저자 최광은 서울대학교 경영학과 졸업, 메릴랜드대학교 경제학박사. 와이오밍대학교 교수, 한국외국어대학교 교수 역임 후 현재 성균관대학교 초빙교수. 한국재정학회 회장, 한국조세학회 회장, 한국조세연구원 원장, 국회예산정책처 처장, 국민연금공단 이사장, 보건복지부장관 등 역임. 주요 저서로 『한국의 지하경제에 관한 연구』, 『경제 원리와 정책』, 『자본주의 시장경제와 정부』, 『한국재정 40년사』, 『한국의 조세정책 50년』, 『Theories of Comparative Economic Growth』, 『Fiscal and Public Policies in Korea』 등이 있음.

한국대학생포럼 회원

강하린(朴鐘善)

저자 강하린은 서울여자간호대학교 간호학과 재학 중. 현재 한국대학생포럼 10기 언론국 회원. 주요 학술 활동으로 자유경제포럼에서 주최한 아인랜드 사상강좌 참여, 서울시 후원으로 운영되는 유튜브 채널 운영, 유튜브 채널 작스튜브(파로호–승리의 역사) 출현.

박종선(崔洸)

저자 박종선은 아주대학교 수학과, 경제학과 재학 중. 현재 한국대학생포럼 10기 회장. 한국대학생포럼 9기 부회장, 8기 학술국장 등 역임. '독립운동의 세 가지 길' 토론회, '청년이여 자유를 호흡하라'. '컨퍼런스 콘서트', '프리덤코리아 창립식' 및 토크쇼 지정토론 패널 등에 참여함. 작성한 칼럼으로는 「공기업을 민영화하자」, 「여성할당제에 대하여」, 「최저임금제도에 대한 비판」, 「낙수효과에 대한 오해」 등이 있음.

전창렬(田昌烈)

저자 전창렬은 한양대학교 정치외교학과(중국경제통상융합전공) 재학 중. 현재 한국대학생포럼 10기 학술국장 역임. 주요 학술 활동으로 청년박정희연구회 2기 회원, 제4차 서울시교육정책 간담회(교권보호조례 지정 및 학교폭력 개선방안) 패널, 자유한국당 일자리 도둑질 국민규탄 긴급 토론회 패널, 독립운동의 세 가지 길 토론회 패널 등에 참여함.

조주영(曺珠寧)

저자 조주영은 서울대학교 인류학과 재학 중. 현재 한국대학생포럼 10기 회원 활동 중. 주요 학술 활동으로 한국대학생포럼에서 '한 위선자의 민낯', '권력을 위해 국민을 이간질시키는 정부', '북한 앞에서는 윤리도, 애국도 없었다' 등의 논평을 작성함.

대한민국, 파괴되고 있는가
– 문재인 정권의 대한민국 파괴 –

초판 1쇄 인쇄 2019년 10월 30일
　　　1쇄 발행 2018년 11월 05일

편　저 | 최 광

펴낸곳 | 북앤피플
대　표 | 김진술
펴낸이 | 김혜숙
디자인 | 박원섭
마케팅 | 박광규

등　록 | 제2016-000006호(2012. 4. 13)
주　소 | 서울시 송파구 성내천로37길 37, 112-302
전　화 | 02-2277-0220
팩　스 | 02-2277-0280
이메일 | jujucc@naver.com

© 2019, 최 광 外

ISBN 978-89-97871-43-8 03340